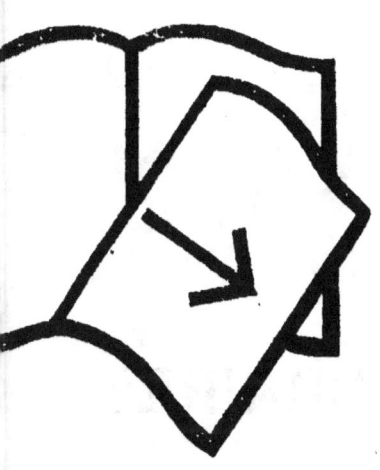

uvertures supérieure et inférieure manquantes

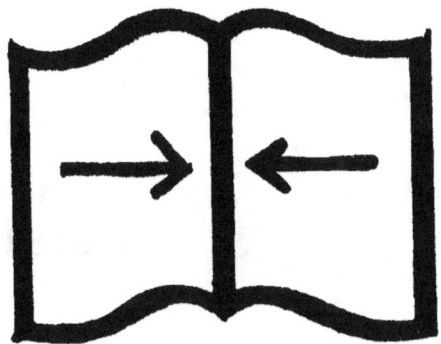

RELIURE SERREE
Absence de marges
intérieures

VALABLE POUR TOUT OU PARTIE
DU DOCUMENT REPRODUIT.

HISTOIRE

DES

RELATIONS LITTÉRAIRES

ENTRE

LA FRANCE ET L'ALLEMAGNE

DU MÊME AUTEUR

Histoire littéraire de la Suisse romande, des origines à nos jours. 2 vol. gr. in-8, Genève 1889-1891. . . . . . . 15 fr.

Ouvrage couronné par l'Académie française.

Histoire de la littérature française hors de France (I. Suisse romande. II. Belgique. III. Canada. IV. Hollande, Suède et Danemark. V. Allemagne. VI. Angleterre. VII. La littérature française en Orient). Lausanne et Paris, in-8, 1895 . . 8 fr.

VIRGILE ROSSEL

HISTOIRE
DES
RELATIONS LITTÉRAIRES
ENTRE
LA FRANCE ET L'ALLEMAGNE

PARIS
LIBRAIRIE FISCHBACHER
Société anonyme
33, RUE DE SEINE, 33
1897
(Tous droits réservés)

AVANT-PROPOS

M. F. Brunetière disait naguère qu'il n'était point d'ouvrage dont il eût ressenti plus cruellement le manque, au cours de ses études sur l'évolution des genres littéraires, que d'un livre traitant de l'influence des littératures étrangères sur la littérature française. Mon incompétence me défendait d'aborder le vaste sujet indiqué par l'éminent critique; j'ai du moins essayé d'en exposer l'une des parties les plus intéressantes, et, après m'être occupé du rôle de la littérature allemande en France, j'ai cru qu'il ne serait pas inutile de montrer, plus brièvement, l'action exercée par la littérature française en Allemagne. Peut-être me sera-t-il permis d'ajouter, qu'appartenant à une nation qui a toujours servi d'intermédiaire entre la pensée française et la pensée germanique, et où les deux races et les deux langues se mêlent depuis des siècles sans se confondre, j'étais assez bien placé pour écrire une histoire des échanges intellectuels entre la France et l'Allemagne, qui fût en quelque sorte garantie d'avance de tout soupçon de partialité.

J'ai largement mis à profit les travaux de mes devanciers ; si j'ai renoncé à donner une bibliographie complète de la matière, c'est qu'on la trouvera dans Süpfle, pour la première, et dans Gödecke, pour la seconde moitié de mon *Histoire*. Enfin, j'ai peur qu'on ne puisse me signaler bien des inexactitudes et bien des lacunes ; les erreurs sont presque inévitables dans un volume comme celui-ci, et, quant aux omissions, elles ont été souvent volontaires, puisque aussi bien j'ai moins cherché à composer un ouvrage d'érudition minutieuse, qu'à faire un livre.

Berne, Septembre 1890.

PREMIÈRE PARTIE

LA LITTÉRATURE ALLEMANDE EN FRANCE

INTRODUCTION

« Tandis que, des deux côtés du Rhin, les pamphlets succèdent aux pamphlets,... les hommes de lettres allemands et français, sans s'émouvoir de tous ces coups de pistolet tirés dans la rue pour amuser les acheteurs, continuent tranquillement leurs études impartiales sur les littératures respectives des deux peuples [1]. » Ainsi parle M. L. Ducros, dans un article où il traite de l'influence de Gœthe sur le romantisme français. Les antagonismes nationaux ne sauraient suspendre la vie internationale. Au-dessus des intérêts particuliers, au-dessus même des graves dissentiments qui divisent deux pays, se placent les besoins permanents et les fins générales de l'humanité. Le patriotisme, au reste, serait-il incompatible avec l'étude sérieuse, voire même sympathique, de l'étranger ? C'est en universalisant sa culture, qu'un peuple entretient son génie et qu'il augmente son prestige dans le monde.

Est-il un domaine qui soit plus naturellement ouvert que celui des arts et des sciences aux échanges entre nations ? Il ne faut pas oublier, comme le disait La

[1] *Bulletin de la Faculté des lettres de Poitiers*, 1886, p. 317.

Bruyère, que « la raison est de tous les climats et que l'on pense juste partout ». Il n'y a plus de « barbares » en Europe ; et, dans les lettres, les apports originaux des diverses races se sont mélangés au point que la *Weltlitteratur*, annoncée par Gœthe, n'est plus seulement un grand mot ou un beau rêve. Les Etats-Unis d'Europe existent, littérairement. M. J. Texte [1] s'est vivement élevé « contre le faux orgueil qui nous fait tourner notre attention tout entière sur nous-mêmes et qui dresse une sorte de muraille de Chine entre nos voisins et nous ». Et M. André Hallays [2] exprimait naguère la même idée : « Ne nous imaginons pas renier toutes nos traditions en faisant bon accueil à des œuvres nées hors de chez nous. Ne croyons pas non plus que nous cédons à un accès passager de « coquetterie intellectuelle ». En vérité, nous suivons — moins vite que beaucoup d'autres — le mouvement de notre siècle. Nous cédons à l'attrait du génie. Nous goûtons avec joie, nous, les victimes d'une culture trop ancienne et trop raffinée, le charme des littératures un peu plus jeunes, un peu plus spontanées que la nôtre. Peut-être y pourrons-nous trouver quelque réconfort : avouons que nous en avons besoin. Ne nous embarrassons pas de préjugés nationaux. En art, en littérature, le patriotisme est un non-sens. Ne nous demandons pas si les auteurs d'ouvrages qui nous émeuvent viennent du nord ou du midi. Ils nous émeuvent, et cela suffit. Un peuple ne saurait plus se contenter de sa propre littérature. » Toutes ces voix françaises révèlent un état d'esprit qu'il est bon de signaler avec insistance. La géné-

---

[1] *Revue internat. de l'enseignement*, t. XXV, n° du 15 Mars 1893 (« les études de littérature comparée à l'étranger et en France »).

[2] *Revue de Paris* du 15 Février 1895, p. 891 (« de l'influence des littératures étrangères »).

ration actuelle, sans rien immoler de ses vœux ni de ses espérances, se sentirait à l'étroit dans une France fermée, ou simplement entr'ouverte. Pourquoi ne regarder que son pays, quand les yeux peuvent embrasser tout le spectacle de l'univers ? Pourquoi rétrécir son horizon, pourquoi borner ses voyages ? Pourquoi faire une sorte d'exilée à l'intérieur de l'intelligence moderne, si curieuse, si hardie et si libre ?

> Et pourquoi se haïr et mettre entre deux races,
> Ces bornes de nos cœurs qu'abhorre l'œil de Dieu ?

Au demeurant, l'Italie, l'Espagne, l'Angleterre, l'Allemagne, et, dans ces dernières années, la Russie, la Suède, la Norvège, ont tour à tour séduit et enrichi l'imagination française. Cette France, que Renan a si justement appelée « l'ingénieuse, vive et prompte initiatrice du monde à toute fine et délicate pensée », s'est piquée constamment d'être l'interprète et la conciliatrice des idées européennes. Ou, pour parler avec M. F. Brunetière,[1] « notre rôle a été de lier, de fondre ensemble, et comme d'unifier, sous l'idée de la société générale du genre humain, ce qu'il pouvait y avoir en tout cela d'éléments contradictoires ou hostiles ». Mais il importe que la France s'approche de plus près du génie étranger, si elle veut poursuivre avec plus de succès encore son œuvre de haute et lumineuse vulgarisation de la pensée universelle. Il est nécessaire également qu'elle se rende un compte exact de ce qu'elle doit aux influences extérieures. Tout en apprenant à se mieux connaître, elle doublera ainsi sa puissance de rayonnement et d'attraction. La syntaxe presque inaltérable, le vocabulaire presque définitif de sa

---

[1] *Études critiques*, 5ᵉ série, p. 275.

langue, l'élégante clarté, l'alerte bon sens de son esprit, la préserveront suffisamment des périlleuses déviations. Elle peut exercer, sans crainte d'être envahie ni conquise, la plus large hospitalité littéraire. Et puis, cette Allemagne dont tant de mauvais souvenirs la séparent, la France a un intérêt supérieur à l'étudier sans cesse et avant tous les autres peuples; elle est, elle sera d'ailleurs payée de retour.

Des deux côtés du Rhin, des hommes de volonté réfléchie, de clairvoyance intacte, recommandent et observent une trêve bienfaisante entre la France et l'Allemagne; cette trêve, pour le moment, ne porte que sur les questions de sciences, de lettres, d'arts, mais qui pourrait prétendre qu'elle ne sera pas le début d'une ère nouvelle et comme le premier jour d'un long printemps? Des malentendus se dissiperont, des rancunes s'apaiseront, et des réparations, qu'on jugeait impossibles, seront peut-être les réalités de demain. L'histoire tient parfois du roman qui finit bien.

« Je suis obligé à trop de reconnaissance à l'égard des Français, pour que je puisse les haïr », disait Gœthe, auquel on reprochait de ne pas se souvenir assez des terribles épreuves que Napoléon avait infligées à l'Allemagne. Ernest Renan n'a-t-il pas rendu le même témoignage, après 1870, à la science et à la pensée allemandes? En dépit des menaces de guerre qui assombrissent l'heure présente, un vent de fraternité souffle sur l'Europe; on est, dans la grande famille civilisée, las de rivalités stériles et de pernicieuses jalousies; on comprend qu'il est des tâches plus pressantes et plus fécondes que de s'entre-déchirer. La paix sera le régime normal des âges futurs, grâce aux relations plus fréquentes et plus faciles qui se nouent entre États, grâce surtout à cette diffusion des langues et des littératures étrangères qui fait de l'œuvre intellectuelle de toutes les nations une part de patrimoine spirituel et moral de chaque pays. « Il se crée de nos jours, constatait M. E.-M. de Vogüé dans son beau livre sur le *Roman russe*, au-dessus des préférences de coteries et de nationalités un fond de culture, un fond d'idées et d'inclinations commun à toutes les sociétés intelligentes. »

Un critique allemand, M. Th. Süpfle[1], a fort bien exposé l'heureux effet d'une collaboration de la France et de l'Allemagne à l'œuvre civilisatrice : « Il nous manque bien des choses que possède la France, mais les Français doivent se priver de bien des choses dont nous sommes fiers. C'est précisément pour cela que les deux pays, qui ont une importance égale dans la vie intellectuelle de l'humanité, ont tout intérêt à se stimuler, à se compléter l'un l'autre dans le domaine des sciences et des arts ; leur intérêt national y est aussi fortement engagé que l'intérêt universel. » Un autre écrivain[2] a dit : « J'ai reçu de la littérature française trop d'instruction et de plaisir pour ne pas *devoir* l'aimer. » M. Erich Schmidt, l'un des critiques les plus autorisés d'Outre-Rhin, se réjouissait naguère des excellents rapports qui existent entre savants et lettrés des deux pays. Et l'on pourrait citer bien d'autres faits, qui attestent, chez les Allemands, un réel désir de justice, un vif sentiment de sympathie envers la France. Que répondrons-nous ? Et n'avons-nous pas déjà répondu ?

Avant Mme de Staël, principalement depuis elle, nombre d'écrivains français ont exploré l'Allemagne en tous sens ;

---

[1] *Geschichte des deutschen Kultureinflusses auf Frankreich*, 2 Bde in-8, Gotha, 1886-1890, II², p. 130.

[2] H. Breitinger, *Die Vermittler des deutschen Geistes in Frankreich*, in-8, Zürich, 1876, p. 25.

jamais mieux qu'aujourd'hui. Il ne s'agit plus de voyages d'agrément, ou de curiosité, mais de véritables campagnes d'étude et d'érudition. Bien plus, l'Allemagne, avec des fortunes changeantes, a exercé une action que nul ne contestera sur le développement de la science, de la philosophie, de la littérature françaises.

Quel fut le résultat de ces enquêtes ? Quel est le bilan de ces influences ? Nous essaierons de le montrer dans les pages qui vont suivre.

CHAPITRE PREMIER

DES ORIGINES A LA RENAISSANCE

I

Les infiltrations germaniques en Gaule sont bien antérieures au cinquième siècle de notre ère. C'est toutefois la grande irruption des Wisigoths, des Burgundes, puis des Francs, et la conquête du pays par ces derniers, qui marquent dans l'histoire de la civilisation française. Un sang nouveau, jeune et riche, s'infuse dans le corps vieilli du monde gallo-romain. Mais bientôt, les rudes et mâles vertus des vainqueurs se corrompent ; l'Eglise même « est impuissante à sauver les mœurs [1] ». La race vaincue réussit à assimiler l'autre, tant et si bien que la terrible crise des invasions aboutit presque à un simple déplacement de la force militaire.

En effet, la Gaule, dominée par des étrangers, n'est point absorbée par eux ; si elle leur abandonne l'exercice de l'autorité extérieure, elle transforme leur âme et règne

---

[1] *Histoire générale* de E. Lavisse et R. Rambaud, in-8, 1893, tome 1er, p. 157 et s.

sur leur esprit. Après un temps assez court de séparation morale entre les deux familles du royaume franc, la fusion s'accomplit au profit des Gallo-Romains. L'idiome des conquérants est refoulé par celui des indigènes. Grégoire de Tours peut railler encore la latinité de Chilpéric ; Fortunat va célébrer l'éloquence de Charibert, qui *nos romano vincit in eloquio*. Or, pour un peuple, « changer de langue c'est presque changer d'âme », comme l'a dit M. Gaston Paris[1]. Les Francs, d'ailleurs, n'étaient que des soldats incultes. L'art d'écrire leur était si peu familier que leur loi nationale fut rédigée en latin.

Il est certain qu'une recrudescence de l'influence proprement germanique coïncide avec la défaite des Neustriens et l'avènement de la dynastie carlovingienne. Charlemagne parlait le franc. Langue vulgaire, le roman, langue littéraire, le latin, langue importée, le tudesque, toutes trois luttent en Gaule pour la suprématie. Au dixième siècle encore, l'historien Luitprand constate que si les Francs établis dans la Gaule même ont adopté le latin, les autres Francs restés sur les bords du Rhin ont conservé le tudesque. Dès le siècle suivant, la langue d'oïl au nord, la langue d'oc au midi ont définitivement expulsé les dialectes barbares ; et le roman devient le français.

La conquête de la Gaule par les Germains aurait-elle été aussi superficielle que celle de l'Espagne ou de l'Italie ? Nous verrons tout à l'heure combien la poésie franque a laissé de traces dans les premiers monuments de notre littérature épique. La langue des Francs, en particulier, apporta au latin vulgaire « une masse bien plus grande de mots, et de mots bien plus importants

---

[1] *La littérature française au moyen âge*, in-12, 2ᵉ édit., 1890, p. 11.

que le celtique; ce ne furent pas seulement des substantifs, toujours facilement empruntés avec les objets qu'ils désignent, mais des adjectifs et des verbes, signes de rapports bien plus intimes, qui pénétrèrent dans la langue française, et les idées qu'ils expriment, surtout, font toucher du doigt le genre d'influence que l'une des races exerça sur l'autre[1] ». Le vocabulaire militaire, notamment, le vocabulaire politique et judiciaire, le vocabulaire de l'habitation, de l'ameublement, du costume ont été renouvelés en partie. Près d'un millier de vocables d'origine germanique enrichissent notre langue, soit dans les siècles qui suivent immédiatement les invasions, soit au XVI° siècle; mais, tandis que les emprunts primitifs ne s'introduisent qu'indirectement dans ce qui sera le français et reçoivent forme et désinences latines, les emprunts ultérieurs passent tout droit de l'allemand moderne dans notre idiome.

II

Les traditions et l'esprit mêmes de la Germanie ne seraient-ils pas reconnaissables dans notre vieille littérature, comme ses dialectes dans notre langue?[2] Fauriel le laissait déjà entendre dans son *Histoire de la Gaule méri-*

---

[1] *Gaston Paris*, op. cit., p. 22. Voir aussi *Th. Süpfle*, op. cit., I, p. 7 et s., et p. 67 et s.

[2] *Gaston Paris*, op. cit., p. 33 et s. *Les épopées françaises*, de Léon Gautier, 4 vol. gr. in-8, Paris, 1878-1893, 2° édit. *Le origini dell' epopea francese*, de Pio Rajna, Florence, gr. in-8, 1884. *Romania*, 1884, p. 598 et s. (résumé et discussion, par M. G. Paris, de l'ou-

dionale sous la domination des conquérants germains
(1836). A.-G. Schlegel l'avait admis également. Junghans
l'affirma, dès 1856. M. Gaston Paris le démontra dans son
Histoire poétique de Charlemagne (1865). « Le fait, a dit
plus tard ce dernier, est acquis : l'épopée française est, à
l'origine, l'épopée franque ; elle naît avec l'arrivée des
Francs en Gaule et reçoit d'eux une impulsion qui la fait
vivre pendant près de mille ans. » M. Léon Gautier
avait indiqué dans la première édition de son grand
ouvrage, que, « lorsqu'elles ne reflètent pas l'esprit germain, les plus anciennes de nos épopées reflètent au
moins l'esprit féodal né de l'esprit germain ». Mais la
preuve décisive et complète de la « *germanicité* » de notre
poésie épique du moyen âge a été fournie par M. Pio
Rajna, qui peut écrire ceci : « *Ristabilita la continuità in
tutta la vita dell' epopea francese, le origini germaniche
risultavano si puo dir dimostrate.* » M. G. Kurth n'est pas
moins catégorique et il s'est appliqué à faire le départ,
dans la période mérovingienne, « entre l'histoire telle
qu'elle s'est passée dans la réalité, et l'histoire telle
qu'elle a été faite par la pensée épique des peuples » ;
il conclut : « Je ne sais s'il existe, dans toute l'histoire
littéraire, un spectacle d'un plus puissant intérêt que
celui de cette fécondation de l'esprit roman par l'imagination germanique. Ce n'est pas ici l'éducation d'une nation
par l'enseignement toujours un peu pédantesque des
lettrés étrangers, c'est moins encore l'imitation servile et
voulue, produisant, sur les bancs de l'école, une littérature d'emprunt, toute en formules et en recettes. C'est

vrage de Rajna). *Th. Süpfle*, op. cit., I, p. 14 et s. *Geschichte der
deutschen Litteratur* (1ter Theil), von W. Golther, in-8, Stuttgart,
1893. *Histoire poétique des Mérovingiens*, par G. Kurth, gr. in-8,
Paris 1892.

l'âme d'un peuple entier que le contact d'une âme vigoureuse et ardente anime d'une vitalité nouvelle, et qui sent insensiblement germer en lui l'inspiration et la faculté créatrice[1]. »

Attachons-nous à l'étude de ce moment considérable de notre histoire littéraire !

Nous savons, par Tacite, que les Germains avaient une poésie épique, tout ensemble héroïque et mythique. Les Francs, avant l'assimilation, vivaient de leur vie, sans se mélanger avec les vaincus, se réunissaient pour les assemblées plénières tenues par le roi, pour les sessions juridiques présidées par le « grafo », se retrouvaient dans les fêtes et les expéditions guerrières. « Dans ces occasions, ils goûtaient en commun les plaisirs de la poésie lyrique et épique. Ils avaient sans doute des poètes semblables aux scops des Anglo-Saxons, qui allaient errant de petite cour en petite cour[2]. » Leur héros national était Siegfried, qui est devenu le principal personnage du *Nibelungenlied*. Leur épopée avait un caractère essentiellement historique (généalogique).

La conquête de la Gaule par les Francs est capitale pour la genèse de notre poésie épique[3]. L'esprit d'indépendance et d'aventure des Germains, leur individualisme ombrageux transformèrent peu à peu l'imagination et la pensée des Gallo-Romains, disciplinés jusqu'alors par la survivance de la culture latine. Le christianisme aidant,

---

[1] *G. Kurth*, op. cit., p. 497.
[2] *G. Paris*, op. cit., p. 25.
[3] Voir encore à ce propos un article de M. H. Suchier, où les théories de Rajna sont discutées et mises en doute (*Zeitschrift für romanische Philologie*, XVIII, p. 175 et s.) ; M. Suchier n'admet pas, qu'au temps des Mérovingiens, il ait existé, à côté de l'épopée franque, une épopée populaire en langue romane.

les deux races marchèrent à l'unité, et l'épopée française n'est, à tout prendre, qu'un produit de la fusion qui s'opéra entre elles.

Les récits épiques des Francs apparaissent en Gaule aussitôt après la conquête. L'histoire de Childéric, à défaut de celle de Clodion et de Mérovée qui s'est à peu près perdue, nous a été rapportée avec des variantes et des adjonctions, par Grégoire de Tours, Frédégaire et les *Gesta Francorum*; elle a vraisemblablement sa source dans un poème épique, dont on découvre des réminiscences profondes tant dans l'épopée allemande que dans l'épopée française. Il est d'opinion générale aujourd'hui que ce que nous savons, ou croyons savoir, de Clovis, repose partiellement sur les données de récits épiques. Ainsi, d'après M. Rajna, les trois versions qui nous sont parvenues du mariage de Clovis constituent des formes de cette « épopée nuptiale » qui joua un rôle en évidence dans la littérature primitive des Germains ; M. Rajna en rejette le fond historique, pour n'y voir que ce que M. G. Paris appelle « une sorte de nouvelle épreuve jetée dans un moule ancien ». Mais n'est-ce point faire trop belle, ou trop large, la part de l'élément poétique et de l'origine exclusivement germanique de l'un ou l'autre fait saillant dans la vie de Clovis? M. Rajna lui-même ne conteste pas une valeur historique, au moins relative, à la chronique de Grégoire de Tours. Il est, au surplus, extrêmement difficile de séparer les traditions franques des renseignements annalistiques. M. G. Paris nous dit, lui : « Autour de Clovis il se forma, et sans doute de très bonne heure, tout un cycle épique dont on peut croire avec une grande vraisemblance, que plusieurs épisodes furent chantés en latin vulgaire... Le roi des Francs de France, entouré de ses guerriers et aussi de ses clercs, apparaissait comme combattant à la fois les ennemis de l'est restés païens et barbares et les hérétiques du midi, et donnant à la nation où Francs et Romains tendaient à se confondre, la puissance et la gloire. Cet idéal, une fois créé, ne périt plus; obscurci dans les luttes intestines des Mérovingiens, il reparut à plusieurs reprises et, chaque fois, de nouveau, il suscita de l'épopée¹. » Le sentiment chrétien et l'imagination gallo-romaine, sans parler d'une tradition plus ou moins directe, ont donc collaboré à l'histoire de Clovis.

Il faut envisager, à coup sûr, comme issu de quelque poème franc, le récit de la guerre de Thierry, fils de Clovis, en Thuringe; la même conclusion s'impose pour la relation de la défaite infligée par Théodebert au Danois Chochilaïc². Grégoire de Tours et les autres sources que nous possédons sur ces deux événements ont recueilli ici des échos lointains d'épopées germaniques. Ce sont ensuite les démêlés de Clotaire avec les Saxons³, puis la figure si caractéristique de Dagobert, qui sortent de la poésie mérovingienne pour entrer dans l'histoire. L'épopée française a gardé, en les attribuant à Charlemagne, il est vrai, les traits de la narration, de fond épique évidemment, que les *Gesta regum francorum* nous ont donnée des campagnes saxonnes de Clotaire et de Dagobert. Mais voici *Floovent*, une chanson de geste, dont le héros est, selon toute apparence, identique avec Dagobert lui-même⁴, bien que M. Rajna se refuse à l'admettre; il semble, à tout le moins, qu'elle dérive d'un ancien poème mérovingien.

¹ *G. Paris*, op. cit., p. 26. Voir aussi *G. Kurth*, op. cit., p. 102, et 211 et s.
² *Pio Rajna*, op. cit., p. 95 et s.
³ Voir l'article précité de M. Suchier.
⁴ *G. Kurth*, op. cit., p. 461 et s.

A partir de Clotaire II, le flot des chants épiques se ralentit dans l'histoire, et s'arrête.

Nous pouvons passer aux Carlovingiens, en négligeant quelques circonstances d'un moindre intérêt pour la connaissance des origines probables de l'épopée française. Charles Martel, Pépin le Bref, Charlemagne, suscitèrent une superbe floraison poétique : c'est dans le milieu austrasien, germain de race, roman de langue, que se forme essentiellement la portion nationale de notre littérature épique, bien que les cycles de Charles Martel et de Charlemagne aient de fortes accointances avec les poèmes de la période précédente. On n'ignore point que, d'après la *Vita Caroli* d'Eginhard, Charlemagne fit recueillir les *barbara et antiquissima carmina* des siècles mérovingiens; cette collection a disparu, non pas, au reste, comme on l'a prétendu, par la faute de Louis le Débonnaire, puisqu'elle existait encore vers l'an 900 [1]. La filiation mérovingienne des deux cycles que nous venons de mentionner a été surabondamment établie, pour une part de leur contenu qui n'est pas insignifiante. Depuis la conquête franque jusqu'à la fin de la dynastie de Mérovée, l'épopée des Francs ne cesse de se mêler à l'histoire, ou de l'accompagner. Plusieurs thèmes épiques, introduits dans les récits qui s'occupent de Clovis et de ses successeurs, ont été repris par l'épopée carlovingienne. Nous avons signalé déjà des analogies, que M. Rajna étudie par le menu, entre les poèmes qui célèbrent Clotaire et ceux qui chantent Charlemagne. Est-ce que, peut-être, les descendants des Gallo-Romains, ou les Francs de Neustrie, qui offrirent peu de résistance à la romanisation, auraient adapté en bas-latin des récits imités de modèles ger-

---

[1] *G. Kurth*, op. cit., p. 56.

mains? Le champ des hypothèses est ouvert. M. Gaston Paris estime que « le meilleur appui de l'existence d'une poésie épique romaine sur les Mérovingiens est toujours la visible continuation d'une poésie épique antérieure dans l'épopée française dont Charlemagne est le centre [1] ». Si le germe en est allemand, le développement n'en serait-il pas roman? M. Rajna pense de même que Charles Martel, Pépin le Bref, Charlemagne ont inspiré des chants épiques dans les deux langues; et il poursuit[2] : « Après Charlemagne, l'unité de l'empire carlovingien fut bientôt rompue matériellement et moralement »; elle fut à jamais perdue après Charles le Gros. Partant, les épopées durent également s'isoler. Certains contacts ont pu se produire encore dans les territoires de frontières, dans les Flandres, la Lorraine; ce furent des contacts entre étrangers. Quelques règnes éclatants avaient exalté le sentiment poétique de la France; il ne s'affaiblit et ne s'épuisa que par la décadence de l'empire. L'épopée s'éteint, vers la fin du neuvième siècle, en même temps que s'effacent les traditions de puissance et de gloire; elle refleurira, deux siècles plus tard, à l'époque où se placent les premiers monuments de notre ancienne littérature épique.

Il n'y a pas de génération spontanée dans l'ordre des faits littéraires. Bien plus, le problème de la naissance d'un genre vigoureux et mêlé comme notre épopée nationale, ne peut se résoudre que par l'admission de paternités multiples. Retranchons les éléments celtique et latin auxquels l'épopée française ne doit presque rien, nous avons les éléments germanique et roman qui, dans

---

[1] *Romania*, 1884, p. 612, 613.
[2] *Pio Rajna*, op. cit., p. 467.

la Gaule conquise par les armes franques, ont concouru, l'un surtout, à la création, l'autre, à l'épanouissement de notre littérature épique. « L'épopée germanique, enseigne M. Gaston Paris, est toujours restée individualiste, ou n'a pas dépassé l'unité de la tribu. Une épopée nationale, telle que l'offre le *Roland*, une épopée où le sentiment individuel est abaissé devant le sentiment de la discipline et de la solidarité, une épopée où les héros sont champions de Dieu et de *douce France* ne pouvait se former d'éléments purement germaniques. » Effectivement, le goût de l'autorité, le respect de la règle, l'absorption de l'individu par la collectivité, tous ces caractères généraux de l'épopée nationale française s'expliquent par l'influence de la civilisation romaine et du christianisme. La germanicité de nos récits épiques est certaine pour leurs origines et pour leurs côtés extérieurs, si je puis ainsi parler, — institutions, rites, procédures, etc. — mais l'âme en est romane, et ceci résulterait déjà de ce que leurs parties lyriques apparaissent si pauvres en regard du lyrisme touffu de l'épopée allemande. La chanson de geste a évolué dans le même sens que le tempérament national; elle a subi les lois de la transmission héréditaire; des apports germaniques, elle n'a gardé que ce qu'il en est resté dans le sang même du peuple français.

Dans le chapitre quinzième de son lumineux ouvrage, M. Rajna aborde la question des rapprochements à faire entre la chanson de geste et le *Heldenlied*[1]. Les ressemblances ne manquent pas; il en est de fort curieuses, entre la *Chanson de Roland* et les *Nibelungen* ou l'*Alphart*, entre *Huon de Bordeaux* et *Ortnit*, etc. Au surplus, l'action de la poésie franque a été constatée dans *Floovent*,

---

[1] *Pio Rajna*, op. cit., p. 397 et s.

comme nous l'avons fait observer, dans les *Saisnes*, dont nous possédons un renouvellement de la fin du xii° siècle par Jean Bodel d'Arras, dans *Mainet*, qui a un fond mérovingien, dans la *Chanson de Roland* même, en somme dans presque toute « l'épopée royale ». Elle est bien moins reconnaissable dans « l'épopée féodale », mais nous la rencontrons dans « l'épopée adventice », dans le *Moniage de Guillaume*, dans *Bovon de Hanstone*[1]. « Si, nous dit M. Rajna, la France n'a pas produit l'épopée, elle l'a cultivée avec un long amour », et lui a communiqué une vitalité que l'Allemagne n'a pas su lui donner au même degré ; si elle ne l'a pas « produite », elle l'a coulée dans le moule préparé par le génie de la race.

« Notre épopée, conclut M. Gaston Paris, est allemande d'origine, elle est latine de langue ; mais ces mots n'ont, pour l'époque où elle est vraiment florissante, qu'un sens scientifique ; elle est profondément, intimement française ; elle est la première voix que l'âme française, prenant conscience d'elle-même, ait fait entendre dans le monde, et, comme il est arrivé souvent depuis, cette voix a éveillé des échos tout à l'entour. Ainsi quand l'*olifant*, dans la *Chanson de Roland*, fait « brudir » ses notes puissantes, des montagnes et des vallées lui répondent mille cors qui les répètent. » Voilà le dernier mot du débat, puisque aussi bien l'épopée française offre des traits et des caractères que ne présente aucune autre, et puisqu'elle n'aurait pas fait le tour de l'Europe si elle n'avait pas été le chant original de la vieille France[2].

[1] Une autre de nos vieilles épopées françaises, *Gormond et Isambard* a conservé des traces de ses origines germaniques (voir *Zeitschrift für franz. Sprache und Litteratur*, XV, p. 257 et s.).

[2] Il y a lieu de consulter encore le « résumé et conclusions » du livre de M. G. Kurth (p. 475 et s.), qu'on souhaiterait peut-être, ici ou là, plus prudemment conjectural.

L'action du génie germanique fut bien plus fragmentaire et bien moins profonde dans les autres genres de la littérature française du moyen âge. On chercherait vainement des réminiscences allemandes dans tout ce qui fut chez nous imitation de l'antiquité classique ; on n'en trouverait pas davantage dans nos romans grecs et byzantins, dans nos romans bretons, ni dans le *Roman de la Rose*, ni dans nos fabliaux La France, qui a ramené son imagination et son esprit vers leur source latine, s'est peu à peu émancipée, du moins dans sa littérature, de ses souvenirs et traditions de Germanie. « Cependant, dit M. Th. Süpfle[1], que la brillante poésie héroïque et chevaleresque de la France exerce une véritable fascination sur presque tous les peuples de l'Europe, qu'elle inspire et domine en particulier notre épopée féodale, que les troubadours de la Provence sont nos modèles, tout ce que nous créons nous-mêmes demeure inconnu dans les contrées françaises et même romanes. Pas un chant, pas un mot de nos grandioses *Nibelungen*[2] ne passent la frontière occidentale. » Cette indifférence s'explique par une ignorance complète et un certain mépris de cette langue allemande, que Montaigne appellera plus tard « la langue des chevaux ».

Ajoutons, à titre d'appendice, et pour en finir avec la première période de notre histoire littéraire, que le *Roman de Renard* n'offre rien de germanique. Il est né dans le Nord de la France ; c'est là du moins que la fable ésopique paraît s'être transformée par l'individualisation des héros que les versions médiévales des fables latines

---

[1] Op. cit., I, p. 29.
[2] Les Nibelungen ont été traduites pour la première fois en français par Mᵐᵉ Moreau de la Mettière ; sa traduction fut publiée en 1837, par M. F. Riaux, un professeur de Rennes, qui la fit précéder d'une savante introduction.

avaient rendus populaires[1]. Et notre poésie lyrique ne doit pas davantage à l'Allemagne[2], avant le xviiie siècle.

III

Ernest Renan, dans sa réponse à la lettre de Strauss, avait constaté déjà que « la France, pays très mixte, offre cette particularité que certaines plantes germaniques y poussent souvent mieux que dans leur sol natal; on pourrait montrer cela par des exemples de notre histoire littéraire du xiie siècle, par les chansons de geste, la philosophie scolastique, l'architecture gothique ». Nous avons, en effet, signalé les origines allemandes de l'épopée française; et, si nous n'avons point à parler ici d'architecture, nous pouvons du moins suivre, dans leurs voyages au-delà du Rhin, les premières œuvres de la science et de la philosophie germaniques.

La France fut, au moyen âge, le pays d'élection de la scolastique et le théâtre de ses plus beaux exploits. Mais l'Allemagne ne lui aurait-elle rien prêté, même dans ce domaine où régna tout naturellement l'héritière de la tradition latine? Albert le Grand[3], le *doctor universalis*, naquit en Souabe; il avait étudié à Paris, il y revint enseigner, de 1245 à 1260. Doué d'une merveilleuse éloquence, possédant une immense érudition, il fut l'un des maîtres de la philosophie et de la théologie de son temps.

---

[1] *Gaston Paris*, op. cit., p. 121. W. *Golther*, op. cit., p. 54, 198.
[2] A. *Jeanroy*: Les origines de la poésie lyrique en France au Moyen âge, gr. in-8, Paris, 1889, p. 128.
[3] Rappelons en note qu'un autre Albert, Albert d'Aix, l'historien de la première croisade, est originaire, non point d'Aix-en-Provence, mais d'Aix-la-Chapelle.

A vrai dire, ce savant a déjà mérité le reproche que, dans la suite, on n'épargnera point à tant de savants d'Allemagne : prodigieux effort de travail, trop peu de sens critique et point de synthèse. Il amasse des matériaux, sous le poids desquels son intelligence fléchit. Son rôle a consisté essentiellement dans la diffusion de la doctrine aristotélique. Et l'on a pu affirmer que l'œuvre de saint Thomas d'Aquin n'eût pas été possible avant celle d'Albert le Grand.

Le nom de celui-ci est devenu populaire en pays de langue française, moins pour son professorat assurément et ses écrits, que pour la légende de magicien qui s'est élevée autour de son nom. Des livres de magie, qui n'ont pas encore perdu tout prestige dans nos campagnes, s'appellent le *Grand Albert* et le *Petit Albert*[1].

Au xiv° siècle, nous rencontrons deux autres maîtres d'Allemagne à l'Université de Paris : Albert de Saxe et Thomas de Strasbourg; Albert de Saxe en fut même le recteur en 1335. Enfin, le joyau des traités d'édification, d'une si humble et si ardente spiritualité, le *De Imitatione Christi*, nous vient de Germanie. Quel en fut l'auteur? Nous l'ignorons; il est très probable que ce n'est point Thomas a Kempis, auquel on l'attribue généralement. L'hypothèse la plus plausible est que l'*Imitation* aura été écrite par un chanoine régulier de la congrégation de St-Augustin, à Windesheim, mais non par Thomas a Kempis, qui était trop jeune à l'époque où l'œuvre a dû être composée. Traduite dans la plupart des langues de l'Europe, elle a été mise en français (la plus ancienne version est l'*Internelle Consolation* de 1462), notamment, par Pierre Corneille, Sacy, Lamennais et Genoude.

---

[1] *Th. Süpfle*, op. cit., I, p. 22.

Un fait beaucoup plus important ne saurait être omis à cette place.

> Avant qu'un Allemand trouvât l'imprimerie,
> Dans quel cloaque affreux barbotait ma patrie!

Est-ce bien, comme le voulait Voltaire, un Allemand qui l'a « trouvée »? La controverse sur la découverte de l'imprimerie n'est pas close[1]; aujourd'hui, elle n'est plus engagée que sur deux noms et deux villes : Jean Gutenberg et Mayence, Laurent Coster et Harlem. Gutenberg n'est point détrôné; il semble même que la victoire définitive lui soit promise. Toujours est-il que Paris, centre intellectuel de l'Europe au xv° siècle, n'eut qu'assez tard des ateliers typographiques; et ce furent des imprimeurs d'Allemagne, ainsi Fust dès 1463, qui, les premiers, y apportèrent l'art nouveau en cherchant à y vendre leurs produits. Fust y plaça quelques exemplaires de son édition de la Bible de 1462. L'imprimerie elle-même n'y fut installée que vers 1470, par l'initiative de deux étrangers, un Allemand et un Savoyard, tous deux professeurs en Sorbonne, Jean Heysslin (surnommé Jean de la Pierre, *Lapideus*) et Guillaume Fichet. Ils commencèrent par imprimer les *Gasparini Pergamensis epistolæ*, puis, un Salluste, les *Orationes* de Bessarion, la *Rhétorique* de Fichet lui-même. Au début, la plupart des maîtres et tous les ouvriers arrivent de Suisse ou d'Allemagne. Francfort est le siège principal de la librairie européenne vers le même temps[2] : l'Allemagne est la patrie du livre, si elle n'est point la terre de la littérature.

---

[1] Article *Imprimerie*, dans la *Grande Encyclopédie*.
[2] Voir le curieux ouvrage d'Henri Estienne : *Francofordiense Emporium* (1574); traduit en français (1875) sous le titre : *La foire de Francfort*, par M. Isidore Liseux.

CHAPITRE II

LA RENAISSANCE ET LA RÉFORME

I

Les mœurs, le goût et le sens de l'art qui se révèlent dans la littérature allemande de la fin du xve siècle sont d'un peuple qui a désappris à penser par lui-même et qui s'oublie dans l'imitation de l'étranger. La Muse est muette en Allemagne; les doux et profonds mystiques, un Eckart, un Tauler, n'ont pas eu de successeurs dignes de ces purs rêveurs; l'Eulenspiegel, le Reineke Fuchs, le Narrenschiff, les farces de Carnaval de Folz et Rosenplut, les sermons populaires mêmes d'un précurseur de Luther, Geiler de Kaisersberg, les satires de Bützbach, toute cette œuvre mêlée de fantaisie grossière et d'imagination asservie était incapable d'exercer une action au dehors. La langue n'est point formée d'ailleurs. Et la Renaissance germanique ne sera, si l'on excepte Erasme et Reuchlin, qu'une école de traducteurs et de copistes. Seule, la Réforme, en s'adressant à l'âme de la nation, en réveillera le génie, sans cependant aboutir à un épanouissement littéraire de quelque durée. La Renaissance allemande n'écrira qu'avec des desseins de pédagogie, la Réforme ne verra dans la plume qu'une des armes de la foi : au regard des érudits de l'une et des théologiens de l'autre, l'art est presque une quantité négligeable, et il n'est, même chez les esprits supérieurs, qu'une préoccupation accessoire.

Cependant, les Allemands ont ri durant le xv° siècle et les premières années du xvi°, d'un rire si particulier qu'il ne devait pas rester sans écho de l'autre côté du Rhin. A défaut de l'ironie attique ou du sel gaulois, ils ont la bouffonnerie désordonnée et déjà d'agréables commencements d'humour. C'est, dans leurs contes populaires, un tel débordement de verve triviale, et, dans leurs poèmes satiriques, un si curieux effort de moralisation mi-joviale et mi-sérieuse, qu'on eut, en France, la sensation ou l'illusion de l'originalité. De fait, Eulenspiegel, ce Panurge et ce Jocrisse de Germanie, et le *Narrenschiff* de Sébastien Brandt avaient une forte saveur de terroir. Il est assez naturel que les Français y aient pris plaisir et que, de toute la littérature allemande de l'époque, ils n'aient d'abord vu que cela ; ils ignorèrent, au demeurant, les *Fastnachtspiele* comme, plus tard, les drames religieux du théâtre savant.

Trois ans après l'apparition de l'original, Pierre Rivière traduisit en vers français, sur la version latine de Jacob Locher, *La nef des fols du monde* (1497) de Sébastien Brandt. Ce voyage en « Narragonie » est un prétexte à critiquer les mœurs, les coutumes et les idées contemporaines. Brandt prêche bien plus encore qu'il ne raille. Il est, d'ailleurs, redondant et diffus à l'excès ; il abuse de l'allégorie autant que des digressions et des répétitions. Le *Narrenschiff* n'en est pas moins l'œuvre d'un cœur sain et d'une intelligence droite ; de là, son prodigieux succès en Europe. La traduction en vers de 1497 fut suivie de celle de Jehan Droyn (Lyon 1498), qui est tout uniment une nouvelle édition en prose de celle de Rivière, mais qui n'en fut pas moins goûtée pour autant, ainsi que l'attestent de nombreuses réimpressions. Il existe une autre traduction en prose, de 1530, pour laquelle on a également mis à contribution, non le texte allemand de Brandt, mais la version latine de Locher.

Les adaptations et les copies ne manquèrent point. Nous en connaissons trois. La première est celle de Jodocus Badius, un imprimeur du Brabant que Robert Gazime avait attiré à Paris, et qui publia, vers l'an 1500, ses *Stultiferæ naves;* Johan Droyn traduisit librement cet ouvrage sous le titre : *La nef des folles* (1501). Le médecin d'Antoine de Lorraine, Symphorien Champier, s'en inspira, pour le combattre, dans sa *Nef des dames vertueuses* (1503), qui est l'un de ces poèmes que la France vit naître en foule, dès le xiv° siècle, pour ou contre le beau sexe [1]; il avait donné déjà la *Nef des princes*, tant la fiction de Brandt et la forme de récit popularisée par lui s'étaient rapidement acclimatés de ce côté du Rhin [2]. Serait-il par trop téméraire de conclure des « naufs » et « navigages » qui tiennent une si grande place dans Rabelais, à un souvenir direct du livre de Brandt, ou des diverses paraphrases du *Narrenschiff?*

M. Th. Süpfle signale une traduction manuscrite du *Theuerdank*, un roman allégorique composé en partie par l'empereur Maximilien Ier; elle est de 1528, il l'a découverte à la Bibliothèque nationale.

Mais voici quelques faits plus intéressants pour l'histoire des relations littéraires entre la France et l'Allemagne. Eulenspiegel, le célèbre bouffon germain de

---

[1] *Martin Le Franc*, par Arthur Piaget, in-12, Lausanne, 1888, p. 121 et s.

[2] *Th. Süpfle*, op. cit., p. 32 et s.

Kneitlingen, n'est peut-être qu'un mythe ; il a pourtant laissé son nom à un recueil très populaire d'aventures et de farces en bas allemand ; il est devenu un type, une façon de Panurge du Nord. On a retrouvé une édition de ses exploits en haut allemand (1515) ; les précédentes sont perdues. Le livre fut traduit dans la plupart des langues de l'Europe, en français à plusieurs reprises, dès 1532, sous des titres variés, et d'abord sur la version flamande[1]. Les *Aventures de Till Ulespiègle* ont du moins fourni le mot *espiègle* à notre langue ; nous pouvons ajouter ici que nous devons sans doute, comme Philarète Chasles l'a indiqué dans ses *Études d'Allemagne*, les mots *calembour* et *calembredaine* aux traductions, dont aucune ne nous a été conservée, de la *Geschichte des Pfarrers von Kalenberg*.

Les *Aventures de Till Ulespiègle* ont été retraduites, il y a quelques années, sur le texte allemand, et publiées à Paris. De plus, le remarquable romancier belge, Ch. de Coster, a, dans sa géniale *Légende d'Uylenspiegel* (1868), fait revivre la figure du « grand Gueux » et symbolisé en elle la race même et l'esprit de la Flandre[2].

On s'est demandé si les grosses saillies, les facéties épicées et les exploits burlesques de Till Ulespiègle n'avaient pas laissé quelques traces dans *Gargantua* et *Pantagruel*. La première traduction d'Eulenspiegel est antérieure d'une année à la première édition de Rabelais. Il ne serait pas impossible non plus que maître François eût connu le texte original ; il n'ignorait point la langue

---

[1] M. *Th. Süpfle* (op. cit., I, p. 36) nous apprend qu'on a publié plus de 30 éditions françaises des aventures d'Eulenspiegel.
[2] *Virgile Rossel :* Histoire de la littérature française hors de France, in-8, Lausanne, 1895, p. 241 et s.

allemande[1], et l'on sait qu'il imita une farce d'Henri Bebel dans sa *Pantagruéline prognostication pour l'an 1535*. M. P. Gauthiez[2] a même écrit ceci au sujet du style de Rabelais : « Il n'est pas jusqu'à l'Allemagne qui, si l'on cherche bien, n'eût la responsabilité d'une période pesante dans son allure inusitée, comme un Français leste et gaillard encaqué dans une armure teutonique. » Ce sont là des indices ; ce n'est point une preuve. Il faudrait comparer minutieusement Eulenspiegel et Rabelais pour avoir le droit d'affirmer ou de nier[3].

Ne serait-il pas permis, en revanche, de prétendre qu'un auteur allemand de la première moitié du xvie siècle, H. Corneille Agrippa de Nettelsheim a exercé une certaine influence sur celui des ouvrages de Rousseau qui commença la gloire du « citoyen de Genève »? J'entends le *Discours sur les sciences et les arts* qui, si l'on s'en rapportait à Jean-Jacques, serait dû à quelque inspiration quasi surnaturelle. Au fond, le paradoxe de Rousseau était vieux comme la philosophie, vieux comme les dialogues de Platon contre les sophistes, vieux même comme l'*Ecclésiaste*. Et puis, plus près de lui, Montaigne et Charron

---

[1] Rabelais cite des mots allemands (voir, en outre, chapitre IX du livre III) ; il est même au courant du litige survenu entre Charles V et le landgrave de Hesse à propos d'une altération de mots — e(i) *nige* et *ewige* — dans un traité passé entre eux : « Les îles de Einig et de Evig desquelles par avant estoit venue l'estafilade au landgraff d'Esse » (chap. XVIII *in fine*, livre IV).

[2] *Etudes sur le XVIe siècle*, in-12, Paris, 1893, p. 147. — Cfr. livre I, chap. XV, XVIII, XX, livre III, chap. XV, etc.

[3] Ch. Nisard : *Histoire des livres populaires*, Paris, 1854, p. 548, où l'on conteste une assertion du *Bulletin du Bibliophile* (VII, p. 367 et s.), d'après laquelle « maître François a donc connu le lustig enfant de Westphalie, et il serait facile de démontrer qu'il lui a fait d'assez fréquents emprunts, au sujet desquels les commentateurs sont muets » (cité par Th. Süpfle, op. cit., I, p. 237).

étaient des modèles français qu'il avait consultés. Il nous a dit, dans ses *Confessions* : « En lisant chaque auteur, je me fais une loi d'adopter et de suivre toutes ses idées sans y mêler les miennes... Au bout de quelques années passées à ne penser exactement que d'après autrui, sans réfléchir pour ainsi dire et sans raisonner, je me suis trouvé un assez grand fond d'acquis pour me suffire à moi-même et penser sans le secours d'autrui. » Parmi tous les livres qui ont formé son esprit, serait-il défendu de placer le *De incertitudine et vanitate scientiarum et artium* d'Henri Corneille Agrippa? Il y eut deux traductions françaises de cette œuvre, l'une de Louis Turquet de Mayerne (1582, in-8°; 1603, Paris, in-12; 1617), l'autre de N. Guendeville (Leyde, 1726), un bénédictin qui s'était retiré en Hollande après avoir abjuré le catholicisme.

Rousseau n'a-t-il pas dû lire, avant toute autre chose, un traité complet sur le sujet de concours proposé par l'Académie de Dijon? N'a-t-il pas eu à sa disposition, soit la version de Turquet de Mayerne, huguenot lyonnais naturalisé Genevois en 1573, soit celle de Guendeville qui était de date assez récente? Cette « heureuse ignorance » de Sparte, dont il est si enthousiaste, cette « heureuse ignorance où la sagesse éternelle nous avait placés », ne sont-elles pas le *nihil scire felicissima vita* d'Agrippa? Il y a, sans conteste, dans la lourde et violente dissertation de celui-ci, bien des redites et du fatras, ainsi tous les chapitres sur la magie. Le livre n'en est pas moins substantiel et ingénieux. Et voici quelques passages, que j'ai choisis au milieu de bien d'autres et qui offrent une analogie très curieuse, de sens, sinon de mots, avec telles ou telles parties du discours de Jean-Jacques [1] :

[1] Je me suis servi de la traduction de 1603. — Cfr. *Herrig's Ar-*

« Le siège de la vérité est au cœur et non en la langue, et peu nous doit chaloir par quelles paroles elle est dite et déposée : laquelle (comme dit Euripide) est simple et ne veut être peinte ni fardée. Mais le mensonge a besoin d'être voilé d'éloquence... Les hommes rudes et rustiques peuvent bien parler devant les plus éloquents personnages, pourvu qu'ils parlent avec raison et vérité... La vraie béatitude ne gît point en la connaissance du bien, mais en l'accomplissement d'icelui et en la bonne vie, elle ne consiste point en intelligence... Quant à moi, je suis persuadé par autres et différentes raisons, qu'il n'y a chose plus pernicieuse et plus dommageable à la vie commune, rien de plus pestilentieux au salut de nos âmes, que les arts et les sciences... »

Encore un coup, il ne s'agit que d'hypothèses ; elles paraissent discutables et soulèvent un problème délicat de littérature comparée.

Les sciences qu'Agrippa condamnait avec une si fougueuse conviction, enrichirent, par l'Allemagne, la France du XVIe siècle, avec les études hébraïques de Reuchlin, un ancien élève de Paris et d'Orléans, avec la restauration de l'anatomie à l'Université de Paris par le médecin allemand Gonthier d'Andernach.

---

chiv, vol. 86, p. 259 et s. (étude de M. G. Krueger sur *Fremde Gedanken in J.-J. Rousseau's erstem Discours*) ; j'ajoute ici que M. Krueger se trompe, quand il veut voir la plus frappante analogie entre les textes d'Agrippa et de Rousseau dans une allusion commune au dieu Theutus des Egyptiens ; il est infiniment plus probable que Jean-Jacques aura pris cela dans le *Phédon* que dans Agrippa.

II

Dans l'intervalle, un événement considérable s'est produit qui va bouleverser l'Europe et renouveler la face de la chrétienté : le 31 octobre 1517, Luther affichait ses 95 thèses à la porte de l'église de Wittemberg.

Rome tendait à une sécularisation de plus en plus active des choses de la foi, à une sorte de mainmise fructueuse sur le droit au salut. Ulrich de Hutten écrivait que « le troupeau se lasse d'avoir un pasteur qui ne songe qu'à tondre ses brebis ». L'opinion publique, en Allemagne, était violemment poussée à la haine de la Curie. La politique fournissait, autant que le sentiment religieux, des armes à l'insurrection qui se préparait contre l'Église. La Réforme fut le réveil de l'esprit national, en même temps qu'une aspiration passionnée vers l'affranchissement de la conscience individuelle. Luther n'a eu qu'à prêcher sa croisade allemande et chrétienne, non plus contre les infidèles, mais contre la papauté elle-même : les croisés étaient prêts.

La Réforme française ne fut-elle qu'une déviation de la Réforme germanique ? « Il est aujourd'hui hors de doute, grâce aux documents originaux publiés de nos jours, que la Réforme française a ses origines en France. Ce qu'elle serait devenue sans Luther, nous l'ignorons, et il est clair qu'une fois que Luther eut parlé, elle fit cause commune avec lui ; mais elle était née avant lui, elle s'était affirmée sans lui. Elle avait eu dès le début son caractère propre, et, elle le garda. Ce qu'on ne peut lui refuser, c'est d'avoir été, dans le bien et dans le mal, une chose toute française[1] ». Il est vrai que, jusqu'au xvi⁰ siècle, la « réformation » en France n'avait nullement les apparences et la signification d'un schisme. Elle était infiniment plus affaire de discipline ecclésiastique et de régénération morale, que de dogme. Ce n'est donc pas une affirmation toute gratuite, que ce mot de Michelet : « Six ans avant Luther, le vénérable Lefèvre enseigne à Paris le luthéranisme. »

Lefèvre d'Etaples enseigne le retour à la Parole de Dieu ; il annonce l'hérésie avec une sérénité courageuse de vieux savant sûr de la vérité. Mais il n'est point un homme de lutte. Or, il ne suffisait pas de ratiociner sur les livres saints pour déchaîner la révolution religieuse ; il y fallait un vibrant cri de guerre, et c'est d'Allemagne qu'il partit. Toujours est-il que si Luther donna l'impulsion et précipita le conflit latent depuis un siècle au moins, il ne façonna point l'âme du protestantisme français. Il reste entre la Réforme de Luther et celle de Calvin toute la distance qui sépare le génie germanique du génie latin : celle-là fut plutôt une vie, celle-ci plutôt une règle nouvelle, celle-là plutôt une conquête de la liberté, celle-ci plutôt une affirmation du devoir. Luther est une conscience qui s'affranchit, Calvin une conscience qui se surveille. D'où, pour le premier, le besoin d'élargir la religion, pour le second, la préoccupation de la gouverner. Luther fut le cœur, Calvin la raison de la Réforme.

Nous ne pouvons qu'indiquer ces différences, pour bien marquer comment il se fait que la Réforme française doit surtout à Luther de s'être reconnue et déclarée, prématurément peut-être, à une époque où elle n'avait pas encore jeté ses racines dans la nation. Attribuerons-nous mainte-

---

[1] *E. Lavisse et A. Rambaud*, op. cit., IV, p. 472 et s.

nant à l'Allemagne, comme M. Süpfle, tout l'honneur de l'épanouissement littéraire dont la Réforme fut, à certains égards, la cause de ce côté-ci du Rhin? Nous aviserons-nous, à l'exemple du même auteur, de célébrer l'influence de Luther sur Rabelais, ou sur Marot, ou même sur Calvin, écrivains français? Rabelais, certes, a incliné vers la Réforme. Mais le philosophe sceptique l'emporta de bonne heure sur le néophyte mal préparé. Bientôt les « demoniacles Calvins » lui inspirèrent aussi peu de sympathie que les « enraigés Putherbes ». L'action directe de Luther est nulle sur maître François. Et si Calvin dénoua la prose française, après que Luther eut créé la prose allemande, qu'est-ce à dire sinon que ces deux grands esprits ont travaillé, chacun pour son pays, dans le même sens et avec le même succès? Pour Clément Marot, il serait aussi vain de chercher des infiltrations germaniques dans son œuvre, que ridicule d'en voir dans Montaigne parce que le moraliste des *Essais* a parcouru une partie de l'Allemagne en 1581.

L'initiative et la doctrine de Luther eurent sans contredit un immense retentissement en France. Les adversaires de la Réforme française jugèrent utile de piquer l'amour-propre national, en appelant, par manière de raillerie, les protestants « luthériens » et « nouveaux luthériens »; la Sorbonne lança son *Anti-Luther*; le nom du fameux théologien pénétra partout et ses ouvrages ne tardèrent pas à être lus à Paris même. On étudia Luther, on le traduisit. Louis de Berquin, l'ami d'Erasme, fit passer dans notre langue le *De votis monasticis*, ainsi que le *Traité contenant les raisons pour lesquelles Luther a publiquement jeté au feu les Décrétales et les autres livres du droit canon*; condamné à la peine de mort, il fut exécuté le 17 avril 1529. L'évêque de Meaux, Guillaume Briçonnet, doit avoir patronné la traduction de l'un des écrits de Luther ; Antoine Papillon en a traduit quelques-uns. On rapporte que le comte de Hohenlohe, qui fut un des correspondants de Marguerite de Navarre, la tenait au courant des progrès de la Réforme en Allemagne et lui envoyait des ouvrages de Luther mis en français [1]. Calvin et ses auxiliaires puisèrent naturellement à la source du luthéranisme, mais avec indépendance ; au surplus, Calvin et de Bèze ont été, dans leurs jeunes années, les élèves d'un Allemand, Melchior Wolmar, l'un des premiers hellénistes du temps et un adversaire déclaré de Rome.

Ce que la Réforme doit à Luther et ce dont un Calvin ne l'eût jamais enrichie, c'est le principe de la liberté religieuse. Luther a libéré la pensée moderne ; la France en profita autant que l'Allemagne, surtout, à la vérité, depuis Bayle. Et c'est aussi du protestantisme que sortiront la plupart des érudits et des savants français du XVIe siècle [2] : un Casaubon, un Henri Estienne, un Scaliger, un Bernard Palissy.

En somme, l'influence littéraire de la Réforme germanique sur la France ne fut qu'indirecte, et assez superficielle. Comment en aurait-il été autrement ? Les œuvres en langue nationale sont rares dans l'Allemagne du XVIe siècle, du moins celles qui auraient pu être remarquées à l'étranger : du Luther, du Murner, du Hans Sachs, du Fischart, voilà tout. Or le XVIe siècle français est celui de Calvin, de Rabelais, de Marot, de d'Aubigné,

---

[1] *Neque cessat libellos suos in gallicam linguam versos mittere Gallorum regis sorori*, écrit Gerbel à Luther, en 1527 (cité par *Th. Süpfle*, op. cit., I, p. 248, d'après l'ouvrage de Röhrich sur l'histoire de la Réformation en Alsace, 1830).

[2] Ajoutons en note qu'on traduisit en France, dès 1552, la *Cosmographie universelle*, de Séb. Münster, le « Strabon de l'Allemagne ».

de Montaigne, de Ronsard, de Joachim du Bellay. Là, une littérature que Luther réveille un moment ; ici, une littérature qu'on ne saurait imaginer plus variée, plus savoureuse, ni plus brillante. Aussi bien, ce qu'on a traduit, Luther excepté, c'est du latin d'Allemagne : des distiques latins d'Ulrich de Hutten (*Les grands et merveilleux faits de Nemo*, 1513, 1519), une diatribe latine d'Erasme Albère, l'*Alcoran des Cordeliers* (par Conrad Badius, 1556), « recueil des plus notables bourdes et blasphèmes impudents de ceux qui ont osé comparer saint François à Jésus-Christ », une « tragédie » latine enfin, ou plutôt une satire dialoguée de Naogeorgus, *Le marchand converti* (par Jean Crespin, 1558, 1561, 1582, 1591). Un grand siècle et demi va s'écouler encore, avant que la France fasse aux lettres allemandes l'honneur de ne plus les mépriser ; il est vrai que, de Luther à Gottsched, l'histoire littéraire de l'Allemagne est un désert, avec quelques pauvres oasis.

CHAPITRE III

LE XVIIᵉ SIÈCLE ALLEMAND EN FRANCE

I

La guerre de Trente ans a déchiré et ruiné l'Allemagne du xviiᵉ siècle. « Pendant cette période, dit Gödecke[1], le peuple perd presque tout intérêt pour sa littérature. » Une érudition inintelligente, ou simplement timorée, qui rompt avec la vie et n'a le cœur à rien, telle est, en deux lignes, la caractéristique des lettres allemandes durant le siècle noir. On commente, on copie, on traduit, on adapte, il est à peine question de créer! Comment prétendre à un rôle d'influence au-delà des frontières? Comment, et quoi prêter, quand on vit d'emprunts? Le souffle populaire et national de la Réforme ne passe plus sur la Germanie. Les écrivains n'y sont plus guère que courtisans d'une noblesse inculte et valets du goût étranger.

Dans le même temps, après une courte halte, l'esprit français repart à la conquête de la suprématie intellectuelle. Il a secoué la tyrannie de l'italianisme; il se débarrassera de l'imitation espagnole. Il s'appellera Malherbe, Pascal,

---

[1] *Grundriss zur Geschichte der deutschen Dichtung*, 5 Bde in-8, Dresden, 1887-1893, III, p. 1.

Corneille, puis Racine, Molière, Bossuet, Boileau, La Fontaine. Qu'aurait-il cherché et trouvé en Allemagne ? Ce qu'il y a pris : des mots pour compléter son vocabulaire (voir p. 9). Il est vrai que de la science lui est venue de l'autre côté du Rhin, avec Copernic et Képler, par exemple. Un peu de philosophie et de pédagogie par surcroît[1] ; mais point de littérature, pas un poète, pas un romancier, pas un dramaturge, pas un critique.

Quelques faits, d'assez mince importance, veulent seuls être rappelés.

En 1598, parut la première édition française de l'*Historia von Dr Johann Faustus*, onze ans après la publication de l'original. L'auteur, Pierre-Victor Palma-Cayet, l'historien des guerres civiles de la fin du XVIe siècle, n'avait d'ailleurs pas, comme on l'a soutenu, traduit son *Histoire prodigieuse et lamentable du docteur Faust*, d'après le remaniement amplifié du texte primitif par G.-R. Widmer. Son *Faust* fut réimprimé en 1603, puis à Rouen, l'année suivante, et, à Paris, en 1667 et 1674. On considère aussi Palma-Cayet comme le traducteur d'un autre livre allemand, la *Sommaire description de la guerre de Hongrie et de Transylvanie* (1598).

Le *Juif errant* arriva d'Allemagne en France vers la même époque, dans une version de 1609 ; un lettré fran-

---

[1] M. Th. Süpfle insiste sur la circonstance que les traités de Comenius ne furent pas ignorés en France ; à tort, car celui que Michelet appelle « le Galilée de l'éducation » est un Slave, non pas un Allemand. Notons ici que la première grammaire allemande à l'usage des Français fut sans doute l'*Acheminement à la langue allemande* qui parut à Strasbourg en 1635 et dont l'auteur est le « linguiste » alsacien Daniel Martin. Le premier dictionnaire franco-allemand date du commencement du XVIe siècle (*Dictionnaire couché en vocables, latin, français, allemand*, in-4°, sans indication de lieu ni de date) ; le second fut publié à Genève en 1611 par l'imprimeur allemand Stœr. — Voir *Th. Süpfle*, op. cit., I, p. 109 et s.

çais écrit, en 1610, qu'il en est question dans l'Europe entière. Les légendes de Faust et d'Ahasvérus s'étaient formées dans un milieu germanique et protestant ; transplantées en terre catholique, elles s'y acclimatèrent d'emblée, mais sans que l'on songeât, de longtemps, à y voir de la matière littéraire.

Ce n'est pas non plus à la littérature que profitèrent les récits, presque tous composés en latin, des voyageurs allemands qui parcoururent la France de Louis XIII et de Louis XIV. Les Français n'y donnèrent pas moins quelque attention ; ils les pillèrent même sans trop de scrupules. Ainsi le P. Coulon, dans son *Ulysse français* (1648) « ou le voyage de France, de Flandre et de Savoie », se garde bien de citer ses sources, quoiqu'il eût largement mis à contribution l'*Ulysses belgico-gallicus* de Gœrlitz ; son *Fidèle conducteur pour les voyages de France*, etc. (1654) doit beaucoup également au *Fidus Achates* de Zeiller.

Mais on ne se contenta pas de plagier les voyages en France des Allemands. Les *Relations du voyage de Moscovie, Tartarie et Perse* d'A. de Wicquefort (1656-1659) sont traduites d'Oelschläger, neuf ans après l'apparition des *Moskowische und Persische Reisen* de ce dernier. Le même de Wicquefort traduisit la *Morgenländische Reisebeschreibung* de J.-A. Mandelsloh, et l'intercala dans la seconde édition de l'ouvrage précédent. Ces versions françaises des voyages d'Oelschläger et Mandelsloh eurent un succès modeste mais durable [1]. Nous citerons, après M. Süpfle, un passage curieux de la préface de Wicquefort aux *Voyages célèbres* de Mandelsloh, publiés en allemand par Oelschläger ; celui-ci n'avait pas cru devoir supprimer les attaques dirigées par son compatriote contre les Hollandais, et le

---

[1] *Th. Süpfle, op. cit., I, 260, 261.*

traducteur de s'en indigner : « A n'en point mentir, c'est une chose ridicule qu'un homme né au milieu des Vandales et nourri parmi les Cimbres, traite d'incivils et de grossiers ceux qui ont ouvert chez eux, depuis tant d'années, l'école de Mars et de Pallas pour tous les étrangers, et qui sont encore aujourd'hui en possession de porter les arts et les sciences jusqu'à leur dernière perfection. » Telle est l'opinion de Wicquefort, « résident de Brandebourg » et diplomate errant, sur la culture allemande au xvii° siècle.

Beaucoup plus tard, en 1727, on peut signaler une traduction du *Séjour à Paris* de Joachim Nemeitz, qui fournit des « instructions fidèles pour les voyageurs de condition, comment ils se doivent conduire s'ils veulent faire bon usage de leur temps et argent », avec « une description suffisante de la Cour de France, du Parlement, de l'Université, des Académies et Bibliothèques », et « une liste des plus célèbres savants, artisans et autres choses remarquables qu'on trouve dans cette grande et fameuse ville ». L'auteur se plaignit de ce que cette édition française de son *Séjour à Paris* eût été publiée sans son assentiment; il ne put que se plaindre et se résigner.

On a dit que la France était débitrice de l'Allemagne à un autre titre : c'est Strasbourg, alors cité impériale, qui aurait été le berceau de la première gazette périodique, après avoir été celui de la première imprimerie. L'exemplaire le plus ancien que nous possédions de la *Relation aller fürnemmen und gedenkwürdigen Historien*, porte la date du 8 janvier 1609. Mais il ne faut pas oublier qu'on peut envisager plutôt comme le premier essai de journal quotidien, les *Controverses* de François de Sales, adressées en 1595 et 1596 à « Messieurs de Thonon », —

des feuilles de propagande catholique, au demeurant, non des bulletins de nouvelles.

Nous pouvons négliger tous les détails qui ont un simple intérêt de curiosité. Un nom considérable s'offre à nous : Samuel Puffendorf, et ce nom a, de bonne heure, pénétré en France. Puffendorf écrivit en latin son *De jure naturæ et gentium* et son *De officio hominis et civis, juxta legem naturalem*, deux ouvrages qui sont, l'un de 1672, l'autre de 1673, et dont le « réfugié » Jean Barbeyrac fit deux excellentes traductions françaises au début du siècle dernier ; son *Einleitung zur Geschichte der vornehmsten Reiche und Staaten* (1682) fut traduite d'abord par Ch. Rouxel (1706), puis, par Bruzen de la Martinière (1722), sous le titre d'*Introduction à l'histoire universelle*. Les traités juridiques de Puffendorf méritent une mention particulière, car il en passa beaucoup dans les *Principes de droit naturel et politique* de J.-J. Burlamacchi et, de là, dans le *Contrat social* lui-même ; et je ne parle pas du *Droit des gens* d'Emer de Vattel, où l'influence de Wolff s'est greffée sur celle du restaurateur de la philosophie du droit en Allemagne. Mais la préface de Barbeyrac au *Droit de la nature et des gens* de Puffendorf valait, au dire de Voltaire[1], infiniment mieux que le livre tout entier. L'*Etat de l'empire d'Allemagne*, qui parut en latin sous un nom supposé, mais qui est bien de Puffendorf, a tenté deux traducteurs, Fr. Savinian d'Alquié (1699) et J.-F. Spon (1728). Puffendorf a d'ailleurs été consulté, cité, invoqué par nos grands publicistes du xviiie siècle, par Montesquieu, par Voltaire, par Rousseau (*Confessions*, part. I, livre III), qui l'avait déniché dans la bibliothèque de Mme de Warens, qui le critiqua dans son

---

[1] *Virgile Rossel* : Histoire littéraire de la Suisse romande des origines à nos jours, 2 vol. gr. in-8, 1889-1891. II, p. 49 et s.

Discours de l'inégalité parmi les hommes, qui lui prit une définition du droit dans ses *Lettres écrites de la Montagne*.

Ne serait-il pas permis de chercher dans le xvii° siècle allemand, l'origine de certaines idées de Rousseau ? Je pense ici à Ph.-J. Spener (1635 à 1705), le fondateur de ces *Collegia pietatis*, d'où nous sont venus les mots *piétiste* et *piétisme* ? M. E. Ritter[1], qui a voué presque tout son travail d'érudit à l'étude de Jean-Jacques, affirme ceci : « En lisant le livre VI des *Confessions*, on est frappé de voir le développement que Rousseau donne à l'exposé du système théologique de Mme de Warens ; c'est de Magny (un piétiste vaudois) qu'elle tenait ses idées religieuses ; c'est la théologie piétiste que Rousseau connut par elle. Magny et Mme de Warens ont été les intermédiaires par lesquels un écho des idées de Spener est arrivé jusqu'à l'auteur d'*Emile*. » Magny, en effet, entretint des relations suivies avec les mystiques d'Allemagne ; il traduisit, entre autres, *A Dieu seul la Gloire*, un volume de près de 800 pages dont l'auteur était l'illuminé Jean Tennard, et l'on sait qu'il fut le directeur de conscience de Mme de Warens.

II

Les travaux politiques et philosophiques des Allemands pénétrèrent donc en France et n'y furent point dédaignés ; je dois mentionner encore, d'après Quérard, trois traductions françaises de *Der Herr und Diener* (1759) de Carl von Moser, l'un des hommes d'état les plus marquants de son pays ; elles sont de P. Roques (1760), du chevalier de Champigny (1760) et de Verdier (1762). Mais j'anticipe ;

---

[1] *Magny et le piétisme romand*, in-8, Lausanne, 1891 (extrait des *Mémoires et documents de la Suisse romande*, 2° série, III, p. 259).

il est préférable de s'attacher à un nom universel : celui de Leibniz.

Non seulement, Leibniz tenta, dans sa correspondance avec Bossuet, de plaider la cause d'un retour du christianisme à l'union et à l'unité ; c'est en français qu'il composa ses *Essais de théodicée*, et ses doctrines eurent un retentissement prolongé en France. Voltaire railla, dans la suite, l'optimisme leibnizien ; *Candide* en est l'impertinente critique. Il n'en reste pas moins acquis à l'histoire des lettres que le génie de Leibniz a d'abord été apprécié, selon son mérite, de ce côté du Rhin. L'illustre philosophe n'eut, en somme, que des déboires en Allemagne, même dans cette Académie royale de Berlin dont il fut le premier président. Il s'était pourtant érigé en défenseur de la langue allemande dans ses *Unvorgreifliche Gedanken* (1697), où il combattit l'indifférence que l'Allemagne intelligente témoignait au relèvement de l'idiome national. Vain appel, stérile effort !

A la mort de Leibniz, ni l'Académie, ni les cours de Hanovre et de Berlin ne s'émurent; il n'y eut pas une seule démonstration officielle de sympathie ou de regret. La société royale de Londres, dont il avait été l'un des plus anciens membres, montra la même froideur. Au contraire, l'Académie des Sciences de Paris prit le deuil, et Fontenelle consacra l'une de ses meilleures oraisons funèbres à la mémoire de Leibniz : la gloire et la justice venaient de France pour cet homme dont Diderot pouvait dire « qu'il faisait lui seul à l'Allemagne autant d'honneur que Platon, Aristote et Archimède ensemble en font à la Grèce ». De Jaucourt, Bailly, Emmery retracèrent sa vie en termes enthousiastes. C'est un demi-siècle après que l'Académie de Berlin, par un acte de noble contrition et de réparation tardive, proposa pour sujet de concours l'éloge de son premier président; le mémoire d'un Français, Bailly, fut couronné. Depuis 1822, elle fête régulièrement l'anniversaire de Leibniz[1].

La philosophie leibnizienne tient une place considérable dans l'évolution de la pensée française au xviii° siècle. Elle contribua certainement à sauver l'idée de Dieu du naufrage des croyances. Elle inaugura l'ère de l'*Aufklärung*, le règne des « philosophes »; son optimisme, plus généreux peut-être que profond, inspira les encyclopédistes mais tourna, dans leurs écrits, au rêve humanitaire et à l'utopie sociale. Leibniz a été, en outre, l'initiateur d'un genre littéraire, renouvelé des réformateurs; il a transporté les questions les plus hautes, les problèmes les plus abstraits dans le domaine de la littérature courante, en faisant de ses *Essais de théodicée* une sorte d'ouvrage populaire, dépouillé de tout l'appareil des discussions scientifiques. Ce petit traité, d'une ingénieuse et savante familiarité, allait être un modèle dont on abusa et où les intentions militantes l'emportèrent bientôt sur les raisonnements sereins.

[1] *Ch. Bartholmess* : Histoire philosophique de l'Académie de Prusse, 2 vol. in-8, 1851, I, p. 71 et s.

CHAPITRE IV

LA LITTÉRATURE ALLEMANDE EN FRANCE AU XVIIIᵉ SIÈCLE[1]

I

Si nous faisons abstraction de son influence sur nos chansons de geste, la littérature germanique, en tant que littérature européenne, destinée à exercer une action au-delà des frontières et à révéler au monde le génie national, ne date guère que de la seconde moitié du xviiiᵉ siècle. La Réforme religieuse faillit, avec Luther, signifier pour l'Allemagne une Renaissance littéraire, par surcroît, et profondément originale, parce qu'elle puisait aux sources mêmes de l'âme, parce qu'elle traduisait les idiosyncrasies mêmes de l'esprit allemand. Ce ne fut là qu'une grande et brève espérance. La guerre de trente ans survint, ramenant le pays aux âges de barbarie. Tout le xviiᵉ siècle fut, sauf pour les sciences et la philosophie, une époque de stérile fécondité, si l'on peut ainsi parler, et d'assez gauche imitation française. Avant 1750, Gottsched et son école légifèrent et règnent; or, M. Wichmann a prouvé que tout Gottsched est dans Boileau, et ce n'est

[1] *Th. Süpfle*, op. cit., I et IIˡ, pass.

pas en copiant des modèles étrangers, avec plus de servilité que d'intelligence, ce n'est point en bornant son ambition à tout tirer des autres et à se défier passionnément de soi, qu'on renouvelle ou que l'on crée une littérature.

Mais, dès la seconde moitié du XVIII° siècle, et sans interruption, avec des chances d'ailleurs variables, l'Allemagne, redevenue consciente de sa force, tentera de payer à la France, qui a trop dépensé pour ne point s'être appauvrie, une lourde dette de formes et d'idées littéraires. Le XVIII° siècle français avait, comme le dit Hegel, « le fanatisme de la pensée abstraite ». Il fallait échapper à la domination d'un rationalisme aride et fiévreux, retourner à la nature et à la vie. L'Angleterre ne pouvait suffire à cette œuvre de rajeunissement; l'Allemagne se trouva prête, à l'heure propice, pour y concourir.

Elle y éprouva des difficultés que la France n'avait pas rencontrées dans son voyage d'expansion et de conquête intellectuelles au-delà du Rhin. Non seulement sa langue n'était que celle d'un peuple, tandis que celle de ses brillants voisins était la langue de l'Europe cultivée, mais les livres allemands ne pénétraient pas en France ou n'y arrivèrent que peu à peu en traductions approximatives, en adaptations hasardées, et par fragments à l'ordinaire. On n'imagine pas non plus un Grimm renseignant, de Berlin, la cour de Versailles sur les événements littéraires de la capitale prussienne. Et puis, la France avait commencé à s'initier, par le dédain et la raillerie, aux lettres germaniques. Et enfin, les auteurs qui se souciaient, en Allemagne, d'être lus au dehors, se gardaient bien de faire à leur idiome l'honneur de l'employer.

Le P. Bouhours, dans ses *Entretiens d'Ariste et d'Eugène* (1671), se contentait, pour juger la littérature d'Outre-Rhin, de rappeler le mot du cardinal Du Perron sur le

Jésuite Gerster : « Il a bien de l'esprit pour un Allemand. » Plus tard, le P. Sante gémira sur « la triste pesanteur de l'Allemand ». Pour Dubos, « la peinture et la poésie ne se sont point approchées du pôle plus près que la hauteur de la Hollande »; l'Allemagne ne compte pas. Le marquis d'Argens vient à la rescousse, dans ses *Lettres juives* (1737) : « Le génie généralement peu vif des Allemands et leur langue plus propre à écrire des ouvrages de science et de morale que des pièces d'éloquence et de poésie, ont semblé former un obstacle au grand nombre de poètes et d'orateurs parmi eux; ils en ont cependant quelques-uns... Je ne connais aucun poème allemand qui ait fait quelque éclat dans l'Europe, et je doute qu'on en ait jamais traduit[1]. » Les *Lettres françaises et germaniques* (1740), de Mauvillon, sont moins aimables encore ; elles piquèrent d'autant plus l'amour-propre des Allemands que Mauvillon, grâce à un séjour prolongé à Brunswick, était un juge assez compétent, sinon très impartial : « Que manque-t-il donc à l'Allemagne pour produire de grands poètes ? Rien que de l'esprit.... Nommez-moi un esprit créateur sur votre Parnasse; c'est-à-dire nommez-moi un poète allemand qui ait tiré de son propre fond un ouvrage de quelque réputation ; je vous en défie. » Le défi, en vérité, ne pouvait être relevé. Et les appréciations, plutôt sympathiques, de Riccoboni, ou de Montcrif dans le *Journal des savants*, sur le théâtre allemand, ne corrigeaient pas l'impression

---

[1] On retrouve, près d'un demi-siècle plus tard, les mêmes critiques sous la plume de Mirabeau (*Moses Mendelssohn* etc., Londres, in-8, 1787, préface) : « C'est probablement dans la vogue ridicule de cette manière tantôt triviale et tantôt boursouflée, qu'il faut chercher les véritables causes de la longue enfance de votre théâtre et de la lenteur de vos progrès, malgré le nombre abondant de beaux génies qui ont illustré votre nation. »

générale de pauvreté. Quant à l'œuvre bienveillante, mais superficielle, du baron de Bielfeld, *Progrès des Allemands dans les sciences, les belles-lettres et les arts* (1752), elle fut plus discutée à l'étranger qu'en France.

Si la littérature offrait le spectacle d'une laborieuse indigence et d'un entier asservissement aux influences extérieures, la science, en revanche, et la philosophie surtout, faisaient assez belle figure en Allemagne. L'Académie royale de Berlin était fondée, le renom universel de Leibniz rejaillissait sur elle. Mais Leibniz lui-même écrivait de préférence en latin ou en français, et l'Académie avait adopté cette dernière langue comme langue officielle.

Quoi qu'il en soit, l'intérêt de la France d'alors s'éveille peu à peu à l'effort intellectuel de l'Allemagne contemporaine. Dans la préface du tome Ier de la *Bibliothèque germanique, ou histoire littéraire de l'Allemagne et des pays du Nord* (1720-1740), une revue lancée par des « réfugiés » et dirigée par Lenfant, les promoteurs de l'entreprise annoncent qu'ils s'appliqueront « à rendre compte en français d'un grand nombre de pièces importantes et curieuses qui s'impriment journellement en Allemagne et qui ne passent presque point dans les pays étrangers, parce qu'on n'en rend compte qu'en latin ou en allemand ». Et ils ajoutent : « On peut dire certainement que l'Allemagne est aussi féconde qu'aucun pays de l'Europe, en bons esprits et en savants... Il faut bannir de la République des lettres les préjugés réciproques des nations, recevoir tout ce qui est bon et digne du public et ne pas s'exposer à ce reproche satirique :

> Et nul n'aura d'esprit hors nous et nos amis.

On reproche aux Allemands de n'être que des compilateurs, mais ne pourrait-on pas reprocher aux autres d'être superficiels et fort négligents à découvrir leurs sources et à rendre justice à ceux dont ils ont emprunté les lumières ? » Ils s'élèvent énergiquement, dans un style où perce hélas ! l'accent de Berlin, contre les critiques sanglantes qu'Erasme avait adressées au luthéranisme : « d'être uniquement attentif à la cuisine et au mariage », et d'avoir été « la ruine des lettres ».

Des arrière-pensées confessionnelles ne se dissimulaient-elles pas sous ces éloges prodigués à l'Allemagne protestante et ces désobligeantes allusions peu ménagées aux « autres », aux écrivains de la France catholique ? La *Bibliothèque* n'inaugurait-elle pas un retour offensif du « Refuge », sous couleur de vulgariser la science et de célébrer les lettres allemandes ? C'est bien ce que l'on crut comprendre à Paris, où elle n'eut qu'un succès médiocre. Au demeurant, les rédacteurs de ce journal, Lenfant, Beausobre, des Vignoles, Mauclerc, Formey, étaient bien plutôt historiens, théologiens, philosophes, que littérateurs ; ils avaient infiniment plus le sens et les ressources de l'érudition que le souci et l'intelligence des questions d'art.

Ni la suite de la *Bibliothèque*, le *Journal littéraire d'Allemagne, de Suisse et du Nord* (1741 à 1743), ni la *Nouvelle Bibliothèque germanique* (1746-1760) de Pérard et Formey, puis de Formey seul, n'eurent des préoccupations d'esthétique littéraire. A y regarder de près, ces recueils ont essentiellement pour but de faire connaître à la France l'œuvre du « refuge » allemand et de l'Académie royale de Berlin, — de l'Allemagne qui parle le français. On y mentionne sans doute quelques-unes des publications de Gottsched, le théâtre de J.-E. Schlegel[1],

---

[1] Son *Arminius* a été traduit deux ou trois fois ; il doit même avoir été représenté à Paris en 1773. Le *Mercure de France* y trouva

les « poésies morales » de Hagedorn ; on y cite les noms de Gleim, de Gellert ; on y donne « un échantillon des poésies de Jean Mathias Gessner » ; on y loue les *Alpes* de Haller (dans leur traduction française) ; on y rend compte des ouvrages d'Euler, de Leibniz, de Wolff, — et surtout de Formey ! Que si maintenant, l'on n'y passe point sous silence le *Noé* de Bodmer, ou ses *Réflexions sur les peintures poétiques*, ou la préface de Breitinger à ce livre, ou les vers de Brokes, on ne les étudie qu'en courant, de façon malhabile et distraite.

Les notes rapides de Grimm[1], à l'*Almanach historique et chronologique de tous les spectacles* (1750), sur le théâtre allemand, firent plus que toutes les *Bibliothèques* des « réfugiés » de Berlin pour le crédit de la littérature allemande en France. Du moins furent-elles imprimées et lues à Paris. Or, d'après Grimm, « le théâtre allemand est pour le moins aussi ancien, et, jusqu'au temps du grand Corneille et de Molière, aussi brillant et plus fécond que le théâtre français ». Et un nouvel astre paraît : c'est Gottsched, dont l'existence est associée à celle d'une femme qui, pour ses comédies, « mérite les plus grands éloges ». La réaction philogermanique avait fort bien débuté. Malheureusement, le mauvais caractère de Gottsched gâta tout. Grimm ne lui pardonna point les coups trop libéralement distribués à Voltaire, Diderot, puis à La Fontaine, dans l'*Anmuthige Gelehrsamkeit* ; le *Mercure de France* tança vertement le critique malavisé

« de grandes beautés, des tableaux énergiques ; mais la pièce a le défaut de n'être pas très intéressante, et c'en est un bien grand pour les drames ». On a traduit en outre les *Troyennes* de Schlegel et deux comédies que l'on trouve dans l'ouvrage précité de Bielfeld (tome I, chap. XVII).

[1] *Herrig's Archiv*, vol. 82, p. 391 (article de M. R. Mahrenholz).

de Leipzig. Il est vrai que Gottsched put se consoler en savourant les louanges que Fréron décerna, dans ses *Lettres sur quelques écrits de ce temps* (1751), à son *Caton mourant* et aux pièces de Mme Gottsched. Son *Caton* fut traduit en français, quelques années après ; on le trouve, accompagné de « remarques », avec la *Fausse dévote* et la *Femme malade* de Gellert, dans le *Théâtre allemand* de Carrière Doisin (1769). Ses travaux de grammairien ne furent pas non plus ignorés en France ; ses *Principes de philosophie* sont signalés par *Le Conservateur* (1760) comme un chef-d'œuvre de méthode et d'originalité, et l'on en connaît une traduction française de 1762 ; Formey publie en 1767 un *Eloge de Mme Gottsched*, suivi *du Triomphe de la philosophie, par la même*. Et n'oublions pas que la querelle de Gottsched et des Suisses avait été racontée, déjà en 1742, dans la *Bibliothèque raisonnée des ouvrages des savants de l'Europe*, comme aussi dans le *Journal helvétique* (Neuchâtel) de la même année. A Berne même, Henzi[1], dans sa *Messagerie du Pinde* (1747), prenait vivement parti, en bon français, vers et prose, pour Bodmer et Breitinger contre « Teutoboc ».

Gottsched jouissait donc, vers la fin de sa vie, d'une assez large notoriété en France. Il l'avait conquise, moins peut-être par son talent que pour avoir assuré la prédominance du goût français dans son pays, et pour s'être créé

---

[1] *Les œuvres poétiques de Samuel Henzi*, par X. Kohler, Porrentruy, in-8, 1871 ; citons ce premier quatrain d'un sonnet à Bodmer et Breitinger :

    Bodmer et Breitinger, écuyers de Pégase,
    Quelle vigueur reprend le grand cheval ailé ?
    Teutoboc et consorts l'avaient mal étrillé ;
    Sous leurs gothiques mains, il paraissait un aze.

Voir encore J. Bächtold : Geschichte der deutschen Litteratur in der Schweiz, in-8, 1892, p. 567.

de précieuses relations soit à Paris (Fontenelle, de Montcrif, etc.), soit en Allemagne (Voltaire, Formey, d'Arnaud Baculard [1] et d'autres).

Un Allemand, non moins célèbre que Gottsched, le philosophe Chrétien Wolff [2], allait voir ses ouvrages faire leur tour de France, bien qu'il n'eût pas à moitié renié sa langue maternelle comme Leibniz; il sut donner aux doctrines de ce dernier la forme scolastique, et s'approprier ou remanier le système et les idées d'un Français — Descartes. Voltaire qui l'avait complimenté en prose latine, dès 1743, le couvrit, dans la suite, de flatteries mises en alexandrins corrects :

> Et toi, dont la vertu brilla, persécutée...
> Reviens, il n'est plus rien qu'un philosophe craigne,
> Socrate est sur le trône, et la vérité règne.

Ces éloges s'adressaient moins peut-être au penseur qu'à l'ennemi de Maupertuis et au précurseur des *Aufklärer*. Mais Madame du Châtelet était une admiratrice sincère de Wolff. Jean Deschamps et Formey, d'autre part, firent passer en France, par leurs traductions et leurs adaptations, les découvertes du savant, les traités du jurisconsulte, les principes du métaphysicien.

---

[1] *Zeitschrift für vergl. Litteraturgeschichte* de Koch, I, 146 et s. (où M. Th. Süpfle a publié dix lettres intéressantes de Gottsched à d'Arnaud Baculard; Gottsched écrivait un français à peu près correct, et point gauche).

[2] *Histoire de la philosophie européenne*, par A. Weber, cinquième édit., Paris, in-8, 1892, p. 346.

II

L'Allemagne n'exerça cependant aucune influence directe, par Gottsched et ses contemporains, sur la littérature française. Assurément, Moscherosch n'aurait plus, en 1750, gémi comme il gémisssait un siècle plus tôt : « Postérité stupide ! Y a-t-il un animal raisonnable qui changerait sa langue et sa voix pour plaire à un autre ? As-tu jamais entendu un chat aboyer pour les beaux yeux du chien, un chien miauler pour les beaux yeux du chat ?... Et vous ne voudriez pas, ô honte ! donner asile dans votre patrie à votre noble langue maternelle ? » Mais si l'allemand est devenu langue littéraire, il sert toujours à répéter, avec plus d'application que d'adresse, les leçons des maîtres parisiens. On imite ou l'on copie à l'envi. « La plupart des savants — des écrivains — allemands étaient des manœuvres, dit Frédéric II dans l'*Histoire de mon temps*; les Français, des artistes. » Voilà, en une petite phrase, toute l'explication du rôle insignifiant que les lettres germaniques jouèrent en France avant 1750. Il n'en reste pas moins que les *Bibliothèques* de Lenfant et Formey, l'œuvre de Gottsched et de Wolff ont attiré l'attention et piqué la curiosité de Paris. La voie est ouverte ; et, de l'intérêt, même condescendant ou dédaigneux, à l'engouement, il n'y a souvent qu'un pas, en France plus que partout ailleurs.

Grimm est arrivé à Paris en 1749. Il est très instruit, il est très fin. « De quoi s'avise donc ce bohémien, s'écrie Voltaire, d'avoir plus d'esprit que nous ? » Il ne lui faudra pas beaucoup de temps pour être à la mode et pour dépouiller son style des « plaisants germanismes » qu'on lui reprocha tout d'abord. Sa science, très réelle, n'est ni ennuyeuse, ni pédante ; son intelligence, formée par de solides études, lui permet d'aborder, avec une indépendance et une autorité qui ne sont point communes dans le milieu où il vivra désormais, les problèmes les plus délicats ou les plus revêches de l'esthétique et de la philosophie. Outre que l'Allemagne nous a donné, par Grimm, cette *Correspondance littéraire* où se retrouvent, affinées et ornées, toutes les qualités de la race, c'est le patriotisme, si le mot est de mise au xviii° siècle, qui dicte à l'ami de Diderot ses deux articles au *Mercure de France* d'Octobre 1750 et Février 1751.

Ces monographies « sur la littérature allemande » sont rédigées avec beaucoup d'art, bien que leur auteur n'ait pas une connaissance très approfondie du sujet. Les Français ne sauraient en prendre ombrage : Grimm ne les flatte-t-il pas gentiment, tout en leur révélant la poésie et les poètes de son pays, que de rares et d'assez maigres notices dans les *Bibliothèques germaniques* n'avaient point tirés de l'ombre ? « L'Allemagne, depuis environ trente ans, est devenue une volière de petits oiseaux qui n'attendent que la saison pour chanter. » La saison est là ! Voici les *Poésies choisies de M. Haller*, traduites en prose par le Bernois V.-B. de Tscharner (1750), et qui ont, dans l'espace d'une dizaine d'années, trois éditions « retouchées et augmentées ».

Haller est le « Pope de l'Allemagne », pour Fréron. Il rencontre des juges bienveillants et même des admirateurs enthousiastes. Gœthe prétendit un jour — c'était aussi l'opinion de Condorcet — que la renommée du savant avait beaucoup contribué au succès du poète en

Europe. Rien de plus vrai, mais ce n'était pas l'opinion de Mme du Boccage ¹, la traductrice de Milton :

> O toi, que la France a connu
> Comme un Philosophe sublime,
> Mais que notre esprit prévenu
> Croyait ennemi de la rime;
> Tu fus le premier des Germains,
> Qui, marchant sur les pas d'Horace,
> Nous appris, par tes sons divins,
> Que ces fils du Dieu de la Thrace
> Cultivent les fleurs du Parnasse....

Qu'importe d'ailleurs que le « philosophe sublime », ou mieux, le physicien illustre, ait servi d'introducteur au chantre des *Alpes!* Celui-ci peut voler de ses propres ailes. « Les Anglais et les Allemands, dira Saint-Lambert, dans le *Discours préliminaire* des *Saisons*, ont créé le genre de la poésie descriptive »; et, pour lui, « les Allemands », c'étaient Haller et Gessner. Boulenger de Rivery ne croit pas qu'il y ait dans aucune langue « des morceaux de poésie plus frappants, des tableaux plus véritablement sublimes » que ceux de l'auteur des *Alpes*. Fréron, dans l'*Année littéraire*, abonde dans le même sens. Haller a bientôt ses fanatiques; le conseiller Trudaine se met à l'étude de l'allemand en l'honneur de Haller. Saint-Lambert le lit, Roucher l'imite dans ses *Mois* :

> Monts chantés par Haller; recevez un Poète;

et l'on trouvera, sinon des réminiscences fidèles, du moins

---

¹ Mme du Boccage écrivait à Gessner, le 20 février 1760 : « Vous me prouvez, Monsieur, que j'avais raison de mander, il y a quelques années à Monsieur Haller, que ce n'était plus au bord de la Seine, ni en Phocide, qu'il fallait chercher le Parnasse, mais vers les Alpes. » (*Salomon Gessner*, von H. Wölflin, Frauenfeld, in-8, 1880, p. 381.)

l'influence de Haller dans les pages où l'auteur de la *Nouvelle Héloïse* va célébrer le monde alpestre.

M. Th. Süpfle peut écrire que, grâce aux *Poésies de M. Haller*, « un grand pas était fait ». La poésie était riche d'un nouveau miracle : elle avait intéressé la France à l'Allemagne littéraire, elle l'avait presque conquise, du premier coup, alors que les *Bibliothèques germaniques*, Gottsched, Grimm et tant d'autres, avaient à peine préparé la conquête. La convention et l'esprit régnaient sur le Parnasse français ; les Anglais et les Allemands y ramèneront-ils la nature et la vérité ?

Les viriles et sévères beautés des *Alpes*, encore qu'un peu compassées et un peu froides, cédèrent en popularité au charme plus facile et plus mièvre de rivales, dangereuses précisément parce que, sous l'apparence de l'originalité, elles ne tendaient, en somme, qu'à entretenir la sensiblerie et le faux goût du siècle : Gellert et Gessner furent à la mode. Les beaux esprits s'habillèrent en bergers ; ils crurent agir et sentir en hommes.

Entre temps, une revue s'était fondée (1754), le *Journal étranger*, qui devait coopérer pour une bonne part à la diffusion de la littérature allemande en France. *Externo robore crescit !* Le but de ses rédacteurs, F.-V. Toussaint, J.-P. Moët, l'abbé Prévost d'Exiles, l'abbé Arnaud, Fréron, J.-J. Rousseau, etc., est de « rassembler en une seule confédération, toutes les républiques particulières », et les « républiques des lettres » avant tout. Ils ont des correspondants en Allemagne, le frère du poète Hagedorn, Gellert, Nicolaï, Tscharner, le traducteur de Haller. Le *Journal étranger* mourut déjà en 1762 ; mais son œuvre ne fut pas vaine. La *Gazette littéraire* d'Arnaud et Suard essaya de remplacer le *Journal* et de durer ; elle n'y réussit point. Le *Journal littéraire* de Fréron les suppléa tant bien que mal ; des anthologies, comme le *Choix littéraire de Genève* (1755), le *Choix de poésies allemandes* de Huber (1776), le *Choix varié d'Avignon* (1772), pénétrèrent un peu partout[1].

C'est vers le même temps que Boulenger de Rivery publia (1754) des *Fables et contes*, parmi lesquels dix-huit morceaux étaient empruntés à Gellert, — une mauvaise traduction en vers de ce fabuliste avait paru à Strasbourg, quatre ans auparavant ; nous ne la mentionnons que pour mémoire ; — cet ouvrage était précédé d'un long « discours préliminaire » sur les lettres allemandes. Aux yeux de l'auteur, Gellert est le prince de la poésie germanique : « c'est celui qui me paraît avoir porté le plus loin la gloire des lettres en Allemagne ». Et les épithètes louangeuses de se suivre : « force naturelle », « harmonie touchante », « sublimité des sentiments ».

En réalité, Gellert est de la littérature française qui revient à Paris par la route d'Allemagne, dans une forme plus simple, plus populaire, et dépouillée de ces « images licencieuses » que, nous apprend Boulenger de Rivery, « on ne devait pas s'attendre à y trouver ». Grimm le traite de « La Fontaine allemand ». Heureux en France les étrangers qui ne viennent pas de trop près !

Michel Huber traduit, en 1766, de nombreuses fables de Gellert. Toussaint en publie, deux ans après, une traduction complète ; Dorat en imite plusieurs dans ses *Fables nouvelles*. La vogue persiste si bien que presque tout Gellert est mis en français, même ses *Leçons de*

---

[1] Vers 1770, l'Allemagne était si fort à la mode en France, que le chevalier de *** publie à Paris, en 1771, un roman licencieux, *La vertu éprouvée ou les aventures de Liebe Rose*, « histoire scythe, imitée de l'allemand », — ceci pour allécher le lecteur, car le livre est bien d'un Français et n'est point « imité de l'allemand » du tout.

morale, ses *Lettres*, sa *Vie de la comtesse suédoise de G.* (par Formey), sa pastorale *Sylvie*, ses comédies larmoyantes, les *Tendres sœurs*, la *Femme malade*, la *Fausse dévote*, le *Billet de loterie*. Quant aux *Hymnes et odes sacrées*, il est peu probable que la traduction qu'en fit la veuve de Frédéric II ait passé en France. On conçoit, à la rigueur, que ses fables, ses contes, voire ses leçons de morale aient plu à Versailles et à Paris. Mais son théâtre ? Il est aussi languissant que peu original ; Marivaux, Destouches, Nivelle de La Chaussée furent ses modèles, il s'en écarta le moins possible, mais il ne sut que les affadir. Voss raillait, non sans raison, la langue même de Gellert, son « allemand français », son *französisch Deutsch*.

L'Allemagne n'en conservait pas moins un sérieux avantage sur la France : la vertu n'y était point ridicule, les mœurs y étaient meilleures, dans la bourgeoisie et parmi les écrivains, l'amour n'y avait rien perdu de sa poésie, le mariage y était mieux qu'une affaire ou une concession aux usages établis. Et tout cela donnait à sa littérature un caractère particulier de décente et fraîche sincérité. La *Revue encyclopédique*, en 1780, pourra vanter, sur le ton du plus ardent lyrisme, les pages éloquentes, pleines de profonde tendresse, que Ch.-A. de Bismark, le grand-père de l'ex-chancelier, a consacrées à la mémoire de sa femme.

Qu'on ne se figure point pour autant que, vers 1760 ou 1770, l'Allemagne règne dans la poésie ou la prose françaises ! Elle reçoit bien plus encore qu'elle ne prête.

Mais n'est-ce pas une prophétique vision de l'avenir qui fit s'écrier à Dorat, dans son *Idée de la poésie allemande* : « O Germanie, nos beaux jours sont évanouis, les tiens commencent ! » A l'heure où disparaissent Buffon, Rousseau, Voltaire, l'étoile de Lessing et de Herder s'est levée, celle de Gœthe et de Schiller monte à l'horizon. Dorat constate, au demeurant, que « l'essai de poésies suisses de Haller déconcerte nos idées, pulvérise nos bons mots et nous fait passer d'un mépris mal fondé à une ivresse qui pèche aussi par l'excès : car il est impossible que nos sentiments, soit en bien, soit en mal, se reposent dans un juste équilibre ». Il parle de Gessner, de Ch.-E. Kleist, en faveur desquels « nos jolies femmes » oublient les noms des poètes anglais « pour articuler, autant qu'il leur est possible, ceux des Rost, des Schlegel et des Karsch, des Cronegh, des Klopstock »[1].

Non seulement, les poètes du sentiment et de la nature sont accueillis avec faveur en France ; les satires de Rabener y sont traduites dès 1754, les fables de Hagedorn dès 1760 et ses « chansons badines », les *Métamorphoses*, les *Quatre parties du jour*, le *Phaéton* et *Raton aux enfers* de Zachariæ, des stances érotiques de Uz, l'adorateur de Chaulieu,

> *Chaulieu, den, bekränzt mit Rosen,*
> *Alle Grazien liebkosen,*

quelques-uns même des *Preussische Kriegslieder von einem Grenadier*, de Gleim ; bien plus, on y lit les *Chants d'une amazone française*, adaptation fort goûtée des *Amazonenlieder* de Chr.-Félix Weisse, on y exalte les exploits de Frédéric le Grand,

> Qui réunit le double Empire
> Des Plutarques et des Trajans ;

on y a publié *Les Troyennes* et *Arminius*, les deux plus remarquables tragédies de J.-E. Schlegel, qui, selon le *Journal étranger*, « eût été le Corneille de l'Allemagne si

---

[1] *Zeitschrift für vergl. Litteraturgeschichte*, II, p. 2.

la mort ne l'eût arrêté au milieu de sa carrière¹ »; Mercier emprunte au baron de Cronegh, « le Young allemand » qui s'était essayé au théâtre, le sujet et bien des traits de son *Olinde et Sophronie;* Marmontel écrit des « vers imités d'une idylle de Kleist »... Mais, de cette belle passion française pour l'Allemagne, nul ne bénéficia et nul ne l'excita davantage que le Zurichois Salomon Gessner². Avec lui, l'idéal « état de nature » avait son poète aimable, gracieux, fleuri, moral par surcroît et sensible à souhait.

Aux bergers galants et spirituels de Mme Deshoulières et de Fontenelle, le « Théocrite helvétique » opposa des pâtres moins artificiels, non moins fades à tout prendre. On crut vraiment à une résurrection littéraire de la nature. Gessner eut cette fortune que les Français ignorèrent une méchante traduction de son *Daphnis* (Rostock, 1756), assez pauvre imitation lui-même du roman de Longus si délicieusement transporté dans notre langue par Amyot.

La *Mort d'Abel* fut convenablement traduite, en 1759, — avec la collaboration de Turgot — par Michel Huber, l'un des initiateurs les plus persévérants de la France à la littérature allemande; elle fit si rapidement son chemin qu'une « nouvelle édition revue et corrigée » en était nécessaire après quinze jours. C'est une folie d'engoue-

---

¹ On lit dans la *Correspondance littéraire* de Grimm (éd. Tourneux, X, p. 67), en 1776, « qu'après avoir beaucoup applaudi cette pièce (*Arminius*, traduction Bauvin) au théâtre, on en dit beaucoup de mal dans le monde; on l'a trouvée froide et ennuyeuse ». Le sujet, en effet, est celui d'une épopée, non d'un drame.

² Il y a intérêt à consulter les *Observations historiques sur la littérature allemande* de L.-Th. Hérissant (1781), qui avait été conseiller de légation à Ratisbonne; cette monographie a paru d'abord comme annexe aux *Œuvres choisies de M. Gessner* (Zürich, 1774).

ment. On est ravi, on délire. Le *Journal des savants* est dans l'extase, comme la *Correspondance littéraire* où Grimm déclare « qu'il ne connaît rien de si parfait dans son genre ». Rousseau mande à Huber, en 1761 : « Gessner est un homme selon mon cœur. » Abel est le héros du jour ; Caïn lui-même est réhabilité.

L'abbé Bergeron met la *Mort d'Abel* en hexamètres latins ; Gilbert en « imite » les chants VII et VIII en bons alexandrins ; le libraire parisien Costard publie une étonnante *Lettre de Caïn, après son crime, à Méhala son épouse* (1765), — de ce Caïn qui

> inventa l'art honteux de détruire un mortel.

Pour Madame du Boccage, qui ne peut résister de faire, elle vingtième, son *Imitation du poème d'Abel*, Gessner continue Milton. Un critique invite Aubert, qui a tiré un drame en trois actes et en vers (1765) de l'œuvre de Gessner, à le donner au théâtre. Et l'on sait que, plus tard (1792), Legouvé reprendra la *Mort d'Abel*, qu'on la convertira en livret de « tragédie lyrique » et la jouera au Grand Opéra de Paris en 1810 et 1825, que d'innombrables traductions en paraîtront, la dernière en 1853.

Encouragé par ce succès extraordinaire, Michel Huber s'empressa de traduire les *Idylles* (1762) ; il y fut aidé encore par son élève Turgot, et Diderot ne lui ménagea point des conseils excellents. L'applaudissement fut unanime. Théocrite est dépassé, Gessner sacré « homme de génie » ! Traductions, adaptations, imitations se succèdent, et ce que l'on fait pour les *Idylles*, on le fait également pour les poèmes de Gessner, la *Nuit*, *Eraste* etc. Diderot s'inspire d'Eraste pour sa pièce en un acte *Les pères malheureux*, comme Marmontel pour *Sylvain* « comédie en un acte mêlée d'ariettes » ; au commencement de notre siècle, Esmenard s'appropriera le thème du *Premier navigateur* de Gessner, qui avait fourni le sujet d'un opéra et la matière d'un ballet, pour son grand poème didactique : *La navigation* (1805).

Le premier en date des bons translateurs des *Idylles* ne serait-il pas Léonard, qui a quelque chose de la facilité et de la naïveté de Gessner, bien que Grimm l'ait traité de « singe prenant Antinoüs pour modèle » ? Blain de Sainmore a plus d'élégance et de distinction. « Mais, affirme Berquin, les moissons de ces deux poètes n'ont pas épuisé les vastes champs de M. Gessner. » Et il s'attelle à la besogne : treize morceaux de son recueil d'*Idylles* sont imités de Gessner, un de Gerstenberg, un autre enfin de Wieland (les *Délices de l'hymen*).

Voici quelques lignes caractéristiques de la préface de Berquin (3ᵉ édition, 1775) : « Le fond peu intéressant de la plupart des anciennes poésies bucoliques, le ton précieux et les fadeurs mêlés, dans nos églogues modernes, à un petit nombre de traits fins et délicats, avaient prévenu depuis longtemps notre goût dédaigneux contre les Muses pastorales. L'Aminte du Tasse et les Amours de Daphnis et Chloé étaient presque les seuls ouvrages qu'il eût exceptés de ses proscriptions, lorsque la traduction des Poèmes de M. Gessner vint ramener heureusement nos regards sur la scène champêtre. Egal en simplicité au Berger de Sicile dont il a su, imitateur judicieux, éviter la rusticité ; un peu moins poète que le Chantre de Mantoue, mais ayant d'ailleurs toutes ses grâces, sensible et affectueux comme Racan et d'Urfé, sans que ses expressions tendres deviennent jamais langoureuses ; doué tout à la fois de la molle douceur de Segrais et d'une touche plus originale ; presque aussi fin dans son air de négligence que M. de Fontenelle dans ses traits les plus étudiés; plus naturel et non moins ingénieux que La Motte dans le choix de ses sujets, à la naïveté piquante de Longus et à la délicieuse aménité du Tasse, M. Gessner avait su allier plus de variété, de chaleur et de philosophie... Aussi les Poésies pastorales de M. Gessner obtinrent-elles parmi nous le succès le plus flatteur. Tous nos journaux furent inondés de traductions de ses idylles. » Gessner égale donc les meilleurs, et sur tous, il a même quelque supériorité.

Gottsched avait cherché, en vain, à ramener le naturel dans la pastorale, « à rendre la vie innocente, paisible, patriarcale, la vie réelle des bergers de jadis ». Gessner y réussit, lui, du moins au regard de ses contemporains. Quelle différence entre ses idylles et les églogues d'un Fontenelle ! Et pourtant, ses bergers sont bien du XVIIIe siècle, mais ils ont de la naïveté, et ils nous reportent à l'âge d'or. Une des causes de l'extrême faveur dont jouit Gessner tient encore à ce qu'il est un « philosophe », ein *Aufklärer*, qui veut le bonheur du genre humain : or, les hommes des temps primitifs furent heureux parce qu'ils étaient bons et simples. Retournons à la vertu sans fard de la vie champêtre !

Gessner avait commencé par être un élève de Gleim, par faire de

ces vers badins,
Ces riens naïfs et pleins de grâce,

dont parle Voltaire. Il eut bientôt l'intuition très nette de ce qu'il fallait au public lettré de son époque ; il lui donna de la nature, mais de la nature de « philosophie » tout ensemble très ingénieuse et candide à point. Il écrit à Ramler, le 12 février 1775 [1], en s'indignant contre

---

[1] *Zeitschrift für vergl. Litteraturgeschichte*, N. F., V, p. 112.

nouvelle littérature allemande, plus nationale, et, au fond, plus vraie que la sienne : « Que dire du ton à la mode en Allemagne ?... Devons-nous emprunter mœurs, langage, mythologie au temps où notre nation était un ramassis de sauvages ? Les Grecs ont-ils formé leur esprit sur le modèle de l'époque où leurs ancêtres se disputaient les glands avec les porcs ? Que pensez-vous du langage hiéroglypho-aventureux que Herder et Klopstock emploient à exprimer des choses qu'on a exprimées fort clairement avant eux en langage humain ? Où en arriverait notre littérature, si nous prenions le mors aux dents avec ces gens-là ? » Et Ramler de répondre : « Je signerais tout cela, — mais en soupirant. » Lui, ne « soupire » pas ; il entend exploiter sa veine jusqu'au bout, un peu surpris, je crois, de son triomphe. Il est, pour tout dire, bien plus goûté en France qu'en Allemagne [1]. On souhaite de l'avoir à Paris. Meister lui annonce qu'il est chargé par Diderot de lui demander s'il consentirait à joindre aux nouvelles idylles « enchanté, c'est son mot, de se trouver accolé avec vous dans le même volume », deux petits contes moraux, qui parurent, en effet, à Zurich (1773), sous ce titre : *Contes moraux et nouvelles idylles de D..... et Salomon Gessner* [2]. Florian, comme Berquin, le place au-dessus des modernes et même des anciens, en ajoutant que Gessner « n'a pas moins dû sa grande réputation à son amour pour la vertu qu'aux grâces de son esprit ». Il y a, dans André Chénier, des réminiscences assez vives de Gessner, du « sage Gessner » dont le « lac enchanté » de Zurich

à ses nymphes avides,
Murmure des chansons sous leurs antres humides,

[1] *J.-J. Honegger* : Kritische Geschichte des franz. Kulturcinflusses, etc., Berlin, in-8, 1875, p. 328.
[2] *Herrig's Archiv*, LXXIII, p. 236 et s.

et, dans ses *Lettres critiques sur André Chénier*, Becq de Fouquières a noté les emprunts du poète français à son modèle allemand ; l'*Almanach des Muses* de 1786 affirme que
   Dans ses tableaux naïfs Théocrite est vaincu ;
Chênedollé n'a jamais oublié l'impression de pure et fraîche poésie que lui firent les *Idylles*. On porte les bergers de Gessner au théâtre, on les met en musique ; ils émeuvent la France, ils l'amusent, ils attendrissent le xviii° siècle frivole et léger ; Madame Dubarry pleurait en lisant Gessner....

III

Ni Klopstock, ni Lessing, ni Herder, ni Wieland, ni Schiller, ni même Goethe — sauf par son *Werther* — ne provoquèrent en France une semblable explosion d'enthousiasme. Trop Allemands, la plupart, quand ils n'étaient pas trop Français d'Allemagne comme Wieland, ils déconcertaient la curiosité. Ils arrivaient d'un autre monde, avec une autre culture et d'autres procédés littéraires, sans ce charme de politesse et d'esprit qu'on retrouvait si volontiers dans le « Théocrite helvétique ».

Klopstock, en particulier, ne fut guère admiré en France que sous la figure d'un ami de la Révolution. Le 20 février 1792, il écrivait à La Rochefoucauld qu'il en était « à se croire citoyen français » ; et, quand il le fut, par décret du 26 août 1792, il en éprouva une véritable « volupté ». Les jacobins se chargèrent de modifier ses impressions et ses opinions. « Il n'est peut-être personne, a-t-il dit, qui ait pris un intérêt plus vif — *innig* — que moi à la Révolution, et qui en ait autant souffert que moi. »

Klopstock n'attirait point les Français. Son inspiration, très élevée, mais nuageuse et d'allure solennelle, rebutait les traducteurs. Or un Allemand non traduit était à peine lu. La Suisse servit d'intermédiaire, pour l'auteur de la *Messiade* comme pour Haller et d'autres; Bodmer, enflammé d'un beau zèle, avait annoncé dans ses *Neue kritische Briefe* qu'il veillerait à le faire connaître en Italie et en France. A son instigation, le *Journal helvétique* publia, en décembre 1748, un *Echantillon d'un poème épique allemand*[1], « dont le sujet est la rédemption ou le Messie ». Cet « échantillon » ne parvint pas à son adresse, j'entends à Paris. Une traduction de Tscharner aurait paru à Berlin, si Maupertuis et Voltaire, qu'un membre de l'Académie royale de Berlin — Sulzer — avait priés de recommander l'affaire au grand Frédéric, ne s'étaient dédaigneusement récusés. « Je connais bien le Messie, dit Voltaire, c'est le fils du Père Eternel et le frère du Saint-Esprit, et je suis son humble serviteur; mais, profane que je suis, je n'ose pas mettre la main à l'encensoir. »

En France, c'est Fréron qui, le premier, s'intéressa au poète de la *Messiade* (*Année littéraire*, 1755); il signala notamment l'analogie du sujet avec le *Paradise regained* de Milton et la *Christiade*, épopée en prose de l'abbé de La Baume. Disons, en passant, que le *Messie* de Dubourg (1777) est imité, non de Klopstock, mais de Milton. Le *Journal étranger* (août 1760 à septembre 1764) ne voulut point que Fréron fût seul à s'enthousiasmer; il donna des fragments et un commentaire chaleureux des dix pre-

---

[1] *Vinzenz Bernhard von Tscharner*, von G. Tobler, Bern, in-4, 1895, p. 13.

miers chants de cette œuvre où « la poésie d'Homère était asservie à celle des prophètes ». Turgot a laissé une « traduction du commencement de la *Messiade* ». Mais on n'avait rien offert encore de complet au public français — et le poète en était fort marri — lorsque d'Antelmy, l'adaptateur des fables de Lessing, qui avait communiqué, dès 1763, deux extraits de la *Messiade* au *Journal des savants*, se décida à lancer son *Messie*, « poème en dix chants, traduit de l'allemand de M. Klopstock » (1769; nouvelle édition en 1772); d'Antelmy avait eu comme collaborateur, Junker, son collègue et ancien maître à l'Ecole royale militaire. La prose élégante, mais incolore, du *Messie* ne satisfit point Klopstock, ni d'ailleurs les Français qui jugèrent le « Milton allemand » sans faveur: « Sa manière est noire et sombre. Il peut être sublime, mais il est trop abstrait. »

Un pasteur neuchâtelois, L.-F. Petitpierre, fervent admirateur de Klopstock, essaya de faire mieux et de traduire la *Messiade* d'un bout à l'autre, quoiqu'elle s'achève en réalité à la mort du héros, soit à la fin du dixième chant. Sa traduction, publiée après sa mort, en 1795, est d'une redoutable littéralité; n'y cherchez qu'un beau cadavre. Celle de la chanoinesse von Kurzrock (1801) est d'une remarquable platitude, l'incorrection et la gaucherie mêmes, tant et si bien qu'elle arracha au poète ce jeu de mots saugrenu : Madame Kurzrock a l'esprit aussi court (*kurz*) que sa robe (*Rock*)! D'autres tentatives échouèrent, pour diverses raisons indiquées dans les *Archives littéraires de l'Europe* (II, 108); Delille, qui s'était proposé de mettre en alexandrins fleuris l'épisode d'Abbadona, sur le texte français fourni par Ch. de Villers [1], y renonça bientôt : « C'est trop élevé pour moi. »

[1] Cfr. *Spectateur du Nord*, 1799.

Klopstock maudissait en vain sa mauvaise chance : l'interprète idéal se dérobait obstinément. Fut-il consolé, dans quelque mesure, de l'insuccès de sa *Messiade* en France, par l'*Invention* de Chênedollé [1] ? Ce « poème dédié à M. Klopstock » est l'hommage passionné d'un disciple et d'un ami. Chênedollé, jeté sur la terre étrangère par la Révolution, fut présenté par le marquis de La Tresne au chantre du Messie, que ces Français comprirent et aimèrent. Dans l'*Invention*, nous lisons que la gloire d'Homère, de Virgile, du Tasse, de Milton pourra s'éteindre, mais

> Que le temps, ô Klopstock, sur tes pages divines
> N'osera déployer son bras dévastateur.

Ce cri d'adoration peut sembler ridicule ; il fut sincère. Le génie du christianisme était apparu à Chênedollé sous les traits et dans les chants de Klopstock. Le paradis, l'enfer, le mystère sublime de la rédemption lui avaient été dévoilés par la *Messiade*. Et l'influence de Klopstock se marquera profondément dans les *Etudes poétiques*, comme dans presque toute l'œuvre de Chênedollé.

La *Messiade* n'eut en France qu'un succès d'estime ; on la tenait un peu pour du Milton réchauffé. Et ses traducteurs, dans notre siècle, la desservirent autant que d'Antelmy et Petitpierre, depuis M. I. d'Horrer, « officier supérieur » et le baron de Liebhaber (1825, 1828) jusqu'à Mme de Carlowitz (1842 et 1860) ; des Allemands seuls y

---

[1] Aurait-il éprouvé quelque fierté à retrouver dans les *Lettres à Sophie* de Mirabeau, et dans les plus brûlantes d'amour, la traduction littérale de l'un ou l'autre passage de sa Messiade ? On sait Mirabeau coutumier du plagiat ; cfr. *Individualitäten aus Paris*, de Cramer, 1806, II, p. 211 et mon *Histoire littéraire de la Suisse romande*, II, p. 341, note. Voir sur Mirabeau et Klopstock, *Revue de l'hist. litt. de la France*, tome I, p. 81.

ont risqué leur français. Elle est, proprement, intraduisible dans notre langue qui la dépouillerait de toute sa couleur et de toute son originalité. Ce n'est point là un chef-d'œuvre pour l'exportation; protestante et germanique, elle est et restera.

Le théâtre de Klopstock passa plus facilement en France que son épopée. La *Mort d'Adam* fut lancée par le *Journal étranger* (1764) : on estima qu'elle renouvelait un genre littéraire par la simplicité des moyens et la puissance de l'intérêt dramatique, que le « bel esprit » pouvait rendre les armes, que la morale et l'art fêtaient un triomphe [1] dans ce noble morceau d'histoire biblique transporté sur la scène.

Cinq ans après sa publication en Allemagne, la *Mort d'Adam* (1762) était traduite en prose par l'abbé Roman et précédée de « réflexions préliminaires » d'un lyrisme débordant. Cette pièce sera « vraisemblablement sans imitateurs comme elle a été sans modèle ». Klopstock s'est « ouvert une route nouvelle; la force de son génie l'a soutenu entre deux écueils, les écarts irréguliers des Anglais et la timide exactitude des Français ». L'abbé Roman, entraîné par son zèle de traducteur, avait dépassé la mesure. Grimm, lui, « n'aimait point cet ouvrage et ne pouvait goûter les beautés dont on le disait rempli ». Fréron fit très judicieusement observer que la *Mort d'Adam*, en dépit de tout le talent de Klopstock, n'était rien moins que du théâtre. Ce n'était, en effet, qu'une épopée dialoguée, et l'on put s'en persuader mieux encore dans les deux imitations en vers de Poinsinet et de l'abbé de Saint-Ener.

[1] Nous montrerons ailleurs qu'en réalité Klopstock a pris, dans son théâtre, les Français pour modèles; cfr. *Honegger*, op. cit. p. 345.

Mais voici de nouvelles adaptations de la *Mort d'Adam*. Nous aurons la pièce de Mme de Genlis dans le tome premier du *Théâtre à l'usage des jeunes personnes* (1785), librement arrangée en tragédie, selon la formule classique ; nous aurons ensuite celle que Villemain d'Abancourt a écrite pour l'*Almanach des enfants* (1787) et qui est devenue « un poème dramatique en un acte et en vers ». On a maintes fois conté l'anecdote de Bonaparte se faisant lire la *Mort d'Adam* en Syrie, devant Saint-Jean-d'Acre.

Il suffira de rappeler ici, en mentionnant les deux médiocres traductions de la *Hermannsschlacht* (*Bataille d'Hermann*), par Bauvin (1773), et Ch.-F. Cramer (1799), qu'André Chénier avait conçu le projet d'écrire une tragédie sur la mort d'Arminius. Il est préférable de s'attarder aux *Odes*[1] du poète, la plus brillante et la plus personnelle de ses œuvres. Si la *Promenade sur le lac de Zurich* fut déplorablement gâtée par le Zurichois Werdmuller, en 1750, *Hermann et Thusnelda* trouva un imitateur génial dans André Chénier ; le chevalier de Bourgoing fut moins heureux avec les *Etats-généraux*, et les alexandrins pompeux de M. de Meilhan n'ont point sauvé la version française de l'*Eroberungskrieg*. Madame de Staël, qui plaçait les *Odes* au même rang que la *Messiade*, n'en a traduit qu'une, les *Deux Muses*. C'est à Camille de Jordan qu'il appartenait de présenter à la France le bagage lyrique de « son cher Klopstock ». Ses *Essais sur Klopstock* sont restés inédits, mais la *Minerve littéraire* a publié en 1820 et 1821, six des plus belles odes de notre poète, les *Heures de l'inspiration*, l'*Adieu*, *Mon Erreur*, le *Bonheur de tous*, *Salem*, et *Ma patrie*, traduites

---

[1] *E. Bailly* : Etude sur la vie et les œuvres de Klopstock, p. 446 et s.

en bonne prose par Jordan. On dut cependant attendre jusqu'en 1861, avant de pouvoir se faire une idée à peu près complète de la valeur des odes ; je pense aux *Odes choisies de Klopstock*, de C. Diez.

En somme, l'auteur de la *Messiade* put frapper quelques imaginations, en subjuguer quelques autres ; sa trace se perd dans le mouvement général de la littérature française au xviii° siècle. Il étonnait et il imposait; il ne fut ni goûté, ni compris. Et ses traducteurs l'ont presque tous trahi, tant la langue et la pensée de Klopstock leur échappaient et demeurent fermées à l'esprit français lui-même.

Qu'en sera-t-il de deux Allemands bien plus près de nous par le génie, bien plus nourris de notre sève et formés à notre école, quoique l'un d'entre eux, Lessing, — l'autre est Wieland — passe pour le coryphée de la littérature nationale en Allemagne, le grand magister ès arts de la nouvelle Germanie ?

Il est certain que, dans la seconde moitié du xviii° siècle, il n'eût pas été permis de dire sans injustice, comme le fera Börne, en 1836, au moment d'une baisse soudaine d'enthousiasme et même de curiosité, « que la France devrait enfin apprendre à connaître l'Allemagne, cette source de son avenir ». Elle n'a pas attendu Borne pour se mettre à l'œuvre. On a pu s'en convaincre à propos de Haller, de Gessner, de Klopstock même. Et tenez, Paris repoussera-t-il Lessing qui est le porte-parole et le chef de la réaction anti-française dans la littérature allemande? On mettra, tout au contraire, quelque coquetterie à le traduire et à l'encenser, sinon à l'adopter. Et puis, pour ne pas être en reste de bons procédés avec lui, les Français auront soin de se souvenir qu'il fut, à l'heure des débuts et même plus tard, un grand débiteur de leur esprit ; ils lui reprendront ce qu'ils lui avaient prêté.

M. V. Cherbuliez a très ingénieusement montré que Lessing n'a pas des droits incontestables au titre de créateur de l'esthétique moderne. « Lessing fut un prodigieux raisonneur, raisonner fut sa principale occupation et la joie souveraine de sa vie ; mais, s'il ne peut nous servir d'oracle, il sera toujours un inspirateur, l'un de ces héros de l'intelligence qu'il est bon de fréquenter parce qu'on apprend d'eux la liberté et le courage de la pensée. » Il accomplit, avec Diderot, au profit des classes moyennes, une révolution littéraire, et surtout dramatique, qui précéda le violent avènement politique de la bourgeoisie ; il fut le tacticien le plus persévérant et le plus habile, et non le plus scrupuleux, de l'insurrection contre le goût et l'art classiques du siècle de Louis XIV ; il fut encore, et par dessus tout, un génie critique ayant la volonté et la force d'aller au fond des choses, admirablement armé de vaillance et de science, si bien que Guizot avait raison de « se vanter, en 1811, de s'être formé à l'école de Lessing » et que Sainte-Beuve, pour ne pas citer d'autres noms, fut de ses plus brillants continuateurs, mais à la française.

L'imitation de l'antiquité n'était plus la religion artistique du XVIII° siècle. Elle persistait néanmoins par la puissance de l'habitude et par le respect d'une glorieuse tradition. Boileau régnait encore, et, pour la forme des œuvres, son code d'esthétique n'avait pas été revisé d'une lettre. Voltaire pouvait écrire dans son *Essai sur la poésie épique* : « Il faut peindre avec des couleurs vives comme les anciens, mais il ne faut pas peindre les mêmes choses » ; Condillac et Diderot pouvaient faire un pas de plus, et Duclos prêcher dans l'article « déclamation » de l'*Encyclopédie* : « Le plus grand obstacle pour égaler les anciens est de les regarder comme inimitables. Tâchons de nous préserver également de l'ingratitude et de la superstition littéraire. » Le Beau idéal du siècle est toujours celui de l'époque précédente, élargi par Diderot, d'Alembert, Marmontel, et peut-être mal compris par eux. La Grèce et Rome ne sont point vaincues. Mais les Anglais n'ont-ils pas montré, et les Allemands, Lessing en tête, ne prouveront-ils pas que le plus noble legs de l'antiquité à la France, la tragédie classique, est un présent fort contestable ?

C'est comme « auteur de comédies » que Lessing franchit d'abord la frontière. Ses amis, qui sont au *Journal étranger*, ne l'oublient point, mettent ses talents en lumière dans les livraisons de Mars 1757, Mai 1760 et Septembre 1761. Son premier « drame domestique », pour parler avec Diderot, sa *Miss Sara Simpson*, traduite par l'intendant des finances Trudaine de Montigny, fut, nous dit Grimm, jouée « avec les plus grands applaudissements » à Saint-Germain-en-Laye, dans le théâtre particulier du duc d'Ayen[1]. La même pièce eut les honneurs de nombreuses traductions ; je ne mentionne que celles de Bielfeld, de Junker et Liébault dans leur *Théâtre allemand*, de Friedel et de Bonneville dans leur *Nouveau théâtre allemand*. Parmi les imitations, je ne signalerai que *La Courtisane* d'Alexandre Duval. *Miss Sara*, un peu maltraitée par le *Mercure de France*, trouva de chauds défenseurs dans le *Journal encyclopédique* et le *Journal des savants* (1775).

---

[1] Dans le *Journal étranger* de 1761, un critique (Diderot ?) dit à propos de *Miss Sara* : « Il se peut que l'art ait encore des progrès à faire chez les Allemands, mais le génie y a pris la grande route de la nature, et l'on ne saurait trop les exhorter à la suivre. La vérité même négligée intéressera toujours plus que l'artifice le plus étudié.

Minna von Barnhelm[1], en revanche, qui ravit les Allemands, et pour laquelle Weisse, un fanatique de notre théâtre cependant, « eût donné toutes ses comédies », et les nôtres sans doute, ne réussit pas en France. Il faut chercher la cause de cet insuccès, moins peut-être dans le caractère éminemment national de l'œuvre que dans sa lente allure et dans son romanesque assez fade. Et c'eût été pis, si on l'avait lue ou vue dans la pauvre traduction de l'acteur Grossmann qui publia, en 1772, à Berlin, une *Minna de Barnhelm ou les aventures des militaires*. Rochon de Chabannes comprit, lui, que le texte original devait être abrégé et expurgé à l'usage des Français. Il supprima le rôle déplaisant de Riccault de la Martinière, changea l'état civil de Minna, allégea, émonda, arrangea, tant et si bien que ses *Amants généreux* (1774) purent être acclamés au Théâtre français, mais c'était Rochon, non plus Lessing, qu'on fêtait ; et, comme l'a dit Merville, la « pièce a disparu du répertoire, où probablement elle ne reparaîtra jamais ». La traduction fidèle, presque littérale, qu'on a de *Minna von Barnhelm*, dans le tome troisième du *Théâtre allemand*, ne rencontra pas la même faveur ; d'autres traductions passèrent à peu près inaperçues, même celle de H. Jouffroy (1839). Le premier

[1] H.-F. Möller, un dramaturge qui s'engagea comme acteur dans la troupe de Schröder, avait eu l'ambition, dans le *Comte de Waltron*, dont le sujet fut emprunté à un fait de la vie réelle, de rivaliser avec le Lessing de *Minna von Barnhelm*. Nous avions là aussi une pièce à personnages et à scènes militaires. Le succès fut grand ; pour la première fois en Allemagne, on appela l'auteur à la fin du spectacle. Le *Comte de Waltron*, traduit en français, dès 1781, et représenté (le 12 novembre) sur le théâtre des Tuileries par les comédiens ordinaires du roi, fut arrangé par Dalainvel en 1789 (voir *H.-F. Möller*, etc. von Max von Schröter, in-8, Berlin, 1890 ; *Des rapports intellectuels de la France avec l'Allemagne*, par Ch. Joret, in-8, 1884).

chef-d'œuvre de Lessing ne s'est maintenu, par quelques-unes de ses meilleures scènes, que dans nos chrestomathies de littérature étrangère, ou dans des éditions scolaires. Nous n'y prenons qu'un plaisir modéré.

Ni les sarcasmes de Laharpe, ni les éloges du *Journal de Paris*, ne purent gagner, auprès des Français, la cause de cette *Emilia Galotti*, que Werther lisait quelques heures avant de se tuer. Comme l'écrivait M*me* de Staël, « ce n'est là que le sujet de Virginie [1] transporté dans une circonstance moderne et particulière ; ce sont des sentiments trop forts pour le cadre ». *Emilia Galotti* n'en est pas moins l'une des perles, très rares, du *Nouveau théâtre allemand* qui, dans ses douze volumes, ne renferme que des pièces insignifiantes, en dehors de celles de Lessing, de la *Mort d'Adam* de Klopstock, de trois drames de Gœthe et des *Brigands* de Schiller. Elle a pris place dans les *Chefs-d'œuvre des théâtres étrangers* (1822-1824, nouv. éd. 1870) ; H. Jouffroy et Ch. Liesen l'ont imitée ou traduite, l'un en 1839, l'autre en 1852.

Il est assez naturel que *Nathan le sage*, un manifeste dialogué sur la tolérance, n'ait point passionné les Français ; la lecture en est intéressante, il est impossible de l'entendre à la scène sans quelque ennui. L'ennui est parfois utile, car la censure recula devant la longueur des tirades philosophiques de Lessing, qui sauvèrent les audaces de *Nathan* ; la pièce fut insérée, en 1783, dans le *Nouveau théâtre allemand*. Marie-Joseph Chénier en tira trois actes en vers qui figurent dans son *Théâtre posthume* ; il a remanié et résumé son modèle, pour l'assujettir aux « règles ». Cubières de Palmezeaux entreprit, en 1806,

---

[1] Lessing avait imité, en effet, la *Virginie* de Campitron (1683) bien plus que la *Virginia* de Montiano ; cfr. *Vierteljahrschrift für Litteraturgeschichte*, II, 516 et s.

d'écrire un *Nathan le sage ou le Juif philosophe* qui pût être joué en France. Sa « comédie héroïque en trois actes et en prose », agrémentée de « ballets et de spectacles », ne fut pas représentée, malgré toute la bonne volonté de l'adaptateur. *Nathan* peut être, selon Mᵐᵉ de Staël, « le plus bel ouvrage de Lessing » ; le théâtre vit de psychologie et d'action, non de théories et de raisonnements. Je ne m'arrêterai pas à la traduction de M. de Barante (1823), qui voit dans ce drame « un esprit essentiellement irréligieux, et, de plus, une malveillance particulière contre la religion chrétienne » ; elle figure dans les *Chefs-d'œuvre des théâtres étrangers*.

Si Lessing, auteur dramatique, est froidement accueilli en France, il n'en contribue pas moins à ruiner le crédit des « règles » et à créer autour du théâtre cette atmosphère d'extrême liberté et d'impatience réformatrice dans laquelle le romantisme pourra naître et vaincre presque du même jour. Mais le travail du critique a été plus fécond. Sa *Dramaturgie*, où il trahit si bien sa première éducation française par son tour de style et par la vivacité de ses jugements, fut publiée à Paris, en 1785, par François Cacault, l'aimable translateur des *Poésies lyriques* de Ramler [1] (1777).

Elle exerça une réelle influence, quoiqu'on ne se souciât sans doute point de suivre à la lettre les recommandations de Bitaubé : « Je vous prie, ayez la patience de lire la *Dramaturgie* ; mais ayez la patience de la lire à l'allemande, c'est-à-dire de tout examiner en la lisant. »

---

[1] Ramler écrit à Gessner à propos de cette dernière traduction : « Savez-vous que j'ai eu l'audace de l'envoyer au roi de Prusse, *auquel je n'ai jamais adressé l'original de mes poèmes* ? Il m'a fait remercier très gracieusement, quoiqu'il fût malade » (*Zeitschrift für vergleichende Litteraturgeschichte*, N. F., V. p. 116).

On a prétendu, à tort, ainsi que l'ont montré Danzel et Guhrauer dans leur monumentale biographie de Lessing, que cette traduction était de Mercier. Elle est d'ailleurs très fidèle pour tout ce que la *Dramaturgie* dit du théâtre des Français. Imbert, dans le *Mercure de France* de 1787, blâma vertement « l'aveugle partialité » de Lessing, tout en reconnaissant qu'il y avait là d' « excellentes observations » et « des réflexions fines et profondes ». L'œuvre est injuste souvent, mais pleine d'idées et débordante de vie. Il importe peu, par exemple, que Lessing ait, comme l'a prouvé A. von Klein, mal compris Corneille et, par endroits, simplement plagié Voltaire, ou qu'il ait affirmé que « la France non plus n'a pas encore de théâtre », ou qu'il se soit refusé à voir des tragédies dans les tragédies françaises ; ces causeries familières, si neuves parfois, si pénétrantes, d'une forme si incisive et d'un esprit si hardi, ont incontestablement accéléré l'évolution de notre littérature et surtout de notre critique dramatiques. Aussi la *Dramaturgie* est-elle, peut-être, de tous les ouvrages didactiques allemands, celui que les Français ont étudié le plus [1]. Elle a contribué entre autres à ruiner le crédit de ce dogme cartésien sur la foi duquel l'ancienne critique a rendu ses arrêts décisifs et sommaires : l'identité des esprits. Le Beau est divers, l'Art est libre.

La destinée du *Laocoon* fut moins brillante ; ce livre faillit d'ailleurs être composé en bonne partie dans notre langue. Lessing s'exprime ainsi, dans un curieux fragment de

---

[1] Consulter *Lessing*, Paris, in-8, 1896. p. 548 et s. par Em. Grucker, où l'auteur prouve ingénieusement que Lessing n'a pas su choisir un très bon terrain pour sa critique, celui de l'esprit national résistant aux influences étrangères ; il est parti en guerre, au nom d'un Aristote de sa façon, contre un théâtre qu'il a mal lu et qui était plus fidèle que Lessing au modèle aristotélique.

préface qu'on a exhumé : « Il y a quelques années que j'en ai donné le commencement en allemand. Je vais le rédiger de nouveau et d'en (sic) donner la suite en français, cette langue m'étant dans ces matières aussi familière que l'autre. La langue allemande, quoiqu'elle ne lui cède en rien, étant maniée comme il faut, est pourtant encore à former, à créer même, pour plusieurs genres de compositions dont celui-ci n'est pas le moindre. Mais à quoi bon se donner cette peine, au risque même de n'y pas réussir au gré de ses compatriotes ? Voilà la langue française, déjà toute créée, toute formée : risquons donc le paquet ! » Il renonça bientôt à son projet, qui lui avait été suggéré par un dégoût momentané d'écrire pour cette Allemagne à laquelle il ramenait toute sa pensée et qui le payait assez mal de retour. Il retira le « paquet ».

Lessing aurait pu d'autant mieux rédiger son *Laocoon* en français, qu'il avait mis à forte contribution les *Réflexions critiques* de Dubos et les *Tableaux tirés de l'Iliade* du comte de Caylus. Il est vrai qu'il se séparait nettement de Dubos, qui, pénétré de l'*ut pictura poesis* d'Horace, cherche dans l'imagination la source de la poésie comme celle de la peinture, et qu'il s'appliquait essentiellement à marquer, sans fatras métaphysique, les différences caractéristiques entre ces deux formes de l'art, plaçant sa profonde érudition et sa lumineuse intelligence au service d'une théorie complète de l'esthétique. Le *Journal encyclopédique* célébra en vain, sur le mode lyrique, dès 1766, les mérites transcendants du Laocoon ; ses éloges s'émoussèrent contre l'indifférence générale, soit que la matière de l'ouvrage n'éveillât plus qu'un intérêt médiocre, après tant de discussions sur le Beau, soit qu'on fît payer plus tard à l'auteur du *Laocoon* les méfaits du critique de la *Dramaturgie*. C'est en 1802 seulement que

Charles Vanderbourg, le délicat imitateur d'Horace, l'éditeur de la « macphersonade » des *Poésies de Clotilde de Surville*, un Belge qui adorait Paris et qui admirait l'Allemagne, donna sa traduction du *Laocoon, ou des limites respectives de la poésie et de la peinture*. L'œuvre était mise à la portée du public français ; on la loua dans le *Magasin encyclopédique*, la *Décade philosophique*, mais elle ne fit que péniblement son chemin en France, où elle est devenue classique avec le temps.

Toujours est-il que c'est, en Allemagne, Winkelmann surtout qui tenta, après Wolff et Baumgarten, de fournir à l'esthétique une base scientifique sérieuse, une justification générale et rationnelle. On n'y jurait presque, avant eux, que sur la foi de Boileau, puis de Dubos et de Batteux. Ce dernier professait la doctrine aristotélique de l'imitation comme moyen et de la nature comme modèle d'art, mais d'une imitation qui « choisit », qui exprimât réellement cette « belle nature » dont il ne parvint d'ailleurs pas à trouver une définition satisfaisante. Batteux, traduit par Schlegel (1751), par Ramler (1758), triomphait, quand Lessing, enthousiasmé par la *Lettre sur les sentiments* de Mendelssohn, poussa celui-ci à lancer les *Principes fondamentaux des Beaux-arts et des Belles-lettres*.

Dans l'art, on ne voyait guère que la poésie, jusqu'à Winkelmann ; celui-ci composa ses *Pensées sur l'imitation des œuvres grecques dans la peinture et la sculpture* (1755), et son *Histoire de l'art* (1762) qui est toute une métaphysique du Beau chez les anciens. Il confondait cependant les arts plastiques et la poésie, qui n'était, à ses yeux, qu'une sorte de peinture parlante ; il enseignait la doctrine de l'unité du Beau ; il prêchait le retour à l'antiquité grecque. Lessing, qui avait essayé d'une différenciation des arts dans son *Laocoon* et qui avait renouvelé d'une manière originale les travaux de Winkelmann, n'obtint, je l'ai constaté, qu'un succès tardif et ne s'établit que lentement dans l'esthétique française. Au contraire, les monographies de Winkelmann furent bientôt mises en français et vivement commentées : son *Histoire de l'art* eut les honneurs d'une double traduction (1781-1784, par Huber, 1790-1794, par Jansen), et l'on entreprit la publication de ses *Œuvres*. L'intérêt alla également aux *Réflexions sur la peinture par M. de Hagedorn* (1775), au *Phédon*[1] et aux autres ouvrages de Mendelssohn[2], le « Locke des Allemands », tandis qu'un Zurichois, Sulzer[3], de l'Académie royale de Prusse, formulait sa *Théorie des plaisirs*, qui, en passant de Berlin à Paris, nous apporte des vues bien protestantes et très utilitaires sur le Beau, et niait, dans ses articles à l'*Encyclopédie*, la légitimité des genres consacrés. Bien plus, les *Essais sur la physionomie* de

[1] C'est un Allemand, un disciple de Lessing et un collaborateur de Nicolaï, Th. Abbt, qui traduisit le premier en français la *Rhapsodie über die Empfindungen* de Mendelssohn, sous le titre : *Recherches sur les sentiments moraux*; il dit dans sa préface : « On connaît depuis quelque temps en France quatre ou cinq de nos meilleurs poètes; et leurs ouvrages font honneur au génie des Allemands... Mais il nous importe pour le moins autant de faire connaître nos philosophes aux étrangers. » (Voir *Thomas Abbt*, von Thom. Pentzhorn, Berlin, in-8, 1884, p. 50.)

[2] On sait que Mirabeau (*Moses Mendelssohn* etc., in-8, Londres, 1787) a célébré en Mendelssohn « le Platon Allemand, un écrivain vraiment extraordinaire. »

[3] Voir *Histoire de la littérature française hors de France*, par Virgile Rossel, in-8, 1895, p. 452; on trouvera également dans cet ouvrage (p. 447-459) un chapitre sur l'œuvre littéraire et philosophique de l'Académie royale de Berlin, — œuvre d'ailleurs toute française de langue, et française d'esprit en bonne partie, si bien que nous pouvons n'en point parler ici.

Lavater[1] acquirent une vogue aussi soudaine que surprenante dans un pays où la crainte du ridicule est une puissance ; l'abbé de Lavallette, inspiré par Lavater, ne commit-il pas, en 1784, tout un poème intitulé : *Physionomies?*

Mais nous nous sommes laissé entraîner bien loin de Lessing. Rappelons que son *Education du genre humain* ne nous fut révélée qu'en 1829, comme si ses meilleurs ouvrages, d'une forme limpide pourtant, et d'une grande richesse d'idées, n'avaient pu faire oublier encore les pages dans lesquelles sa verve de polémiste s'exerça et ses prétentions de restaurateur du théâtre national s'étalèrent aux dépens de notre littérature dramatique. Il sied d'avouer qu'il ne fuyait pas les occasions de déplaire aux Français, soit dans ses pièces, — ainsi dans *Minna von Barnhelm* — soit dans ses *Fables*, ou du moins dans les réflexions désobligeantes qu'il y ajouta. Ses « dissertations sur la nature de la fable », traduites avec les *Fables* elles-mêmes, en 1764, par d'Antelmy, représentaient La Fontaine comme un spirituel mais frivole continuateur d'Esope, et cela sur un ton agaçant d'impertinente autorité. Dorat, tout grand ami qu'il fût des lettres allemandes, et quoi qu'il ait largement mis Lessing à contribution dans ses *Fables ou allégories philosophiques*, ne put s'empê-

---

[1] On connaît aussi la polémique de Mirabeau à propos de Lavater (cfr. préface de l'ouvrage cité dans la note précédente). « Il faut dire, écrivait-il, qu'un certain énergumène, appelé Reichardt, musicien d'un mérite au moins discuté, plat prosateur... vient de publier sur ce personnage (Lavater) une brochure qu'il a jugé à propos de m'adresser. » Et il daube vigoureusement sur le « Grand Lama de Zurich ». Mme Roland (*Mémoires*, édit. Bibl. nat., IV, p. 108) parle tout différemment de « ce célèbre pasteur de Zurich, connu par ses écrits, sa brillante imagination, son cœur affectueux et la pureté de ses mœurs. »

cher de protester en ces termes, dans les « réflexions » placées en tête de son recueil : « Eh ! que signifie tout ce radotage de l'esprit pédantesque sur les mystères du goût et les finesses du sentiment ? » A reprocher aux Français leur superficialité, à parader avec la profondeur des savants de son pays, Lessing devait un peu s'attendre à ne recevoir qu'un accueil médiocre à Paris. « Pédantesque ! » Le mot de Dorat résuma l'opinion générale. On se méfia de la science allemande, qui pouvait être très solide, qui était beaucoup moins avenante et qu'on jugeait bien étroite. Les Français eussent volontiers signé cette lettre de Hagedorn à Bodmer, du 17 septembre 1752[1] : « Permettez-moi de vous dire que l'expérience m'a enseigné à ne point désirer faire la connaissance personnelle des savants d'Allemagne. Presque tous ne sont que trop érudits... Ils ne sont que mathématiciens, que philosophes, que théologiens, que poètes ou qu'orateurs, et il faut se mettre en garde contre tous ceux qui n'ont d'intelligence que pour une seule chose : ils me rappellent l'individu qui n'aurait qu'une chemise et qui, s'il la perdait, serait exposé à se promener tout nu. » Lessing n'a pas aidé, pour une faible part, à enraciner en France le vieux préjugé contre l'érudition germanique.

Combien plus de sympathie naturelle n'y avait-il pas entre Wieland et les Français ! Sans être de la même race, on était ici de la même famille d'esprits. Wieland découvrit un coin de l'Allemagne à la France, le joli coin de l'humour facile et de la libre fantaisie. On l'a surnommé un « Voltaire allemand », sans trop de raison, car il n'eut ni l'influence, ni le talent ou le génie d'Arouet ; il lui ressemble cependant par l'universalité — plus réelle chez

---

[1] *H. Schuster : Friedrich von Hagedorn*, in-8, Leipzig, 1882, p. 47.

lui — du savoir, par l'étonnante faculté d'assimilation, par le cosmopolitisme de la pensée, par le don d'ironie infatigable et légère. Si quelqu'un pouvait servir de trait d'union entre les deux littératures, c'était bien lui, qui, d'ailleurs, avait allégrement pillé les Français, non pour les copier en disciple servile, mais pour polir sa forme, assouplir son goût et enrichir son imagination.

Qui ne sait que la source principale de son *Oberon* est le roman de chevalerie *Huon de Bordeaux*, dont Tressan fit paraître une captivante adaptation, fort abrégée, dans la *Bibliothèque universelle des romans* (1778); que ses contes de fées et poèmes fantastiques sont empruntés, la plupart, ceux-ci à la comtesse d'Aulnoy, ceux-là soit à Perrault, soit à Hamilton, soit à d'autres encore? Devinat-on en France le « Voltaire d'Allemagne », même dans le Wieland de la première manière, tout sentiment et piété? Il le semblerait, quelque singulier que cela soit. Jamais cas d' « affinité élective » ne se manifesta plus rapidement que le sien. Les contes de début, *Le Mécontent, Balsore, La Vertu malheureuse*, sont publiés dans le *Journal étranger*, dès 1756; Fréron, dans l'*Année littéraire* (1760) n'a que des louanges pour l'*Hymne sur Dieu*, annexé, en traduction partielle, par de Tscharner aux *Poésies de M. Haller* : « M. Wieland s'est surpassé lui-même dans l'Hymne sur Dieu; on dirait qu'il s'est élevé de cieux en cieux sur les ailes d'un génie divin... » *La Gazette littéraire de l'Europe* annonce en 1765 les œuvres en prose de Wieland, qui viennent d'être éditées à Zurich : « L'auteur, à l'exemple de Platon et de Shaftesbury qu'il a pris pour modèles, a répandu sur la morale tous les charmes de

---

[1] *Der Graf von Tressan, sein Leben*, etc. von Paul Wespy, Leipzig, in-8, 1889.

l'imagination et du sentiment »; elle communique, en traduction (par Huber), un fragment d'*Araspe et Panthée*. Un anonyme tire, pour le théâtre, un acte de *Zemin et Gulhindy*; le *Choix de Poésies allemandes*, déjà cité, fait presque à Wieland la part du lion, en « cantiques », poèmes et contes. Dorat met en gentils alexandrins *Selim et Selima* (1768), que précèdent, dans l'édition de Leipzig, ses *Réflexions sur la poésie allemande*; et, dans l'*Année littéraire* de 1768, on peut lire ceci : « Je ne connais point le style de M. Wieland dans sa langue; mais, s'il était né Français, je doute qu'il eût pu mieux faire. Son conte imité par M. Dorat est rempli de poésie, d'images, de grâce et de sentiment. »

Ce n'est pas tout; la même année nous apporte : *La sympathie des âmes*, traduite par J.-P. Fresnais; et tous ces *juvenilia*, d'une pure et délicate inspiration, préparent le succès de Wieland qui va enfin trouver sa véritable voie et révéler son individualité dans *Oberon*, librement arrangé, en décasyllabes assez gênés, par un Vaudois, le chevalier de Boaton (1784). Deux traductions, plutôt mauvaises, suivent en 1798 et 1799, par le comte de Borch et F.-D. Pernay; le fils d'Holbach, le philosophe, n'est guère plus heureux dans sa traduction « nouvelle » qui date de l'an VIII, non plus qu'Isnard de Sainte-Lorette (1824) et Jullien (1843). Le chef-d'œuvre de Wieland ne réussit point en France, par la faute de ses malheureux interprètes; ils ne surent ni en rendre la langue agile et pittoresque, ni en exprimer la fine et riche poésie. Le même sort advint aux *Grâces*, traduites par Mme d'Ussieux, Junker, et, plus tard, pour la *Bibliothèque des romans* (tome XII). Diderot écrivit que cela pouvait être « délicieux » en vers, et dans l'original, mais qu'on y prenait peu de plaisir dans une version française en lourde prose.

Et Ch. Vanderbourg, analysant le poème dans le tome premier des *Archives littéraires de l'Europe*[1], constate mélancoliquement que les efforts faits pour initier les Français aux lettres allemandes ont eu des résultats médiocres, que les « œuvres annoncées ou traduites n'ont pas inspiré un grand intérêt ». Pourquoi ? Il nous offre l'explication suivante : « On a vu des prôneurs, animés d'un zèle *qui n'était pas selon la science*, déprimer notre langue et notre littérature pour relever celles de nos voisins. On a vu des traducteurs pleins d'un enthousiasme servile, nous rendre phrase par phrase, je dirai presque mot pour mot, des ouvrages écrits et pensés pour une nation dont le goût diffère prodigieusement du nôtre. On a vu plus souvent encore des écrivains également étrangers aux deux langues, se charger sans scrupule de nous transmettre les beautés les plus sublimes ou les grâces les plus délicates dont les auteurs allemands les plus célèbres ont semé leurs meilleurs écrits. » Qu'on ne s'y trompe point ! Ceci date de près d'un siècle et ne s'adresse ni aux traducteurs des Norvégiens, ni aux translateurs des Russes qui ont fondu, ces dernières années, sur la librairie française.

Mais Vanderbourg a, pour les *Grâces* de Wieland, même gauches et fanées sous leur vêtement étranger, moins de rigueur que Diderot. Il compare cette œuvre, « l'une des productions les plus agréables de Wieland », à la petite comédie de Sainte-Foix qui porte le même titre ; et il prouve que si celle-ci est un fin article de Paris, imité par l'auteur allemand, celle-là n'en est pas moins quelque

---

[1] Dans la même revue, Vanderbourg fait avec beaucoup d'esprit une analyse complète du *Procès de l'Amour* de Wieland (*Archives*, IX, p. 418 et X, p. 121 et s.) ; on y traduit plus tard (XIII, p. 66 et s.) la Lettre à un jeune poète, du même auteur.

chose de tout nouveau et de très personnel, où l'esprit et la préciosité sont avantageusement remplacés par un parfum original de naïveté et de fraîcheur. Cet aimable avocat des *Grâces* ne gagna toutefois pas leur cause auprès du public de France.

Ses romans consolèrent Wieland de l'échec relatif d'*Oberon* et des *Grâces*. Je songe tout particulièrement à son *Agathon*; il a inauguré là un genre dans lequel nous possédons le *Voyage du jeune Anacharsis en Grèce* (1788); Barthélemy, qui a d'ailleurs travaillé trente ans à son *Voyage*, ne paraît pas avoir emprunté autre chose à Wieland, que la forme de l'ouvrage.

Il s'agissait de reconstituer le monde antique, à l'aide de l'érudition la plus sûre et de la fantaisie la plus entraînante, de reconstituer une civilisation et une époque sans trahir la science et sans rebuter le lecteur profane. Wieland y parvint excellemment, et il faut que son *Agathon* ait été un livre consciencieux et séduisant au possible, pour qu'il ait charmé tant d'esprits, même dans des traductions d'une pénible littéralité ou d'une infidélité sans bornes, celles de Fresnais (1768), de Bernard (1777), de la *Bibliothèque universelle des romans* (1778), de F.-D. Pernay (1801), ou dans le *Philoclès, imitation de l'Agathon de M. Wieland* (1802), par le préfet Ladoucette. On pouvait y reprendre des longueurs, des erreurs de goût, quelque embarras dans l'exposition et de l'humour un peu gros ; on préféra tout admirer.

Les *Aventures merveilleuses de don Sylvio de Rosalva* parurent en français, tout d'abord à Dresde (1769), puis, en 1778, dans la *Bibliothèque universelle des romans* : il vaut mieux les chercher dans une curieuse adaptation de Mme d'Ussieux, *Le nouveau don Quichotte* (1770). On ne leur fit, au demeurant, qu'un succès d'estime. La prose du comte Barbé de Marbois servit fort utilement la diffusion en France des *Dialogues de Diogène de Synope* (1772, 1798). M. Th. Süpfle vante à bon droit cette traduction, que Wieland avait revue avec le soin le plus minutieux. Satire des mœurs du temps, à peine dissimulée sous un vernis grec, les *Dialogues* plurent infiniment : « Plusieurs de ces tableaux, disait le *Mercure de France* de 1773, pourraient nous faire croire que l'auteur a fait quelque séjour à Paris, et qu'il y a fait des études d'après nature. » Deux traductions subséquentes de Fresnais et du baron de H***, publiées en 1802 et 1819, achevèrent de montrer que Diogène-Wieland avait conquis les Français.

Griffet de la Baume donna en 1795, en le tronquant avec un parfait sans-gêne, *Pérégrinus Protée*, « ou les dangers de l'enthousiasme », et, sept ans après, mais en en usant de façon moins cavalière, les *Abdérites, suivis de la Salamandre et de la Statue*. *Aristippe et ses contemporains* fut traduit la même année, 1802, avec « une notice sur la vie et les ouvrages de Wieland », par M. Coiffier. Et la plupart des petites œuvres de l'écrivain passèrent, soit dans les *Archives littéraires de l'Europe*, soit dans la *Décade philosophique*.

Agathon était le premier roman arrivé d'Allemagne en France. La digue était rompue ; le flot put s'écouler en liberté. « La méthode des Allemands, faisait observer une revue en 1801, n'est pas, comme on s'en doute, très expéditive, mais quelquefois elle leur est d'un grand secours pour émouvoir d'abord doucement et ensuite plus profondément. » On demandait de l'émotion et du sentiment ; l'Allemagne en fournit à foison. Je ne m'attarde pas à Werther que nous retrouverons, mais je songe à la *Bibliothèque universelle des romans*, qui prit beaucoup de choses à la littérature allemande ; au *Choix de petits* romans *imités de l'allemand* de M. de Bonneville ; à la *Caroline de Lichtfeld*, un moment célèbre, de cette faiseuse de Mme de Montolieu qui adapta indifféremment, et sans compter, du Schiller, du Pichler, du Meissner, du La Motte-Fouqué et surtout de l'Auguste de La Fontaine ; à cet *Abellino, chef de brigands*, roman de Zschokke, arrangé pour le théâtre par son auteur, et où de Pixérécourt prit le sujet de l'*Homme à trois visages*, un mélodrame (1801) ; à la *Vie du baron de Trenck*, que traduisit Le Tourneur, et dont Scribe tira un vaudeville ; à l'*Ami des enfants* de Ch.-F. Weisse, auquel Berquin a largement puisé pour son gentil ouvrage de même titre ; à tous ces recueils pour l'adolescence qui comblèrent une lacune très sensible dans les lettres françaises. N'étaient-ce point là, selon le *Mercure de France* de 1788, « des mines riches et fécondes, disons plus, nécessaires, qu'il est permis à tout le monde d'exploiter », et qui firent les délices de la jeunesse, trop sevrée jusqu'alors de livres à son usage et à sa portée ?

IV

L'Allemagne avait rafraîchi l'imagination française ; elle avait contribué au renouvellement des études d'esthétique ; elle allait précipiter, elle avait préparé déjà, par Lessing, toute une révolution au théâtre, Nivelle de La Chaussée, Diderot et Shakespeare aidant. Mais c'est peut-être dans les questions de morale et les problèmes de philosophie qu'elle apporta les plus vives lumières à la France, les idées et les méthodes les plus neuves.

Certes, la France lui avait montré le chemin ; elle eut le tort de s'arrêter ou de s'amuser en route, alors que les Allemands marchaient jusqu'au bout, les uns même au-delà, à l'aventure et dans les nuages.

« C'est par Rousseau, dit Honegger, que Herder fut le plus puissamment inspiré et dirigé [1] ». Et ce qui est vrai pour Herder, que Carl Hillebrand appelle « cette espèce de Rousseau littéraire », le serait pour bien d'autres, Kant en tête. On pénétrait en France, on y jouait un rôle d'influence de plus en plus considérable, mais on ne cessait point pour autant de regarder vers la France et de l'écouter. Herder appelait le français « une langue dont l'ignorance est une barbarie achevée dans notre siècle ». Voltaire, Diderot, Buffon, Rousseau surtout, restaient les rois littéraires de l'époque.

La philosophie allemande n'avait rien produit d'original à l'Académie royale de Berlin, où, d'ailleurs, le français régnait en maître. Leibniz était oublié, Wolff n'avait pas laissé de traces profondes. En particulier, la philosophie de l'histoire, purement empirique, était encore à créer comme science organisée, malgré Vico et Montesquieu, lorsque parut Herder. On commença par s'occuper en France des travaux de Herder sur la linguistique et l'esthétique, — l' « origine du langage », l' « influence des belles-lettres sur les hautes sciences », etc. Les *Paramythes*, en revanche, ne furent « imitées de l'allemand » que vers la fin du siècle (l'ouvrage parut en 1794, précédé d'intéressantes « réflexions sur l'état actuel de la littérature et des sciences en Allemagne »), et c'est seulement par un remarquable article de de Gérando, dans les *Archives littéraires de l'Europe* (1804), que l'on connut l'œuvre entière de l'illustre critique et

---

[1] Voir, entre autres, *R. Haym*: Herder nach seinem Leben und seinen Werken, in-8°, 2 Bde, Berlin, 1880, I, p. 33.

penseur. On ne traduisit même que fort tard les principaux de ses livres, les *Idées sur la philosophie de l'histoire de l'humanité*, en 1826 et 1827, (Edgar Quinet), l'*Histoire de la poésie des Hébreux*, en 1845, (Mᵐᵉ de Carlowitz).

Les idées de Kant furent moins lentes à s'acclimater en France, quoique le matérialisme y semblât tout-puissant, quoique la haute spéculation y fût délaissée. Mais le professeur de Königsberg avait le style si tortueux et un tel goût de l'abstraction, qu'il n'était point facile d'introduire à Paris et d'y implanter le spiritualisme kantien. Il fallut aller en première ligne à ceux de ses ouvrages qui n'exigeaient pas une trop laborieuse initiation. Ses *Observations sur le sentiment du Beau et du Sublime*, son *Projet de paix universelle*, ne passèrent pas la frontière avant 1796, l'année même dans laquelle le *Magasin encyclopédique* essaya de présenter la philosophie de Kant aux Français. C'est à Ch. de Villers, qui servit dans l'armée du prince de Condé et vécut longtemps en Allemagne, c'est à lui que nous devons, outre un important mémoire sur « l'état actuel de la littérature ancienne et de l'histoire en Allemagne », outre son lumineux *Essai sur l'esprit et l'influence de la Réformation de Luther*, une notice très complète sur Kant et la métaphysique allemande, dans le *Spectateur du Nord* (1798)[1], ainsi que la *Philosophie de Kant ou principes fondamentaux de la philosophie transcendante* (1801). Il avait dit : « Les écrivains de l'Allemagne y sont trop peu connus (en

---

[1] De Villers a collaboré aussi au *Conservateur*; il y a parlé de Jean-Paul, en 1808, sur le ton de la plus vive admiration : « Aucun pays n'a eu un Jean-Paul, parce que Platon, le Dante et Sterne n'ont jamais été réunis dans la même personne » (cité par M. J. Firmery dans son étude sur *Jean-Paul Richter*, 1886, p. 385).

France); nous nous trouvons au milieu d'eux ; apprenons leur langue; étudions leur esprit ; discernons ce qu'ils ont de bon et ce qui manque à notre littérature; qu'une critique saine fasse un choix sévère, et envoyons à notre patrie ces précieux matériaux. Traduisons, comparons ; apprenons aux Allemands et aux Français quelle est leur valeur réciproque. » Il prêcha d'exemple. « Aucun Français, suivant M. Th. Süpfle, n'était entré plus avant que lui dans l'âme allemande. » La *Philosophie de Kant*, par de Villers, put provoquer la raillerie des esprits superficiels ; Cuvier, Mme de Staël et d'autres la lurent, Destutt de Tracy et de Gérando la discutèrent à l'Académie des sciences morales et politiques; Mercier en traita, quatre séances durant, devant ses collègues de l'Institut; un « disciple de Kant » publia en 1802 un *Kant jugé par l'Institut*, où il prenait la défense de son maître contre les critiques de de Gérando ; enfin, ce dernier exposa le système de Kant dans son *Histoire comparée des systèmes de philosophie* [1] (1804).

Les *Annales de Gœttingue* — et le critique se nommait Bouterweck — rendirent à de Gérando le témoignage que « c'était une chose presque incroyable que l'exactitude avec laquelle il avait véritablement approfondi notre littérature allemande ». Mais le talent de l'historien du kantisme ne suffit pas pour populariser la doctrine. Un collaborateur des *Archives littéraires de l'Europe*, G. Schweighäuser, tenta d'expliquer à sa façon l'éloignement des Français pour la philosophie si brillamment vulgarisée par de Gérando : « Ce n'est peut-être pas le langage seul qui nous sépare de la philosophie de Kant ; ce n'est

---

[1] Gœthe écrivait à Reinhard (23 Janvier 1811), à propos de cet ouvrage : « Je suis étonné de voir à quel point l'auteur nous comprend, nous, Allemands, là même où il n'adopte point nos idées. »

pas même l'obscurité reprochée à ses écrits, et qui ne procède presque uniquement que de l'abstraction des matières qui y sont traitées; non, c'est la tendance particulière et la modification (*sic*) qu'a prise notre esprit. Nous nous sommes tellement et si solidement établis sur le terrain des réalités sensibles, que nous regardons comme illusoires toutes réalités d'un autre ordre... Nous avons choisi, en effet, et cultivé le monde sensible avec une supériorité, une magnificence qui nous a éblouis et nous fait perdre de vue le second élément de notre nature. » De là, notre philosophie qui languit, de là notre vie intellectuelle qui a perdu « son agilité et sa plénitude » !

N'était-ce que pure jérémiade de kantophile? N'y avait-il pas un fond sérieux de vérité dans ces plaintes? L'esprit français était ainsi fait. Un *Essai d'une exposition succincte de la doctrine de la raison pure, écrit en hollandais par Kniker*, et traduit par Lefèvre, les études de Schweighäuser lui-même dans les *Archives littéraires*, l'article sur Emmanuel Kant inséré dans la même revue, une bonne dissertation dans la *Décade philosophique* sur « les progrès de la philosophie en Allemagne », tout cela fut presque en vain jusqu'à Mme de Staël.

Comme le démontre M. Süpfle, les temps étaient mauvais pour le kantisme. Le nom de « philosophe » était aussi décrié qu'il avait été bien porté. On voyait, à travers la métaphysique de Kant, poindre les formes de la vieille scolastique. Aux yeux de ceux qui avaient encore le courage de philosopher, le dernier mot de tout avait été dit par Condillac. Laharpe, avec son intrépidité d'incompétence, plaçait Kant sur le même pied que l'illuminé Swedenborg, et les qualifiait tous deux d' « opprobre du genre humain ». Préjugé, indifférence, superficialité, on ne voulut pas même admirer la noble morale qui se dégageait du système de la « raison pure », et qui contrastait si remarquablement avec celle du matérialisme à la Helvétius ou à la Naigeon. Il était réservé à notre siècle d'être, en ce point, plus clairvoyant et plus juste[1]. Et, déjà en 1809, Fr. Ancillon, tout en constatant que « l'empirisme absolu et exclusif a été la seule philosophie qui ait trouvé grâce en France », conseillera de mettre « sur le trône » la « raison pure » des Allemands à côté de « l'expérience » des Latins[2].

Il n'en reste pas moins que les *Aufklärer* d'Allemagne, Lessing, Herder, Kant, plus profonds et plus heureux que les « philosophes » français, avaient doté le monde d'une science nouvelle, la philosophie de l'histoire, en formulant la théorie féconde de la perfectibilité indéfinie du genre humain, et qu'ils avaient ouvert à la haute spéculation des horizons sans limites.

Mais la Révolution, les guerres de la République et de l'Empire vinrent presque fermer la France à l'influence intellectuelle de l'Allemagne, l'astre même de *Werther* se voila. Il faudra bien plus que les *Brigands* de Schiller, les pièces de Kotzebue, et les tentatives de de Villers, Chênedollé, Jordan, de Gérando, pour l'y restaurer; il faudra le livre si enthousiaste et si vivant de Mme de Staël. Un jeune philologue allemand, qui passait à Paris en 1801,

[1] Mais les philosophes seuls s'occupèrent de Kant ; les écrivains à peine. Ainsi, on peut lire dans le *Journal des Goncourt* (année 1891), III, p. 276 : « Sainte-Beuve ignore que de 1796 à 1830, il y avait eu à peu près une dizaine de traductions en français des divers livres de Kant. »

[2] *Mélanges de litt. et de philos.*, Paris, 2 vol. 1809 ; on trouvera, dans la préface de cet ouvrage, tout un parallèle entre la philosophie allemande et la philosophie française. Ancillon était un disciple de F.-H. Jacobi.

pouvait écrire, sans doute avec quelque exagération :
« Ici, pas une âme ne connaît Schiller ; Millin, qui a pris
des leçons d'allemand pendant sept ans, cite constamment
Uz, Hagedorn, Zachariæ, Gellert comme nos meilleures
têtes. Les libraires eux-mêmes se souviennent seulement
d'avoir entendu parler de quelques traductions de *Monsieur Schéet*. » Monsieur « Schéet », c'est Gœthe !... Nous
allons voir que les jeunes philologues sont sujets à se
tromper, et que les libraires parisiens ne sont pas toujours
gens très informés des choses littéraires de l'étranger [1].

[1] Voir *Un hiver à Paris sous le Consulat* (lettres de Reichardt), Paris, in-8°, 1896, p. 189, 190, 206 et s., 228, 245, 369.

CHAPITRE V

GŒTHE ET SCHILLER EN FRANCE[1]

I

La littérature allemande, longtemps tributaire de la nôtre, avait donc pénétré en France dès la seconde moitié du xviii° siècle, avec Haller, Gessner, Gellert, Hagedorn, Lessing, Klopstock, Wieland, Herder, sans parler des philosophes comme Leibniz, Ch. Wolff et Kant, ou des esthéticiens comme Mendelssohn et Winkelmann. Tous ces hommes, ou presque tous, avaient d'ailleurs fait leur éducation littéraire à l'école de la France ; ils se libéraient simplement envers une créancière, qui, à la vérité, ne leur réclamait rien, qui se souciait peu de ce qu'elle leur avait prêté, mais qui avait en somme fait un assez bon placement.

Aucun écrivain d'Allemagne n'a, plus largement que Gœthe, payé sa dette de reconnaissance envers le génie français. N'est-ce pas, en effet, à l'auteur de *Werther*, après Shakespeare et Rousseau, que nous devons surtout l'ère de renaissance inaugurée par Chateaubriand et

---

[1] *Th. Süpfle*, op. cit., III¹, pass.

M⁣ᵐᵉ de Staël ? Gœthe et Shakespeare ne sont-ils pas les deux plus grandes influences étrangères que les lettres de la France aient subies depuis les antiques ?

Étrange destinée intellectuelle que celle de Gœthe ! Cet esprit universel, qui devait planer dans les régions d'une olympienne sérénité, débuta par un cri de passion auquel l'Europe entière répondit. Puis, peu à peu, le fils de la nouvelle Allemagne et le neveu de Jean-Jacques incarné en Werther s'est comme séparé de sa race et dépouillé de son « moi ». Il s'est ingénié à devenir un *Weltkind*, un citoyen du monde, avec la terre pour patrie, l'humanité pour famille, et cela précisément à l'heure où triomphait la littérature personnelle qu'il avait déchaînée, où le principe des nationalités s'affirmait violemment. La marque laissée sur l'imagination et la pensée françaises par le Gœthe des jeunes années s'est lentement effacée ; celle du Gœthe de la haute et féconde maturité ne disparaîtra pas de si tôt.

Son nom ne fut pas connu en deçà du Rhin avant 1774 ; le *Journal encyclopédique* annonça, pour le critiquer rudement, le *Clavigo* que Gœthe avait tiré des *Mémoires* de Beaumarchais. Cette « tragédie » était d'un « mauvais genre » ; intéressante, tant qu'elle suivait l'histoire, elle présentait, dans son dénouement qui en était la seule partie originale, « trop de situations forcées pour plaire aux gens de goût ». Quand le *Nouveau théâtre allemand* eut publié, en 1782, la première traduction de *Clavigo*, le *Mercure de France* ne contesta pas à cette pièce le mérite de la nouveauté ; seulement, il fit des réserves : « Il y a des choses qu'on doit admirer et non pas imiter. » Beaumarchais, qui vit cette « tragédie » à Augsbourg, crut devoir consoler Marsollier, dont la plate comédie en trois actes, *Beaumarchais à Madrid*, venait de la même source que *Clavigo* ; et, furieusement, il traita Gœthe de turc à maure. Service d'ami ou simple boutade, la lettre de Beaumarchais à Marsollier est d'une injustice sans bornes.

Mais on oublia *Clavigo*, jusqu'à la traduction nouvelle qu'en donna Ch. de Rémusat dans les *Chefs-d'œuvre du théâtre allemand* (1822, t. VII). Et, dans l'intervalle, *Werther* avait commencé son tour d'Europe.

« Pourquoi, dit M. A. Bossert [1], Werther nous intéresse-t-il ? non de cet intérêt banal ou de cette pitié qu'on accorde au malheur, mais de cette sympathie qu'on éprouve pour tout sentiment noble? C'est que Werther n'est pas un simple amoureux: c'est l'homme qui poursuit un idéal irréalisable. Là est sa maladie ; là est aussi sa grandeur. » Il désire et il aspire ; il veut rêver la vie au lieu de le vivre; il veut aimer jusqu'à mourir d'amour. Il souffre d'être un homme, et de n'être que cela. La condition misérable, non de l'individu mais de l'espèce, telle est l'explication de sa torture et de son suicide. On a discuté la moralité de *Werther*. La folie d'idéal qui le possède a effrayé les sages. Mais Gœthe n'a-t-il pas tenté d'exprimer, dans ce livre où le drame passionnel n'est que l'accessoire, ce qu'il y a de divin en nous? Si notre nature participe d'une essence supérieure à celle des choses et des êtres qui nous environnent, ne serait-ce point par ce tourment d'éternité et d'infini qui nous obsède? Nous nous cherchons au-delà de nous-mêmes, au-delà du but que semblent nous assigner le temps et l'espace ; ce fut le martyre de Werther, c'est la gloire de Gœthe de l'avoir compris et senti avec cette souveraine intensité.

---

[1] *Gœthe, ses précurseurs et ses contemporains*, 3me édit. 1891, p. 260.

Eh! certes, tout Jean-Jacques de la *Nouvelle Héloïse* est dans *Werther*, mais ce n'est là qu'une moitié de *Werther*. Julie, Saint-Preux, Volmar, tous, restent au niveau de la vie ; l'esprit et le cœur, chez eux, n'ont d'horizon que celui de l'homme : des amants et des rhéteurs ! Dans *Werther*, nous nous élevons d'un degré, nous reculons nos propres limites :

> Qui de nous, qui de nous va devenir un dieu?

Telle est l'originalité de *Werther* ; elle n'est, encore un coup, ni dans le thème amoureux, ni dans la sincérité des émotions, ni même dans la fraîcheur des paysages, elle est dans cet *excelsior* douloureux et fier qui résume toute l'existence du héros de Gœthe.

Werther, qui était tout Jean-Jacques romanesque, était aussi tout *Hamlet*, non pas un Hamlet de sombre féerie septentrionale, mais un Hamlet de la bourgeoisie contemporaine, un Hamlet qui avait un nom — Jérusalem —, que toute une ville avait connu — Wetzlar —, que le *Weltschmerz* arma d'un pistolet, et dont le sang coula. Le plus humble de nous pouvait partir à la conquête du ciel, et mourir terrassé par son rêve. Shakespeare et Rousseau avaient préparé le type de Werther ; Gœthe le créa. Les classes moyennes avaient leur héros de l'idéal.

La France s'ouvrit toute large au premier chef-d'œuvre de l'écrivain que Beaumarchais se flattait d'avoir anéanti d'un coup de plume. Werther date de 1774 ; J.-J. Weiss a pu dire que, bien avant le *De l'Allemagne* de Mᵐᵉ de Staël, « il avait déjà été traduit, lu, relu, imité de mille manières » en France, où son succès éclata, comme partout, « instantané et universel ». Une extraordinaire unanimité d'enthousiasme l'accueillit. Ce fut presque du délire ; chez les femmes, en particulier et les jeunes gens. Le « sexe aimable et tendre » porta des chapeaux « à la Charlotte » et la robe blanche avec nœud rose pâle ; le frac bleu « à la Werther » fit fureur.

Le « werthérisme » est à la mode ; *Werther* a même les honneurs de la parodie. Des critiques graves, à l'exemple du pasteur Gœze de Hambourg, s'indignent contre « cette production singulière, qui a causé une fermentation générale » ; ils parlent dans le désert. Même aux jours les plus tragiques de la Révolution, la vogue de *Werther* se maintient, Napoléon l'emporte en Egypte, et le lit au pied des Pyramides. Gœthe peut décidément se vanter « d'avoir charmé les Welsches ». Le délicieux et poignant petit volume subit ensuite le sort commun, jusqu'à ce que Mme de Staël l'exhume triomphalement. Mais il est entré et il restera dans l'âme française ; Werther aura des frères nombreux, René, Obermann, tous les chimériques et tous les désenchantés de près d'un demi-siècle.

Le roman de Gœthe fut traduit, imité, plagié à souhait, en dépit de la *Correspondance littéraire* (Mars 1778) qui n'y trouvait qu' « événements communs et préparés sans art, mœurs sauvages et ton bourgeois ». La littérature « werthérienne » commence à sévir en France dès 1775, avec *Les Malheurs de l'Amour*, un drame du Bernois Sinner tiré « en partie » de *Werther*, car je ne cite que pour mémoire une traduction de 1774 mentionnée dans le catalogue du British Museum ; elle s'augmenta rapidement, plus qu'elle ne s'enrichit, d'année en année, par les traductions du chambellan de Seckendorff et du Vaudois Deyverdun, l'ami de Gibbon (1776), par les *Passions du jeune Werther* d'Aubry et de W.-F. de Schmeckow, par d'autres Werther, de La Bédoyère, de Sévelinges, etc.

par d'innombrables adaptations enfin, le *Délire de l'Amour*, drame de La Rivière, le *Stellino* de Gourbillon, la *Werthérie* de Perrin, les *Aventures du jeune d'Olban* de Ramond, la *Sainte-Alme* de Gorgy, les *Lettres de Charlotte à Caroline*, la *Claire d'Albe*, roman jadis célèbre de Mme Cottin, dont l'héroïne est une sœur de Werther, qui souffre d'être entourée de « caractères sans vie et sans couleur », incapables même « d'une grande faute ». Il faut renoncer à une nomenclature quelque peu complète ; elle serait aussi fastidieuse que pourrait l'être la lecture de toute cette prose où, souvent, l'original est odieusement travesti, — nous avons des Werther voyageurs, des Werther qui épousent en justes noces, des Werther qui prêchent la liberté — où, presque toujours, il est édulcoré, dépoétisé et dilué par des faiseurs ou des bas-bleus à la douzaine. Les travaux de J.-W. Appel[1], de M. Th. Süpfle[2], ou le grand ouvrage de Gödecke[3], fournissent des renseignements détaillés et minutieux sur ce point: je signalerai seulement, en deux lignes, une « héroïde » du chevalier Lablée, *Werther à Charlotte* (1798), le *Werther français* (1809) de Paul Ascher ; le texte d'une opérette fort applaudie au Théâtre italien, *Les passions du jeune Werther*; une comédie en un acte par Ch. Duval, le *Retour de Werther* (1820) « ou les derniers épanchements de la sensibilité », et un drame en trois actes d'Em. Souvestre et E. Bourgeois, *Charlotte et Werther* (1846).

Si l'on avait assez bien réussi, pour me servir d'une expression de Weiss, « à transformer le génie en platitude », on n'avait pas tué pour autant une œuvre qui allait

---

[1] *Werther und seine Zeit*, Leipzig, 1855.
[2] *Gœthes Jahrbuch*, 1887, et op. cit., II¹, p. 54 et s.
[3] *Grundriss zur Geschichte der deutschen Dichtung*, 2te Auflage, IV, p. 651 et s.

inspirer le Chateaubriand[1] de *René*. Mais, dans *René*, la plainte se fait plus intéressée et plus âpre : elle a des causes moins nobles que la vaine poursuite de l'insaisissable idéal, elle vient de l'amour-propre blessé et de l'incurable ennui. Werther s'élève au type, il représente l'homme mourant d'un mal plus qu'humain ; René n'est qu'un Chateaubriand magnifié par l'éclat de l'imagination et l'étonnante magie du style. Pour celui-ci, le défaut d'adaptation au milieu, le souvenir des premiers déboires et des premières infortunes ont bien autrement pesé dans la balance du désenchantement, que la tristesse d'une faillite générale de notre destinée ; et, tandis que Gœthe a prêté un corps et une âme aux plus hautes comme aux plus téméraires aspirations de l'espèce, Chateaubriand a superbement décrit un cas particulier. L'auteur de *René* n'en créa pas moins quelque chose de très précieux, littérairement : la joie de la douleur. Il souffrit, mais en creusant et en avivant sa souffrance ; il eut pour elle des tendresses et des caresses dont le plaisir et le bonheur sont indignes : « Je n'avais plus envie de mourir depuis que j'étais réellement malheureux. » Il rouvrit ses plaies, il les contempla, il en jouit. Si l'impuissance des êtres finis que nous sommes le révolta, ce ne fut que superficiellement, comme pour orner le livre, et compléter le personnage. René est par dessus tout un « moi » qui s'étale. Son martyre ne va ni sans coquetterie, ni sans pose ; l'essentiel est de « n'être pas commun »[2].

On le voit, puisque aussi bien ce n'est pas le lieu de

---

[1] On sait que Gœthe n'a pas été très juste envers Chateaubriand dans lequel il n'a voulu voir « que le continuateur de Bernardin de Saint-Pierre » (*Gœthes Gespräche*, éd. v. Biedermann, VII, p. 24).

[2] Voir *Werther et les frères de Werther* de L. Herminjat, in-8, Lausanne, 1892, et la bibliographie du sujet (p. 137 et s. *ibid.*).

pousser plus loin le parallèle, *René* ne procède qu'indirectement de *Werther*; et pourtant, Chateaubriand a confessé, dans ses *Mémoires d'Outre-Tombe*, qu'aux heures de « sa première jeunesse », Werther, Ossian et les *Rêveries* de Rousseau « ont pu s'apparenter à ses idées ». Il serait facile de montrer par le menu tout ce qui sépare le Germain rêveur et fiévreux du Celte splénétique et mystique. Sans même s'attacher à l'entière diversité de l'intrigue, on pourrait constater que Werther et René sont, l'un sceptique d'esprit très libre, l'autre chrétien et même clérical de tradition rigide ; que le roman de Goethe est un vrai roman, riche d'idées et palpitant de vie, celui de Chateaubriand, une autobiographie où la substance manque un peu et où l'insuffisance du fond apparaîtrait cruellement si l'écrivain — l'artiste — n'était admirable.

René est plus qu'une imitation originale, mais le *Peintre de Salzbourg* (1803), du bon Charles Nodier, n'est qu'une agréable copie, ou, si l'on préfère, un pastiche intéressant. Charles Münster n'est-il pas un simple sosie de Werther, avec de la peinture et de l'emphase en plus ? La fable s'écarte, sur quelques points plutôt secondaires, du modèle goethien. La note du désespoir volontaire y est plus déclamatoire et plus factice. Münster, Eulalie, Spronck, Guillaume, Cordélia, tout ce monde qui gémit et se contorsionne à l'envi, est plus près déjà du héros fatal ou de l'héroïne désolée que glorifieront les romantiques. On se tue dans le *Peintre de Salzbourg*, ou y meurt, comme dans un mélodrame ; c'est bien là le roman artificiel des méconnus et des incompris, où les personnages sont des spectres et des ombres qui se répandent en effusions sentimentales, en lamentations orageuses, car ces êtres ne vivent pas, et leurs actes n'ont aucune apparence de réalité.

« Composition sans art ! » disait Nodier, mûri par l'expérience et le travail. Le « peintre de Salzbourg » demeure néanmoins, de tous les sous-Werther français, l'un des plus savoureux par sa sincérité ingénue. N'est-ce pas Nodier à vingt ans que Münster, le Nodier des lectures et des enthousiasmes juvéniles ? Son *Peintre de Salzbourg* n'est-il pas une sorte de *Werther* larmoyant et naïf, traduit avec le cœur, et de mémoire ? Mais, bien que l'imitation soit assez littérale, elle n'est pas que vulgaire plagiat. Nodier y a mis du Nodier, — avec du Rousseau, du Richardson, du Klopstock, et surtout du Gœthe.

On pourrait aussi rapprocher de *Werther*, *Delphine* de M°ᵉ de Staël. Delphine est bien, en effet, une sœur généreuse et inconsidérée du héros gœthien, et tout le livre, un plaidoyer en faveur des droits de l'individu contre les conventions et les lois de la société. Mais M°ᵉ de Staël est un esprit trop débordant et trop libre, pour suivre un modèle de très près, et très longtemps. Il y a communauté de tendances entre les deux ouvrages ; ils diffèrent pour tout le reste, et même l'auteur de *Delphine* atténue singulièrement l'individualisme farouche de *Werther*[1].

Voici *Obermann* (1824), d'Etienne de Senancour. Ces quatre-vingt-quatorze lettres, jérémiades érotiques et digressions moroses, sont du *Werther* délayé et décoloré, mais d'une pensée plus creusée et plus réfléchie. C'est, dans une forme monotone, la doctrine du désespoir final, sans attendrissement et sans poésie. Un « vide inexprimable » est la « constante habitude » de cette « âme altérée ». On a pu écrire qu'*Obermann* était, en quelque

---

[1] M. H. Morf, un excellent connaisseur des deux littératures allemande et française a bien marqué l'influence werthérienne dans Delphine, en un article (*Sonntagsblatt des Bund*, 10 novembre 1895) sur : *Die franz. Litteratur zur Zeit des ersten Kaiserreichs*.

mesure, la métaphysique des œuvres werthériennes. Venant après *Werther* et *René*, il les résume, les achève et les systématise. Pas d'action, au demeurant, ni de plan ; la philosophie à bâtons rompus d'un ennuyé et d'un désœuvré qui s'analyse et se raconte. Quelques jolies descriptions y apparaissent, oasis dans le désert.

Nous n'avons guère vu jusqu'ici que Werther à vingt ou trente ans. Qui nous donnera le Werther vieilli et fatigué ? La vie de celui-ci a été écrite, de façon incisive, avec une clairvoyance sans illusions et un sentiment aigu qui tient plus des nerfs que de l'âme, dans l'*Adolphe* (1816) de Benjamin Constant. Si Werther a symbolisé la mélancolie d'avant quatre-vingt-neuf et René celle d'après la Révolution, Adolphe exprime notre « mal du siècle », avec des ressources très personnelles d'observation cruelle et d'implacable psychologie. Gœthe, Chateaubriand, Nodier sont des « romantiques »; Benjamin Constant, lui, est un réaliste, dans son enquête si minutieuse et si précise sur les ressorts de l'être intime. Aussi quel abîme entre la sentimentalité exaltée de Werther, ou le pessimisme oratoire de René, et la sensibilité pervertie, le découragement égoïste et pusillanime d'Adolphe ! Et puis, combien la situation morale, combien les caractères eux-mêmes sont, dans l'œuvre de Constant, d'une autre complexité ! Là, c'est plutôt l'imagination sans frein aux prises avec la vie bornée ; ici, c'est la conscience défaillante, et rien qu'elle. Il est permis cependant de rattacher *Adolphe*[1] à la famille werthérienne, car tout s'y concentre

[1] M. G. Brandes (*Die Hauptströmungen der Litteratur des XIXten Jahrhunderts*, I, p. 98) a pu dire, en se plaçant à un autre point de vue : « *Adolphe* est le *Werther* des femmes » ; en effet, le pouvoir d'aimer, éteint chez l'homme, y est d'autant plus énergique et dominateur chez la femme.

en fin de compte sur la lutte de l'homme contre les lois naturelles ; la filiation est donc incontestable, quoique la tendance, comme l'allure et la trame du livre, soient absolument différentes.

Werther ! En France, on ne chercha longtemps Gœthe que dans son *Werther*. Un dictionnaire des romanciers célèbres, publié à Paris en 1821, ne connaît de Gœthe que ce livre. Mais *Werther* pouvait suffire à la gloire de son auteur : on ne cessa de l'imiter ou de s'en inspirer dans la première moitié de notre siècle ; bien plus, il revint à Paris, de l'étranger, avec Byron et *Lara*. Il avait eu sa grande part dans la genèse de l'âme française moderne et dans l'éclosion du romantisme. Sa trace, qu'on peut déjà signaler dans le *Poète mourant* de Millevoye, dans la *Jeune captive* et certaines élégies de Chénier, se retrouve non seulement dans la *Valérie* de Mme de Krüdener, mais dans *Joseph Delorme* et dans *Volupté* de Sainte-Beuve, dans la *Confession d'un enfant du siècle* et dans *Rolla* de Musset, dans *Lélia* de George Sand, dans ce *Raphaël* que Lamartine nous montre lisant *Werther*, dans le *Chatterton* d'Alfred de Vigny, dans le Didier de *Marion Delorme*, qui est un Werther anticipé, un triste du temps de Cinq-Mars. Il se peut, comme le veut Ph.-A. Stapfer, que la discussion ait été close, en France, dès 1830, entre « âmes sensibles et têtes froides », ou qu'Ampère ait eu raison de traiter de démodées, en 1833, les traductions et les adaptations du roman de Gœthe. Toujours est-il qu'on le revoyait un peu partout, au théâtre et ailleurs ; que la critique le reprenait ; que, suivant M. Süpfle, la *Revue contemporaine* faisait encore cette remarque à propos d'*Aline*, « journal d'un jeune homme », par Valéry Vernier (1858) : « Ce poème rappelle, dans son ensemble, l'extérieur descriptif, paysagesque et sentimental du roman de Werther »; que le Belge Octave Pirmez[1] fut un petit-neveu du héros gœthien, dans ses *Lettres à José* et dans *Roméo*. L'engouement avait passé ; l'intérêt subsistait, l'influence n'était point abolie. La plupart des écrivains auraient pu dire en France de la mélancolie de Werther, ce que Musset disait de la langue française :

> Nous l'avons tous usée...

Assurément, les Français se sont plutôt inspirés de la « partie négative de l'œuvre », pour parler avec M. L. Ducros, qui ajoute : « La partie positive, tout ce que Gœthe a mis de jeunesse, de naïf enthousiasme dans le roman, toutes les raisons enfin que Werther a d'aimer la vie, son sentiment si vif et si poétique de la nature, son amour des arts, son attachement pour Wilhelm, tout cela a été, non pas ignoré, mais beaucoup moins senti et reproduit par nos werthériens. » C'est bien le côté moral et pathétique de *Werther* qui devait plaire en France ; mais n'est-ce pas cette moitié du livre qui est géniale, et cette moitié seule ?

Nous n'avons pas à nous occuper, dans cette étude, des origines de *Werther*, ni à faire le départ des influences, dans *René* par exemple, ou *Obermann*, entre Rousseau et Gœthe. Il importait essentiellement de marquer ce que Gœthe avait exprimé d'autre que Jean-Jacques, ce qu'il y avait de nouveau dans l'accent de son *Weltschmerz*.

Avant d'en arriver à *Faust*, qui eut quelque peine à s'imposer au goût français, il ne sera pas superflu de suivre les autres drames de Gœthe dans leurs voyages à travers le Rhin. *Götz von Berlichingen*, une pièce coulée

---

[1] Voir notre *Histoire de la littérature française hors de France*, op. cit., p. 232 et s.

dans le moule shakespearien, semblait condamné d'avance à n'être point lu à Paris. Toute cette Germanie tumultueusement moyen âgeuse ne devait-elle pas rebuter le lecteur ou déconcerter à tout le moins, sur les planches, les Français férus du théâtre classique ? Et qu'était-ce que ce singulier caprice d'un retour à l'époque la plus décriée de notre histoire, aux temps de barbarie et de ténèbres ? Un gentilhomme alsacien, Ramond de Carbonnières, eut la louable audace de braver les hasards d'une adaptation de *Götz*, en plein siècle de lumières et de règles ; de là, sa *Guerre d'Alsace*, « drame historique » (1780). Ramond confessa qu'il avait consulté ou suivi Shakespeare, les tragédies politiques de Bodmer, le *Götz* de Gœthe et..... le *François II* du président Hénault. Il aurait pu pousser la franchise plus loin : les principaux personnages et des scènes entières de son interminable pièce sont tout uniment du Gœthe arrangé. Chose curieuse, on retraduisit en allemand, une année après, la *Guerre d'Alsace*, tant l'influence des lettres françaises continuait à le disputer en Allemagne à celle des lettres nationales.

Les Français, avec la meilleure volonté du monde, se seraient en vain efforcés de comprendre *Götz* à travers les laborieux et indigestes remaniements de Ramond ; le baron alsacien l'avait desservi, comme il avait gâté *Werther* dans ses *Dernières aventures du jeune d'Olban*, dédiées au poète Lenz. Une honnête traduction, insérée dans le *Nouveau théâtre allemand* de Friedel et Bonneville, stimula davantage la curiosité des Français. Si le *Journal encyclopédique* ne lui accorde qu'une attention plutôt malveillante, s'il lui reproche avec véhémence d'avoir enfreint la règle de l'unité d'action, le *Mercure de France* (1787) y découvre « de grandes beautés de détail, une fidèle peinture des mœurs du siècle et de la vérité dans les caractères ». Et, tout récemment, après Stapfer et d'autres, Götz a tenté d'habiles traducteurs, MM. E. Lichtenberger, A. Chuquet, E.-D. Lang[1].

Stella[2], qui est devenue, en 1782, dans le *Nouveau théâtre allemand*, un « drame pour les âmes aimantes », et que Cabanis traduisit en 1797, remporta un succès plus vif que *Götz*, mais sous un nouveau titre (*Zélia*) et dans la forme d'un « drame en trois actes mêlé de musique », texte de Dubuisson, musique de Deshaye (1791) ; le même Dubuisson parodia en outre l'œuvre de Gœthe dans une *Suite de Zélia*, qui est de 1792.

Le siècle s'achevait ; Gœthe ne compta pas en France, comme dramaturge, avant le *De l'Allemagne* de M*me* de Staël. Ce fut une révélation, bien qu'on se contentât d'admirer d'abord à distance, et sur parole, le nouveau Shakespeare.

Albert Stapfer ne publia que de 1821 à 1825, avec la collaboration de Cavagnac et Margueré, sa traduction fidèle des *Œuvres dramatiques de Gœthe*. Le *Globe* salua, puis couvrit d'éloges, le travail de Stapfer. Gœthe lui-même en parut enchanté. Vers le même temps, les *Chefs-d'œuvre des théâtres étrangers* conviaient notre littérature à se renouveler dans le théâtre des autres peuples. Une « société de gens de lettres », — Villemain, Guizot, Nodier, de Barante, d'autres encore, — collaborait à cet

---

[1] Voir *Bulletin de la Faculté des Lettres de Poitiers* (article de M. L. Ducros sur « Gœthe et le romantisme français »), année 1886, p. 349 et s. Cfr. *Revue dramatique*, 1886 (article de M. A. Chuquet, « Gœthe et son premier drame »).

[2] Est-il nécessaire de rappeler ici que Scribe a traduit en partie, et en partie imité les *Geschwister*, l'un des premiers ouvrages dramatiques de Gœthe, dans *Rodolphe ou frère et sœur* (voir *Herrig's Archiv*, XXVI, p. 113 et s.) ? Et que le « Singspiel » *Jerry et Bättely* a fourni le sujet du *Chalet* d'Adam ?

immense recueil, où l'Angleterre et l'Allemagne occupaient la première place. C'était un trésor qu'on ouvrait à l'imagination française; la géniale originalité de Goethe dut tout particulièrement frapper la jeunesse lettrée et raffermir dans leur foi les dramaturges du romantisme[1]. Le *Théâtre de Goethe* de X. Marmier et la traduction complète des *Œuvres de Goethe* par J.-J. Porchat ne vinrent que beaucoup plus tard, en 1848 et en 1858, alors que la période d'initiation rêveuse et d'action directe était close.

Götz von Berlichingen, que la *Guerre d'Alsace* de Raymond avait compromis dans l'estime des Français, eut bientôt une belle revanche. Goethe put se figurer, avec une satisfaction sans mélange, que son *Götz* avait été sinon le modèle, du moins le prélude de notre drame historique. Il avait su restituer leur physionomie aux âges lointains et remettre la vie dans l'histoire; si l'on a mieux après lui, si le détail pittoresque et la reconstitution exacte des milieux semblèrent plus choisis et plus soignés chez quelques-uns de ses successeurs, il eut le mérite d'avoir frayé la voie. Le souvenir de *Götz* n'a-t-il pas inspiré Mérimée, l'un des esprits les plus curieux du mouvement intellectuel à l'étranger, dans ce *Théâtre de Clara Gazul*, où Goethe s'est, au reste, vanté à tort — M. A. Filon l'a prouvé[2] — d'avoir deviné d'emblée un

---

[1] Le 3 décembre 1823, Sulpice Boisserée, le critique d'art, écrit de Paris à Goethe : « Depuis plusieurs semaines, il est beaucoup question de vous; la traduction de *Faust* (par Sainte-Aulaire), de *Götz de Berlichingen*, de vos *Mémoires* en ont fourni le prétexte, et, ces jours, l'intérêt s'est encore accru par les *Geschwister* qu'on a donnés sur deux théâtres, presqu'à la même heure, et sous deux titres différents, l'un *Guillaume et Marianne*, l'autre *Rodolphe* » (lettre citée par M. A. Caumont: *Goethe et la littérature française* (Francfort, in-4, 1885), p. 31.

[2] *Prosper Mérimée et ses amis*, in-12, 1893, p. 39 et 40. La chose est confirmée dans *Goethes Jahrbuch*, XV, p. 289 et s.

très adroite mystification ? Et serait-il absent des *Barricades* de Vitet ? ou des drames de Dumas père ? ou de ceux de Victor Hugo ? M. A. Mézières[1] a carrément affirmé ceci : « C'est de Götz de Berlichingen et de toute cette école, non point de Shakespeare, il ne faut pas l'oublier, que nous vient le drame historique tel que les romantiques l'ont mis sur la scène. » Il paraît bien que le respect de la couleur locale et la passion du moyen âge, dans notre théâtre moderne, partent de *Götz*; Walter Scott y fut pour quelque chose, lui aussi, mais après Goethe, son devancier et son maître.

L'influence de *Götz* a été vivement contestée par M. L. Ducros[2]; il a rappelé avec force que c'est à Shakespeare qu'il importe de remonter pour l'explication des origines du théâtre romantique, et que les *Barricades* de Vitet, notamment, sont de Vitet, rien que de Vitet. Il abonde dans le sens de M. A. Chuquet, un autre fin connaisseur de la littérature allemande; celui-ci n'a-t-il pas écrit, dans l'introduction à son *Götz* français, qu'il juge Goethe beaucoup trop lyrique pour avoir songé même à ces résurrections du passé que nous croyons découvrir dans le drame goethien ? Shakespeare et Walter Scott, voilà les vrais ancêtres ! Mais on peut répondre à MM. Chuquet et Ducros que la « couleur locale » n'est point dans Shakespeare, que Scott l'a trouvée dans Goethe et que, s'il lui a donné plus de relief et d'éclat,

---

[1] *W. Goethe*, par A. Mézières, nouv. éd., Paris, 2 vol. in-16, 1895, I, 96.

[2] *Bulletin de la Faculté des Lettres de Poitiers*, 1886, p. 351 et s. — On pourrait dire aussi que les *Templiers* (1805) de Raynouard ont contribué à mettre le moyen âge à la mode et à inspirer aux auteurs dramatiques des préoccupations de couleur locale au théâtre; mais le moyen âge et la couleur locale de Raynouard sont encore conventionnels et ne donnent pas l'impression de la vie.

l'auteur de *Götz* la lui avait révélée ; au surplus, les romantiques ont pu la prendre dans *Atala*, les *Natchez* et même dans les *Martyrs*[1].

On se figure peut-être que la perle du théâtre de Goethe, cette *Iphigénie*, d'une beauté si pure et d'une si sereine grandeur, va communiquer aux Français l'enthousiasme que Mᵐᵉ de Staël exprima dans les pages les plus chaleureuses de son *De l'Allemagne*. Traduite en prose par L. de Guizard (1822), en vers par E. Borel (1855) et par M. Legrelle (1870), elle ne fut jamais représentée en France. C'est proprement une merveille qui défie l'imitation[2], quoique Goethe s'y rapproche de notre tragédie classique pour protester à sa manière contre les audaces et les vulgarités des disciples allemands de Shakespeare.

Le *Globe*, qui avait consacré le plus élogieux des articles à *Iphigénie*, ne ménagea point ses louanges à *Egmont*. Mᵐᵉ de Staël s'était ingéniée à montrer combien il eût été facile d'y tailler un chef-d'œuvre pour la scène française; le *Globe* le signala comme l'idéal du drame selon la formule romantique. Egmont ne fit cependant que très tard une fortune médiocre à Paris ; MM. A. Wolff et A. Maillard y découpèrent les quatre actes d'un livret d'opéra, en 1886, musique de M. Salvayre, et l'on n'ignore point que Dumas père plaça, presque mot à mot, le monologue du duc d'Albe dans la bouche du Sentinelli de *Christine à Fontainebleau*. La très fidèle et très littéraire

[1] Rappelons ici combien souvent Delacroix s'est inspiré de *Götz*, puis de *Faust* (*Journal d'Eug. Delacroix*, in-8, Paris, 1893, I, p. 61 et III, p. 50). Il est vrai qu'il accusait Gœthe d'avoir fait « rétrograder l'art (dramatique) de son époque aux puérilités des drames espagnols et anglais » (ibid., I, p. 222).

[2] Aux yeux de Taine, l'*Iphigénie* de Gœthe est de ces poèmes « qui sont ce qu'il y a de meilleur et de plus élevé dans le monde » (*Essais de critique et d'histoire*, 1874).

adaptation de M. Ad. Aderer, *Le comte d'Egmont* (1890), n'a pas trouvé grâce devant le public de l'Odéon.

Alexandre Duval n'eut pas à se repentir d'avoir recouru, pour son *Tasse* (1826), au *Torquato Tasso* de Goethe, déjà publié dans les *Chefs-d'œuvre du théâtre allemand* (1822). On applaudit, au Théâtre français, les quatre actes en prose dans lesquels Duval avait enfermé, en le ramenant à la règle des trois unités, ce drame gœthien d'une psychologie si fine, d'une inspiration si personnelle [1]. Il a paru bien des traductions de *Torquato Tasso*; l'une d'elles a même passé dans les livres scolaires.

Mais la France eût oublié le Tasso comme Götz, Iphigénie comme Egmont, si *Faust* ne l'avait rapprochée du Shakespeare allemand exalté par Mme de Staël, un Shakespeare plus homme de pensée que d'action, plus philosophe que dramaturge, plus embrumé et moins vivant que l'ancien, plus profond peut-être, d'une science plus universelle et d'une aussi extraordinaire hardiesse de fantaisie. Sans doute, l'*Histoire prodigieuse et lamentable du docteur Faust* (1598), connue en France onze ans après l'apparition de l'original allemand, y avait eu un retentissement qui s'était prolongé pendant un siècle et plus. Néanmoins « le grand et terrible enchanteur », présenté aux Français par Victor Palma-Cayet, avait, malgré plusieurs rééditions, perdu tout son

---

[1] Je cite ici ces deux phrases de M. Paul Bourget : « Gœthe a écrit son *Tasse* pour montrer que le poète se laisse séduire jusqu'à la folie par les brillantes étoffes, les festins, les triomphes, l'éclat. Balzac du moins cite quelque part cette opinion de l'auteur de *Faust*, et il la partageait pleinement, puisqu'il a montré, dans Lucien Rubempré et dans Cassalis, à quelles fautes criminelles ou à quelles hypocrisies honteuses les séductions de cet ordre peuvent entraîner l'homme de poésie qui se grise de succès sociaux » (*Etudes et portraits*, I, p. 210).

prestige auprès d'eux, lorsque Gœthe le ressuscita.

Ce fut, en Allemagne, une explosion d'étonnement et d'ivresse. Le *Faust* de Gœthe était la pensée de toute une vie, et, de plus, comme l'a dit M. P. Stapfer, c'était Gœthe lui-même aux époques successives de son existence ; commencé en 1771, il ne fut terminé qu'en 1808. L'âme et l'esprit germaniques avaient pris là un merveilleux essor. Le génie coulait à pleins bords dans ce drame, ou plutôt dans ce poème vertigineux, un peu diffus, assez excentrique, mais qu'éclaire d'un rayon de grâce et de pitié suprêmes l'exquise figure de Marguerite. *Faust* a des vulgarités, des disparates, des divagations, des obscurités, tout un côté amphigourique et trivial qui nous choque, nous autres Latins, amoureux de limpide élégance. « Je reprends le seau des Danaïdes », écrivait Gœthe à l'une de ses confidentes. Il l'a rempli et vidé cent fois dans son *Faust*, le « seau des Danaïdes », y versant gaiement ou furieusement, selon l'occurrence, tout ce qu'il y eut en lui, durant les « quarante années de gestation » dont a parlé Marc Monnier, de jeunesse débridée, de maturité féconde, d'énergie créatrice, de passion de vivre et d'aimer, de science exubérante, de métaphysique exaltée, de folie, d'expérience et de sagesse. L'imagination d'un *bursch* s'y alliait à la pensée d'un philosophe et aux visions d'un prophète, tandis que l'art visait à l'union parfaite de l'idéal et du réel [1].

Il faut avouer maintenant que le *Faust* de Gœthe mit plus de temps à faire son tour de France que l'*Histoire prodigieuse* de Palma-Cayet. M. L. Ducros nous en donne

---

[1] Dans une curieuse liste — écrite en français — de ses ouvrages, Gœthe, qui qualifie *Götz* simplement de « tragédie hors des règles », signale *Faust* comme « un tableau hasardé du monde et des mœurs en forme dramatique » (*Gœthes Jahrbuch*, XV, p. 17 et s.).

ses raisons en deux lignes. « C'est, dit-il, le livre d'un sage écrit par un poète, et qui a pour point de départ un conte de vieille femme. » Il ajoute qu'on dérouterait à moins l'esprit français. Mme de Staël elle-même éprouvait une admiration mêlée de stupeur devant ce monstre superbe ; elle avait peur de le trahir en l'expliquant[1] : « Il est impossible de lire Faust, sans qu'il excite la pensée de mille façons différentes : on se querelle avec l'auteur, on l'accuse, on le justifie ; mais il fait réfléchir sur tout, et, pour emprunter le langage d'un savant naïf du moyen âge, sur *quelque chose de plus que tout*. Les critiques dont un tel ouvrage doit être l'objet, sont faciles à prévoir, ou plutôt c'est le genre même de cet ouvrage qui peut encourir la censure, plus encore que la manière dont il est traité : car une telle composition doit être jugée comme un rêve... Un génie tel que Goethe s'affranchit de toutes les entraves, la foule de ses pensées est si grande que de toutes parts elles dépassent et renversent les bornes de l'art ». Et les Français hésitent ou reculent volontiers devant ceux qui ne craignent point de sauter par dessus les « bornes de l'art ».

Deux traductions de *Faust* furent publiées simultanément, en 1823, l'une, du comte de Sainte-Aulaire, dans les *Chefs-d'œuvre des théâtres étrangers*, l'autre, d'Albert Stapfer, dans le tome quatrième de ses *Œuvres dramatiques de Goethe*, celle-là peu exacte et bien pâle, celle-ci consciencieuse, ni plus ni moins, toutes deux en prose, toutes deux de ces « clairs de lune empaillés » qu'Henri Heine jugeait insupportables. Gérard de Nerval eut l'ambition, cinq ans après, de nous offrir le vrai *Faust* français, en prose toujours mais en prose agile et ferme ; le

---

[1] *De l'Allemagne*, 2ᵉ partie, chap. 23 *in fine*.

vieux poète en fut ravi. Déjà en 1827, le *Globe* — qu[i] était la revue de France où Gœthe se renseignait sur [la] littérature du pays [1] — avait commenté en termes presq[ue] dithyrambiques ce drame si différent de tout ce q[ue] le théâtre avait produit depuis *Hamlet*. Le problème [de] la destinée, les mystères de la nature et de la divini[té] étaient abordés dans une œuvre d'un saisissant relief[,] d'une immense portée ; l'éternel conflit des deux force[s] qui ont choisi notre cœur et notre raison pour champs [de] lutte, était représenté avec une hardiesse étonnante et u[ne] incomparable puissance ; ces forces mêmes surgissaie[nt] devant nos yeux en deux types immortels, Méphist[o]phélès et Faust. C'était là plus qu'un chef-d'œuv[re] national, c'était un chef-d'œuvre humain écrit pour to[us] les peuples et tous les temps. On n'apercevait pas l[es] taches de ce soleil [2].

Comment le « cénacle » n'aurait-il pas exulté ? Fa[ust] combattait pour les romantiques ; ils vaincraient a[vec] lui. S'il les effrayait parfois, il les subjuguait ; n'était-il p[as] la preuve vivante de l'excellence de leur esthétique, [et] n'affirmait-il pas la royale indépendance du génie ? L[es] censeurs ne furent pas écoutés ; ils durent même reco[n]naître, avec un collaborateur de la *Bibliothèque universe[lle]* (1834), que « la philosophie satanique de Méphistophé[lès] était bien plus goûtée en France que les doctrines [de] Kant ou de Schelling, et que le diable était un professe[ur] plus éloquent que M. Cousin ». Après Werther, ap[rès]

---

[1] *Gœthes Gespräche*, éd. v. Biedermann, VI, p. 116 et 117.

[2] « On s'initiait aux mystères du *Faust* de Gœthe qui conti[ent] tout, selon l'expression de Mme de Staël, et même quelque ch[ose] d'un peu plus que tout. » (*Histoire du romantisme*, de Th. Gau[tier,] nouv. éd., 1884, p. 51). Et Gautier ajoute, qu'à découvrir ainsi S[ha]kespeare, Byron, Gœthe, « la tête nous en tournait ».

René, après les soupirs de la mélancolie et les plaintes du désespoir, le poème palpitant du doute et l'audacieuse synthèse de la pensée d'un siècle, — d'un siècle qui avait été celui de Voltaire, de Rousseau, de Kant et de Gœthe — l'âme romantique avait achevé son éducation : la vie et la mort, Satan et Dieu, la littérature lui avait tout dévoilé, et ses ailes se déployaient, l'enlevaient en plein ciel d'un art libre et jeune.

A vrai dire, le théâtre français ne subit que très indirectement l'influence de *Faust*, bien que les petites scènes parisiennes aient joué d'assez bonne heure des mutilations ou des parodies du drame fameux, que le *Souper du Commandeur* de Blaze de Bury en soit tout pénétré et qu'on retrouve l'épisode des bijoux dans le *Don Juan de Marana* de Dumas père. Nos dramaturges ont sans cesse été préoccupés de l'action plus que de l'idée; et jamais ils ne songeront à expliquer dans une salle de spectacle un « évangile du panthéisme » à la Faust. La transcendance n'est point leur fait ; s'ils ne redoutent pas la thèse, ils fuient devant le système.

En revanche, notre poésie épique et lyrique lui est redevable de son renouvellement, pour une part qui n'est point insignifiante. L'*Ahasvérus* (1833) d'Edgar Quinet ne rappelle-t-il pas *Faust* en maints endroits et par plusieurs de ses personnages? Quinet, la plus germanique des intelligences françaises, avait été comme fasciné par la renaissance littéraire de l'Allemagne au temps de Gœthe et Schiller. Cette *Germania rediviva*, si riche de sève après deux siècles presque stériles, lui semblait la fontaine de Jouvence où se rafraîchirait l'esprit desséché de nos races latines. *Faust* l'émerveilla. Aussi son Ahasvérus est-il un frère de Faust, son Mob un autre Méphistophélès, sa Rahel une autre Marguerite. Mais voilà, Quinet fut de ceux qui continuent un mouvement, non de ceux qui le créent; et il avait encore exagéré, suivant en cela l'école romantique d'Outre-Rhin, ce qui se trouvait d'excessif dans la fantaisie et le philosophisme gœthiens.

Il y a du *Faust* dans *Livia*, « poème dramatique » qu'Eugène Robin donne à la *Revue des Deux-Mondes* en 1836 ; il y en a dans la *Divine épopée* de Soumet, dans la *Fin de la comédie* d'Adolphe Dumas [1], et jusque dans la *Chute d'un ange* de Lamartine. Alfred de Musset écrit dans le chapitre deuxième de sa *Confession d'un enfant du siècle* : « Gœthe, le patriarche d'une littérature nouvelle, après avoir peint dans Werther la passion qui mène au suicide, avait tracé dans son Faust la plus sombre figure humaine qui eût jamais représenté le mal et le malheur. Du fond de son cabinet d'étude, entouré de tableaux et de statues, riche, heureux et tranquille. il regardait venir à nous son œuvre de ténèbres avec un sourire paternel. » Cette « œuvre de ténèbres » fit néanmoins une impression si vive sur Musset, qu'il joua au Méphistophélès dans la dédicace, et au Faust dans l'invocation de la *Coupe et les lèvres*, et que le héros de Gœthe s'attira, dans *Rolla*, une apostrophe de vingt-sept alexandrins. Un poème de Blaze de Bury, *Margaritus* (1835), est qualifié de « faustiade » par M. Süpfle. Et l'on pourrait se demander si Gœthe n'a point, par son drame, coopéré à une certaine déformation de l'esprit français, — de l'esprit des hommes d'esprit — en lui enlevant la vivacité et l'acuité du trait, en l'imprégnant d'insistante et gouailleuse ironie. Méphistophélès est un peu spirituel comme l'est Musset dans *Namouna*

---

[1] Ce drame en vers, qui portait aussi comme titre: *La mort de Faust et de Don Juan*, avait été reçu au Théâtre français en 18.., mais la censure en interdit la représentation.

[...]autier dans *Albertus*, Hugo dans le quatrième acte de *[R]uy Blas*.

C'est à la musique de Gounod peut-être que Faust doit [le] meilleur de sa popularité en France ; la *Damnation de [F]aust* de Berlioz y a beaucoup moins aidé. Il serait injuste [d']oublier que nombre d'auteurs français, par de savantes [et] d'éloquentes études sur le chef-d'œuvre de Gœthe, ont [au]gmenté le patrimoine intellectuel de notre public lettré [en] maintenant l'admiration ou la curiosité d'une élite [au]tour de ce livre unique dans nos littératures européennes. Qu'il suffise de mentionner, après *De l'Allema[gn]e* de Mme de Staël, les pages de J.-J. Ampère dans le [*Gl]obe* (1827), les *Etudes sur Gœthe* de X. Marmier (1835), [*]Dante et Gœthe* de Daniel Stern, les remarquables tra[va]ux de Blaze de Bury et de Lerminier dans la *Revue des [De]ux-Mondes*, le *Faust expliqué* de F. Blanchet (1860), la [*Ph]ilosophie de Gœthe* de Caro (1866), *Faust dans la poésie, [la] peinture et la musique* de C. Bellaigue (dans le *Correspondant* de 1883), le *Théâtre de Gœthe* de M. E. Lichten[be]rger (1882), *Gœthe et ses deux chefs-d'œuvre classiques* [de] M. Paul Stapfer (1882), les ouvrages de MM. A. Mé[niè]res et A. Bossert sur Gœthe ; et je ne parle point des [allu]sions de Lamartine dans son *Cours familier de litté[rat]ure*, ni des accès de « gœthemanie » de M. A. Serre, [ni] de toute une série d'« essais », de « conférences », de [« d]iscours » qui s'accroît d'année en année.

[L]es traductions sont légion, mais aucune n'a réalisé le [vœ]u que Gœthe exprimait à Eckermann, le 11 avril 1823, [« d]e voir son Faust traduit en français, dans le goût du [te]mps de Marot ». J'ai signalé celles de Sainte-Aulaire [et d]e Stapfer ; il convient d'y ajouter celle de Marc Mon[nier], la plus adroite et la plus agréable de toutes, en [ver]s libres d'une souplesse sans pareille ; celle du prince

A. de Polignac, également en vers ; celle, très ingénieu[se] de M. F. Sabatier ; celle de M. Camille Benoit ; cel[le] enfin, toute récente, de M. Georges Pradez (1895), u[ne] curieuse « traduction métrique » où l'on a cherché [à] résoudre l'insoluble problème d'une étroite conciliatio[n] entre la littéralité et la poésie de l'original.

Si la première partie de *Faust* reste, pour la Franc[e] l'un des joyaux rares du théâtre étranger, avec *Haml[et]* la seconde est décidément, sauf peut-être l'épisode d'*H[é]lène*, d'un symbolisme trop impénétrable et trop laborieu[x] pour que nous y prenions de l'intérêt ou du plaisir. E[n] dépit des commentaires sagaces de Blaze de Bury, no[us] nous refusons à démêler ce chaos et même à y rega[r]der. A nous presser un peu, on nous ferait dire que no[us] le tenons, la trame dramatique exceptée, pour quelq[ue] gageure d'un Gœthe épuisé et sénile ; la veine poétiq[ue] est tarie, l'abstraction ne la remplace point.

L'auteur de *Faust* partagea au surplus ce malheu[r] commun à tous ses compatriotes, de n'être guère appréc[ié] en France qu'à travers des traductions et des explication[s ;] ses œuvres ne passaient pas la frontière en allemand, u[ne] langue que, parmi les romantiques, personne ne savait, e[n] dehors de Deschamps, de Blaze de Bury et de Gérard [de] Nerval, « ce commis-voyageur entre Paris et Munich [»,] comme l'appelait Sainte-Beuve. On « soupçonnait » Gœth[e]

---

[1] Lamennais écrit au baron de Vitrolles, le 24 mai 1844 : « Av[ez-]vous lu le *Second Faust?* Je le lis maintenant. C'est toute u[ne] affaire que de lire le *Second Faust*, et une bien autre affaire de [le] comprendre.... Je me figure quelquefois que ce grand charlat[an] entendait à merveille qu'il ne s'entendait pas »(*Corresp. inédite*, 1886, p. 34 et s., publ. par E. Forgues et *Gœthes Jahrbuch*, p. 233). Il faut dire que Lamennais « n'aimait point Gœthe », ce[tte] « âme sèche ». Mais il a bien marqué la crainte que nous éprouv[ons] d'une mystification dans cette obscure suite de *Faust*.

bien plus qu'on ne le possédait. La lettre très piquante du critique des *Lundis*, imprimée par W. Raymond en tête de son volume sur *Corneille, Shakespeare et Gœthe* (1860), ne laisse subsister aucun doute sur cette ignorance presque générale. Ch. Nodier lui-même, qui avait fait son bien de Werther et de l'Allemagne, ne comprenait pas un mot de la langue de Gœthe. On en était donc réduit aux interprètes ; on les consultait sans fièvre.

Aussi la plus fine fleur de la littérature gœthienne, j'entends sa poésie lyrique, fut-elle plus lente encore que les drames à captiver et à rajeunir l'imagination française. Et pourtant, quelle veine précieuse n'y avait-il pas dans ces lieder et ces ballades, où toute la mélancolie et tout le rêve des races septentrionales s'épanouissaient en chants pleins de grâce naïve et d'au-delà ! C'était la pensée germanique s'unissant à l'art grec, Luther rejoignant Pindare, car Gœthe est un Athénien de Francfort, un esprit d'Hellène dans une âme d'Allemand[1]. Il avait eu de plus, comme Herder, l'heureuse inspiration de chercher la poésie à sa source, dans ces traditions et ces légendes populaires, un peu dédaignées en France, qui sont plus près de la nature et de l'homme que la littérature artificielle des « mandarins ». Et puis, l'Allemagne est la nation lyrique par excellence ; seulement, les écrivains de ce pays se laissent volontiers absorber par la matière de leurs œuvres, au lieu de l'absorber, elle ; leur personnalité s'y mêle et s'y fond en quelque manière, tandis que celle de nos poètes modernes déborde sans cesse. Gœthe, qui

---

[1] Amiel, dans son *Journal intime*, dit à ce propos : « C'est un Grec du bon temps que la crise intérieure de la conscience n'a pas effleuré.... C'est la statuaire grecque qui a été son catéchisme de vertu. » Si justes que soient, en général, les caractéristiques littéraires d'Amiel, celle-ci est décidément trop étroite : la Réforme et la race ont eu leur grande part dans la formation du génie de Gœthe.

est à tant d'égards le moins allemand des Germains e[st]
en ce point, allemand jusqu'aux moelles.

Les formes de la vie apparaissent au peuple sous le[ur]
aspect symbolique ; il crée, sans y prendre garde, de [la]
plus pure essence de poésie, à laquelle il ne manque qu'u[ne]
chose : d'être mise en œuvre par le génie de l'artist[e.]
Gœthe le comprit. Son lyrisme, d'un naturel exqui[s,]
« naturel au suprême degré », disait Mme de Staël, [et]
d'une inimitable beauté d'expression, a le charme simp[le]
et la perfection aisée des anciens : c'est de la littérat[ure]
antique, avec un sentiment plus profond et une moral[e]
plus haute ; du naturalisme classique, si l'on veut, m[ais]
sur lequel le christianisme et la Réforme ont passé, car [le]
grand « païen » de Gœthe a conservé la marque de s[on]
éducation protestante.

Cette poésie n'était pas essentiellement objective, pu[isque]
que l'auteur n'y disparaissait que juste assez pour ne po[int]
s'y étaler ; elle n'était pas personnelle non plus, e[lle]
n'était qu'humaine, ne ressemblant en rien à celle des [ro-]
mantiques français, d'une si fougueuse et si indiscr[ète]
subjectivité : Lamartine, Hugo, Musset, de Vigny mê[me]
et le Gautier des débuts sont de ces « montreurs » q[ue]
railla Leconte de Lisle.

Ils nous vendent, ceux-ci, leur ivresse et leur mal...

Ils sont « troubadours », suivant le mot pittoresque de Fl[au-]
bert ; ils se chantent et ne chantent qu'eux ; ils ne voi[ent]
dans la poésie qu'un moyen d'exalter ou de magnifier [des]
aventures et des sentiments individuels ; leur imagi[na-]
tion ne s'exerce que sur eux-mêmes ; le monde extéri[eur]
existe à peine pour leur « Muse ». Et cela les dispense [un]
peu de travailler. « Ils ne travaillent pas », gémiss[ait]
Gœthe. Quel abîme entre eux et lui, — car *Werther*

bien loin ! Où ils ne parviennent à décrire éloquemment que leur vie particulière, Goethe fait entrer toute la vie ; où ils ne nous montrent qu'un homme, Goethe nous donne toute l'humanité. On peut lui appliquer ce que Vinet disait de Schiller : « Il a su, dans ses poésies lyriques, où le mystère ne manque pas, où l'extase déborde, contenir sa muse dans des conditions qui semblent trop étroites au lyrisme maladif de nos poètes modernes... Dans ses thèmes lyriques, toute la vie apparaît[1]. » Et Mme de Staël félicitait les Allemands de « pouvoir se transporter dans les siècles, dans les pays, dans les caractères les plus différents ». Avant Balzac, avant Flaubert, avant le Gautier de la seconde manière, le naturalisme avait repris le chemin de France avec Goethe, si tant est qu'il réside tout entier dans le *non mihi res, sed me rebus submittere conor* des anciens.

L'ignorance de la langue allemande, la pauvreté des traductions surtout, conspireront longtemps contre l'intelligence et la diffusion de ce que l'œuvre de Goethe contient de plus délicat et de plus achevé, de cette poésie lyrique d'une forme et d'un fond admirables. « La prose, la traduction littérale conduit, selon Nisard, au mot à mot. Et ce mot à mot ferait de la phrase la plus attique une platitude. » Le vers pourrait bien nous restituer l'original dans sa fleur, mais en luttant contre d'insurmontables difficultés, « en cherchant à donner, pour parler avec Marc Monnier, le même genre d'émotion et de plaisir que le poète étranger a su donner », en s'inspirant de lui plutôt qu'en l'imitant, en l'interprétant plutôt qu'en le traduisant, en tirant, à l'exemple de Victor Hugo, l'une

« La vie circule chaude et rapide dans ses poésies.... Enveloppé de toutes parts de l'atmosphère antique, il y vit de sa propre vie » (*Écrivains et poètes de l'Allemagne*, par H. Blaze, 1846, p. 73).

de ses « contemplations » — *A quoi songeaient les deux cavaliers dans la forêt*[1] — de la *Lénore* de Bürger, de façon moins libre, j'y consens, avec une maîtrise égale. Cela, ce n'est plus traduire, c'est créer ou recréer; cela seul serait digne d'un traducteur de Gœthe.

Or combien gauches et fades n'étaient pas les poésies lyriques de Gœthe, pitoyablement trahies en méchants ou en médiocres vers français? Qui donc eût reconnu *le Fischer* dans *Le Pêcheur* de Mme de Staël? Ou la *Fiancée de Corinthe*, sous le vêtement que, d'une main maladroite, lui tissait Émile Deschamps? Comment prendre feu pour ces candides, et lourdes, et obscures variations sur des thèmes presque enfantins? Quelle petite âme, puérile et mal débrouillée, habitait ces poètes de Germanie! Nos « méditations », nos « nuits », nos « tristesses d'Olympio » n'étaient-elles pas d'une autre essence et d'un autre vol? En vérité, nos romantiques pouvaient négliger ces rapsodies ingénues et pénibles... S'ils ne le firent point, s'ils admirent que Gœthe était un excellent poète dans sa langue, ils n'y allèrent pas voir, et les traducteurs ne les engagèrent point à courir les risques d'un voyage de découverte.

A l'origine, E. Deschamps et ses émules songèrent, en traduisant les Allemands, moins encore à les présenter comme des modèles à suivre, qu'à s'en faire une arme contre les classiques. Ce n'est que par infiltrations suc-

[1] *L'évolution de la poésie lyrique au XIXe siècle*, par F. Brunetière, II, p. 88. La *Lénore* de Bürger a été traduite dès 1814, après la publication *De l'Allemagne*, de Mme de Staël, puis, en 1830, dans les *Poésies allemandes* de Gérard de Nerval, enfin, en vers cette fois, dans la *Nouvelle revue germanique* (1834), par Paul Lehr. La fameuse ballade a donné son titre, et un peu plus que cela, à un mélodrame en cinq actes des frères Cogniard (1840), joué à la Gaîté; cfr. Th. Süpfle, l. c. IIe, p. 110, 161.

cessives que l'influence du lyrisme de Gœthe et de Schiller s'insinua chez nous; de Vigny l'a éprouvé, dès sa *Maison du berger*, mais nous sommes obligés d'arriver jusqu'aux « parnassiens » pour en constater la trace dans l'ensemble de notre poésie.

Quoi qu'il en soit, le *Pêcheur*, la *Fiancée de Corinthe*, le *Roi de Thulé*, le *Roi des Aulnes*, *Alexis et Dora*, d'autres élégies, d'autres ballades, d'autres lieder passèrent en français; les premières traductions furent celles de M⁰ᵉ de Staël, dès 1800, du *Mercure étranger* de 1813 et 1814. M⁰ᵉ Panckoucke publia en 1825 les *Poésies de Gœthe*, « auteur de Werther », en prose alambiquée; ce petit volume ne renfermait, par bonheur, que trente-huit morceaux arrangés selon la recette de nos classiques de décadence : partout, l'intrusion de la mythologie et de la périphrase, des « astres timides de la nuit », des « sirènes », des « naïades », et parfois de grossiers contre-sens. La *Revue encyclopédique* affirma néanmoins « que le génie du poète allemand s'y reproduisait dans son originalité et dans sa simplicité native, revêtue de grâces françaises ». Emile Deschamps ne fit pas beaucoup mieux dans ses *Etudes françaises et étrangères* (1828), où huit poésies de Gœthe sont transposées plutôt que traduites par un rhétoricien de talent. Ce travail l'excita cependant à composer des ballades de son cru, qui sont d'une langue plus terne, mais d'une couleur plus exacte que celles de Victor Hugo.

Au reste, si la poésie lyrique de l'Allemagne ne pénétra pas directement celle de la France, elle put s'y introduire par un chemin détourné : nos poètes, de 1820 à 1830, Lamartine, Hugo, Musset, de Vigny, Sainte-Beuve ont étudié les Anglais, ou les ont imités, les lackistes et Byron ; et ceux-ci s'étaient enivrés du lyrisme allemand avant de chanter, et c'est un écho d'Allemagne qu'ils renvoyaient en France. Bien plus, n'a-t-on pas écrit — M. Th. Süpfle — que les *Orientales* furent « un des rayons de Gœthe, » et qu'elles ont été inspirées par le *Divan occidento-oriental* ? Ceci est sujet à caution, mais Lamartine ne nous avoue-t-il pas, dans ses *Confidences*, qu'avant son premier voyage d'Italie, toute la poésie du ciel de là-bas lui était apparue dans la chanson de Mignon ? Le *Rideau de ma voisine*, de Musset, n'est-il pas, dextrement remanié, le *Selbstbetrug* de Gœthe ? Gautier n'était-il pas un fanatique du *Divan occidento-oriental*, et la matière de sa *Comédie de la mort* ne lui a-t-elle pas été fournie en partie par Gœthe [1] ? Et de nouvelles images, et de nouvelles tournures, — ces « élégants germanismes » qu'on persiflait vers 1825 — et de nouveaux sujets, et des genres nouveaux n'ont-ils pas été suggérés à nos poètes par les lyriques d'Allemagne, par Gœthe surtout ? Et les « parnassiens » n'ont-ils pas regardé vers celui que Gautier appelait « l'Olympien de Weimar [2] » ? Pourquoi nos romantiques n'ont-ils pas songé à rapprocher la foule de la poésie, à nous faire assister, après les Allemands, à cette éclosion du *Volkslied* qui a mis en vivante communication spirituelle, non pas seulement quelques douzaines d'écrivains avec une élite de lecteurs, mais la littérature avec la nation même ? *Erlkœnig* [3], De

[1] G. Pellissier, *Le mouvement litt. au XIXe siècle*, 1889, p. 161.

[2] Leconte de Lisle est aussi, par certains côtés, un Gœthe lyrique, très épris de l'antiquité et de l'Orient, plus sombre seulement et plus amer (voir *Des progrès de la poésie française depuis 1830*, de Th. Gautier, imprimé à la suite de l'*Histoire du romantisme*, op. cit., p. 330).

[3] Th. Gautier avait soumis, dans les dernières années de sa vie, deux projets de ballet à Massenet ; l'un, *Le Roi des Aulnes*, d'après la légende immortalisée par Gœthe, l'autre, pour l'ajouter en passant, *Le preneur de rats de Harlem* ; celui-ci seul prit corps et fut achevé — mais non joué (voir le *Théophile Gautier* de M. Em. Bergerat).

Fischer et d'autres délicieuses, ou saisissantes, ou profondes restitutions de poésie populaire, font partie du patrimoine intellectuel de tous les Allemands qui ont ouvert un livre ; ennoblies par l'art, elles sont comme entrées dans la chair et le sang du peuple. *Le crucifix*, *La Nuit d'Août*, *La Prière pour tous* ne sont guère pour nous qu'un régal de lettrés ou que morceaux de chrestomathies.

« O enthousiastes ! s'écriait Gœthe, si vous étiez en état de comprendre l'idéal, vous sauriez enfin respecter comme il convient la vérité, la réalité et la raison ! » Il avait respecté et transporté tout cela dans son œuvre lyrique ; il y ajouta l'auréole de son vers. Pas d'excès ni de violences ; rien de tendu, rien d'exaspéré dans son inspiration ; il a tout simplement communié avec la vie, la nature et l'homme. D'où, le caractère si humain, et, du même coup, si universel de son œuvre.

Mais il se proposait de faire jaillir la poésie d'une source où personne encore ne l'avait cherchée ; la poésie des humbles le hantait. Et nous eûmes *Hermann et Dorothée*, la « perle épique de Gœthe », au dire des Allemands, qui ont une autre conception de l'épopée que nous. *Hermann et Dorothée* n'est qu'une idylle, un *Paul et Virginie* au village ; Gœthe a voulu réhabiliter la vertu active aux dépens de la passion, célébrer l'amour de la patrie, la foi religieuse, les affections de la famille [1].

Quel fut, en France, le sort d'*Hermann et Dorothée* ? Peu brillant, en somme. On signala ce poème dans le *Journal encyclopédique* (1798, 1799), en même temps que la *Louise* de Voss, comme un bijou de littérature morale, et l'on en donna quelques fragments. L'honnête Bitaubé,

---

[1] *Sur Gœthe*, de J.-J. Weiss, in-12, 1893, p. 56.

l'auteur de *Joseph*, le traduisit en prose pesante (1800) et il ne manqua à sa traduction, pour être une « belle infidèle », que d'être belle, précisément. Mᵐᵉ de Staël, tout en reconnaissant qu'une « émotion douce, mais continuelle, se fait sentir depuis le premier vers jusqu'au dernier » et qu'il y a, « dans les moindres détails, une dignité naturelle qui ne déparerait pas les héros d'Homère », doit « convenir que les personnages et les événements sont de trop peu d'importance et que, si le sujet suffit à l'intérêt quand on le lit dans l'original, dans la traduction cet intérêt se dissipe ». N'est-il pas, en effet, « permis d'exiger une certaine aristocratie littéraire »? Ah! « l'aristocratie littéraire »! Qu'a-t-elle à voir dans une idylle? Et n'est-ce pas le préjugé d' « aristocratie littéraire », qui a entravé l'essor, puis, restreint le champ de notre poésie française, encore peut-être que l'on s'en soit médiocrement soucié dans ces « méditations », ces « voix intérieures » et ces « nuits » où abondent les indiscrètes confidences? La poésie n'est ni aristocratique, ni plébéienne; elle est la poésie et porte sa noblesse en soi.

Après la traduction de Bitaubé, rectifiée ensuite et publiée dans sa nouvelle forme avec une préface de Sainte-Beuve, vinrent celle de Marmier (1837), celle des éditions de « classiques étrangers », celle en vers — incomplète — de Saint-René Taillandier, etc...

Est-ce trop s'aventurer que de conclure à l'influence d'*Hermann et Dorothée* sur certaines parties de *Jocelyn* et dans toute notre littérature de la vie domestique, depuis *La Mare au diable* et le *Presbytère* jusqu'à la *Gabrielle* d'Emile Augier? Il est plus facile d'affirmer ici que de prouver; on pourrait, en revanche, montrer cette influence, et assez directe, dans *Pernette* de V. de Laprade, bien qu'*Hermann et Dorothée* ait la grandeur sereine d'un tableau homérique, tandis que Pernette est un hommage naïf et passionné

A la tradition vivante des vieux jours [1].

Les romans de Gœthe, *Werther* excepté, n'enchantèrent point la France. On les traduisit si mal, d'abord ; on les jugea si peu composés et si longs ! Seul, le personnage de Mignon séduisit tout le monde, inspira des peintres comme Ary Scheffer, des musiciens comme Ambroise Thomas ; il était, au reste, devenu Esméralda, dans *Notre-Dame de Paris*, après avoir subi une métamorphose préalable dans la gracieuse Fenella de Walter Scott. La traduction complète, par Mme de Carlowitz (1843), des *Lehrjahre* et des *Wanderjahre* de Wilhelm Meister suivit de loin *Alfred*, « ou les années d'apprentissage de Wilhelm Meister » (1802) par C.-L. de Sevelinges, une adaptation très libre, et le *Wilhelm Meister* de Th. Toussenel (1829). Les critiques français, de Marie-Joseph Chénier à Mérimée [2] et M. Paul Stapfer, qui traite Gœthe de « farceur olympien » vidant « tous ses vieux tiroirs dans les dernières pages de Wilhelm Meister », — les critiques français, auxquels tant de leurs confrères allemands

[1] « En nous inspirant de cet art incomparable, en visant aux mêmes qualités, en admettant une méthode à peu près semblable à celle du grand artiste, avons-nous fait une imitation ? Pas plus que Gœthe lui-même n'a voulu faire d'*Hermann et Dorothée* une imitation de l'*Iliade* ou de l'*Odyssée*, quoique son œuvre atteste l'intention évidente d'appliquer à un sujet moderne les formes de la poésie homérique » (*Pernette*, 3° édit. ; 1869, notes, p. 296).

[2] Il dit de *Wilhelm Meister*, dans ses *Lettres à une inconnue* : « C'est un étrange livre, où les plus belles choses du monde alternent avec les enfantillages les plus ridicules. Dans tout ce qu'a fait Gœthe, il y a un mélange de génie et de niaiserie allemande des plus singuliers ».

avaient donné l'exemple, furent presque unanimes à tenir aussi indigestes que fades, les *Années d'apprentissage* et les *Années de voyage*. Cependant, M. E. Montégut, dans la *Revue des Deux-Mondes* de 1863, a éloquemment protesté contre le verdict de l'opinion générale : « L'intelligence merveilleusement compréhensive et conciliatrice que Gœthe a déployée dans le *Wilhelm Meister* fait de cette œuvre une mine inépuisable d'explications arbitraires... Dans aucune de ses œuvres, Gœthe n'a appliqué d'une manière plus complète sa vaste et complexe méthode... Avec quelle sagesse le maître emploie tour à tour les divers systèmes transformés en méthodes, avec quel sentiment exact de la valeur et de la mesure, avec quel tact délicat du point où l'un ou l'autre cesse d'être applicable, c'est ce que savent tous ceux qui l'ont lu avec le respect et l'attention qu'il réclame. Comment a-t-il réussi à rendre obéissantes toutes ces opinions contradictoires, d'ordinaire récalcitrantes et tyranniques ? Par quel art a-t-il dompté toutes ces forces intellectuelles, de manière à en faire les serviteurs dociles de son esprit ? Cela est le secret de son génie et du long effort de sa vie ». Certes, « cette belle œuvre, si pleine de calme, de sérénité et de sagesse, ne nous laisse pas entièrement satisfaits. » Toute cette morale de l'optimisme est bien utilitaire. Le livre « éclaire, il n'échauffe pas ». En est-il moins un grand livre d'expérience et d'art ?

Qu'en fut-il des *Affinités électives*, un acte de contrition de l'auteur de *Werther* et du premier *Faust* ? Gœthe avait résolu d'y élever un autel, un peu massif et assez étrange, au triomphe du devoir sur la passion, ou, pour citer de nouveau J.-J. Weiss, « de la vertu réfléchie sur les emportements de la sensibilité ». Le Prince de Ligne a épuisé le vocabulaire de l'admiration à propos de ce livre : « Quel chef-d'œuvre, même en français, que les tablettes d'Ottilie ! et que de profondeur, d'attachant et d'imprévu dans cet ouvrage, où il y a la plus grande supériorité sur ceux des autres nations ! » Mérimée prit exactement la contrepartie de ce dithyrambe et vit dans les *Affinités* ce que Gœthe avait fait « de plus bizarre et de plus anti-français ». M. A. Mézières prononça plus tard un jugement définitif sur les *Affinités électives*[1].

Ce roman reçut en France un accueil assez froid, auquel contribuèrent sans doute les traductions très insuffisantes de Breton (*Ottilie ou le pouvoir de la sympathie*, 1810), de Raymond (*Affinités électives*, 1810) et de Mme de Carlowitz (1844) ; une traduction, plus récente, de Camille Selden n'a pas eu beaucoup plus de succès, bien qu'elle soit très littéraire et très fidèle.

C'est à Mme de Carlowitz encore que nous sommes redevables de la version la meilleure, mais non la moins fantaisiste[2], des *Mémoires de Gœthe* (1856), de ces confidences pittoresques d'une haute intelligence et d'une imagination puissante, qu'il a lui-même intitulées « poésie et vérité », — *Dichtung und Wahrheit*; d'autres traductions en avaient paru dès 1822 (par Hubert de Vitry ; puis, par Richelot, en 1844), et les Français de la période romantique les lurent avec un intérêt extrême. Quelques-uns même les auraient copiés sans trop de scrupules ; Gœthe s'est expliqué à ce sujet dans une conversation avec David, du 28 août 1829[3]. « Je m'applaudis d'avoir écrit

---

[1] W. Gœthe, op. cit., II, 177 et s.
[2] *Sur Gœthe*, l. c., p. 73 et s. Weiss a déjà montré que Mme de Carlowitz, « suivant sa fantaisie de femme, a changé, transposé, raccourci, retranché » et qu'on ne trouverait pas, dans sa traduction, deux paragraphes exactement rendus ».
[3] *Gœthes Gespräche*, éd. v. Biedermann, VII, p. 124.

mes *Mémoires*, puisqu'ils ont été de quelque secours à M. Beyle, qui a daigné s'emparer de plusieurs traits que j'avais racontés et qu'il a reproduits comme s'ils étaient son œuvre. »

On les a soigneusement analysés, et même épluchés un peu, en France, avec la volumineuse correspondance de Goethe, pour retracer la vie et expliquer l'esprit de « l'énigmatique demi-dieu », qui fut, à tout prendre et génie à part, un homme pareil à nous, ayant aimé, peiné, souffert, comme le commun des mortels. Il a fallu, d'ailleurs, les données plus précises d'autres publications pour soulever le voile épais, dont l'adresse, la réserve et la discrétion de Goethe avaient recouvert les faits les plus décisifs de son existence intime [1].

Goethe a été l'un des pères intellectuels de notre siècle; il a erré, varié, cherché, cru, douté comme nos contemporains immédiats, le regard tourné vers cette vérité qui fuit dès que nous nous flattons de la saisir. Il a incarné l'instabilité de notre pensée, l'incertitude même de notre devoir. Nous sommes bien forcés de nous reconnaître en lui, tout en nous indignant contre lui avec quelque hypocrisie. Son œuvre, en France certes moins qu'en Allemagne, mais en France comme en Allemagne, a été l'un des éléments essentiels de l'atmosphère morale qu'ont respirée les générations dernières venues. Les preuves palpables de son influence sont nombreuses; et la plus grosse portion de cette influence, pour échapper à tout contrôle matériel, à toute vérification précise, n'est pas plus contestable que le rôle de *Werther* dans la genèse de *René* ou d'*Obermann*; il en est ici comme de ces grands

---

[1] Voir *Revue des Deux-Mondes*, Juillet et Août 1895 (articles de M. Ed. Rod).

événements, dont l'effet est visible sur le temps et dans le milieu où ils se sont produits, dont nous ne pouvons à distance que soupçonner ou suivre en tâtonnant les profondes mais déjà lointaines répercussions.

Est-il nécessaire, après cela, de dresser le catalogue de tous les travaux de biographie, de critique, d'érudition qu'ont suscités en France la vie et l'œuvre de l'écrivain? Blaze de Bury, A. Stapfer, Mérimée, Lerminier, Caro, Daniel Stern, J.-J. Weiss, MM. Montégut, Mézières, Bossert, A. Chuquet, E. Lichtenberger, P. Stapfer, Ad. Jullien, E. Faivre, Mme Arvède Barine, M. E. Rod, vingt autres, l'ont raconté, analysé, commenté; après soixante ans et plus, ni la curiosité, ni l'intérêt n'ont baissé autour de ce génie. Les uns ont étudié le poète, d'autres le romancier, d'autres le dramaturge, d'autres le philosophe et le naturaliste, d'autres Gœthe tout entier. Et Geoffroy Saint-Hilaire, ne parlant que du savant, a pu dire : « C'est une des plus hautes idées du siècle, en philosophie naturelle, que l'unité de composition organique, elle est présentement acquise au domaine de l'esprit humain, et l'honneur d'un succès aussi mémorable appartient à Gœthe[1]. » Et l'homme de lettres avait de plus en plus fait une réalité, dans ses livres, de cette parole des *Conversations d'Eckermann* : « Le mot de littérature nationale n'a plus beaucoup de sens aujourd'hui; le temps de la *littérature universelle* va venir. » Cette parole, les Français ne doivent jamais l'oublier, puisque aussi bien ils sont comme prédestinés à accomplir la prophétie de Gœthe.

Enfin, nous nous garderons bien d'omettre les *Correspondances* de Gœthe avec les Kestner, avec Mme de Stein,

---

[1] Voir *Deutsche Rundschau*, vol. 72; p. 115 et s. (« Gœthe's Vorahnungen kommender naturwissenschaftlicher Ideen », par H. von Helmholtz).

avec Schiller, et surtout les *Conversations d'Eckerm[ann]* traduites en 1863 par M. Délerot et publiées en deux vol[u]mes sous les auspices de Sainte-Beuve. Les autres « co[n]versations » ont également paru, dans l'édition de W. [de] Biedermann, les interlocuteurs s'étant appelés Quettel[et,] Ampère, le peintre David, Soret, pour ne citer que [des] noms français; celles d'Eckermann demeurent de bea[u]coup les plus suggestives, et Sainte-Beuve avouait qu'ell[es] l'avaient fait avancer d'un degré dans l'intelligence [du] poète. Tout près de nous, à la date du 22 Novembre 18[..] M. Edm. de Goncourt traçait ces lignes [1] : « Daudet [est] dans le moment, tout pris, tout absorbé, tout dominé [par] la lecture des *Entretiens* d'Eckermann avec Gœthe. Il [dé]plore que nous n'ayons pas, chacun de nous, un Ecke[r]mann, un individu sans valeur personnelle aucune, nota[nt] selon mon expression, tout ce qui *flue* de nous, dans [les] moments d'abandon et de fouettage par la conversatio[n]. Souhaitons-nous de nombreux Eckermann, à la condit[ion] toutefois qu'ils rencontrent des Gœthe !

II

Génie impulsif, plus passionné, plus inquiet, plus [mi]litant, mais de moins d'envergure et de profondeur [que] Gœthe, Schiller a peut-être exercé en France, au seul t[itre] de dramaturge, il est vrai, une influence plus réelle [et] plus aisément reconnaissable que son grand ami. Il y [fut,] du premier coup, populaire, parce qu'il était plus acc[es]sible et plus saisissable, parce que, si Gœthe plane sur [son] siècle et embrasse toute l'humanité, Schiller, lui, [...]

---

[1] *Journal des Goncourt*, VII, p. 297.

[...]sté l'homme de son époque et de son pays. Et même — [...] aveu est humiliant — nous ne l'avons longtemps admiré [...]ue pour ses *Brigands*, la plus contestable de ses œuvres [...] double point de vue esthétique et moral; cette pièce [...]i valut, comme on sait, l'honneur d'être fait solennelle[...]ent citoyen français, le 26 Août 1792.

[...]Le « coquin théorique » — c'est ainsi que Carlyle a [...]ptisé le Franz des *Brigands* — ne devait pas trop dé[...]aire à l'heure où les violents allaient accaparer la Ré[...]olution. Schiller éprouvait, au reste, une très vive [...]mpathie pour le peuple français comme pour les idées [...]ouvelles. Il ne craignait pas non plus de vanter notre [...]nception, de célébrer notre respect du théâtre. Ce vers [...]est-il pas de lui ? Il songe aux Français et s'écrie :

> Le théâtre est pour eux un domaine sacré.

[...]Il nous goûte, il nous aime ; nous le payons de retour. [...]La première mention des *Brigands*[1] est de quelques [...]nées antérieure à la Révolution; on la trouve dans un [...]urnal de spectacles, le *Pot-Pourri*. Peu de temps après, [...] 1785, le *Nouveau théâtre allemand* de Friedel et Bon[...]ville en apporta une traduction très exacte : *Les Voleurs*, [...]ragédie en cinq actes et en prose par Schiller ». Une [...]ragédie »? Non, mais le drame, ardent de jeunesse et [...] de liberté, d'un Jean-Jacques conséquent à souhait et [...]rbare à plaisir. C'était « l'état de nature », le mépris [...] lois sociales, l'homme rentrant dans la forêt primitive. [...] cet idéal de Rousseau, jeté à la scène par un homme [...]p convaincu, nous ramenait tout uniment à la maison [...] force ou à la maison de santé. Une puissance étrange,

---

[1] *Herrig's Archiv*, XXX, p. 83 et s. (« Schiller's Beziehungen zur [...]zösischen und englischen Litteratur »); *Th. Süpfle*, op. cit., II[1], [...]3 et s., 106 et s.

pareille à la force aveugle d'un élément, n'éclatait pas moins dans les *Brigands*. Les critiques les plus sévères étaient obligés de constater, avec Imbert dans le *Mercure de France* (1787), que « cette pièce n'annonce pas un homme de goût, mais un génie vigoureux ».

Il eût été imprudent de jouer les *Brigands*, à Paris, sans leur faire subir des amputations notables. Tout cela était trop touffu, trop déclamatoire, trop sauvage, d'un sublime trop près du ridicule ; on l'allégea et l'humanisa, tout en le dépoétisant, pour en tirer un gros mélodrame anonyme, *Robert et Maurice ou les Brigands*, qui fut représenté, sous son titre définitif, *Robert chef de brigands*, dès le commencement de l'an 1792, avec un succès bruyant et prolongé. On le donna d'abord au Théâtre du Marais (10 Mars 1792) ; il fut repris ensuite au théâtre de la rue de Richelieu (3 Avril 1793). « Son véritable but, disent Etienne et Martainville, était de prouver la justice et la nécessité d'un tribunal révolutionnaire.... Il a poussé une foule d'hommes égarés vers le crime, et il n'en a pas ramené un seul dans le sentier de la vertu [1]. » En attendant, la pièce allait aux nues.

[1] La Martelière, du moins à l'en croire, se faisait une idée bien différente de la moralité de son *Robert*. « Plût au ciel, écrit-il dans sa préface, que la société ne fût composée que de brigands semblables ! Les lois seraient maintenues, les propriétés respectées, l'honnête homme y trouverait des amis.... » On lit, d'autre part, dans les *Souvenirs de J.-N. Barba* (1848) : « Le bon et excellent Martelière me répétait souvent : Ma pièce a été faite trois ans avant la prise de la Bastille. Ni elle, ni moi ne sommes cause de la Révolution ! » En revanche, Perrière mande à Paré, dans un document officiel du 8 septembre 1794 : « On donnait hier la pièce tant connue de *Robert chef de brigands*. On peut dire qu'il n'en existe point dont l'esprit soit plus conforme à notre situation politique actuelle; elle respire la vertu, mais une *vertu vraiment révolutionnaire* et digne des fondateurs de Rome » ; cfr. H. Welschinger : Le Théâtre de la Révolution, in-16, 3e édit., Paris 1880, p. 156 et s., 211 et s.

On conçoit que l'heureux adaptateur des *Brigands* ne s'obstinât point dans l'anonymat. C'était un assez piètre écrivain qui n'avait jamais réussi à franchir le seuil d'un directeur de théâtre, avec ses manuscrits, — un Alsacien, de son nom de guerre « le citoyen La Martelière », de son vrai nom Schwindenhammer. La Martelière signa la première édition de *Robert chef de brigands*, « drame en cinq actes, en prose, imité de l'allemand », qui parut en 1793. Dans une préface courroucée, il tonna contre ceux qui l'avaient accusé d'immoralité ; les applaudissements du public le rassuraient d'ailleurs sur ce point, et il avait la conscience si pure qu'il ne songea pas même à citer Schiller auquel il aurait pu renvoyer ses injustes blasphémateurs ; il répara cet oubli, en 1799, dans son *Théâtre de Schiller*.

Schwindenhammer = La Martelière a prétendu dans la suite qu'il avait terminé ses *Brigands* déjà en 1787, bien qu'il y fît allusion à la Déclaration des droits de l'homme, et qu'il avait été un condisciple de Schiller à la *Karlsacademie* et à l'Université de Heidelberg, bien qu'on l'ait en vain cherché dans les registres d'étudiants de ces deux grandes écoles. Il essaya d'exploiter sa veine jusqu'au bout, de donner le *Tribunal redoutable* (1793), « ou la suite de *Robert chef de brigands* », et les *Francs-Juges* (1807), « ou les temps de barbarie », mais sans revoir les beaux jours de 1792.

Une traduction d'Auguste de Creuzé, *Les Voleurs* (1795), « tragédie en prose, en cinq actes, par Schyller », passa presque inaperçue. De Creuzé, un fervent admirateur de Schiller, n'avait pas procédé comme La Martelière ; il respecta l'original, tout en le façonnant au goût français, il ne le tortura point pour le soumettre à la règle des trois unités, et, dans son introduction, il exalta la bienfaisante influence d'un « livre qui deviendra celui des âmes fortes, des jeunes gens et peut-être... des femmes, oui, des femmes ».

La révolution, le directoire, le consulat, l'empire s'étaient écroulés ; la pièce de La Martelière avait passé sans justifier les craintes de Marie-Joseph Chénier, qui tenait les acclamations populaires soulevées par elle pour un coup mortel porté à l'art théâtral en France. La tourmente balaya ce drame avec bien d'autres choses; on ne revint sérieusement aux *Brigands* qu'en 1821. Mais alors surgirent de toutes parts des imitations qui font peu d'honneur à Schiller, *Cartouche*, *Mandrin* et même un « opéra-vaudeville » en deux actes par Sauvage et Dupin (1828) ; en 1860 encore, Dumas père introduisit, dans son *Gentilhomme de la Montagne*, une scène qui est la scène deuxième du troisième acte des *Brigands*. Au fond, la littérature française y gagna peu. Comment aurions-nous modelé ou réformé notre théâtre là-dessus?

Nous ne sommes pas quittes avec La Martelière. Il publia, en 1799, *La conjuration de Fiesque*, « tragédie en cinq actes et en prose, par M. Schiller ». Son rêve était de traduire « toutes les pièces qui ont paru avec succès depuis vingt ans sur les premiers théâtres d'Allemagne »; du recueil projeté, qui devait compter douze volumes, deux seulement sortirent de presse et nous eûmes son *Théâtre de Schiller*. Au demeurant, *La conjuration de Fiesque*, même arrangée en tragédie classique et mise en vers par Ancelot (1824), ne se maintint pas au répertoire de l'Odéon, puis du Théâtre français, et la critique la traita rudement ; une autre adaptation versifiée de La Martelière, *Gênes sauvée*, ne fut pas représentée.

Le même La Martelière eut plus de malchance avec *l'Amour et l'Intrigue*, car il fut sifflé sans miséricorde en 1802. On avait prédit, dans le *Magasin encyclopédique*, que *L'Amour et l'Intrigue* disparaîtraient à jamais de l'affiche ; on avait écrit, dans la *Décade philosophique* : « Il serait très fâcheux que nos jeunes auteurs prissent Schiller pour leur modèle. Ce serait vouloir nous remettre au gland, quand nous avons le blé. » La pièce est si émouvante cependant, malgré le pathos du style et l'exagération des caractères, que Crosnier et de Ferrière la reprirent en 1825 ; leur drame en trois actes, *La fille du musicien*, fut une revanche pour la mémoire de Schiller. Mais ce n'était plus là *Kabale und Liebe* ; on avait émondé, affiné l'original, en l'affaiblissant et en le pliant à la loi des unités. Les spectateurs du théâtre de la Porte Saint-Martin ne s'en inquiétèrent point, battirent des mains avec vigueur. Nous eûmes à l'Odéon, le 21 Février 1826, et au Théâtre français, la même année, avec Mlle Mars, deux nouvelles imitations en vers, *Amour et Intrigue*, par G. de Wailly, et *L'Intrigue et l'Amour* par De la Ville ; à l'Odéon, les classiques blâmèrent de toutes leurs forces, tandis que les romantiques louaient sans passion ; au Théâtre français, le jeu de Mlle Mars sauva la pâle copie qu'on y donna pour du Schiller. Est-il besoin de s'arrêter à la mutilation maladroite de Pellicier et Crosnier (*Louise*, 1827), à *Intrigue et Amour* de Dumas père (1847), à *Louise Miller* de Raoul Bravard ? Passons plutôt à *Don Carlos* !

« Quoique fondé sur un fait historique, nous dit Mme de Staël, c'est presque un ouvrage d'imagination. » Ce « fait historique », Schiller l'a pris dans une nouvelle de Saint-Réal, dramatisée déjà par Campistron. Son génie avait mûri, s'était assagi en s'élargissant. *Don Carlos* mit quelque temps à venir en France. La Martelière en plaça une traduction dans son *Théâtre de Schiller*. A. Lezay-Marnesia en fit une autre, beaucoup plus sûre, sinon beaucoup plus élégante, en 1799. Ce futur préfet du Bas-Rhin avait vécu en Allemagne, pendant la Révolution, étudié à l'Université de Gottingue où il connut Bürger. Lezay, dans une intéressante « note du traducteur », confessa « qu'ayant en vue de donner au pauvre et non au riche, c'est à nos mœurs qu'il voulait donner, à elles seules »; non point à notre littérature. La pensée et la morale de Schiller lui semblent un don assez précieux, pour que les Français puissent pardonner à l'auteur allemand ses infractions aux « règles ». Et puis, comment juger un tel homme, une telle œuvre, d'après la commune mesure? Le *Don Carlos* de Lezay ne récolta qu'indifférence. Joseph Chénier en usa autrement que Lezay ; dans son *Philippe II*, il imita bien Schiller, mais en classique français. La tragédie de Chénier put n'être qu'un *Don Carlos* desséché et étriqué, elle n'en fut pas moins chaleureusement accueillie.

En 1827, Alexandre Soumet transporta le sujet de *Don Carlos* dans son *Elisabeth de France*, « tragédie en cinq actes et en vers »; il le gâta, en concentrant tout l'intérêt sur l'épisode amoureux que Schiller s'est contenté de finement indiquer, en travestissant les faits un peu plus que dans l'original, en méconnaissant la portée idéale et la grandeur symbolique de son modèle. Eh! quoi, les dramaturges français de l'époque ne pouvaient servir fidèlement la haute idée que Schiller se faisait du théâtre, sanctuaire de la pensée et tribunal de l'histoire. Les romantiques furent, au reste, lents à comprendre que la poésie était une « fonction », même en dehors du lyrisme. Longtemps, les pièces allemandes les plus connues à Paris avaient été celles de Kotzebue, ses comédies larmoyantes, son *Misanthropie et repentir*, par exemple, si souvent traduit, et dont raffola le public du Théâtre français en 1792[1].

Les premiers drames de Schiller, si nous exceptons les *Brigands*, s'étaient violemment heurtés à la tradition et n'avaient pas laissé de traces durables. Soumet pouvait, dans sa brochure : *Les scrupules littéraires de M*^{me} *de Staël*, déplorer la puissance de « notre système théâtral » et s'écrier, dans un beau mouvement de zèle réformateur : « eh ! que m'importent les défauts des tragédies allemandes, s'il est vrai que les beautés, dont ces ouvrages étincellent, agrandissent pour nous le champ des beaux-arts »; son appel en faveur d'une rénovation de l'art dramatique était prématuré. On jugeait Mme de Staël bien hardie, dans son admiration embarrassée de réserves : « Je ne prétends assurément, ni que ces principes — ceux du théâtre d'Allemagne — soient les meilleurs, ni surtout qu'on doive les adopter en France » .... Mais la stérilité dont étaient menacées les lettres françaises inquiétait les esprits clairvoyants; une jeunesse née au milieu des scènes de la Révolution, au bruit des guerres européennes, se dégageait de la contrainte imposée aux devanciers par une esthétique caduque et se demandait, avec Mme de Staël, si les Français « ne feraient pas bien de devenir à leur tour conquérants dans l'empire de l'imagination ». Et si le *Cours de littérature dramatique* d'A.-G. Schlegel, traduit en 1814 par Mme Necker de Saussure, — la traduction de Duckett du *Cours* de Fr. Schlegel sur « l'histoire de la littérature ancienne et moderne » est de 1829 seulement — si ce livre suscite par sa manière brutale et partiale, plus de malentendus qu'il n'en dissipe, il contribue néanmoins à initier les Français au théâtre de

---

[1] Voir ci-après, chap. VII, **ii**.

leurs voisins, à les forcer de réfléchir aux théories nouvelles, à les mettre en contact plus intime avec Shakespeare, Schiller et Gœthe. On le lut, on l'étudia, on reparla des Allemands plus que jamais [1].

La *Revue encyclopédique* publia, en 1819, une biographie littéraire de Schiller. Tout en blâmant les longueurs et le décousu des pièces de l'illustre écrivain, on y loue la profondeur de sa psychologie, l'éclat de son style, et l'on ne désespère point de concilier son génie avec celui de Racine ; en tout cas, il n'y aurait que profit à tenter l'aventure d'un rapprochement entre des doctrines, très différentes à coup sûr, mais qui ont l'une et l'autre fait leurs preuves dans d'incontestables chefs-d'œuvre. Et c'est ce que Benjamin Constant avait entrepris, dès 1809, avec mille précautions, dans son *Wallstein* tiré de la fameuse trilogie de Schiller. Il entendait « respecter les règles de notre théâtre », ne pas enfreindre, en particulier, celle des trois unités [2]. Où il innova, ce fut en ne peignant plus, comme Racine et Corneille, un fait ou une passion, « mais une vie entière et un caractère entier » à la façon de Shakespeare et des Allemands. Le *Wallenstein* de Schiller fut resserré en cinq actes ; les personnages furent réduits à douze (de quarante-huit) et certains rôles, ainsi celui de Thécla, complètement modifiés. L'adaptation de Constant a son mérite en tant que document littéraire ; l'œuvre en soi est de mince valeur, car on n'est pas moins poète que ne l'était l'auteur d'*Adolphe*, ou même de ce *Siège de Soissons* exhumé naguère par M. V. Waille [3]. *Wallstein* se

---

[1] Voir ci-après, chap. VI, 1.

[2] Voir, sur ce point, notre *Histoire littéraire de la Suisse romande*, II, 329 et s.

[3] Ce « roman en vers libres » de Constant a été publié dans la *Revue bleue*, XLIII, p. 266 et s.

distinguait à peine d'autres tragédies françaises, si ce n'est par le choix du milieu, la diversité de l'action et la psychologie très fouillée du héros de la pièce. Les classiques n'eurent pas à s'émouvoir outre mesure de cette pierre si prudemment déposée dans leur jardin; et l'école romantique n'existait point, et, quand elle fut là, *Wallstein* n'était plus qu'un souvenir.

On s'occupa davantage d'une autre imitation, plus libre et plus insignifiante, *Wallstein* (1829), « tragédie en cinq actes » par Ch. Lardières. Ce n'est ici qu'un pauvre résumé de la trilogie de Schiller; il fut toutefois écouté sans ennui au Théâtre français, le 26 Octobre 1828, car il offrait cet avantage très appréciable de pouvoir être vu d'un soir. Un autre *Wallstein*, de Villeneuve fils, est mentionné dans la *Revue encyclopédique* de 1827; de nombreuses traductions suivirent, depuis celle de Le François (1837) jusqu'à celle de M. A. Chuquet (1888), la meilleure sans contredit. On n'ignore pas, enfin, que Dumas père a utilisé, pour sa *Christine à Fontainebleau*, le dialogue entre Deveroux et Macdonald [1].

Ce serait temps perdu, non pas assurément de faire une bonne traduction de *Wallenstein*, M. Chuquet l'a prouvé, mais de le vouloir mettre à la scène en France. De même que *Faust* est un poème philosophique autant qu'un drame, *Wallenstein* est surtout un vaste poème historique, et Schiller s'est laissé déborder par son sujet. Plusieurs parties en sont d'une rare vigueur, ou d'une impo-

---

[1] Rappelons à ce propos, que Granier de Cassagnac, sans doute pour détourner l'accusation de plagiat qu'on aurait pu diriger contre V. Hugo, publia dans le *Journal des Débats* (1er novembre 1833), cinq jours avant la représentation de cette *Marie Tudor* qui ressemblait beaucoup à *Christine*, un article où il affirmait que Dumas avait copié, outre *Wallenstein*, la *Conjuration de Fiesque* et même *Egmont* de Gœthe (Ed. Biré, *Victor Hugo après 1830*, I, p. 111).

sante vérité, le caractère de Wallenstein est supérieurement analysé, mais l'action s'arrête ou se rompt à chaque instant, les épisodes s'accumulent sans ordre logique, les tableaux se succèdent presque comme au hasard.

Ouvrons ici une parenthèse pour dire que la *Guerre de Trente ans*, ce superbe morceau de littérature historique, était arrivée en France avant *Wallenstein*, dans les traductions de A.-G. d'Arnay (1794) et de Champfeu (1803); je cite, pour mémoire, celles de L. Waltmann (1820), de Porchat et de Mme de Carlowitz (1843).

Mais voici *Marie Stuart* où — M. Bossert[1] l'a fort bien vu — l'auteur a traité une page d'histoire « comme un sujet d'imagination et de fantaisie et n'en a pris que le côté passionné ». Cette nouvelle manière était pour plaire aux Français; et puis, Schiller, plus qu'en aucun autre de ses drames, subissait dans celui-ci les conditions extérieures de son art.

Marie Stuart est unique dans l'œuvre de Schiller; c'est là du théâtre, rien que du théâtre, alors que, dans *Jeanne d'Arc* comme dans *Guillaume Tell*, dans *Don Carlos* comme dans *Wallenstein*, le poète et le penseur paralysent à l'ordinaire le dramaturge. Aussi Pierre Lebrun s'avisa-t-il à bon escient de faire connaître en France — la traduction de J.-G. Hess (1816) ne comptait pas — la plus pathétique et la seule vraiment scénique des œuvres théâtrales de l'écrivain allemand; sa « *Marie Stuart* », « tragédie en cinq actes », jouée aux Français, le 6 mars 1820, suscita une émotion et un enthousiasme également vifs. Lebrun avait cherché le terrain de conciliation, qu'il semblait possible de trouver, entre le théâtre classique avec ses règles étroites et le théâtre de Shakespeare et de Schiller avec sa liberté

---

[1] *Gœthe et Schiller*, in-12, 1889, 3e édit., p. 318 et s.

désordonnée. Malgré la timidité de ses hardiesses, il frappa un coup décisif. S'il avait affaibli et rétréci son modèle, il l'avait allégé et condensé. Le drame shakespearien et la tragédie racinienne se rejoignaient ; le point de suture et la formule de la pénétration réciproque des deux genres étaient là, sous la main [1]. Malheureusement, Lebrun n'était qu'un poète de second ordre ; où il eût fallu de grands et nobles vers, il ne sut fournir que des alexandrins honnêtes.

Le *Journal des Débats* annonça : « La joie est dans le camp des romantiques. Le succès de M. Lebrun est un succès de parti, une victoire des lumières sur les préjugés. » Tout en apprivoisant « ce sauvage allemand accoutumé à vivre sans frein ni loi », tout en « séparant l'or pur du plomb vil », tout en « évitant adroitement les fautes nombreuses qui déshonorent l'ouvrage », Lebrun avait, d'après les *Débats*, inauguré l'art dramatique de l'avenir. Mais il seyait de s'en tenir là, de ne pas sacrifier davantage au goût étranger. Ch. Vanderbourg fit entendre la même note, dans le *Journal des savants* ; à ses yeux, les pièces allemandes sont plutôt des « *pièces à lire* » qu'à représenter.

Le charme de *Marie Stuart* avait opéré. L'œuvre de Schiller était désormais une force au service, et un trésor à l'usage du romantisme français. Les classiques pouvaient à leur aise lever les bras au ciel, et même le *Journal des Débats* faire encore le dédaigneux, le théâtre de

---

[1] M. G. Pellissier (*Le mouvement littéraire au XIX° siècle*, p. 75) pense, au contraire, que « Lebrun n'est pas l'aîné de la génération nouvelle ; c'est le plus jeune et le dernier venu de l'ancienne génération. » Lebrun et Soumet (ibid., p. 74) « s'essaient plus ou moins heureusement, mais dans une mesure toujours bien discrète, à concilier les formes traditionnelles de l'art dramatique avec les tendances encore vagues et timides du romantisme naissant ».

Schiller avait, dans la soirée du 6 Mars 1820, reçu ses lettres de naturalisation. Il ne s'agissait pas de l'imiter servilement, mais de s'en inspirer et d'y puiser. Comme le *Globe* le conseillera en 1829 : « Essayons Schiller et Gœthe, ainsi que Shakespeare ; ils peuvent faire les frais de notre éducation et l'avancer beaucoup ».

Où Lebrun a passé, d'autres passeront bien,

se dirent Ancelot avec *Fiesque*, Soumet avec *Elisabeth de France* et *Jeanne d'Arc* ; quelques contemporains eurent la même ambition. Mais ne négligeons pas de signaler, à propos de *Marie Stuart*, une adaptation en trois actes et en prose de Merle et de Rougemont (Porte-Saint-Martin, 8 Août 1820), une traduction en vers de L. Ristelhuber (1859) et une curieuse parodie, *La poste dramatique*, « folie, sans unité de lieu, en un acte, en prose, en vers, en couplets et en roulades, représentée pour la première fois sur le théâtre de Vaudeville, le 20 Avril 1820 ».

N'est-ce pas encore à Schiller que revient l'honneur d'avoir restitué à la France la pure et fière figure de la Pucelle d'Orléans ? Chapelain l'avait accablée sous le poids de son indigeste poème, Voltaire l'avait couverte de ridicule[1]. Grâce à Schiller, la réhabilitation de Jeanne

---

[1] Signalons avant la tragédie de Soumet, celles de l'abbé d'Aubignac (1642), de Dumolard (1807), sans parler de bien d'autres œuvres consacrées à la mémoire de Jeanne d'Arc ; voir *Jeanne d'Arc in Geschichte, Legende und Dichtung*, von R. Mahrenholz, in-8, 1890 et *Jeanne d'Arc au théâtre* (in-8, 1890), par M. le comte de Puymaigre (on doit aussi à ce dernier une *Jeanne d'Arc* pour la scène, 1843). — N'oublions pas que Mercier, un chaud ami des poètes allemands, qui avait traduit en 1790 *Ueber die Einsamkeit* de Zimmermann et imité Cronegh dans sa comédie, *Le libérateur* (1797), publia en 1802 une *Jeanne d'Arc*, tragédie en cinq actes, d'après Cramer ; il aurait voulu voir Schiller « naturalisé en France ».

d'Arc fut éclatante. Aussitôt, les Français chantèrent à l'envi les hauts faits et les vertus de la bonne Lorraine, Casimir Delavigne en des strophes qui lui garantissent une immortalité de chrestomathie, Georges Ozaneaux dans une sorte d'épopée, *La mission de Jeanne d'Arc* (1844); sans parler du théâtre. Si Mercier s'est, dès 1802, inspiré de la *Jungfrau von Orleans* dans la traduction de Cramer, si la *Décade philosophique* l'a furieusement critiquée vers la même époque, si Mme de Staël analyse « cette tragédie romantique remplie de beautés de premier ordre », si Alexandre Dumas s'est borné à piller Schiller dans *Charles VII chez ses grands vassaux*, si L. d'Avrigny lui emprunta beaucoup pour son intéressante *Jeanne d'Arc à Rouen* (1819), il restait à dignement introduire, sur quelque scène de Paris, le merveilleux poème, qui est d'ailleurs la plus belle « pièce à lire » des drames allemands. Alexandre Soumet composa, en 1825, sa *Jeanne d'Arc*, « tragédie en cinq actes et en vers », qui est une imitation écourtée et même fragmentaire de l'œuvre originale, puisque aussi bien nous n'y voyons que la détention et le martyre de la Pucelle. La tragédie de Soumet n'en est pas moins, comme action dramatique sinon comme tableau d'histoire et comme psychologie, supérieure à celle de Schiller ; et c'est par l'insuffisance de l'action dramatique qu'elle pèche le plus ! Le patriotisme eut peut-être plus de part que l'admiration au succès de *Jeanne d'Arc* ; la pièce fut sauvée par son caractère national. Alexandre Soumet tira, en 1846, du sujet qui lui avait valu tant d'applaudissements, une malencontreuse trilogie dont il n'est rien resté. Vingt ans après la *Jeanne d'Arc* de 1825, une autre Jeanne d'Arc, du Suisse J. Haldy, fut reçue à l'Odéon, mais n'y a jamais été jouée.

Jeanne d'Arc ne réconcilia pas les classiques français

avec Schiller ; le critique Hoffmann disait que l'auteur d'aussi pitoyables rapsodies mériterait d'être fouetté sur la place publique. On laissa les grincheux clabauder ; et le flot des traductions ne se ralentit point. Les derniers ouvrages de Schiller, ses ébauches mêmes ne tardèrent pas à pénétrer en France. Ainsi J.-G. Merle d'Aubigné traduisit *Guillaume Tell* en 1818, mais à Genève et pour la Suisse,— son compatriote Jules Mülhauser en fit de même (1838)— tandis qu'Henri Latouche, auquel on devait déjà une *Marie Stuart* (1820), mettait en vers, dans la *Minerve littéraire* de 1821, la scène où apparaît Jean le Parricide, et que le *Globe* annonçait « six Guillaume Tell pour l'année 1828 ». Rien de tout cela n'a surnagé, pas même le mélodrame de Guilbert de Pixérécourt. Guillaume Tell n'a vaincu en France, que par la musique de Rossini (1829); il y avait d'ailleurs précédé Schiller avec Sedaine, Lemierre et Florian.

Les *posthuma* de Schiller ne furent pas négligés non plus. Son *Warbeck*, qu'il avait abandonné pour *Démétrius*, devint, achevé et transformé par Fontan, un « drame historique en cinq actes et en vers », qui fut très chaudement accueilli à l'Odéon (1828). Léon Halévy, en 1829, composa pour le Théâtre français une tragédie, *Czar Démétrius*, visiblement inspirée des scènes écrites et du plan tracé par Schiller. En somme, toute l'œuvre dramatique du grand poète a trouvé des interprètes ou des imitateurs en France. Je ne vois guère que la *Fiancée de Messine* qui n'ait tenté aucun de nos auteurs ; on a cependant cru la reconnaître dans *Le Majorat*, un drame en vers d'Hippolyte Cournot[1].

Il existe plusieurs traductions complètes de son théâtre : celles de de Barante (1821), de H. Meyer (1835), de A. Ré-

---

[1] *Th. Süpfle*, l. c., II[1], p. 117.

gnier (dans ses *Œuvres de Schiller*), de X. Marmier (1855), et celle en vers de Th. Braun, qui avait donné en 1845 environ, un *Don Carlos* et un *Guillaume Tell* à la *Revue suisse*.

La part de Schiller est incontestable dans le développement du drame romantique en France. Son théâtre si varié, qui se modifie et se renouvelle sans cesse, où une curiosité fiévreuse et une imagination sans frein s'exercent sur les sujets les plus divers par le temps, les mœurs et les peuples, où un esprit singulièrement fécond et un cœur passionné expriment leurs enthousiasmes mobiles, leurs idéals changeants et leur souveraine noblesse, — son théâtre ne pouvait certes rien créer de pareil à celui de Shakespeare. Trop personnel par surcroît et trop inquiet d'une forme définitive que Schiller a en vain cherchée, ce théâtre n'a pas même doté l'Allemagne de quelques-unes de ces œuvres nationales qui furent l'ambitieuse espérance de Lessing. Les principes de son esthétique, toujours soumis aux caprices de l'inspiration, ne pouvaient fournir un code d'art dramatique. Et même, je ne sais si nous lui avons pris le meilleur de son originalité : cette représentation symbolique de l'histoire et de la vie qu'il a fait passer à la scène en poèmes dialogués, d'une belle envolée philosophique, nous l'avons à peine entrevue ou soupçonnée dans les pièces des grandes années de Schiller. Ce Shakespeare enthousiaste et nerveux d'Allemagne a travaillé surtout à la destruction des « règles » ; il a imprimé un vigoureux élan au romantisme ; il a élargi la matière littéraire du drame français ; il a réveillé le sens de l'idéal, en même temps que ce que Barbey d'Aurevilly appelait « cette odieuse philanthropie » ; il a été un héros du sentiment et de l'intelligence. Voilà son rôle, de ce côté du Rhin.

« J'ai beaucoup parcouru la littérature allemande depuis

mon arrivée, écrivait Benjamin Constant à Mᵐᵉ de Charrière qui la jugeait insupportable. Je vous abandonne leurs poètes, tragiques, comiques, lyriques, parce que je n'aime la poésie dans aucune langue ; mais, pour la philosophie et l'histoire, je les trouve infiniment supérieurs aux Français et aux Anglais. Ils sont plus instruits, plus impartiaux, plus exacts, un peu trop diffus, mais toujours justes, vrais, courageux et modérés. » Tous les Français n'étaient pas gens à ne goûter « la poésie dans aucune langue [1] », bien qu'il leur eût fallu une plus complète initiation pour comprendre à fond celle des Allemands ; l'histoire et la philosophie de ces derniers leur furent de plus de profit immédiat. Si le théâtre de Schiller, par exemple, n'avait pu être invoqué à l'appui des théories romantiques, exposées dans la préface de *Cromwell*, s'il n'avait pas été un argument et une arme, il est probable qu'on y eût prêté beaucoup moins d'attention. Outre que l'allemand est un idiome avec lequel le français ne fera jamais très bon ménage, la conception dramatique des auteurs, leur technique même et les exigences du public diffèrent trop d'un pays à l'autre.

La poésie lyrique de Schiller, elle, partagea en France le sort de celle de Gœthe. N'ont-ils pas fait tous les deux ce que Vinet appelle « la preuve de la conciliation du lyrisme avec la plus franche objectivité » ? Or, notre poésie, de 1820 et 1830, reste tout oratoire et personnelle. Il est cependant permis de penser que la langue colorée et mouvementée de Schiller, l'abondance de ses images, la ma-

---

[1] Dans le *Mercure du XIXᵉ siècle* (1826, XIII, p. 103), Léon Thiessé s'écriait en annonçant sa conversion au romantisme : « Vivent nos amis les ennemis ! Vivent les Anglais et les Allemands ! Vive la nature brute et sauvage, qui revit si bien dans les vers de MM. de Vigny, Jules Lefèvre et Victor Hugo !... Voilà du talent, voilà du génie. »

gnifique exubérance de sa forme — *sein glænsender Pathos* — ont aidé au renouvellement de notre langage poétique.

Les traductions de quelques-unes de ses ballades, de quelques-uns de ses lieder remontent à la fin du siècle dernier. Le *Gant* parut en français dans le *Spectateur du Nord* de 1799. Son chef-d'œuvre, *La cloche*, nous arriva peu de temps après ; une première traduction qui ne porte ni date ni nom d'auteur, fut suivie de celles de Deschamps, d'Amiel dans ses *Étrangères* (1875), de M. Fortin, — et je songe à celle, inachevée, d'Alexandre Vinet, la plus fidèle et la plus littéraire peut-être :

> De nos destins, la cloche, écho suprême,
> Pieux écho du rire et des douleurs
> Emportera nos chants dans le ciel même,
> Dans le ciel même emportera nos pleurs...

Le neveu de ce Camille Jordan qui fut un admirateur de Klopstock, publia, en 1821, ses *Poésies de Schiller* d'une prose un peu terne ; Mme Morel, en 1825, un *Choix de pièces fugitives de Schiller* ; puis, vinrent les traductions de Marmier et de Régnier. Je me borne à citer des imitations de morceaux isolés, dans les *Poésies européennes* (1827) de Léon Halévy, ou dans les recueils de Deschamps et de Gérard de Nerval, et à rappeler que le futur Napoléon III, après l'équipée de Boulogne, traduisit l'ode intitulée : *Die Ideale*, cette plainte mélancolique et passionnée de la jeunesse perdue.

III

> Je dévorais Schiller, Dante, Gœthe, Shakspeare,

a dit Musset. Croyons-le sur parole ! Nous savons que, si les romantiques lurent en traductions les deux grands poètes allemands, ils n'en subirent pas directement, pas étroitement, l'influence. C'est plutôt à travers Chateaubriand et Mme de Staël, c'est à travers les lakistes et Byron que l'âme française s'est rapprochée alors de l'âme germanique. Si Schiller et Gœthe n'ont pas fait école, ils n'en ont pas moins modifié, pour leur part, l'atmosphère artistique et morale de la France. On n'appliquera pas à leur œuvre ces vers de Chénier sur la littérature antique :

> Et, de son flanc rempli de ces formes nouvelles,
> Sort un fruit noble et beau comme ces beaux modèles.

Mais, au théâtre, c'est par Schiller, Gœthe et Shakespeare que « le drame apparut, pour parler avec Musset dans ses *Lettres de Dupuis et Cotonet*, comme un prêtre respectable qui avait marié, après tant de siècles, le comique et le tragique », et, de plus, la vie et l'art. Et qu'importe que l'on invoque leur génie bien plus qu'on ne s'inspire de leurs pièces! M. L. Ducros a peut-être poussé jusqu'au paradoxe la négation de l'influence allemande, lorsqu'il a prétendu que Gœthe avait été surtout « un nom et un cri de guerre » pour les romantiques [1]. Je veux bien que Gœthe semble lui donner raison : « On traduisit mon théâtre..... Les anticlassiques trouvent un secours dans mes principes d'esthétique; les œuvres que j'ai écrites d'après ces principes sont des exemples à produire qui leur conviennent parfaitement. » Nous avons pu

---

[1] C'était déjà, moins nettement exprimée, l'opinion de Sainte-Beuve : « Gœthe était pour nous un demi-dieu honoré et deviné plutôt que bien connu » (Préface de l'ouvrage de W. Reymond sur *Corneille, Shakespeare et Gœthe*). — Daniel Stern affirmait, dans ses *Esquisses morales et politiques*, en 1849 : « Personne en France ne connaît Gœthe »; mais cette affirmation est démentie par les faits.

nous convaincre cependant que *Gœtz* et *Faust*, *Marie Stuart* et *Jeanne d'Arc* furent, pour les Français, plus et mieux que des « exemples à produire ». Ce fut bel et bien de « l'eau sur le moulin du romantisme », comme disait Gœthe des *Fiancés* de Manzoni. D'après M. G. Lanson [1], les chapitres de Mme de Staël sur Schiller et Gœthe, dans *De l'Allemagne*, « ont décidé de la forme et des intentions du drame romantique ».

[1] *Histoire de la litt. française*, in-16, 2e édit., Paris, 1895, p. 867.

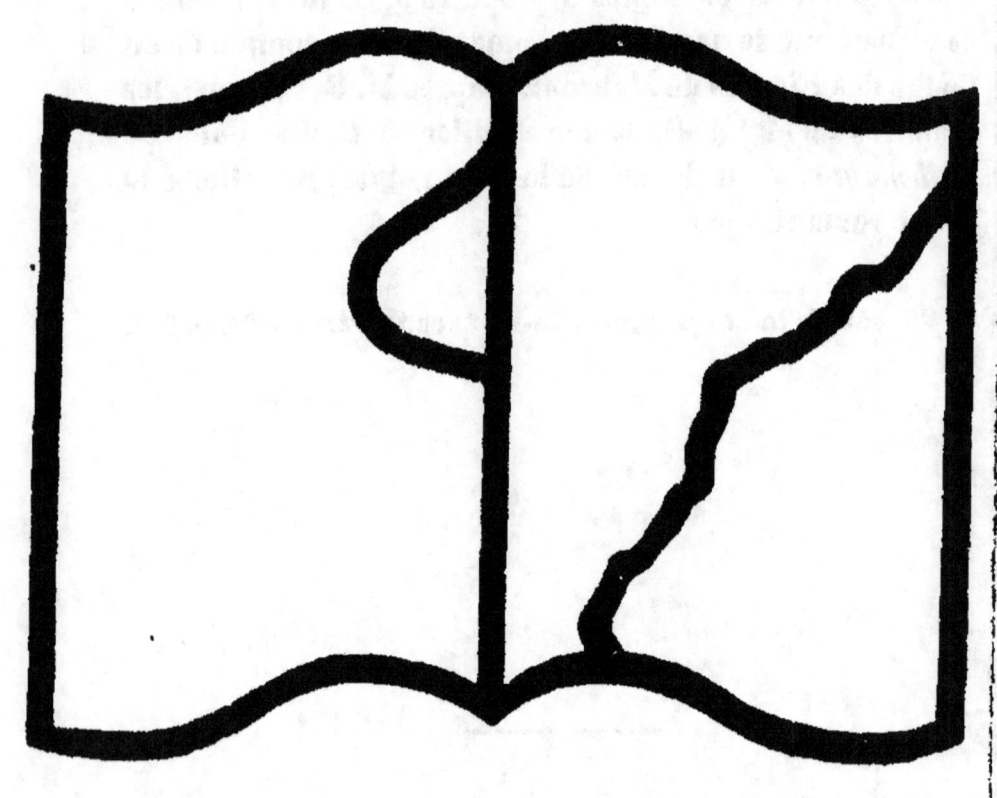

Texte détérioré — reliure défectueuse
NF Z 43-120-11

CHAPITRE VI

LA LITTÉRATURE ALLEMANDE ET SES INTERPRÈTES EN FRANCE AU XIXe SIÈCLE [1]

I

« L'Allemagne de Mme de Staël ne fut pas en réalité la révélation d'une civilisation, mais bien plutôt une invitation éloquente et pressante à *revenir* à l'étude d'une littérature autrefois admirée [2] ». Rien de plus exact que ces lignes de M. Ch. Joret. L'Allemagne de Lessing et de Kant était connue depuis longtemps, quand Mme de Staël s'avisa de la découvrir. Il est vrai que la Révolution et l'Empire avaient détourné les esprits des choses littéraires. Ni le *Spectateur du Nord*, qui paraissait d'ailleurs à Hambourg, ni la *Décade philosophique* (1794 à 1807), l'organe des « idéologues », n'avaient ramené à la poésie, au drame, à la philosophie des Allemands, un public sollicité par des intérêts plus immédiats, ou absorbé par des préoccupations plus graves. Ces vaillantes revues étaient mortes à

---

[1] *Th. Süpfle*, op. cit., II¹, p. 99 et s., et II², pass. ; F. Meissner : *Der Einfluss des deutschen Geistes auf die franz. Litteratur des* XIX^{ten} *Jahrhunderts*, in-8, Leipzig, 1893 ; *Ch. Joret*, op. cit. ; *H. Breitinger*, op. cit.

[2] *Ch. Joret*, op. cit., p. 45.

la peine, l'une faute d'être soutenue, l'autre faute de plaire au pouvoir. La série des échanges intellectuels était-elle donc close? La France se fermerait-elle aux œuvres étrangères?

Non, assurément. Les relations entre les écrivains des deux pays avaient, par la force des circonstances, subi un temps d'arrêt. Suspendues plutôt que rompues, l'espace d'une dizaine d'années, elles se rétablirent, plus suivies encore et plus étroites. Avant même le *De l'Allemagne* de Mme de Staël, va commencer une ère de calme et sûre pénétration réciproque, de sympathique et féconde émulation, car les haines nationales de l'époque napoléonienne furent courtes, et les deux peuples de l'Occident comprirent d'instinct que tout les conviait à s'associer pour le rôle civilisateur.

Il fallait créer l'instrument de l'entente durable, trouver la formule du rapprochement heureux. L'initiative partit de la France. Quelques publicistes distingués fondèrent à Paris, en 1803, une revue destinée à rendre normales, c'est-à-dire incessantes, « les communications littéraires et philosophiques entre la France et l'Europe » — entre la France et l'Allemagne avant tout.

Nous eûmes les *Archives littéraires de l'Europe*[1] (1804 à 1807), dont la vie fut brève, le travail considérable. Les collaborateurs de ce recueil se nommaient Suard, Morellet, Malouet, Garat, de Gérando, Lasteyrie, Vanderbourg, de Villers, Ph.-A. Stapfer; Guizot y fit ses débuts, alors que les *Archives* étaient menacées déjà d'une disparition pro-

---

[1] Elles furent supprimées en mars 1808 par décret du préfet de police, car l'interdiction faite au rédacteur en chef Vanderbourg d'y parler littérature française équivalait à la suppression de la revue. Au fond, cette mesure avait été provoquée par la jalousie du propriétaire du *Mercure de France*.

...aine. Ces hommes de cœur et d'esprit voulaient rouvrir les frontières au génie de l'étranger, afin, non point de lui sacrifier le génie français, mais d'élargir et de féconder celui-ci par celui-là. Des tentatives inspirées du même idéal n'avaient point abouti, ou n'avaient fourni que des résultats d'une utilité contestable, parce qu'on n'y avait apporté aucune méthode, et, notamment, parce que nombre de critiques mal informés ou de traducteurs mal préparés s'étaient donné comme à l'envi la mission de trahir, avec la sérénité de l'ignorance, les auteurs qu'ils avaient l'ambition de faire admirer. Or les études de littérature étrangère demandent pour le moins autant de conscience que de science. Mieux vaudrait peut-être, en cette matière, ne rien savoir que de mal savoir.

On lit, dans le « plan de l'ouvrage », ces lignes significatives : « Depuis longtemps, il n'est plus permis à un homme éclairé de ne connaître que la littérature ancienne et celle de son pays. Un Français doit désirer de se former du moins des notions générales sur l'état des lettres en Angleterre, en Italie, en Allemagne et même dans toute l'Europe. Cependant, il est rare d'en posséder toutes les langues, et difficile de s'en procurer les productions. On peut ajouter que les Allemands, chez qui se trouvent les érudits les plus laborieux peut-être de toute l'Europe, ne sont pas aussi habiles à faire un livre qu'à en rassembler les matériaux. Souvent la lecture de leurs ouvrages rebute les gens d'un goût délicat... » Mais il est sage de ne point juger une littérature sur l'apparence et de ne pas tout réduire à une question d'agrément. De Gérando, dans un discours sur *Les communications littéraires et philosophiques entre les nations de l'Europe*, expose en outre ceci, après avoir constaté que « l'Allemagne littéraire tout entière est une vaste usine pour tous les genres d'érudition » et rappelé l'œuvre accomplie au siècle précédent par le *Journal étranger* : « Des écrivains pleins de charme ont rajeuni un instant nos imaginations flétries, en nous offrant les scènes pittoresques et inattendues qui se déploient sur un autre hémisphère ; les littératures étrangères pourront produire sur nous un effet à peu près semblable ; elles nous conduiront aussi sur les rivages inconnus, et ranimeront à nos yeux la nature, en la couvrant d'autres teintes, comme de nouveaux effets de lumière raniment subitement le paysage auquel l'œil s'était habitué [1] ».

Les *Archives littéraires de l'Europe* n'en restèrent pas aux belles promesses. Les seize volumes de cette très intéressante collection renferment des notices biographiques ou bibliographiques, des traductions et des dissertations précieuses pour l'histoire des lettres allemandes en France. Elles s'occupent de Klopstock, de Herder, de Kant, de Wieland, de Schiller, de Gœthe, des frères Schlegel ; la poésie lyrique des Allemands y est placée au-dessus de celle de tous les autres peuples ; on y célèbre la supériorité de leurs philosophes et le caractère universel de leur littérature ; on y traduit jusqu'au *Premier printemps* du comte F.-L. de Stolberg, jusqu'aux fables de Pfeffel ; on y pousse même la germanophilie si loin, qu'on emprunte à quelque revue d'Outre-Rhin et publie sans réserves un article où les auteurs allemands reçoivent tout l'encens refusé aux écrivains français.

Malgré tant d'efforts, la France demeurait en retard sur l'Allemagne pour l'hospitalité accordée aux influences extérieures. Un « voyageur » mandait aux *Archives* en 1805 : « Je doute qu'il y ait en France beaucoup de villes

---

[1] *Archives littéraires de l'Europe*, I, p. 14.

dont les cabinets littéraires soient munis de journaux allemands. Dès la première ville allemande où je suis arrivé, j'ai trouvé des journaux de tous les pays¹. » Que nous conteraient, à ce propos, les « voyageurs » de 1896?

L'élan néanmoins est donné. La littérature et la philosophie germaniques ont leurs grandes entrées en France. On connaît les travaux de Vanderbourg, de Gérando, de Villers et d'autres encore. Et, puisque nous venons de citer le nom de Gérando, n'oublions point que sa femme était une fanatique des lettres allemandes ; elle en faisait ses « délices », les estimant bien plus que les lettres françaises elles-mêmes.

Un des principaux collaborateurs des *Archives littéraires*, Philippe-Albert Stapfer, l'ancien ministre de la République helvétique retiré à Paris, s'était tout particulièrement appliqué à résoudre le problème ardu d'un rapprochement à opérer entre l'âme de l'Allemagne et la culture de la France. « Il chercha, nous dit son dernier biographe, à répandre en France les œuvres de la littérature et de la science allemandes, en même temps que l'influence du caractère et de l'esprit allemands. Il s'ingénia surtout à montrer aux Français combien méritoire avait été le labeur des savants d'Allemagne dans tant de domaines : histoire de la civilisation, étude de l'antiquité classique, rénovation des doctrines de l'esthétique et de la philosophie, et comment ils s'étaient appliqués à faire servir leurs ouvrages aux intérêts supérieurs de l'humanité. C'est dans ce but qu'il se joignit à de Villers, déjà célèbre alors, à de Gérando, à Vanderbourg. Ils entreprirent, par surcroît, une tâche plus générale, plus cosmopolite en quelque sorte, celle d'amener la France

---

¹ *Archives littéraires de l'Europe*, VIII, p. 140.

aux littératures étrangères[1]. » De là, les *Archives littéraires de l'Europe* dont nous avons indiqué le but et salué l'action bienfaisante. Mais la situation politique était peu propice à de semblables projets. Et puis, les courants littéraires, dans la France et l'Allemagne, allaient en sens contraire, les méthodes scientifiques différaient aussi profondément que le tour d'esprit. Les *Archives* supprimées en mars 1808, Stapfer et de Villers essayèrent de les ressusciter dans les *Mélanges de littérature étrangère*, qui eurent une existence éphémère et difficile. Stapfer passa ensuite au *Publiciste* de Suard.

La *Bibliothèque germanique*, qui avait échoué en 1805, ne réussit pas davantage en 1826, malgré l'appui de noms comme ceux de Cuvier et de Cousin. Stapfer, attristé mais non découragé, n'en continua pas moins sa besogne d'intermédiaire désintéressé entre les deux nations. Il traduisit, pour son ami de Villers, l'histoire de la littérature allemande d'Eichhorn, un livre mal composé et qui était condamné à déplaire aux Français. Il prêta le secours de son érudition au même de Villers, pour l'ouvrage de ce dernier sur « l'esprit et l'influence de la Réformation de Luther ». Il fut mêlé à la publication des recherches de Sartorius sur l'état de l'Italie sous les Goths, et eut à ce sujet de curieuses aventures avec la censure impériale[2]. Il collabora, d'autre part, à ceux des travaux de Humboldt qui touchaient à l'archéologie, à la philologie et à l'histoire.

Mais c'est à la *Biographie universelle* de Michaud qu'il réserva le meilleur de son activité ; chargé de l'Allemagne, de la Belgique, de la Hollande, avec de Villers et Ustéri, il

---

[1] R. Luginbühl : *Ph. A. Stapfer*, in-8, Basel, 1887, p. 474 (cet ouvrage a été traduit en français, Paris, 1888).
[2] R. *Luginbühl*, op. cit., p. 478.

rédigea les notices à la fois si complètes et si solides sur Arminius, Kant Michaëlis, Adelung, etc. Stapfer transmit à son fils la tâche qu'il avait entreprise, et l'on sait ce qu'Albert Stapfer fit pour le théâtre de Gœthe.

Entre temps, le *Wallstein* (1809) de Constant avait paru, ainsi que la *Comparaison de la Phèdre de Racine avec celle d'Euripide* (1807), par A.-G. Schlegel. Un nouvel assaut était dirigé contre les « règles », contre toute la tradition de notre théâtre classique, avec une prudence habile par l'auteur français, avec une fougue inconsidérée par le critique allemand. Mᵐᵉ de Staël elle-même, dans les pages vibrantes et chaudes *De la littérature*, avait annoncé l'avènement du Beau universel après le Beau trop exclusivement latin de l'*Art poétique*, et prédit le triomphe du Nord sur le Midi, du sérieux sur la frivolité[1]. Elle se réclame de la Réforme et de Rousseau ; elle tend à une régénération dans la politique et les mœurs, à une renaissance de l'idéalisme et de la poésie. L'Allemagne est en voie de réaliser ce rêve, et l'Allemagne vient de lui être révélée. A.-G. Schlegel est, de 1804 à 1810, le précepteur des enfants de Mᵐᵉ de Staël, et un peu son mentor littéraire à elle. Coppet se transforme en colonie semi-germanique.

Tout est préparé pour le succès du livre *De l'Allemagne*. Le terrain est déblayé, la curiosité s'éveille, l'intérêt sera bientôt de la passion, d'autant qu'il y a en France toute une élite qui supporte l'Empire avec une résignation boudeuse. Et Mᵐᵉ de Staël est la grande ennemie de Napoléon, l'Allemagne l'adversaire toujours prêt à se révolter

[1] Ch.-V. de Bonstetten, un Bernois francisé, soutiendra plus tard la même thèse dans *L'homme du Midi et l'homme du Nord* (1824), l'homme du midi, « moulin à vent tournant à vide », l'homme du nord, capable « de faire, quand il le veut, sa propre destinée ».

contre l'hégémonie tyrannique du César corse. Le moment est venu de sonner une belle fanfare allemande au cœur de la France impériale, de lancer contre le brutal despotisme de la force une chaude protestation au nom de la pure liberté de l'esprit ! *De l'Allemagne* sera tout ensemble un manifeste politique et littéraire.

Il serait superflu d'insister sur ces choses, de retracer les petites vicissitudes et le glorieux destin d'une œuvre qui est une date dans l'évolution du génie français. On a pu signaler de grosses erreurs et de graves lacunes dans *De l'Allemagne*. Mme de Staël n'a pas tout lu ; elle n'a pas tout compris ; elle n'a su discipliner ni ses admirations, ni ses engouements. Tout cela est certain, mais le jugement de Sainte-Beuve ne sera pas revisé : « A part même l'honneur d'une initiative dont personne autre n'était capable alors, et que de Villers seul, s'il avait eu autant d'esprit en écrivant qu'on conversant, aurait pu partager avec elle, je ne crois pas qu'il y ait encore à chercher ailleurs la vive image de cette éclosion soudaine du génie allemand, le tableau de cet âge brillant et poétique qu'on peut appeler le siècle de Gœthe. » Mme de Staël vit l'Allemagne par les yeux du cœur, et l'étudia avec son imagination. Une blonde et rêveuse Germanie, une Germanie amoureuse et chaste, une Germanie de puissants philosophes, de doux et généreux poètes, de bourgeois candides et fiers, de loyauté chevaleresque, de bonhomie un peu lourde, d'ardent libéralisme, de moralité sévère, de profonde « sentimentalité », voilà le pays que Mme de Staël montra éloquemment à la France. Ce n'est pas tout. « Les Allemands sont les éclaireurs de l'armée de l'esprit humain ; ils essaient des routes nouvelles, ils tentent des moyens inconnus », dans l'art comme dans la science ; ils ont le souverain mérite d'être des « écrivains d'enthousiasme », de « tout rapporter à l'existence intérieure ». Ils ont des hommes qui s'appellent Gœthe, Schiller, Kant, et auprès desquels les Français contemporains pâlissent singulièrement... Telle est l'Allemagne que la France a connue jusqu'en 1870, en dépit des retouches faites au tableau par des mains expertes et rudes, en dépit même de Henri Heine [1]. *De l'Allemagne*, le seul livre vraiment populaire que la France possédât sur ses voisins, l'a longtemps entretenue dans de périlleuses illusions. Le peintre n'avait mis que deux couleurs à sa palette : le rose et le bleu.

Au surplus, l'œuvre est inégale et composée un peu à bâtons rompus. Les appréciations de Mᵐᵉ de Staël sur les lettres allemandes demanderaient, la plupart, à être nuancées ou corrigées ; son exaltation a des intermittences de timidité ; elle a trop peur de ce qui est très neuf ; elle s'éprend trop aisément de ce qui flatte en elle la protestante et la libérale. Son admiration pour Klopstock passe les bornes. Eh quoi ! Klopstock, c'est « Necker poète », comme l'a dit malicieusement M. A. Sorel. Ses meilleurs chapitres sont ceux qui traitent de Gœthe et de la critique. Le reste est d'une chaleureuse et entraînante superficialité ; mais tout cela palpite, tout cela vit : Mᵐᵉ de Staël a compris parce qu'elle a aimé, sa sympathie a des intuitions que l'étude et la science seules n'auront jamais. « On fait autrement, écrit M. Sorel, on sait davantage, on ne comprend pas mieux, on ne sent pas plus vivement. » Ne

---

[1] Tout ce qui parlait le français pensa de même. Ainsi on ne saurait être plus enthousiaste de l'Allemagne que le philhellène genevois Eynard, qui disait en 1827 : « Les Allemands savent aimer. Les autres arrivent tout au plus à la bienveillance... Leur bonté est inépuisable ; elle est pure et sans mélange » (*Prometheus* d'Henri Zschokke, 1823, tome II, p. 173).

pourrait-on pas lui appliquer ses propres paroles sur Rousseau : « Il n'a rien inventé, il a tout enflammé ? »

Quel but poursuivait-elle, entre autres ? Un essai d'union intellectuelle entre la France et l'Allemagne. Ce but, elle l'a atteint, dans la mesure du possible, puisqu'après elle, et malgré les blessures de l'invasion, la France est demeurée ouverte à l'esprit germanique. Et tenez ! s'il s'est insinué dans notre littérature une salutaire méfiance à l'endroit de l'uniformité des idées et des formes littéraires, si l'on a cherché à traduire dans le livre les manifestations et les états multiples de la nature et de la vie, si l'on a en quelque sorte émancipé et diversifié l'originalité, ne le doit-on pas un peu à Mme de Staël qui montrait aux Français l'épanouissement du génie d'une race, en dehors de toute tutelle des règles et de tout culte des traditions ? Gœthe avait raison : « Toute littérature finit par s'ennuyer elle-même — *ennuyirt sich zuletzt in sich selbst,* — si elle ne se rafraîchit pas aux sources étrangères. »

Idéal, individualisme, liberté, ce sont les trois joyaux que Mme de Staël rapportait d'Allemagne en France. C'était Rousseau épuré autant qu'élargi, quelque peu édulcoré d'ailleurs, qui nous revenait de Germanie. Don magnifique, *l'Allemagne* fut, en dépit des tracasseries de la censure impériale, la vibrante et riche préface de notre moderne histoire littéraire.

Mme de Staël avait eu l'art de ménager l'amour-propre national des Français, sans le caresser. Un des familiers de Coppet s'y prit autrement et faillit tout compromettre. En 1814, Mme Necker de Saussure publia sa traduction du *Cours de littérature dramatique*, d'Auguste-Guillaume Schlegel. On n'avait pas tout à fait oublié l'esclandre provoqué, en 1807, par le même Schlegel, avec son parallèle entre les *Phèdre* d'Euripide et de Racine. Il estima qu'il était opportun de frapper un plus grand coup. La meilleure manière de convertir les gens, n'est-elle pas de leur crier leurs péchés et de les charger de méfaits imaginaires ?

Après avoir passé en revue le théâtre des Grecs, des Romains et des Italiens, il dressait un formidable réquisitoire de romantique allemand contre le théâtre classique des Français. Molière lui-même n'était pas épargné ; Corneille avait été étouffé par l'Académie.... Schlegel ne pouvait être qu'un critique partial. Il s'était préparé de longue main à éplucher et à dénigrer notre littérature. Je ne parle pas de ses bibliographies françaises dans l'*Athenœum*, la *Jenaische allgemeine Litteraturzeitung*, recueils où il s'exerçait à maltraiter nos écrivains. On lui pardonnerait, certes, d'avoir qualifié, après Chamfort, les histoires galantes de Duclos de « coucheries sans amour », ou d'avoir prétendu, qu'en sortant de la lecture d'un livre de Mme de Genlis, on éprouvait l'irrésistible rage du grossier et du sauvage. Mais on devinera le ton de son *Cours*, à cueillir cette phrase au passage : « Quand l'auteur (de Boufflers, dans son *Discours sur la littérature*) expose que la poésie n'est au fond qu'un pénible jeu d'esprit, nous n'avons rien à objecter dès qu'il s'agit de la poésie française[1]. » Un « pénible jeu d'esprit »! N'est-ce point là le *quod erat demonstrandum* de Schlegel ? Il n'est pas surprenant dès lors que cette injuste et violente dissertation, traduite par Mme Necker de Saussure, ait été très mal reçue à Paris. Avec *De l'Allemagne*, la coupe était pleine ; le *Cours* la fit déborder. Les classiques s'indignèrent à bon droit.

Cependant, tout n'était pas que rude et stérile besogne de pamphlétaire dans les *Vorlesungen*. Schlegel avait for-

---

[1] *Sämmtliche Werke*, édition Ed. Böcking, XI, p. 357.

mulé l'esthétique du romantisme : l'identité du beau et du bien, cette doctrine de l'art pour l'art qui fit son chemin. Le code dramatique des novateurs du lendemain était surtout développé avec une ampleur et une force qu'on remarqua bientôt. Insensiblement, la colère céda devant la réflexion ; près des romantiques, Schlegel eut d'emblée cause gagnée. Stendhal renchérira sur lui. Victor Hugo, dans sa préface de *Cromwell*, empruntera tout simplement à Schlegel sa conception et sa définition du drame : le mélange des deux éléments comique et tragique, le « riant sous les pleurs » des adieux d'Andromaque à Hector ; cela n'était plus neuf, puisque Shakespeare l'avait retrouvé, mais l'auteur du *Cours* le signala avec insistance, et aussi avec tout l'appareil dogmatique du théoricien, comme le nœud de la question d'une réforme au théâtre.

Quinze ans plus tard, W. Duckett lançait la traduction d'une œuvre de Frédéric Schlegel, le frère d'Auguste Guillaume, ce *Cours d'histoire de la littérature ancienne et moderne* qui devait compléter la démonstration, tentée par Mme de Staël et son ami, de l'absolue nécessité de rouvrir la France aux influences extérieures et d'y faire arriver avant tout le courant vivifiant de la fraîche et libre poésie allemande.

Si l'on avait connu *Lucinde*, l'étrange roman autobiographique de Frédéric Schlegel, on aurait pensé, avec Heine, « qu'une démence française est loin d'être aussi folle « qu'une démence allemande, car, dans celle-ci, comme « eût dit Polonius, il y a de la méthode » ; et l'on aurait perdu confiance dans ce critique, qui eût bien fait de commencer par ce que les Allemands appellent la *Selbstkritik*. Heine a traité Fr. Schlegel, non sans raison, de « chantre ivre de la lubrique et romantique *Lucinde* » ;

ajoutons que Mme Schlegel, l'héroïne du livre, adapta *Faublas* pour l'Allemagne.

Le *Cours d'histoire de la littérature ancienne et moderne* méritait l'attention qu'on lui accorda. Au reste, les Français étaient sortis d'eux-mêmes, dans l'intervalle. Alexandre Soumet ne s'élevait-il pas, dès 1816, contre les « scrupules littéraires » de Mme de Staël, et n'avait-il point sommé ses compatriotes de respecter « l'indépendance littéraire des autres nations » ? N'est-ce pas lui encore qui félicita les Allemands de ce qu'ils avaient rompu avec « notre système théâtral » ? Fauriel, d'autre part, avec le secours d'A.-G. Schlegel, renversait les ingénieuses hypothèses de Raynouard sur l'origine des langues romanes. De Villers était mort, mais Stapfer, de Gérando et d'autres continuaient leur utile travail d'initiation de la France au monde germanique. Alexandre de Humboldt s'installait en France, à diverses reprises, de 1804 à 1827, et y publiait en français son *Voyage aux régions équinoxiales du Nouveau continent*. Cousin entreprenait en 1817 son premier voyage d'Allemagne, pour y retourner en 1824 et 1825. Alb. Stapfer traduisait le théâtre de Gœthe, de Barante celui de Schiller. Emile Deschamps donnait ses *Etudes françaises et étrangères*, qui renferment des traductions en vers des deux grands classiques allemands, de Klopstock, de Schubart, d'A.-G. Schlegel, d'Uhland. Lebrun et Soumet portaient les drames de Schiller au théâtre.

Bien plus, le *Globe*, fondé en 1824, s'érige en observateur bienveillant et sérieux de la *Germania rediviva*. Emile Deschamps est, au « cénacle », l'interprète français de l'Allemagne littéraire. Loève-Weimar, l'auteur de la première histoire française de la littérature allemande (*Résumé de l'histoire de la littérature allemande*, 1826), un livre enthousiaste, adapte assez librement les contes fantastiques d'Amédée Hoffmann, dont George Sand écrira ceci : « On dit que les Allemands ne font pas autant de cas que nous des contes fantastiques d'Hoffmann, qu'avant et après lui ils en ont produit de meilleurs que nous n'avons pas admis à la popularité, et qu'enfin il est tout à fait passé de mode... Mais ces contes ont ravi notre jeunesse, et nous ne les relisons jamais sans être transportés dans une région d'enivrante poésie. » La même année, Jean-Paul Richter, que Mme de Staël n'avait pas précisément expliqué de manière à lui gagner des sympathies, traversait le Rhin à son tour avec le recueil du marquis de Lagrange : (*Pensées de Jean-Paul extraites de tous ses ouvrages*, 1829). L'allégorisme transcendental, l'imagination déconcertante et l'humour de Richter ne s'exprimaient que très imparfaitement dans l'adroite mutilation de Lagrange ; mais l'œuvre de ce rêveur original et de cet écrivain d'une si laborieuse inélégance, était déjà connue par un fragment qu'en avait communiqué Mme de Staël et par d'autres fragments qu'en avait détachés Loève-Weimar. En revanche, pas un de ses volumes ne se trouvait, en 1832, à la Bibliothèque royale ! Quelques lettrés, néanmoins, avaient été attirés par ce génie excentrique ; le *Globe* lui avait consacré un article fort aimable ; on songea même, en 1834, à une édition complète du lourd bagage littéraire de Jean-Paul ; le *Titan* seul parut, traduit par Philarète Chasles ; *Un songe* fut imité en vers français par Lambertye (1843) ; la *Poétique ou introduction à l'esthétique* eut la chance de ne point rebuter deux excellents traducteurs et commentateurs, MM. A. Büchner et L. Dumont (1862).

L'école romantique d'Allemagne, poètes, novellistes, romanciers, dramaturges, se fraya difficilement un chemin en France. Le talent ne lui manquait pas ; elle ne possédait aucune étoile de première grandeur. Ni les frères Schlegel qui avaient fait quelque bruit et quelque besogne comme esthéticiens et critiques, ni Louis Tieck, Novalis, Brentano, von Arnim ne furent révélés aux Français de l'époque ; ou, ils ne le furent qu'à peine. On voit seulement que Mme de Montolieu arrangea l'un des romans de Tieck, en 1822, que le *Globe*, en 1828, parla de l'œuvre de Tieck comme de l'une des plus importantes de la littérature allemande, et que quelques-unes de ses nouvelles nous arrivèrent en traductions vers 1830. Deux des nouvelles d'H. de Kleist, *Michel Kohlhas* et *La cruche cassée* ne furent mises en français que plus tard. Les tragédies de Zacharias Werner, où l'obsession du surnaturel et l'exaltation mystique s'allient à la vulgarité emphatique et brutale, causèrent une certaine sensation à Paris : Stendhal préférait Werner à Schiller lui-même; *Martin Luther* et *Le vingt-quatre Février* entrèrent dans la collection des *Chefs-d'œuvres des théâtres étrangers*, avec *L'expiation* de Müllner. On traduisit à Genève, en 1820, l'*Aïeule*, et à Paris, en 1821, la *Sapho* de Grillparzer.

II

Plutôt que d'établir une sèche et fastidieuse nomenclature des écrivains qui, successivement, furent présentés au public français, nous nous proposons de restreindre l'objet de ce chapitre aux initiateurs de la France aux lettres allemandes. La fondation de la *Revue des Deux Mondes* (1831) est, dans ce siècle, avec l'apparition de l'ouvrage de Mme de Staël, le fait capital dans l'histoire des échanges intellectuels entre les deux peuples[1]. Un pont est désormais jeté sur le Rhin, pour la circulation des idées germaniques en France ; elles y viennent par une voie régulière, elles s'y répandent grâce à d'ingénieuses ou pénétrantes études, non plus au hasard comme jadis, mais avec une sûreté de méthode et une richesse d'informations qui n'avaient pas été atteintes même par les *Archives littéraires de l'Europe*, et sans interruption notable voici plus de soixante années. Les *Archives* n'avaient pas duré ; le *Globe* était l'organe d'un parti[2]. Il importait de se livrer à une série d'enquêtes désintéressées, dont les deux nations ne pourraient que profiter. C'est un des meilleurs titres de gloire de François Buloz que d'avoir surtout dirigé l'attention de la France du côté de l'Allemagne ; et ce n'est pas sa faute si de cruels malentendus se sont produits, si de déplorables conflits se sont élevés. Il n'avait rien négligé pour les prévenir.

L'un des principaux collaborateurs de la *Revue des Deux-Mondes*, et qui n'a cessé d'y écrire, de 1832 à 1848, E. Lerminier, publia en 1835 son article *Au-delà du Rhin*,

---

[1] Si les deux tiers de ce chapitre sont plus ou moins un résumé des études germaniques de la *Revue des Deux-Mondes*, il ne faut point s'en étonner, puisque le livre déjà cité de M. F. Meissner, sur l'influence de la littérature allemande en France au xixe siècle, n'est guère autre chose qu'un voyage à travers la collection de la fameuse revue, et un coup d'œil sur les principaux articles consacrés par elle à l'Allemagne littéraire.

[2] Dubois, le directeur du *Globe*, esprit clairvoyant et solide, écrivait en 1827 : « A l'Allemagne, nous prendrons sa science, ses études si consciencieuses et si profondes, et nous la devancerons : car, pour elle aussi, tôt ou tard, les études s'arrêteront, il lui faudra passer de la spéculation à la pratique » (*Fragments littéraires de Dubois*, in-8, Paris, 1879, II, p. 7 ; passage cité dans la *Revue crit. d'hist. et de litt.*, XIII[1], p. 136).

dans lequel il s'efforça d'expliquer « l'esprit général de l'Allemagne », depuis l'heure du réveil national. Il y étudiait, non sans une intelligente sympathie, l'état politique et moral de ce vieux pays qui, soudain, après une longue éclipse, brillait au ciel des lettres, des sciences et des arts. Dix ans plus tard, à propos des *Ecrivains et poètes d'Allemagne* et du *Faust* de Blaze de Bury, il reprenait une partie du même sujet, la partie littéraire, et la traitait à fond dans des pages suggestives sur « la poésie allemande et l'esprit français ». Et nous pouvons nous borner à signaler de consciencieuses remarques sur l'*Histoire de Grégoire VII* de J. Voigt, l'*Histoire du pape Innocent III* de F. Hurter. Il est préférable de rappeler ici que Michelet, devançant de quarante ans les travaux de Blaze (1862) et de M. J. Soury (1866), a fourni à la *Revue des Deux-Mondes* un éloquent essai sur Luther (1832), où il a rétabli la vérité si gravement altérée par Bossuet dans son *Histoire des Variations*, et que Guizot, dans ses leçons, avait parlé, assez superficiellement, avouons-le, des anciens Germains et du moyen âge allemand.

De 1835 à 1838, A. Specht envoie à M. Buloz d'excellentes « revues littéraires d'Allemagne ». Il s'occupe d'auteurs à peu près oubliés, de Puckler-Muskau, de F. de Raumer, du *Siècle de la Réforme* de Wachsmuth, des *Herbts-Violen* de Spindler, mais aussi, ce qui a plus de prix pour nous, de Varnhagen ainsi que du *Novellenkranz* de Tieck. Vers la même époque, Littré, qui traduira la *Vie de Jésus* de Strauss, écrit une notice vigoureuse et substantielle sur les *Œuvres d'histoire naturelle* de Gœthe. L'infatigable explorateur des littératures étrangères, Xavier Marmier, ne demeure pas en arrière. Déjà le 15 Octobre 1833, il nous renseigne sur la « presse périodique en Allemagne »; suivent, immédiatement après, des esquisses sur

Hoffmann et Devrient, sur Leipzig et la librairie allemande, sur les universités de Germanie (Gottingue), sur la vie de Schiller, et nous ne faisons que mentionner ses « revues littéraires d'Allemagne » de 1840 et 1841, qui continuent celles de Specht, ses *Etudes sur Gœthe* (1835), ses voyages pittoresques au-delà du Rhin, sa traduction d'un choix de paraboles de Krummacher, celles du théâtre de Schiller et de Gœthe et de certains contes d'Hoffmann. Xavier Marmier fut, en outre, l'un des rédacteurs de la *Nouvelle revue germanique* (1829 à 1836), créée par le philosophe alsacien Willm, pour remplacer l'éphémère *Bibliothèque germanique* de Silbermann et Barthélemy.

J.-J. Ampère, qui passa du *Globe* à la *Revue des Deux-Mondes*, y entreprit, avec plus d'appareil scientifique, des recherches parallèles sur les littératures du Nord. On peut citer son discours sur l'ancienne littérature scandinave (1832) et sa dissertation sur Sigurd « selon l'*Edda* et les *Nibelungen* ». Il consacra, en 1840, un charmant bout de biographie au poète Adalbert de Chamisso. Bien plus, dans son volumineux ouvrage sur les littératures modernes, il prouva qu'il connaissait très exactement les écrivains d'Allemagne. N'avait-il pas approché Gœthe? N'avait-il pas été en relations, à Berlin, vers 1827, avec Chamisso, Holtei, Varnhagen von Ense et d'autres? Toutes les œuvres d'Ampère témoignent d'ailleurs d'une initiation assez complète au mouvement intellectuel de l'Allemagne contemporaine.

Quant à Victor Cousin [1], il s'érigea en interprète de la philosophie allemande auprès du public français; il eut

---

[1] Voir : *J. Barthélemy-Saint-Hilaire* : Victor Cousin, sa vie et sa correspondance, 3 vol. in-8, 1895 ; cfr. notamment, I, p. 71, 72, 173, 184, 247, 253, 263, 268 ; II, 441, 579, et les lettres de Hegel, Schelling, Creutzer, etc. citées dans l'ouvrage, entre autres dans le tome III.

également l'ambition de réformer les méthodes d'enseignement appliquées dans son pays, en les corrigeant à la lumière des résultats que lui avait fournis sa mission officielle de 1831. L'Allemagne a tenu une très grande place dans sa pensée et dans sa vie. Il la visita souvent, il en rapporta sa pâture spirituelle; ses *Souvenirs d'un voyage en Allemagne* (1866) sont caractéristiques à cet égard.

Il s'était familiarisé avec les systèmes ou les doctrines de Kant, de Fichte, de Schelling, d'Hegel [1], à une époque où la philosophie française bornait le champ de son travail à l'étude des sensations et des idées. Avec quelle ferveur ne célébra-t-il pas cette glorieuse pléiade de penseurs qui renouvelait le monde de la métaphysique et de la morale, « ces esprits d'une liberté sans bornes, qui soumettaient à leurs spéculations toutes choses, les religions aussi bien que les gouvernements, les arts, les lettres, les sciences, et qui plaçaient au-dessus de tout la philosophie! » On l'écouta parce qu'il était un orateur admirable, on se laissa entraîner à sa suite; et si des railleurs, comme Heine, insinuèrent qu'il analysait et commentait ses modèles sans les comprendre, ils commirent là une de ces injustices qui ne coûtent rien aux gens d'esprit. Schelling et Hegel l'avaient en haute estime, quoiqu'on affirme qu'Hegel ait dit : « Il m'a pris quelques poissons pour les noyer dans sa sauce à lui. » Eh! certes, Cousin n'a point réussi à faire, comme il s'en flattait, la synthèse de l'œuvre et la fusion du génie philosophiques de l'Allemagne et de

---

[1] « Je suis un ami de la vérité, écrivait-il à Schelling le 30 octobre 1829, qui, après avoir dépassé, je crois, le peu qu'on peut savoir de philosophie en France, a été demander des inspirations à l'Allemagne. Elle m'en a fourni abondamment » (cité dans l'ouvrage de M. Barthélemy-Saint-Hilaire, I, p. 269).

la France. S'il a peu à peu déserté les hautes régions de la pensée libre, pour celles d'une sorte de vérité officielle et flexible, son labeur n'a pas été vain. C'est grâce à lui surtout qu'on osa, dès 1835, s'associer en plein Paris à la courageuse apostrophe de Lerminier : « Déclamer contre la philosophie allemande, c'est déclamer contre un développement nécessaire de l'esprit humain. » A la *Revue des Deux-Mondes*, il donna, en 1840, « Kant et sa philosophie »; en 1857, « une promenade philosophique en Allemagne »; en 1866, des fragments de ses « souvenirs d'un voyage en Allemagne ». Rhéteur et comédien, si l'on y tient absolument — « éclectisme et charlatanisme », écrivait Sainte-Beuve, — mais vulgarisateur de premier ordre.

Ne médisons donc point de Victor Cousin. Ne médisons pas non plus de Caro. Il semblerait que, même en France, les philosophes n'eussent pas le droit d'être aimables et clairs. On regarde volontiers comme des esprits superficiels ceux qui savent prêter des ailes à leur science. Et pourtant, ni Cousin, ni Caro n'ont mérité le dédain facile des salons ou des journaux. Reprenant à la *Revue des Deux-Mondes*, en 1865, la succession presque ouverte de son illustre devancier, E. Caro s'y constitua l'apôtre du spiritualisme. Il possédait sur tant d'autres, et, tout comme Victor Cousin, cette supériorité, d'être un observateur diligent et compétent des choses d'Allemagne. Son livre magistral sur la *Philosophie de Gœthe* parut par fragments dans la Revue de 1865 et 1866. Caro y démontrait, que Gœthe, parti du spinozisme, ne s'était inféodé à aucune école, et avait fini dans une sorte de mélange, à parts assez égales, d'éclectisme et de panthéisme. L'attention doit se porter encore sur deux autres de ses travaux, qui ne pouvaient aller sans arrière-pensées de polémique, ni sans récriminations, car ils datent l'un du 15 Décembre 1870, l'autre du 1ᵉʳ Novembre 1871 : c'est d'abord un article où, comparant Kant et M. de Bismark, il essaie de dégager « la morale de la guerre de la Prusse », puis un autre article, « les deux Allemagne de Mᵐᵉ de Staël et de Henri Heine », où, à l'aide du pamphlet de celui-ci, il démolit pièce à pièce l'Allemagne idéale, vue dans un rêve d'enthousiasme par la fille de Necker.

M. Paul Janet a concouru aussi à rendre plus complète l'initiation de la France aux systèmes philosophiques d'Outre-Rhin, soit dans ses ouvrages, soit dans ses nombreuses études à la *Revue des Deux-Mondes*. Il l'a fait avec l'intelligence d'un lettré et l'érudition d'un savant. On s'en convaincra sans peine si l'on consulte, par exemple, ses pages sur « l'histoire de la philosophie ancienne en Allemagne » (1878), « Schelling » (1877), « Schopenhauer » (1877, 1880), et « Hartmann » (1877). Puisque nous en sommes à la philosophie, nous nous exposerions au reproche très fondé de passer trop rapidement, si nous n'ajoutions pas, qu'en 1845, Ch. de Rémusat lut à l'Académie des sciences morales et politiques un rapport lumineux sur les philosophes allemands; que, dans la *Revue des Deux-Mondes* de 1843, le Suisse Adolphe Lèbre disserta ingénieusement sur « la crise de la philosophie allemande », au sujet de l'école de Hegel et du nouveau système de Schelling; que, dans le même volume, Berchou de Penhoen a fort bien parlé de Fichte, puis de Schelling (1832 et 1833) ; Saisset, de Leibniz (1846) comme Ch. de Rémusat (1861) ; H. Gouraud, de Kant (1865) et de Leibniz (1857); Laugel, de Hegel (1859), comme Scherer (1851), comme Saisset (1860), comme M. Beaussire (1871); M. Alfred Fouillée, de « la morale contemporaine en Allemagne » (1881) ; M. F. Brunetière, de « la philosophie de Schopenhauer et des conséquences du pessimisme »

(1886,1890) ; M. A. Réville, de Hartmann (1874), etc. Et, M. A. Réville a communiqué en outre aux Français les résultats de l'exégèse et de la critique religieuses en Allemagne ; et il est un autre nom, qui a bien droit à un hommage particulier, celui de Jules Barni[1], l'homme de France qui est peut-être entré le plus profondément dans la pensée de Kant.

Gérard de Nerval avait fait, à sa manière, pour la littérature, ce que Cousin fit pour la philosophie germanique. Mais la *Revue des Deux-Mondes* ne nous offre, de toute sa besogne de diffusion du génie allemand en France, qu'une monographie judicieuse et pénétrante : « les poésies de Henri Heine » (1842). De tous les intermédiaires entre les deux peuples, Gérard de Nerval fut, sans conteste, le plus désintéressé et le plus compréhensif. « Le sphinx germain, écrivait Th. Gautier, à propos de la traduction de Faust, a été deviné par l'Œdipe français » ; et il poursuit en ces termes : « Les sympathies et les études de Gérard de Nerval l'entraînaient naturellement vers l'Allemagne, qu'il a souvent visitée et où il a fait de fructueux séjours ; l'ombre du vieux chêne teutonique a flotté plus d'une fois sur son front avec des murmures confidentiels. » A côté du *Faust*, il sied de placer le *Choix de ballades et de poésies* de Gœthe, Schiller, Bürger, Klopstock, Schubart, Körner et Uhland, une transcription de la *Lenore* de Bürger, une adaptation d'une pièce de Kotzebue

---

[1] Jules Barni a traduit la *Critique de la raison pure*, les *Eléments métaphysiques de la doctrine de la vertu*, le *Traité de Pédagogie*, etc. ; comme le disait M. Jules Simon, en 1854 : « Barni n'est pas un vulgaire traducteur ; il diffère de tous les traducteurs passés et présents, en ce qu'il juge son auteur avec la plus parfaite indépendance. C'est un maître qui en explique un autre » (voir *Jules Barni, sa vie et ses œuvres*, par Aug. Dide, Paris, in-16, 1891, p. 49 et s.).

(*Menschenhass und Reue*), une série de mémoires sur les sociétés secrètes d'Allemagne pour servir d'introduction à son drame de *Leo Burkhardt*, « l'une des plus remarquables tentatives de notre temps », d'après Th. Gautier. Son article sur les poésies de Heine reste, avec le *Faust*, une contribution capitale à l'histoire des relations littéraires entre la France et l'Allemagne. Gérard de Nerval a, entre autres, admirablement défini et démêlé le génie de Heine, de ce Voltaire pittoresque et sentimental. De Pontmartin et Emile Hennequin s'approprieront ses heureuses trouvailles ; Heine sera, suivant l'un, plus voltairien que Voltaire, il sera, suivant l'autre, un Voltaire traduit par Jean Paul et retouché par Musset.

Heine évoque forcément le souvenir d'un de ses compatriotes, réfugié à Paris, comme l'auteur du *Buch der Lieder*, un ami de la première heure, puis un ennemi sur la tombe duquel l'enfant terrible du xix° siècle germanique a jeté une biographie qui est un méchant pamphlet. Il s'agit de Louis Börne. Ses *Lettres de Paris*, philippiques d'un Allemand et d'un démocrate aigri contre l'Allemagne réactionnaire de l'époque, furent analysées par Ed. de Lagrange dans la *Revue des Deux-Mondes* de 1832. Ç'aurait dû être, ce semble, tout plaisir pour un Français de mêler son persiflage aux colères de Börne contre l'Allemagne. De Lagrange n'en fit rien. Au contraire, il mit une véritable coquetterie d'impartialité à dénoncer les préventions et les rancunes sous l'empire desquelles Börne avait écrit ses violentes lettres d'exil ; il en flétrit l'amère et stérile misanthropie ; il prit énergiquement la défense de Gœthe contre ce « jeune Allemand » farouche. Au reste, Börne n'a pas été que l'auteur des *Lettres de Paris*. Il eut l'ambition d'être un intermédiaire loyal entre la France et l'Allemagne de son temps. Dès son premier séjour à Paris (1823 à 1824), il s'était familiarisé avec la littérature de sa patrie d'adoption. La *Balance*, « revue allemande et française » fondée en 1836, proclama la nécessité d'une alliance entre les deux nations, et Börne fut, bientôt, après qu'il eut imposé silence à sa haine contre la Germanie monarchique et féodale, le représentant le plus fidèle de cette Allemagne cosmopolite et savante qui voit tout, comprend tout, apprécie tout avec la liberté du critique et l'élévation du sage. Ce n'est pas sans doute pour cela que ses *Fragments politiques et littéraires*, édités en 1842 par Cormenin, n'eurent aucun succès.

Ed. de Lagrange ne fut pas seulement l'introducteur de Börne auprès des lecteurs de la *Revue des Deux-Mondes*. Dans une étude qu'il donna au même périodique, quinze jours avant son article sur les *Lettres de Paris*, il s'occupa de l'humaniste J.-P. Richter; il y était d'autant mieux préparé qu'il avait formé et publié un recueil des « pensées de Jean Paul ». Il consacra enfin, quelques mois plus tard, des pages émues à l'un de ses amis de Berlin, le dramaturge et parodiste Louis Robert, un romantique dont l'histoire littéraire n'a pas retenu le nom, mais qui nous intéresse encore, parce qu'il refit en allemand les *Orientales* de Victor Hugo.

Galusky, avocat parisien, littérateur à temps perdu, qui parla, dans la *Revue des Deux-Mondes* de 1848, du philologue F.-A. Wolff, s'y livra, en 1846, à une exécution très fine et très serrée d'Auguste-Guillaume Schlegel. Après une esquisse rapide de la genèse des idées romantiques en Allemagne, il s'élève avec une extrême vivacité contre le « pamphlet » de 1807 et le *Cours de littérature dramatique*. La tragédie française n'est-elle pas du grand art ? Et, parce qu'elle plane au-dessus des hasards ou des misères de la vie commune, n'en serait-elle pas plus humaine, d'une humanité qui rompt le cadre étroit du génie national, et plus belle, d'une beauté qui défie l'outrage des siècles? Que pèsent de légères invraisemblances et de nobles conventions, en regard de ce qu'il y a d'idéale majesté et de vérité permanente dans les chefs-d'œuvre d'un Jean Racine? En revanche, Galusky ne ménage point ses éloges aux considérations neuves et fortes de Schlegel sur le théâtre grec. A.-G. Schlegel était presque un disparu pour l'Allemagne de 1846; la France l'exhumait en quelque sorte, tant elle vouait, alors déjà, une attention passionnée à la vie intellectuelle de ses voisins de l'Est.

Il est possible qu'une Française, Mme d'Agoult (Daniel Stern) ait fait, vers 1840, le rêve d'être la nouvelle Mme de Staël d'un *De l'Allemagne* nouveau. Elle était née à Francfort; ses jeunes années s'écoulèrent dans la maison de Gœthe. Appelée par les circonstances et par ses études mêmes à expliquer aux Français la moderne Allemagne littéraire, elle s'arrêta à mi-chemin du but. L'histoire et la politique s'emparèrent d'elle.

En 1844, la *Revue des Deux-Mondes* inséra deux vibrantes notices de Daniel Stern sur Mme d'Arnim et sur la « profession de foi politique de deux poètes » (Freiligrath et Heine). On s'en émut de l'autre côté du Rhin. C'est que l'auteur ne se gênait point d'attaquer avec la dernière violence la monarchie prussienne de Frédéric-Guillaume IV, ce système de réaction bâti sur le dilettantisme et l'utopie, ce règne qui prétendait atteindre à la popularité à force d'arbitraire. Par une contradiction qui n'est point à la louange de la logique féminine, Daniel Stern fut cependant très dure pour les vers de Freiligrath, le poète de la liberté : ce chantre exquis de la nature s'essouffle en vain à célébrer la révolution ; qu'il renonce à jouer au littérateur jacobin puisqu'il n'a pas le tempérament de l'emploi, et qu'il revienne à ses vieilles amours ! Heine, lui, est la négation incarnée ; son ironie n'a rien respecté, ni la religion, ni la patrie, ni la poésie, ni l'amitié, ni l'amour. Il a le génie du cynisme, un merveilleux génie au surplus. Daniel Stern n'a pas été plus tendre pour la « *Bettina*[1] » de Gœthe : « on a trop attaché d'importance aux lettres de cette versatile, excentrique et confuse petite tête allemande, qui a tout essayé, tout abandonné, tout repris, singulier mélange d'exaltation, de grâce, de coquetterie et de vulgarité. »

Le problème que Daniel Stern aurait pu aborder dans un esprit d'impartiale et pénétrante critique, mais qu'elle effleura seulement, le problème des origines, des forces et des desseins de l'Allemagne agissante et pensante de ce siècle, Edgar Quinet tenta de le démêler en y appliquant ses robustes qualités d'écrivain dogmatique et généralisateur. Il était, plus qu'aucun autre Français contemporain, cet ami de Tieck et de Niebuhr, cet ancien étudiant d'Heidelberg, prêt à subir la fascination de la Germanie renaissante ; Herder surtout l'attira et lui en imposa. Son intelligence, son éducation, ses sympathies — celles-ci jusqu'en 1840 — étaient à moitié allemandes. Nul mieux que lui ne pouvait conduire à fond, sans parti pris, avec la conscience de l'érudit et le détachement du philosophe, une enquête définitive complétant et rectifiant celle de Mme de Staël. Les gallophobes d'Outre-Rhin paralysèrent sa bonne volonté ; il leur répondit par son livre *La Teutomanie* (1842), qui était de la même encre que les

[1] Mme Cornu-Lacroix (Sébastien Albin) a publié en 1843 un *Gœthe et Bettina* en deux volumes, après avoir donné, deux ans auparavant, des *Ballades et chants populaires de l'Allemagne*.

diatribes des détracteurs de la France. La lune de miel, comme dit Voltaire dans un de ses contes, avait fait place à la lune d'absinthe.

Les *Poètes d'Allemagne* (1834) de Quinet continuaient brillamment deux de ses articles publiés en 1832 dans la *Revue des Deux-Mondes* et sa traduction des *Idées sur la philosophie de l'histoire* de Herder. Sa captivante et lyrique dissertation sur « l'art en Allemagne » est un remarquable essai de synthèse, moins des doctrines esthétiques et de l'état des beaux-arts, que de tout l'effort intellectuel de la nation : Faust et Marguerite personnalisent le génie germanique, tout ensemble profond et naïf ; avec Gœthe, avec Schiller, la race est à l'apogée de son développement ; à sa puissante faculté d'abstraire et de spiritualiser, elle joint le pouvoir de sortir d'elle-même, de s'oublier dans l'humanité, de communier avec l'univers ; mais 1813 a changé tout cela, la frontière s'est fermée soudain, le nationalisme a triomphé ; Börne, Heine, les gallophiles ont beau faire, l'Allemagne n'est plus qu'allemande ; ils en sont exclus, elle ne les reconnaît pas pour ses enfants.

Quinet a, en 1834, dressé tout un acte d'accusation contre la poésie de Heine. Pourquoi ? Parce qu'il aime la poésie, fille du ciel, ignorante de la moquerie et de la haine, et parce qu'il aime l'Allemagne. Mais il ne résiste pas, malgré tout, aux séductions de l'enchanteur. S'il le condamne, c'est avec l'ardent désir de le ramener au culte des vrais dieux. Sa violente apostrophe s'achève en prière.

Il faudrait pouvoir s'étendre sur l'un de ses meilleurs travaux : « De l'Allemagne et de la Révolution » (1832). Il faudrait pouvoir s'attarder à ses pages sur Strauss (1838) ; il faudrait pouvoir analyser sa *Teutomanie*, où il se venge des provocations de Becker et des grossièretés de Léo (« le peuple français est un peuple de singes... Paris est la demeure de Satan »...), en reprochant à la Germanie moderne de ne plus rien offrir au monde que des lettrés vaniteux et vides à côté de quelques savants, et en conseillant néanmoins à la France de ne refuser ni son intérêt au pays, ni son estime au génie allemands.

Les *templa serena* se rouvrent, dès que nous arrivons à H. Blaze de Bury.

Voici l'interprète consciencieux et sympathique de l'Allemagne. Blaze de Bury était parti pour Weimar, en qualité de chargé d'affaires, le jour même où s'éteignait le « patriarche » des lettres allemandes. Il en revint, teinté de germanisme. Il avait compris et il avait aimé. Les ridicules et les travers, il les vit assurément, mais d'un œil indulgent, comme il avait vu ceux de Jean Paul : « Richter est un fantasque, je l'avoue ; mais il y a tant de naïveté dans ses boutades, tant de franchise et de bonhomie dans ses divagations, qu'on lui pardonne volontiers et qu'on finit toujours par l'aimer. Et comment ne pas l'aimer, ce noble cœur qui se passionne incessamment pour le bon, l'honnête et le juste » ? C'est le spectateur bienveillant et réfléchi, qui ne songe point qu'à s'amuser en regardant, ou à rire. Une littérature étrangère est pour lui comme la maison étrangère dont il a franchi le seuil hospitalier ; il se croit tenu de la respecter. Vous le trouverez tout entier dans les dernières lignes de ses *Ecrivains et poètes de l'Allemagne*. Il a minutieusement parcouru la correspondance de Gœthe et de la comtesse de Stolberg ; la malice gauloise, l'irrévérence latine pourraient se débrider. Blaze de Bury conclut, lui : « Deux êtres capables de se retrouver et de se quitter ainsi n'avaient pas commencé de la veille à prendre la vie sous son côté

sérieux, et de pareils exemples de tenue et de dignité humaines sont bons à reproduire au temps où nous vivons. »
Ainsi se fait-il que, de tous les historiens français de l'Allemagne littéraire, Blaze de Bury est peut-être le plus sûr, parce qu'il est le plus équitable, parce qu'il se dépouille des préjugés et des goûts mêmes de sa race, pour étudier les Allemands sous l'unique aspect de la vérité générale.

Presque toute sa contribution à la *Revue des Deux-Mondes* passa dans ses *Ecrivains et poètes de l'Allemagne* (1846) et dans ses *Ecrivains modernes de l'Allemagne* (1861). Quelqu'un a-t-il, mieux que lui, si ce n'est M. Ed. Schuré, défini le lied allemand qui, « si vaporeux qu'il puisse paraître au premier abord, a bien aussi son côté réel, humain » ? Il « ne désespérait pas de le voir un jour prendre racine en France ». Il a considéré à la fois la « période populaire » et la « période littéraire » du lied. Il a insisté sur le caractère « symbolique » de cette forme, la plus pure de la poésie lyrique. Il a montré que deux ou trois strophes suffisent souvent à un Gœthe pour ouvrir tout un monde, pour embrasser l'infini du temps et de l'espace. Ses traductions en vers sont d'un habile ouvrier et d'un poète. Gœthe, Schiller, Uhland, Tieck, Justin Kerner, Grün, Heine, Dingelstedt, Rückert, Freiligrath, Herwegh, Gutzkow, Novalis, Moerike, Immermann, Raupach, Julius Mosen, Halm, Laube, Sternberg, tous ces noms jetés pêle-mêle, et bien d'autres, lui ont suggéré d'heureuses et délicates observations. Je ne puis me priver du plaisir de citer ce passage, où Blaze de Bury compare les *Orientales* de Hugo avec le *Divan* de Gœthe et le *Jardin des Roses orientales* de Rückert : « C'est ce mysticisme inhérent à la race elle-même, cet être intime et latent qui nous échappe à nous tous, poètes, dessinateurs et musiciens français, chaque fois qu'il nous prend fantaisie de nous occuper de l'Orient. Je dis « fantaisie », car, il faut bien l'avouer, nous n'aimons guère à choisir d'autre guide en ces excursions où seul le dillettantisme nous entraîne. Ouvrez les *Orientales* de Victor Hugo ; voilà, certes, un beau livre... Chez nous autres, la précipitation gâte tout... Comment nier que la moindre gazelle de Gœthe ou de Rückert vous en apprenne plus sur la physionomie originale et l'esprit de ce monde que tous les jeux de rimes chatoyants, que tous les épanchements descriptifs du chantre de *Sarah la baigneuse* et du *Feu du ciel* ? » Et il rappelle le volumineux appendice annexé au *Divan*, « où l'on verra quelles recherches, quels travaux d'exégèse et de critique ont servi de prélude à ce recueil léger ». Hélas! « un certain système d'improvisation règne malheureusement chez nous, même dans les plus hautes sphères de la pensée. »

N'est-ce point là de la critique honnête et franche ?

C'est avec une prédilection très naturelle que Blaze de Bury s'est mis à étudier l'œuvre de Gœthe. L'homme l'attirait autant que l'auteur. Il a excusé les faiblesses, il a célébré le magnifique développement de cette vie [1]. On ne peut parler de Gœthe sans avoir lu au préalable ce qu'en a dit Blaze.

N'omettons point de signaler un large tableau des tentatives du romantisme pour régénérer la scène allemande,

---

[1] Il a publié, en 1872, un volume intitulé : *Les maîtresses de Gœthe*, et l'on sait que Meyerbeer allait, quand la mort le surprit, écrire la musique de la *Jeunesse de Gœthe* sur un livret de Blaze de Bury. Voir de ce dernier, sur Gœthe, outre les *Écrivains et poètes de l'Allemagne* (p. 61 et s., 203 et s., 370 et s., 390), la *Revue des Deux-Mondes*, 1er juin, 15 août et 15 octobre 1839, 1er décembre 1842, 1er mars et 1er décembre 1857, 15 avril 1870.

et disons encore que la *Revue des Deux-Mondes* publia sous la signature de Blaze de Bury, en 1887, un article sur « Grillparzer et Beethoven ».

Philarète Chasles, pour avoir fourni à la *Revue des Deux-Mondes* principalement des travaux sur l'Angleterre n'en était pas moins, comme Blaze de Bury, un bon connaisseur de l'Allemagne. On lui fit le compliment qu'il maniait fort bien la langue de Gœthe [1]. Outre son essai sur « Gutenberg et l'état des esprits au xv° siècle » (1843) et sa traduction du *Titan* de Jean Paul, il a longuement analysé, dans la revue de M. Buloz (1845), l'*Histoire du XVIII° siècle* de Schlosser ; il en a blâmé la systématisation excessive et l'érudition encombrante, qui ont caché à l'auteur la réalité et la vie [2].

Avec son *Allemagne ancienne et moderne* (1854), Chasles s'est ingénié à pénétrer dans l'intimité de l'âme et de l'intelligence germaniques, en les rapprochant de l'âme et de l'intelligence anglaises. Il s'était nourri de science allemande. Il possédait son Grimm aussi bien que savant d'Allemagne. Selon lui, le génie germanique brille essentiellement par l'indépendance, tandis que le génie latin est tout d'ordre et de règle ; les langues des deux races suffiraient à le prouver. Une vue d'ensemble sur l'épanouissement intellectuel, matériel et moral de l'Allemagne, précède un aperçu de sa littérature, par trop condensé, je l'accorde. Chasles était un ami de l'Allemagne ; il l'admire parfois avec trop de complaisance ; n'a-t-il pas dit, dans un article du journal *le Siècle*, que

---

[1] *Herrig's Archiv*, tome 45, p. 173.

[2] Il a signalé quelques piquantes erreurs de Schlosser qui a, par exemple, fait de Mme de Genlis... un écrivain masculin du nom de Sillery.

« Fritz Reuter était l'auteur le plus considérable des temps modernes » ?

Gustave Planche, de longues années le critique attitré de la *Revue des Deux-Mondes*, n'a rien laissé, sur les lettres allemandes, qu'une notice à propos d'Hoffmann. Sainte-Beuve ne fut pas, dans cette direction, plus fécond que Planche. C'est que ni l'un ni l'autre ne se familiarisèrent avec la langue de l'Allemagne. Sainte-Beuve a cependant étudié Gœthe avec sa maîtrise habituelle ; il est vrai qu'il n'a pas renouvelé le sujet, faute de pouvoir puiser aux sources directes.

Avant de retracer l'immense activité déployée par Saint-René Taillandier, il ne sera pas superflu de mentionner quelques autres noms. M. A. Geffroy est remonté aux « origines du germanisme » dans la *Revue des Deux-Mondes* de 1863, et il a décrit l'état social ainsi que les institutions des Germains (1872). Si Saint-Marc Girardin ne s'est point occupé, dans la même revue, du mouvement intellectuel de l'Allemagne, il publia de remarquables ouvrages sur ce pays qu'il avait visité à diverses reprises : *Notices politiques et littéraires sur l'Allemagne* (1835), *Rapport sur les écoles moyennes de l'Allemagne* (1838), enfin *Souvenirs et voyages : notices sur l'Allemagne* (1852). Il estimait ce peuple dont la « solidité des mœurs » repose sur la vie de famille, cette noble terre des illusions et des affections qui a, dans les heures solennelles de la guerre libératrice, donné à la cause de la liberté sa pléiade de poètes enthousiastes, ses légions de soldats résolus. L'Allemagne fut l'ennemie de la France ; en aurait-elle moins droit au respect et à l'admiration des Français? « J'aime la littérature allemande.... Je rêve une alliance morale avec l'Allemagne ; je rêve aussi une alliance politique ; » il y a, de l'autre côté du Rhin des trésors de sentiment et de vertu. On le voit, Saint-Marc Girardin en est resté à l'Allemagne de Mme de Staël.

Ces appréciations furent vivement relevées dans la *Revue des Deux-Mondes* par F. de Lagenevais. Il ne reprochait pas à Saint-Marc Girardin d'avoir dit : « Nous pensons peu en France, mais nous causons beaucoup » ; ce qu'il ne lui pardonnait pas, c'était sa façon par trop superficielle de traiter soit les anciennes épopées germaniques, soit les œuvres de Gœthe. La querelle de plumes entre les écrivains allemands et français n'était pas apaisée, lorsque de Lagenevais fit paraître, en 1842 et 1843, dans le même recueil, ses considérations sur le « mouvement politique et littéraire » de la Germanie contemporaine. Un Capefigue d'Outre-Rhin, Raumer, venait de piétiner la France dans un livre sur l'Angleterre. Des Allemands, réfugiés à Paris, continuaient à insulter, dans les journaux de leur langue, le pays qui leur avait offert un abri fort agréable. Et la mauvaise humeur de Lagenevais d'éclater : à part Tieck, la « jeune Allemagne » n'a produit aucun auteur de mérite supérieur ; au lieu de se perdre dans le chaos de sa fantaisie mystico-panthéiste, de sa fécondité tumultueuse et vaine, au lieu de ridiculiser sa patrie à la suite de Heine, de Börne, de Walesrode, elle serait plus sage de retourner à la source pure de sa poésie nationale ; quant à son théâtre, quelques drames de Grillparzer, d'innombrables imitations de Scribe, d'Hugo, de Dumas père, — et c'est tout ! Bruit et néant, tel est le bilan de son œuvre.

Si de Lagenevais jugeait sur ce ton irrité l'Allemagne de 1840, il pensait tout autrement de celle de Gœthe. Mais, parmi les admirateurs français de Gœthe, il en est peu qui l'aient aimé avec plus de discernement que M. Emile Montégut. Ses deux articles à la *Revue des Deux-Mondes*, sur

Werther (1855) et *Wilhelm Meister* (1863), sont des modèles de saine et généreuse critique. Personne, selon M. Montégut, n'a dégagé mieux que Gœthe la poésie de l'âme bourgeoise, dans son Werther, de cette âme dont le Saint-Preux de Rousseau n'est qu'une incarnation troublée et servile, pareille à Jean-Jacques lui-même. Tout est beau, tout est vrai, tout est grand dans le roman de Gœthe. Et l'on n'a pas oublié (v. p. 126) comment l'éminent critique a redressé les caractéristiques dédaigneuses et injustes que Mérimée et d'autres de nos auteurs avaient données de *Wilhelm Meister*.

M. Montégut, qui connut Heine et le vit au cours des navrantes semaines de la fin tragique, a buriné, dans la *Revue des Deux-Mondes* de 1884, un portrait singulièrement suggestif de ce corps en ruine dans lequel l'intelligence maintenait sa suprême royauté. Quel relief des couleurs et quelle intensité de l'émotion ! Comme il a su lire l'*Intermezzo*, chef-d'œuvre « d'élégance et de sobriété », le « poème érotique » par excellence, le cantique bref, délicieux et cruel de la volupté ! Comme il a découvert le point faible du génie de Heine : « son talent était inégal à toute tâche qui réclamait continuité, constance, effort soutenu »; mais ne serait-ce point là le signe du poète lyrique, de ce « fils si fidèle de la vie, qu'il ne peut écrire que dans son voisinage immédiat, et que toute inspiration languit chez lui dès que la vie s'éloigne ou se refroidit » ?

La *Revue des Deux-Mondes* ne contient pas, loin de là, toutes les études françaises sur Henri Heine [1]. Est-il nécessaire de s'attarder à un feuilleton de Jules Janin, dans l'*Indépendance belge* du 16 Février 1865, où perce à la fois le désir de dénigrer le chantre d'*Atta Troll*, et le dessein de

---

[1] L.-Betz : *Heine in Frankreich*, in-8, Zurich, 1894, *pass.*

piquer ce pauvre Baudelaire qui se mourait à Bruxelles ? Barbey d'Aurevilly n'a pas eu de ces perfidies. Il avait d'ailleurs quelque chose de Heine, avec du dandysme, du catholicisme flamboyant et de l'excentricité talon rouge en plus, sans parler de ce qu'il avait en moins. Il existe de lui trois notices sur Heine, deux dans sa *Littérature étrangère* (où il a également abordé l'œuvre de Hebel et de Hoffmann), l'autre, dans son volume : *Les Poètes*. Ce fantasque eut ses éclairs de finesse et de raison : « C'est un livre (*De l'Allemagne*) éblouissant d'épigrammes et de sensations... mais il fallait autre chose, on en conviendra, que des épigrammes au phosphore pour faire oublier le livre de Mme de Staël. » Il dira de Heine lui-même : « C'est un fils de Rabelais et de Luther qui, les larmes aux yeux, marie la bouffonnerie de ces deux immenses bouffons — Luther, un « bouffon » ? — à une sentimentalité aussi grande que celle de Lamartine. C'est un Arioste triste, aussi féerique et aussi délicieusement fou que l'autre ». Il ajoutera ceci, dans un curieux parallèle entre Heine et Scarron, le clown tragique « qui tirait la langue à la douleur » : « Heine ne rit pas, lui. Il n'a pas le spasme du rire de Scarron. Mais ses sourires, ce sont des merveilles d'expansion et de pensée, qu'on ne lit pas sans attendrissement, ni sans cette belle colère de Voltaire qui disait : je donnerais toute une hécatombe de sots pour épargner un rhume de cerveau à un homme d'esprit. »

Je chercherais en vain une transition pour passer de Barbey d'Aurevilly à son contemporain Armand de Pontmartin, si ce dernier n'avait inséré une notice sur Henri Heine dans ses *Causeries littéraires* de 1862. Il l'a fort bien défini : « Plus voltairien que Voltaire, mais poète avec cela, ce que Voltaire n'a jamais été, tour à tour rêveur sentimental et railleur goguenard, Français assez allemand pour comprendre l'Allemagne, Allemand assez français pour la rendre claire, Prussien par hasard, Parisien par goût, Athénien par droit de conquête et de naissance, digne de se moquer de Kant et capable de l'expliquer, M. Henri Heine est, dans la littérature internationale, sinon un modèle sans défaut, ou un oracle sans réplique, du moins un type sans précédent et sans rival. » Citons encore ce spirituel commentaire du *De l'Allemagne* de Heine : « Quand on a lu le livre de Mᵐᵉ de Staël, on ne sait rien mais on peut tout ; quand on ferme le livre de M. Heine, on sait tout mais on ne peut rien. » Le mot est joli, et, à y regarder de près, c'est plus qu'un *mot*, bien que les affirmations et les négations sans nuances ou sans réserves soient toujours suspectes.

Heine est rangé, dans les *Écrivains francisés* (1889) d'Émile Hennequin, parmi ces auteurs étrangers qui, tels Dickens, Tourguénef, Tolstoï, « sont entrés en France dans la lecture courante, qui ont influé sur le développement de quelques-uns de nos littérateurs, qui ont, chez nous, des imitateurs estimés. » L'ironie de Heine le charme, l'inquiète, l'effraie : « Elle n'est pas une gaîté légère, ailée, purement fantaisiste comme l'ironie spirituelle de Mercutio et de Rosalinde, comme le joli sourire poétique de quelques comédies de Musset. Elle n'est pas non plus la joie sèche des comiques de race latine, le rire d'un homme sanguin, équilibré, sain, ayant la salutaire étroitesse d'esprit de l'homme normal. Elle est pénétrée d'amertume, mouillée de pleurs, aigüe et comme envenimée. » Oui, le rire de Heine pleure et siffle dans ses rythmes agiles et chantants ; notre siècle, qui raffole de contrastes, en a goûté l'exquise et la malfaisante saveur.

Mais il n'a rien paru en France, ni peut-être en Allemagne, qui vaille, pour l'érudition consciencieuse et la solidité de la critique, l'ouvrage de M. Louis Ducros, *Heine et son temps, 1799-1827* (1886). M. Betz[1] le tient non seulement pour une des biographies les plus fouillées et les plus complètes de l'auteur de l'*Intermezzo*, il le loue « comme l'un des livres les plus remarquables qu'on ait écrits en France sur la littérature allemande ».

Dans cette œuvre, M. Ducros a protesté avec une vivacité bien légitime contre le dédain qu'Henri Heine affectait pour la poésie française — « j'aurais été capable de mourir pour la France, a-t-il dit, mais de faire un vers français, jamais », — il a vertement condamné cette « lourde méprise » commise de propos délibéré à l'heure même où Lamartine, Hugo, Musset avaient préparé au lyrisme une rentrée triomphale dans le patrimoine de notre langue. Heine est, d'ailleurs, le plus admirable poète allemand après Gœthe; s'il est supérieur aux romantiques de son pays, c'est moins encore parce qu'il a plus de génie qu'eux tous, que « parce qu'il n'a pas rêvé mais vécu ses plus beaux vers ».

Nous n'avons pas terminé notre course rapide à travers la *Revue des Deux-Mondes*. L'un de ses plus fidèles et de ses plus brillants collaborateurs, M. Victor Cherbuliez, y a publié d'incisives et lumineuses monographies sur Lessing[2] (1868), pleines de bon sens aiguisé et de clairvoyante sympathie. Il s'est approché du grand critique avec une affectueuse et libre déférence. Il en a fait le tour avec une curiosité passionnée et une gracieuse compétence, vantant surtout l'esthéticien et le philosophe, l'homme de goût et de raison, le hardi et profond penseur. M. Cherbuliez

---

[1] Op. cit., p. 89.
[2] Il a consulté, entre autres, pour ces études, deux ouvrages français : *Le christianisme moderne, études sur Lessing*, par E. Fontanès (1867), et le Lessing déjà cité de M. Crouslé.

s'est arrêté aussi devant l'originale figure du D' Strauss (1872) ; il a, de sa manière alerte et sagace, analysé l'œuvre des « poètes du nouvel empire allemand », Geibel et von Redwitz (1872) ; il a parlé de G. de Humboldt et Charlotte Diede (1885) ; il a répandu le sel de son ironie savoureuse sur la vanité naïve de B. Auerbach (1884) ; il s'est occupé de Ranke (1886), de Heine et ses derniers biographes (1886), de Feuerbach (1887), de la correspondance de Hegel (1887) ; enfin, tant sous son nom que sous le pseudonyme de Valbert, il a, depuis près de trente ans, expliqué à la France tous les efforts mémorables et tous les hommes marquants de l'Allemagne politique, morale et littéraire, de Lessing à Ranke, de Frédéric II à MM. de Bismark et de Caprivi. Son éducation protestante, sa connaissance de la langue allemande, sa culture universelle, son talent, tout d'audace délicate et de spirituelle profondeur, lui ont permis de se placer au premier rang des initiateurs de la France à la vie intellectuelle des pays d'Outre-Rhin. Il a, de plus, traité en même temps que MM. J. Klaczko, G. Rothan, E. Lavisse, M. Bréal, A. Geffroy, etc., presque tous les problèmes d'histoire, toutes les questions religieuses et pédagogiques posées ou résolues par l'Allemagne contemporaine.

Il sied d'appeler l'attention sur un excellent travail de M. J. Soury : « le roman archéologique en Allemagne » (1875), sur plusieurs bons articles de M. J. Bourdeau : Grégorovius (1882), Scheffel (1883), Gottfried Keller (1885), Gustave Freytag, Schopenhauer d'après sa correspondance, Janssen ; sur les gentils essais d'Arvède Barine : l'électrice Sophie de Hanovre (1876), la famille de Gœthe (1892) ; sur les pages inédites que M. J. Girard a consacrées à Curtius (1883) et à l'hégélianisme et la critique savante en Allemagne (1877) ; sur la copieuse notice de

M. Paul Stapfer à propos de J.-P. Richter (1889) ; sur les ingénieuses et pénétrantes enquêtes ouvertes par M. Lévy-Brühl, et je pense surtout à son commentaire des « idées politiques de Herder » (1892) d'où j'extrairai du moins ces lignes : « L'inaptitude du génie allemand au drame et au roman est comme la rançon de ses facultés métaphysiques : s'il n'a ni Shakespeare, ni Molière, ni Rousseau, c'est qu'il a Leibniz, Kant et Hegel. »

Si nous pouvons mentionner seulement l'étude de M. Ed. Schuré sur « le drame musical et l'œuvre de Richard Wagner » (1869), l'un des premiers et des plus sérieux documents de la littérature wagnérienne en France, et s'il importe de ne point oublier sa très belle *Histoire du Lied*, où les précieux résultats d'heureuses et fructueuses investigations se fondent admirablement dans une œuvre de haute généralisation sur la genèse et l'épanouissement de la chanson populaire en Allemagne, il est d'autres écrivains de la *Revue des Deux-Mondes* qui nous attendent encore. M. E.-D. Forgues, en 1868, y avait publié *En l'an treize* « récit d'un burgher mecklembourgeois pendant l'occupation française en Allemagne, par Fritz Reuter ». Ce n'était là qu'une « libre interprétation », très libre, en effet, d'*Ut de Franzosentid*. Quelques mois plus tard, M. Albert Sorel étudiait amoureusement la vie et les livres du plus grand romancier de l'Allemagne du Nord. Reuter est, à ses yeux, une sorte de Lesage candide et jeune, artiste autant qu'observateur, et le seul Allemand, depuis Gœthe, qui ait su exprimer à ce point la réalité vivante ; s'il savait composer, il serait l'égal des plus illustres ; mais on n'ignore pas que, sur ce mot de « composition », Germains et Latins ne s'entendront jamais. Dans la livraison du 15 Septembre 1869, M. Sorel a étudié les « femmes-auteurs » de l'Allemagne, Rahel

Levin, Ida Hahn-Hahn, Fanny Lewald, une intéressante sous-George Sand, Elise Polko, Ottilie Wildermuth, toute la galerie des bas-bleus allemands où l'on chercherait sans succès un esprit foncièrement original. Il est vrai qu'il ne s'est soucié ni de Mᵐᵉ Birch-Pfeiffer, ni de Mᵐᵉ Marlitt, ni d'autres qui n'eussent point augmenté son estime pour la littérature féminine d'Outre-Rhin ; il est vrai aussi qu'il ne pouvait parler — M. A. Marchand l'a fait depuis — des poésies de Betty Paoli, des romans et nouvelles de Mᵐᵉ d'Ebner-Eschenbach, de toutes ces vaillantes et loyales émules de nos contemporains immédiats et qui ont ajouté des pages d'une inspiration si noble ou d'une humanité si intense à la littérature de l'Allemagne.

Les « études diplomatiques » de M. Sorel sur l'Allemagne nous font songer à quelques historiens qui ont, toujours dans la même revue, dépouillé, à l'usage de la France, le XVIIIᵉ siècle germanique. Il suffira de signaler les importants travaux de M. le duc de Broglie sur les luttes de Frédéric II et Marie-Thérèse, ainsi que les articles si nourris et si captivants de M. E. Lavisse sur l'histoire de la Prusse, l'ordre teutonique, les prédécesseurs des Hohenzollern et le grand Frédéric.

Un philosophe et un moraliste, que la politique devait bientôt absorber, M. Challemel-Lacour, s'est plus particulièrement attaché, dans la *Revue des Deux-Mondes*, à réfuter Sybel et à déchiffrer Schopenhauer, en un temps où ces deux noms étaient presque inconnus des lettrés de France. Il avait traduit l'*Histoire de la philosophie moderne* de Ritter, et l'on trouvera dans sa *Philosophie individualiste* (1864) des pages vigoureuses sur ce G. de Humboldt, dont on a mis en français la curieuse et ardente profession de foi anti-étatiste (*Essai sur les limites de l'action de l'Etat*). Il a également fait, outre son *Bürger* et son

Louis Uhland (dans la *Revue germanique et française* de 1863 et 1864), une courte incursion dans la poésie allemande et tenté d'y suivre l'influence de l'hellénisme, depuis Wieland et Voss, en esquissant le portrait de F. Hölderlin (1867), le romantique grec de la jeune Allemagne. M. Challemel-Lacour, qui admire beaucoup les odes d'Hölderlin, aurait pu le comparer à notre André Chénier, un Chénier échauffé et violent, réfugié dans le culte des anciens pour échapper à l'intolérable atmosphère politique de son pays. Mais la pure critique littéraire n'est point le domaine où se plaît l'esprit de M. Challemel-Lacour; les idées et les faits ont pour lui plus de prix que les formes de l'art.

Il faut relire les éloquentes considérations que lui a suggérées l'*Histoire de la Révolution* d'Henri de Sybel (1864). Il entreprit de disséquer, avec une rare puissance de dialectique, les thèses gallophobes et réactionnaires du publiciste allemand. L'abus du document et l'excès du doctrinarisme ont aveuglé de Sybel, dont le livre n'est en somme qu'une érudite diatribe contre la France et la Révolution. On sait que M. Challemel-Lacour eut le difficile et périlleux honneur de présenter, dans une large et nerveuse étude, Arthur Schopenhauer aux Français. Ce « bouddhiste contemporain en Allemagne » avait bien été, de ce côté-ci du Rhin, l'objet de quelques travaux avant 1870 ; M. Challemel-Lacour pouvait dire « qu'ils ne donnaient pas une idée suffisante, ni même une idée tout à fait exacte du personnage et de sa doctrine ». N'avait-on pas trop oublié que le théoricien s'est doublé, en Schopenhauer, d'un écrivain et d'un penseur ? Or, « de ceux-ci rien ne se perd : ils sèment des germes que des souffles imprévus, que d'invisibles courants » chassent dans le monde et qu'on voit fructifier sans bien savoir d'où ils viennent. Il appartenait d'autant mieux à M. Challemel-Lacour de raconter le « sage de Francfort », qu'il l'avait aperçu « dans la joie et l'éclat de ses dernières années » ; le récit de sa visite à Schopenhauer est extrêmement piquant, comme tout ce qui touche à cette étrange individualité. Quant au système, il repose sur « une constatation de faits et sur la plus audacieuse des analogies », sur des observations qu'on peut contrôler et sur une argumentation déductive qui, se soustrayant à la controverse, n'a, au fond, d'originalité que « dans ses applications morales », dans ses « grandes ambitions pratiques », dans cette profession de foi où Schopenhauer célèbre la féconde vertu du mépris de l'existence, nous montre, après le cauchemar de la vie, le doux sommeil sans rêve, nous convie à nous défaire de notre honteux égoïsme avant de

Rentrer dans le repos que la vie a troublé.

Ce bouddhiste occidental est, en somme, un quiétiste à boutades amères. A chaque instant, comme l'a expliqué M. Ed. Rod [1], « le pessimisme de Schopenhauer va rejoindre le mysticisme ».

III

Mais personne en France n'a rempli, avec la constance et la passion presque exclusive de Saint-René Taillandier, le rôle d'interprète de la littérature allemande. Celui-ci a voulu ne rien laisser ignorer à ses compatriotes de l'effort intellectuel de la Germanie contemporaine. Ses études sur

---

[1] *Idées morales du temps présent*, in-18, 1891, p. 43 et s.

l'Allemagne n'ont pas été que fantaisies de dilettante, curiosités passagères et caprices fugitifs. Il leur a donné toute son âme, et peut-être lui reprocherait-on sans injustice d'avoir trop aimé ce qu'il avait l'avantage de bien connaître. Il est moins un critique qu'un historien littéraire. Il analyse et il expose plus qu'il ne discute et ne commente. Ses appréciations ne sont ni très personnelles, ni très profondes ; il parle bien de ce qu'il sait et sait ce dont il parle, tenant le milieu entre le lettré et l'érudit. Et pourtant, il a ses moments de verve, ses heureuses rencontres de délicate ingéniosité. La sympathie échauffe souvent et pare son talent.

M. Ed. Grenier a tracé ce portrait de Saint-René Taillandier, dans ses « souvenirs » que la *Revue bleue* nous apporta en 1893 : « Il savait l'allemand, et s'appliquait à révéler à la France la littérature d'Outre-Rhin dans des études pleines de conscience et de science, où je n'avais à regretter parfois qu'un manque de mesure et de proportion. La distance lui grossissait les objets ». Le premier article de Saint-René Taillandier à la *Revue des Deux-Mondes*[1] traitait de « la situation actuelle de l'Allemagne » ; il est du 1ᵉʳ octobre 1843. Un mois après, paraissait l'une de ses plus attrayantes notices, très informée, très judicieuse et très neuve : « De l'état de la poésie en Allemagne, Lenau, Zedlitz, Henri Heine, Freiligrath ». Ne nous occupons que de ce qu'il a dit de Heine, puisque aussi bien les autres ont exercé peu d'influence sur le développement de notre littérature et puisque, d'ailleurs, son opinion sur l'auteur des *Reisebilder* a son prix :

---

[1] La plupart de ses articles ont été réunis en volumes : *Etudes de littérature étrangère* (1847), *Histoire de la jeune Allemagne* (1849), *Correspondance entre Schiller et Gœthe* (1863), *Dix ans de l'histoire de l'Allemagne* (1875), etc.

n'avait-il pas succédé à M. Grenier, près de Heine, en qualité de traducteur? Il est revenu au même sujet à plusieurs reprises (« la Jeune Allemagne et la jeune école hégélienne », 1844, « poésies nouvelles de Heine », 1845, « Henri Heine, sa vie et ses écrits », 1852, « les tragédies de Henri Heine », 1863).

Saint-René Taillandier caractérise Heine en ces termes: « Il comprend tous les problèmes de la science, il possède tous les problèmes de l'art... Cette destinée, mobile comme le caprice, est une, cependant, par le culte de l'imagination; elle finira comme elle a commencé, par la gaîté charmante et le poétique essor de la jeunesse. En vain les années ont-elles suivi leur cours, en vain la souffrance, une souffrance affreuse, a-t-elle appesanti ses mains de plomb sur la fantaisie ailée: la fantaisie triomphe et s'envole. » Est-il rien, d'autre part, de plus vif et de plus sensé que ces lignes consacrées à *De la France*: « Ainsi va ce livre, plein de folie et de raison, plein d'audace et de réticences, cachant mal l'embarras du publiciste sous la fantaisie du railleur, se déchaînant contre les tartufes, quand il a peur d'attaquer les démagogues; tour à tour libéral, saint-simonien, juste milieu, fin ou grossier, selon l'occurrence, spirituel presque toujours, et digne de rester comme un document instructif, si l'auteur eût conservé toute la liberté de son esprit. » *Atta Troll* sera « l'œuvre d'un Arioste allemand », *De l'Allemagne*, « le poème d'une opposition turbulente et sarcastique ». Saint-René Taillandier ne vise point à l'effet, il ne cultive pas le mot ni l'épithète pittoresques; l'essentiel est, pour lui, d'être exact avec agrément, complet sans insistance, bienveillant en toute sincérité, loyal en toute indépendance. Sa phrase et ses jugements manquent un peu de relief; c'est presque leur seul défaut.

Tout en reconnaissant ce que l'Allemagne peut prêter à la France d'enthousiasme religieux, de penchants idéalistes, de haute moralité, il n'oubliera jamais de rappeler qu'elle n'a que profit à chercher dans

Cet éternel bon sens, lequel est né français,

des qualités de pensée claire, d'esprit éveillé, d'art scrupuleux : c'est là ce que Heine, le poète, avait su emprunter à sa seconde patrie; c'est là ce que Heine, le publiciste, gâta frivolement.

Peu tendre pour Lenau, Zedlitz, Freiligrath, Saint-René Taillandier ne l'est pas davantage pour les représentants de la « Jeune Allemagne », les Gutzkow, les Laube, les Mundt, les Willkomm, écrivains fourvoyés dans la politique, et faisant plus de tapageuse que d'utile besogne, jacobins mystiques ou fantaisistes délirants ; Weinberg seul mériterait de survivre. La « jeune école hégelienne », matérialiste et républicaine, n'était point non plus pour attirer Saint-René Taillandier : Bruno Bauer perd un peu la tête, quand il va prendre à Ferney son « prophète » et son « patriarche » ; Herwegh, avec ses pamphlets mordants et déclamatoires, devrait bien se souvenir que Voltaire avait au moins la terreur du ridicule.

Quel contraste entre ces révolutionnaires déments et l'Anastasius Grün des *Promenades d'un poète viennois!* L'esprit de Béranger s'unit ici à la grâce d'Uhland ; et, même avec Hoffmann de Fallersleben, Dingelstedt, Prutz, c'est la saine et pure poésie qui triomphe de la rhétorique des clubs. Mais il ne faut accepter que sous caution ces blâmes et ces éloges, où perce un bout d'oreille conservatrice.

Nous voyons ensuite Saint-René Taillandier se promener autour de Sallet, Léopold Schefer, Carl Beck ; faire sa révérence à Ida Hahn-Hahn, revenir à Freiligrath, à Dingelstedt, à Prutz; s'attarder avec amour aux fraîches *Scènes villageoises* d'Auerbach; se réjouir, non sans quelque inquiétude, des belles promesses que donne Maurice Hartmann; saluer le poète lyrique et le démagogue mal préparé en Geibel; se retremper dans la lecture du délicieux et profond Rückert; déplorer la décadence du théâtre allemand, de Zacharias Werner à Gutzkow; louer l'historien Ranke en constatant son inaptitude aux éloquentes généralisations; parler avec éloge du romantique J. Strauss; étudier la physionomie et l'œuvre littéraire de Louis Ier de Bavière; rédiger toute une biographie de Börne d'après sa correspondance, et ne pouvoir se défendre d'aimer cet ami de la France; entreprendre, en 1850, la revue de « la littérature politique, des philosophes et des poètes » de 1848, en célébrant les laborieux et les sages de cette période tumultueuse, les Danzel, les Auerbach, les Bauernfeld; passer à la poésie politique en Autriche, se déclarer à nouveau l'admirateur de Hartmann et de Grün; signaler quelques romans, entre autres ceux de Caroline de Göhren et les savoureuses nouvelles rustiques du pasteur bernois Gotthelf; s'arrêter devant deux ou trois critiques, Julien Schmidt, Barthel, qui n'ont, hélas! pas remplacé Lessing; en arriver au « roman juif en Allemagne », à propos de Léopold Kompert, et à la « poésie catholique » d'Oscar de Redwitz, à propos d'*Amaranth*, produit, en style contourné, d'une fantaisie confuse et d'un mysticisme dogmatisant; juger avec un évident parti pris de bienveillance le théâtre de ce Fr. Hebbel, qu'on s'était trop pressé d'ériger en Shakespeare moderne, mais qui a du moins cherché la grandeur s'il n'a trouvé que l'effet; retourner au roman avec les *Chevaliers de l'esprit* de Gutzkow, qui est un Eugène Sue prétentieusement symbolique, avec la *Nouvelle vie*, une erreur d'Auerbach, avec Halm, avec d'Uuechtritz, du Walter Scott et du Jean Paul mêlés, avec le *Falkenburg* écrit en allemand par Mᵐᵉ Blaze de Bury ; s'attacher, en 1853, à Dingelstedt, à Otto Roquette, à Bodenstedt, dont il goûte infiniment les *Lieder des Mirza Schaffy*, à Paul Heyse ; renouer avec les historiens, chez lesquels il admire l'infatigable persévérance, la science infaillible d'un Ranke, la verve hardie et chaude d'un Varnhagen von Ense ; mentionner les dernières œuvres de romanciers de deuxième ou troisième ordre (Otto Müller, G. Kühne, Th. Mügge, etc.) ; s'incliner devant le critique Gervinus, dont il a mieux aperçu la réelle érudition que les étroitesses, les petitesses, le ton hargneux de pédagogue tracassier ; noter le déclin des études philosophiques en Allemagne, l'absence d'originalité et la manie de ressassement, Schopenhauer devant toutefois être mis à part ; complimenter les disciples de Ranke et de Schlosser, un Mommsen, un Lassen, un Hettner ; se déclarer très satisfait des poètes et romanciers du jour, Freytag, B. Auerbach, Bodenstedt, ce Béranger de l'Orient, sans l'être moins des auteurs dramatiques, G. Freytag (*Journalisten*), Halm (*Fechter von Ravenna*), Laube (*Prinz Friedrich* et *Essex*), Bodenstedt encore, dont le *Démétrius* est la meilleure pièce qui ait été composée de longtemps pour la scène allemande ; analyser quelques publications sur la France, ainsi les travaux d'histoire littéraire de Julien Schmidt, d'Heinrich, d'Eberts ; reprendre certains sujets déjà traités ; découvrir Gottfried Keller, mais l'expliquer assez mal ; consacrer un article étendu à Kleist et un autre à Ch. de Hesse et l'illuminisme ; ne pas se croire quitte envers les romanciers, Spielhagen, Schücking et d'autres, qui cependant ne valent point leurs rivaux français, — le tout, sans autre préoccupation que de renseigner, de comparer, d'avertir, de faire comprendre ou de faire aimer, impartial à l'ordinaire, pondéré presque toujours, exclusif jamais, Français et très Français sans le moindre chauvinisme, conservateur et très conservateur avec la haine légitime du superficiel, du frivole et de l'immoral, assez moderne néanmoins pour être de son temps, et un peu trop ennemi de l'abstraction pour lire jusqu'au fond du génie allemand.

Et que de lacunes dans l'énumération des travaux de Saint-René Taillandier, puisque nous n'avons rien dit de sa « patrie allemande en Alsace », de ses charmantes pages sur « les récits philosophiques et populaires » de B. Auerbach, de ses « drames de la vie littéraire » (Charlotte et Henri Stieglitz), de ses excursions dans la politique de l'Allemagne, de son parallèle entre l'athéisme allemand de Ch. Grüner et le socialisme français de Proudhon, de ces consciencieux aperçus de l'histoire de Prusse ! Que de lacunes aussi, malgré tout, dans son œuvre de critique de la littérature d'Outre-Rhin ! Hamerling, Lorm, Benedix, C.-F. Meyer, Hacklænder et vingt autres noms ne sont pas même cités, si je ne me trompe. Voilà, il n'a pas songé à laisser un monument achevé de toutes pièces. Il a écrit au jour le jour, espérant sans doute compléter, refondre, condenser et rassembler les morceaux épars d'un beau livre. La lassitude est venue, puis la mort.

Nous pouvons nous séparer de la *Revue des Deux-Mondes*, qui a été, qui est encore, l'instrument le plus puissant de vulgarisation en France des œuvres durables de la littérature étrangère. Si, depuis 1870, son rôle d'intermédiaire entre la France et l'Allemagne intellectuelles est plus effacé, la faute en est aux douloureux caprices de l'histoire et, ne craignons pas de le dire, à la médiocrité relative des lettres allemandes contemporaines. Au reste, elle n'a rien ignoré d'essentiel des manifestations intéressantes de la science, de la pensée ou de l'art en Allemagne : M. Boissier y a parlé admirablement de Mommsen ; Th. Bentzon, du roman politique à propos de Gr. Samarow (*Pour le sceptre et la couronne*); M. Alb. Réville (1873), des *Enfants du monde* de Paul Heyse ; Wagner n'y a pas été oublié; M. Ed. Rod nous y entretenait, tout récemment, de Gerhard Hauptmann, de H. Sudermann, et M. Thorel, des poètes allemands contemporains.

IV

A côté de la *Revue des Deux-Mondes*, l'ancienne et la nouvelle *Revue contemporaine* (je ne rappellerai qu'un article de 1864 sur « Uhland, sa vie et ses œuvres »); le *Correspondant* (il faut mentionner au moins les excellentes études de M. C. Bellaigue, sur le *Faust* et sur Heine); la *Revue germanique et française*, la *Nouvelle Revue*, la *Revue politique et littéraire* (La Motte-Fouqué et la jeune Allemagne, Lessing et Gœthe de P. Stapfer; influence intellectuelle de l'Allemagne sur la France de J. Reinach, 1878 ; la littérature allemande en France de 1750 à 1880, de R. Rosières, 1883 ; Nietzsche de Th. de Wyzeva, 1893, etc.), la *Revue hebdomadaire*, la *Revue de Paris*, la *Revue de l'histoire littéraire de la France*, la *Revue philosophique*, la *Romania*, et, pour bien finir, sinon pour tout indiquer, la *Revue critique d'histoire et de littérature*, dans ses bibliographies si consciencieuses et si érudites, tous ces périodiques ont apporté leur tribut à l'œuvre d'une mutuelle pénétration des deux génies germanique et français.

Dans d'autres pays de langue française, la *Revue de Belgique*, la *Revue générale*, la *Société nouvelle* et d'autres publications belges ont également tenté de faire connaître la littérature allemande ; Alfred Michiels a donné, en 1843, à Bruxelles, la deuxième édition de ses *Études sur l'Allemagne*, où il aborde essentiellement des questions littéraires. En Suisse, la *Bibliothèque universelle* a fourni, outre ses chroniques mensuelles d'Allemagne, qui remontent à 1872, plusieurs notices assez étendues, parmi lesquelles je ne signalerai que celles des trente dernières années : E.-M. Arndt, par Ch. Monnard (1866), Diderot et l'Allemagne, par A. Béranger (1868), Ernest de Bibra, par Ch. Berthoud (1869), *Hermann et Dorothée*, par P. Stapfer (1881), A. de Haller et son influence littéraire, par F. Dumur (1883). Et la *Semaine littéraire*, qui paraît à Genève depuis 1893, suit de très près le mouvement des modernes lettres d'Allemagne.

Comment ne point nous souvenir ici du rôle de l'Alsace, qui a été un pont jeté avant d'être une muraille élevée entre les deux nations? Ch. Dollfus fonde avec Nefftzer, en 1857, la *Revue germanique*, dont la vie fut trop brève, et réunit, l'année suivante, les études qu'il y a insérées, en un précieux volume : *De l'esprit français et de l'esprit allemand*, où il s'occupe de Lessing, de Gœthe, de Lenau, de Schopenhauer. Avant lui, Joseph Willm, l'auteur d'un *Essai sur la philosophie de Hegel* (1836) et d'une *Histoire de la philosophie allemande depuis Kant jusqu'à nos jours* (1846-1847), avait dirigé la *Nouvelle revue germanique* (1829-1836). Paul Ristelhuber (Paul de Lacour) avait tressé, en 1856, un joli *Bouquet de Lieder*, qui renferme des pièces de trente-six poètes allemands. Jacques

Matter publia, en 1846 et 1847, son livre si rempli de faits sur l'*État moral, politique et littéraire de l'Allemagne*. J.-J. Weiss (*Sur Gœthe*), Ed. Schuré, E. Reuss, Alf. Weber et bien d'autres Alsaciens ont ouvert des enquêtes ingénieuses, spirituelles ou profondes sur la poésie, le roman, la théologie et la philosophie de l'Allemagne. Et n'omettons pas de dire que la *Revue de théologie et de philosophie chrétiennes*, fondée par Scherer et Colani, apporta de Strasbourg en France, les doctrines du protestantisme libéral avec les résultats de la critique et de l'exégèse allemandes ; Renan, pour ne parler que de lui, dut beaucoup à cette vaillante revue.

Cette liste des initiateurs de la France à l'effort intellectuel de sa grande voisine est loin d'être close ; il est impossible de tout citer, et le chapitre suivant comblera les lacunes de celui-ci. Mais notre nomenclature n'est point achevée.

Voici Nicolas Martin, un neveu de Simrock,

> Fils de mère allemande et de père français,

dont les poésies, à en croire Sainte-Beuve, montraient qu'il avait eu « quelque sylphide des bords du Rhin pour marraine ». Ce cri de teutophile enthousiaste est de lui :

> Allemagne, Allemagne, oh ! mon cœur est à toi !

Le même Martin, dans sa préface des *Poètes contemporains de l'Allemagne* (1848), constatait, après et avant bien d'autres, que les deux civilisations allemande et française étaient destinées à s'enrichir l'une l'autre, que, « dans cette mise en commun de leurs intérêts, l'Allemagne communiquerait à la France un peu de cette réflexion calme et studieuse, un peu de cette vertu de la patience qui la distinguent », et qu'elle recevrait en échange « ce sentiment de la ligne et du contour arrêté qui a caractérisé de tout temps le génie de la France, son actif bon sens, son dédain de ce qu'on appelle le brouillard, son droit et rapide instinct de toutes choses. » On ne saurait mieux dire, ni plus juste.

Un autre Français, moins lyrique celui-ci, Ad. Régnier, a, en deux savantes dissertations insérées dans le *Recueil de l'Académie des inscriptions*, traité l'histoire des langues germaniques ; nous lui devons la meilleure traduction française du théâtre de Schiller et nombre d'éditions annotées de classiques d'Allemagne. M. Michel Bréal, après Cousin, s'est voué à la réforme des méthodes d'enseignement en France, et il a puisé abondamment aux sources allemandes pour ses travaux de haute pédagogie. Edmond Scherer, lui, a plus particulièrement étudié l'Allemagne théologique et philosophique. Un autre critique, un Suisse, Alex. Vinet, avait fréquenté assidûment les livres d'Outre-Rhin, comme son compatriote H.-F. Amiel, le traducteur des *Étrangères*, l'auteur du *Journal intime*, cette confession tout imprégnée de métaphysique hégélienne et kantienne.

Il n'est point nécessaire d'élargir le cadre de ce tableau et d'y introduire des Suisses romands. Depuis vingt ou trente ans, toutes les formes de la science, tous les âges et tous les genres de la littérature d'Allemagne, ont eu en France des interprètes ou des vulgarisateurs qui sont légion [1]. Quelques noms et quelques titres, jetés au cou-

---

[1] M. F. Gross, dans une monographie que nous avons citée, s'est montré aussi mal avisé que mal informé, quand il a blâmé les Français de la génération actuelle de ne pas comprendre Gœthe et de ne pas l'étudier assez. Et M. Th. Süpfle a eu tort de prétendre que, depuis 1870, la France s'est moins intéressée à la littérature allemande.

rant de la plume, suffiront à prouver que jamais la Germanie intellectuelle n'a été plus qu'aujourd'hui l'objet de l'attention persévérante et de la vaillante curiosité des Français. Toute l'école des philologues modernes, qui s'est adonnée avec tant de fructueuse ardeur à l'étude de notre ancienne langue, MM. Gaston Paris, Paulin Meyer et Léon Gautier en tête, procède de Diez et connaît à fond ce qui se publie à Berlin ou à Leipzig sur la matière de ses recherches. Les « germanistes » eux-mêmes ont des émules en France. Ainsi l'une des plus solides et des plus lumineuses monographies sur les *Nibelungen* est d'un Français, M. H. Lichtenberger. Et ne rendrons-nous pas hommage à la science de tant d'autres érudits, à M. A. Bossert, pour sa *Littérature allemande au moyen âge et les origines de l'épopée germanique*, à M. A. Lange pour *Un trouvère allemand* (Walther von der Vogelweide), ou à M. Schweizer pour son *Hans Sachs*, le meilleur livre sur le sujet, d'après l'avis autorisé de M. Eric Schmidt, ou à M. P. Besson pour son travail sur *Jean Fischart*, ou encore aux *Études germaniques* de A.-F. Ozanam, quoiqu'elles aient un peu vieilli !

Je ne pense pas que l'histoire des doctrines littéraires et esthétiques en Allemagne ait été exposée avec une érudition plus sûre que par M. Em. Grucker, dans deux volumes qui nous mènent d'Opiz à Lessing. M. Ch. Joret nous avait donné la biographie littéraire de Herder, la plus substantielle qui eût été écrite avant celle de M. R. Haym, dans son *Herder et la Renaissance littéraire en Allemagne*, et j'ai eu recours plus d'une fois à son essai très renseigné sur les « rapports intellectuels de la France et de l'Allemagne avant 1789 ». M. A. Lévy-Brühl, après son *Allemagne depuis Leibniz*, a publié *La philosophie de Jacobi*, deux ouvrages qui témoignent d'une initiation complète au mouvement des esprits, de l'autre côté du Rhin. Et comment ne pas louer *La psychologie allemande contemporaine* ou la *Philosophie de Schopenhauer* de M. Th. Ribot, et les originales études leibniziennes de M. Em. Boutroux? Et comment ne pas mentionner toutes ces traductions de philosophes et de savants, Schopenhauer, Hartmann, Schœbel, O. Schmidt, E. Zeller, Janssen, Wundt, etc.? Et faut-il insister sur toutes ces œuvres, déjà signalées la plupart, où souvent la « *deutsche Gründlichkeit* » se pare de l'inimitable clarté française, celles de M. E. Lichtenberger sur les poésies lyriques de Gœthe, de M. A. Mézières, dont la belle *Vie de Gœthe* ne sera pas refaite, de M. C.-H. Heinrich (*Histoire de la littérature allemande*), de M. L.-A. Himly, l'historien, de M. Paul Stapfer (*Gœthe et ses deux chefs-d'œuvre classiques*), de M. E. Combes (*Profils et types de la littérature allemande*), de MM. Kufferath, A. Ernst, Freson, etc., sur Wagner, de M. L. Crouslé (*Lessing et le goût français en Allemagne*), de M. Antoine sur le *Simplicissimus de Grimmelshausen*, de M. A. Jullien (*Gœthe et la Musique*), de M. F. Montargis (*L'esthétique de Schiller*), de M. Bonet-Maury (*G.-A. Bürger*), de M. Firmery (*J.-P. Richter*), de M. Barde (*Les idées théologiques de Lessing*), de M. Rabany (*Kotzebue*), de M. Ed. de Morsier (*Romanciers allemands contemporains*), de E. et R. Reuss, de M. Fr. Lichtenberger (*Histoire des idées religieuses en Allemagne depuis le milieu du* xviii* siècle*, et l'*Encyclopédie des sciences religieuses* publiée sous sa direction), de M. Aguilera sur *L'idée du droit en Allemagne depuis Kant jusqu'à nos jours*, un livre qui n'est peut-être pas un livre d'agréable lecture, mais qui marque fort bien la tendance du système kantien de substituer le point de vue purement éthique au point de vue eudémonique, et suit avec beaucoup de perspicacité les divers courants sortis de l'école historique? Ne me reprocherait-on pas enfin d'omettre *Gryphius et le théâtre allemand* de M. Wysocki ; *Les comédies de Molière en Allemagne* du laborieux et de l'heureux fureteur qu'est M. A. Erhard ; le *Kleist*, en agile prose latine, de M. A. Chuquet, qui est l'homme de France possédant le mieux peut-être sa littérature allemande ; les généreux et vibrants volumes de M. Alf. Marchand sur *Les poètes lyriques de l'Autriche* (Lenau, Hartmann, Betty-Paoli, Feuchtersleben, Joséphine de Knorr, Hamerling, Lorm), et, dans *Poètes et penseurs* du même critique, la large biographie de Justin Kerner et la charmante notice sur la baronne d'Ebner-Eschenbach dont la *Revue hebdomadaire* vient de publier l'*Ineffaçable*? Et j'ai oublié l'*Etude sur la vie et les œuvres de Klopstock* de M. Ed. Bailly, le *Kleist* de M. Bonafous, et je ne suis pas au bout de cette énumération. Dussé-je pécher contre l'art si français de se borner, je ne puis cependant négliger les pages vigoureuses et nourries de M. Georges Renard, sur « l'Influence de l'Allemagne sur la France de 1870 à 1885 » (dans ses *Études sur la France contemporaine*, 1888); un abondant inventaire de la « littérature wagnérienne en France », par M. J. Thorel (dans la *Revue des Deux-Mondes* de 1894) ; la traduction de l'énergique et vaillante protestation dirigée par M. Max Nordau, dans les deux tomes de sa *Dégénérescence*, contre l'invasion du décadentisme en Europe. Ne serait-il pas impardonnable enfin de ne point rappeler qu'à Paris, on discute Nietzsche, ou H. Sudermann, ou G. Hauptmann autant qu'à Berlin, que le P. Didon lui-même y est allé, en 1884, d'un livre empreint de la plus vive sympathie pour l'Allemagne (les *Allemands*), que M. Th. de Wyzewa est à l'affût, pour les revues françaises, de tout ce qui paraît de curieux ou de caractéristique en Germanie ; que l'une de ces revues, *Cosmopolis*, tient ses lecteurs au courant, et dans la langue originale, du mouvement intégral des lettres allemandes ; que l'on ne se contente plus de voir par ses yeux, qu'on a poussé la passion de connaître ses voisins jusqu'à traduire *La philosophie de l'histoire en Allemagne* de l'Anglais Flint ?...

Tous ces faits, enregistrés sans commentaire, ont leur éloquence. Les Allemands auraient mauvaise grâce d'écrire encore que la France les ignore systématiquement, ou qu'elle les juge pour le plaisir de les condamner. Le chauvinisme complaisant, et jadis lucratif, des pamphlétaires, le chauvinisme inintelligent et emphatique des poètes de la revanche, le chauvinisme populacier de la presse qui confond les intérêts de l'État avec le souci de sa clientèle, le chauvinisme plus noble et moins bruyant des patriotes eux-mêmes qui ferment leur esprit et leur cœur à tout ce qui vient d'Allemagne, rien de cela ne compte plus aujourd'hui.

La France se recueille, mais elle regarde, elle surveille, elle étudie ; et, si elle n'admire pas tout, c'est peut-être qu'en Allemagne tout n'est pas digne d'admiration. Elle a beaucoup à prendre chez son adversaire de la veille ; elle y a beaucoup pris, et, quoi qu'il arrive, elle n'aura pas trop à s'en repentir. Elle a le droit de n'être pas absolument désintéressée, on conçoit qu'elle ne soit pas tout à fait impartiale dans ses voyages d'exploration autour du génie allemand ; elle s'efforce d'être juste, elle l'est presque constamment par ses écrivains les plus distingués, qui, en somme, sont seuls autorisés à parler en son nom ; elle a confiance dans ses destinées et, quand l'avenir serait avare des réparations qu'elle en attend, elle sait que, suivant le mot de Voltaire, « notre langue et nos belles-lettres, qui ont fait plus de conquêtes que Charlemagne », lui assureront toujours le rang d'une grande puissance intellectuelle.

Elle observe donc l'Allemagne avec passion ; elle la juge dans un esprit de remarquable « objectivité ». Eh ! oui, après avoir raillé ce vocable barbare, elle l'a naturalisé, s'appropriant, par surcroît, la chose qu'il exprime. Rien de plus objectif, en effet, que la plupart des travaux et des ouvrages dont nous avons essayé de dresser la liste. On n'y respire que le bon air de la vérité.

CHAPITRE VII

L'INFLUENCE LITTÉRAIRE
DE L'ALLEMAGNE SUR LA FRANCE DEPUIS 1830 [1]

I

L'Angleterre et l'Allemagne contribuèrent fortement au réveil de cette poésie française, qui sembla frappée de mort, le jour où André Chénier monta sur l'échafaud ; et encore Chénier ne fut-il révélé tout entier que beaucoup plus tard à ses compatriotes. La Muse, qui se taisait obstinément ou qui ressassait de vieilles leçons, se sentit revivre dans la prose colorée, harmonieuse et passionnée de Rousseau et de Chateaubriand ; mais il fallut Shakespeare, Ossian, Byron, Gœthe, Schiller, toute cette magnifique floraison de l'âme étrangère et du génie septentrional, pour qu'elle se remît à chanter comme elle ne l'avait jamais fait sur la terre de France. La Révolution d'ailleurs et l'épopée napoléonienne avaient bouleversé les esprits en transformant le monde ; l'imagination, ébranlée, vivifiée, exaltée, pouvait prendre un merveilleux essor, accomplir de superbes desseins.

[1] *Th. Süpfle*, op. cit., vol. II, *pass.* Voir, en outre, le chap. V ci-devant, p. 92 et s.

Les poètes d'Outre-Rhin, Heine excepté, eurent la mauvaise fortune d'être admirés de loin, et dans des traductions insuffisantes à l'ordinaire. Leurs interprètes n'avaient pas les scrupules d'un Bœrne, que R.-O. Spazier priait de mettre les nouvelles de Tieck en français pour la *Revue du Nord* : « Elles sont intraduisibles, et feraient sur les Français l'effet de roses cuites[1]. » On peut affirmer en outre, sans trop s'aventurer, que les romantiques, sauf un Émile Deschamps, un Gérard de Nerval, un Blaze de Bury et d'autres écrivains de second ordre qui fréquentèrent en Allemagne, songèrent à peine à s'inspirer, dans leurs ouvrages lyriques à tout le moins, des modèles classiques de la moderne littérature allemande. « Ils sont parfaitement étrangers à l'Allemagne », disait Sainte-Beuve, sinon indifférents. N'est-ce pas Hugo qui répondait, un jour qu'on lui demandait s'il avait lu Gœthe : « Non, mais j'ai lu Schiller ; c'est la même chose. » Nous avons pu voir, qu'au théâtre et dans la poésie épique, l'imitation fut parfois assez directe.

Il n'est pas douteux cependant que notre romantisme se laissa effleurer, même dans la poésie lyrique, par les larges souffles venus de Germanie ; il emprunta notamment à l'Allemagne la doctrine du droit souverain de la passion et il proclama, après elle, la rupture de l'imagination avec la réalité ; il fut comme reporté par elle en pleine Renaissance, au temps des grandes amours et des destinées fantastiques. Les critiques et les historiens littéraires, de Mme de Staël à Saint-René-Taillandier, avaient heureusement racheté les péchés des traducteurs. Si l'Allemagne n'était connue que superficiellement et de seconde main, par les non-initiés, ceux-ci étaient plus ou moins

---

[1] *Gesammelte Werke von Karl Gutzkow*, Jena, 3{te} Auflage, XII, p. 389.

au courant des tendances générales et des caractères essentiels de sa littérature. Le *Globe* écrivait déjà en 1827 : « La poésie allemande nous apparaît comme un ange aux ailes de flamme qui, franchissant l'espace, remonte éternellement vers la source mystérieuse de l'invisible pensée... Elle s'empare puissamment de nous-mêmes par cet entraînement d'une méditation que rien n'arrête et qui s'arrête paisiblement dans l'infini. »

C'est dans une sorte de brume lumineuse que l'Allemagne de Mᵐᵉ de Staël reste à l'horizon. Edgar Quinet aura beau démontrer que ce « n'est plus un pays d'extase, un rêve continuel », que, « par malheur, tout cela est changé », et n'a jamais été ; l'image première subsiste, brillante et lointaine, attirante et confuse. Et M. J. Reinach n'a rien exagéré, quand il a rappelé que, durant toute la période romantique, malgré les terribles et les humiliants souvenirs de Leipzig, de Waterloo, « bien que les derniers voltairiens protestent avec colère, le génie de la France est amoureux de l'Allemagne ». Amoureux, oui, mais d'amour platonique et poétique, amoureux de contes de fées, Prince Charmant, auquel suffit le regard du château de rêve où la Belle au bois dormant sommeille, blonde et blanche ; il n'y a presque point de réalité dans l'Allemagne des hommes de 1830, de Lamartine, de Hugo

Et d'eux tous dont la voix chante de nouveaux chants.

M. Georges Renard [1] a esquissé en ces termes le tableau de la France littéraire d'alors : « Le romantisme nous arrive, tout enveloppé de formules brumeuses, et voici les ballades du moyen âge, les contes fantastiques, tout un

---

[1] *Études sur la France contemporaine*, Paris, in-12, 1888, p. 66, 67.

pouple de margraves et de burgraves, de conseillers auliques et de maîtres de chapelle. Regardez alors les vers de nos poètes ou les toiles de nos peintres ; qu'y trouvez-vous à chaque pas ? La blonde Gretchen avec ses yeux de pervenche, Mignon mourant d'amour, Faust épuisant la coupe de vie sans rassasier sa soif de bonheur. Puis : voyez, ce sont nos historiens qui chevauchent à travers le passé, parfois même courent les aventures en croupe de Herder ou de Niebuhr. Faut-il vous montrer ailleurs nos philosophes en quête d'idées neuves, faisant des « voyages de remonte » dans la patrie de Kant et de Hegel, et rapportant, qui un système, qui une méthode ? En vérité, l'Allemagne est en plein Paris. N'est-ce point Henri Heine qui se promène sur le boulevard au bras de Théophile Gautier ? N'est-ce pas Meyerbeer qui règne à l'Opéra ?... » Ce Gautier, qui se promène au bras de Heine, me remet en mémoire les allusions si fréquentes, dans *Albertus*, aux noms et aux choses littéraires de Germanie. Ici, vous apercevrez

> La *Lénore* à cheval, Macbeth et ses sorcières,
> Les enfants de Lara, *Marguerite* en prières ;

là

> Comme un citron pressé, le cœur devient aride, —
> Don Juan arrive après *Werther*.

Ou encore, Gautier vous emmène

> Au pays enchanté dont la *Mignon* de Gœthe,
> Frileuse, se souvient et parle à son *Wilhelm*.

Et enfin, c'est Rembrandt qui

> Fait luire quelque *Faust* en son costume ancien.

Il ne s'agit point de copie ou d'adaptation, pas plus chez Gautier que chez les autres. Ils n'ont pas même de réminiscences très vives, mais ils sont comme fascinés par l'Allemagne idéale qui chante, flâne et songe là-bas. En attendant, s'ils germanisent un peu leurs œuvres, par engouement et par mode, ils ne se germanisent guère.

Lamartine est, de tous les grands poètes de 1820 à 1830[1], celui peut-être qui a été le plus fermé à l'âme allemande. Nous avons cru pouvoir signaler plus haut quelques traces de l'influence de Gœthe sur l'auteur de *Jocelyn* et de la *Chute d'un ange*. Mais l'Allemagne ne l'intéresse point. Les amples, les généreuses, les sublimes strophes de la *Marseillaise de la paix* éclatant comme un cantique fraternel après la boutade agressive de Becker et la réponse altière de Musset, les belles pages, par trop délayées, des années de vieillesse sur Guillaume Tell et Gutenberg, c'est tout ce que l'Allemagne lui a inspiré.

Il y eut en Victor Hugo, dès le début, un coin de fervente admiration pour la Germanie, bien qu'il ne cite ni Schiller ni Gœthe dans les diverses préfaces de ses *Odes et Ballades*. Ne s'est-il pas écrié, dans *Le Rhin* : « La France et l'Allemagne sont essentiellement l'Europe. L'Allemagne est le cœur et la France la tête. L'Allemagne et la France sont essentiellement la civilisation. L'Allemagne sent, la France pense. » Et, n'écrivit-il pas, en propres termes, que, s'il n'était Français, il voudrait être Allemand? Quand il se mit aux *Burgraves*, c'était avec l'ambition de faire une « œuvre nationale » — pour l'Europe. Ce drame qui, selon Henri Heine, était de « l'ennui triplé », n'est allemand que pour le cadre ; l'Allemagne des

---

[1] Il suffira de rappeler en note que Casimir Delavigne n'a pas, comme on l'a dit, traité un sujet allemand dans son drame en un acte, *Une famille au temps de Luther*. Il n'y a d'allemand dans tout cela que le nom de Luther; la pièce, un plaidoyer en faveur de la tolérance religieuse, se passe à Rome.

« burgraves » de Hugo est toute de haute fantaisie. On y trouverait, en cherchant bien, un peu du *Götz* de Gœthe et beaucoup plus de l'*Ivanhoé* de Walter Scott. En 1867, l'illustre poète vaticinait encore, à propos de la France et de l'Allemagne : « Alliance. Amalgame. Unité. » Sa germanophilie allait subir une cruelle épreuve. Et pourtant, l'*Année terrible*, ce livre de

> L'Athénien qui semble un affront au Vandale,

n'a pas toujours l'accent, d'ailleurs bien naturel en 1870, de l'indignation et de la haine. Le début de la pièce intitulée : *Choix entre deux nations* est dans ce ton de grave et pardonnante mélancolie :

> Aucune nation n'est plus grande que toi...
> Tu passas tour à tour d'une grandeur à l'autre ;
> Huss le sage a suivi Crescentius l'apôtre ;
> Barberousse chez toi n'empêche pas Schiller ;
> L'empereur, ce sommet, craint l'esprit, cet éclair...[1]

Nous reviendrons, en parlant de Heine, à Musset et Gautier. Ne dirons-nous point ici, que l'on pourrait découvrir — la rencontre est-elle fortuite ? — le modèle des fantaisies dramatiques de Musset dans Kotzebue ? ainsi le dialogue du prince de Mantoue et du Marinoni de *Fantasio* dans le dialogue de Fuderkopf et du Plutzig de l'*Incognito* ? Ou, ce même *Fantasio* n'aurait-il rien de commun non plus avec l'*Emilia Galotti* de Lessing ? n'en serait-il pas une libre transposition mi-sentimentale et mi-burlesque[2] ?

M. Dorison a noté ceci, dans son étude sur Alfred de Vigny[3] : « On ne peut attendre qu'il ait eu connaissance

---

[1] *Zeitschrift für neufranz. Sprache und Litteratur*, V, p. 42 et s. VIII, p. 68 et s. (« Victor Hugo's Urtheile über Deutschland »).

[2] *Kotzebue*, cité plus loin, de M. Ch. Rabony, p. 369.

[3] *Alfred de Vigny*, Paris, in-16, 1892.

du livre *De l'Allemagne* avant la date de la première édition de Paris, en 1818. Il est à penser néanmoins qu'il en a fait lecture, et dès ce temps, mais on n'en reconnaît la trace bien précise qu'à l'époque de la *Maison du berger*. Toutefois il existe un singulier rapport entre la féconde mélancolie du livre *De l'Allemagne* et les préfaces de Vigny en 1822. Sur la foi de Lessing peut-être, Mme de Staël attendait un prochain élargissement de la religion... A voir son œuvre, et quel profit elle entendait tirer pour eux (les jeunes gens) de l'esprit allemand, on se rappelle une réflexion de Gervinus touchant les « poèmes séraphiques » d'Alfred de Vigny : « On a vu, dit-il, ce fait presque incroyable que la muse française rappelait alors la muse de Klopstock ». Il paraît certain que *De l'Allemagne* a fortement impressionné Alfred de Vigny; l'imagination et la pensée du poète se sont tournées vers un art où le symbole et la philosophie tiennent une place égale à celle qu'ils occupent dans Gœthe. Il n'en est pas moins difficile de citer des faits d'influence directe.

En revanche, Em. Deschamps, Gérard de Nerval, Blaze de Bury, Quinet et tant d'autres parmi leurs contemporains ont bu à même la source du lyrisme allemand. M. Betz [1] n'a rien avancé que de très vrai, en affirmant « qu'il n'y a pas de doute pour nous que Werther, Faust, A.-Th. Hoffmann, Bürger ont été une dangereuse pâture intellectuelle pour le cerveau déjà mal équilibré de Gérard de Nerval ». Et puis, entre Gœthe et Heine, la plupart des poètes allemands de la même génération que nos romantiques avaient été révélés à la France. En 1828, Emile Deschamps avait traduit en vers, dans ses *Etudes françaises et étrangères*, la *Nonne*, la *Fille de l'orfèvre* et

---

[1] *Heine in Frankreich*, op. cit., p. 199.

le *Roi aveugle* de Louis Uhland. Heine fut assez dur pour Uhland, dans son *État actuel de la littérature allemande* (1833), mais Gérard de Nerval fut plus juste et salua la résurrection si objective et si fraîche du moyen âge, ainsi que l'heureux mélange du fantastique et du sentimental, dans les poèmes du noble et gracieux chantre de Souabe. Vers le même temps, dans un curieux parallèle entre « Béranger et Uhland », Louis Börne disait le charme très pur et très élevé de celui dont il essayait de traduire l'une des ballades les plus populaires : *Des Sängers Fluch*. Blaze de Bury, Nicolas Martin, X. Marmier, Max Buchon, A. Michiels, plus tard Louis Ratisbonne, Marc Monnier, Amiel, Paul Gautier ont traduit, les uns en vers, les autres en prose, les ballades et les lieder les plus connus d'Uhland. MM. O. Lacroix et Welschinger prirent même, en suivant une ingénieuse indication de Blaze de Bury, le thème d'une pièce de théâtre dans la *Fille de l'Orfèvre*. Il faut avouer néanmoins que notre littérature doit peu de chose à Uhland. On l'a interprété, — ainsi M. Potier de Cyprey vient de publier un volume de *Poésies choisies d'Uhland* (1895) — mais, à part Deschamps et Crosnard, on ne l'a guère imité, si d'ailleurs on l'a goûté beaucoup. Je rappelle cependant que dans les *Notes et sonnets*, placés par Sainte-Beuve à la fin des *Pensées d'Août*, on pourra lire *Les Brigands*, d'après Uhland, et deux sonnets empruntés, l'un à Rückert, l'autre à Justin Kerner. Ajoutons qu'il y a quelque chose de l'Allemagne dans *Christel*, une nouvelle que Sainte-Beuve donna à la *Revue des Deux-Mondes* en 1839 : le sujet d'abord, puis le passage où l'auteur décrit la bibliothèque de Christel, mentionne Klopstock, Matthison, « une littérature un peu vieillie, mais élevée et cordiale toujours [1] ».

[1] *Zeitschrift für neufranz. Sprache und Litteratur*, XIII, 157 et s.

N'oublions pas que Louis Carnot traduisait les *Griechen-lieder* de W. Müller, qu'on fut séduit par l'art exquis et la finesse profonde de Rückert, que les chants nationaux d'Arndt, Körner, Schenkendorff ne furent point ignorés en France. Mais tout cela disparut bien vite. La *Revue nocturne* de Zedlitz frappa davantage l'imagination française ; d'où, les deux adaptations qu'en firent A. Barthélemy et Dumas père, l'une assez fidèle, l'autre extrêmement libre. On a prétendu même qu'il y a des réminiscences de la *Nächtliche Heerschau* dans l'ode *A l'Arc de triomphe* de Victor Hugo :

> Ceux de quatre-vingt-seize et de mil huit cent onze...

Nicolas Martin a mis en français le délicieux conte d'A. de Chamisso, *Peter Schlemihl*, « l'homme qui a vendu son ombre » ; et ce morceau a passé dans les éditions scolaires. On aurait bien dû traduire aussi les stances émues du *Château de Boncourt*, où Chamisso se souvient avec attendrissement de son ancienne patrie :

> Songeant aux jours de mon enfance,
> Sous mes cheveux blancs, je te vois,
> O lieu natal, terre de France
> Qui fus ma patrie autrefois...

On a célébré en Platen, auquel M. P. Besson a consacré récemment (1894) une étude si consciencieuse, « le poète épique par excellence de son pays ». Max Buchon a publié les *Poésies complètes de Hebel* (1853), les *Poèmes allemaniques* (1864), et Pierre Dupont a eu soin de ne point fermer l'oreille à la muse avisée et souriante du bon Hebel. A ses essais de jadis, à ses *Poésies d'un voyageur* (1844), X. Marmier joignit ses *Dernières glanes*. Joseph Boulmier, dans ses *Rimes loyales*, intercala quelques stances de Z. Werner, de Heine, de Herwegh. De Châtelain, dans ses *Fleurs des bords du Rhin*, apporta aux Français un peu de Bürger, un peu de Körner et l'*Ondine* de La Motte-Fouqué, déjà arrangée par Mme de Montolieu longtemps auparavant. La *Revue contemporaine* de 1864 contient, sur Musset et Lenau, un article très favorable à ce dernier, et Th. Gautier a rappelé, dans son tableau *Des progrès de la poésie française depuis 1830*, « la fière réponse du poète allemand Lenau » à ceux qui osent abaisser la Muse aux choses de la politique, aux soucis de la popularité : « La poésie alla dans les bois profonds, cherchant les sentiers sacrés de la solitude... » On traduisit quelques pages de celui-ci ou de celui-là, on étudia toutes les manifestations capitales, et même les autres, du génie poétique de l'Allemagne, mais, Gœthe, Schiller, Heine, Wagner exceptés, quels sont les poètes allemands qui auraient marqué dans l'évolution des idées et des formes littéraires en France ?

Voici venir Henri Heine. Lorsque l'auteur des *Reisebilder* fit son entrée à Paris, le 3 mai 1831, en exilé volontaire, il n'avait sans doute pas perdu de vue son projet, qu'il avait caressé dès 1822[1], d'être l'interprète de la pensée et de l'art allemands en France. Mais il devait l'exécuter à sa façon. Il n'a pas seulement renié sa patrie, il l'a ridiculisée et calomniée à souhait ; et, malgré tout, l'amour du sol natal ne s'est jamais éteint complètement dans son cœur. En 1840, il écrira ces lignes significatives, à propos du *Rhin* de Musset : « Ne crains rien, notre père Rhin ! Les Français sont devenus graves, ils font de la philosophie et parlent maintenant de Kant, de Fichte, de Hegel ; ils fument du tabac, ils boivent de la bière, et quelques-uns même jouent aux quilles. Musset, il est

---

[1] *Heine et son temps*, de M. L. Ducros, op. cit., p. 283.

vrai, est encore un gamin de Paris... » S'il coquette avec la France, il n'a pas cessé d'avoir un faible pour cette Allemagne qui, ne lui eût-elle donné que cela, lui aurait fourni la matière de ses plus spirituelles boutades et lui aurait prêté les plus purs accents de sa poésie.

Heine avait trente ans lorsqu'il se fixa en France. Il était poète, il était « démocrate »; il sentait encore des souffles de révolution dans l'air de Paris, et le romantisme y était à son apogée. Il fut quelque peu déçu en constatant que si les romantiques allemands étaient surtout une école d'opposition politique, le romantisme français n'était guère qu'un mouvement littéraire. Mais c'était l'âge d'or pour les écrivains : une renaissance dans tous les domaines, théâtre, poésie, roman, critique, histoire. Il importait de faire sa trouée, « d'éblouir et d'étourdir », comme dira Saint-René Taillandier.

Ce fut la besogne de quelques mois. Bientôt, il est connu. Loëve-Weimar, un publiciste à la mode, le traduit. Les premiers numéros de l'*Europe littéraire* donnent le texte original (en français) de sa *Romantische Schule*, et l'on se sert du nom de Heine pour attirer l'abonné; au surplus, les confrères d'Outre-Rhin étaient maltraités à plaisir dans ce tableau partial et haineux. Il n'est pas à Paris depuis deux ans, que sa notoriété tourne à la gloire. On redoute sa mauvaise langue, sa terrible plume. Il a la dent aiguisée et dure d'un félin qui n'admet que les caresses. Il ne détonne point, d'ailleurs, dans le camp romantique, avec son dédain affiché des conventions et des préjugés, sa fantaisie exaspérée, son culte de la forme, sa bonapartolâtrie enfin. M. E. Montégut n'a-t-il pas rappelé que Béranger lui-même, le moins Allemand des Français, emprunta au *Tambour Legrand* de Heine le sujet d'une de ses dernières chansons napoléoniennes?

M. L. Ratisbonne n'a-t-il pas raillé cet impérialiste de Germanie, « chauvin comme s'il était né au pied de la Colonne » ? Il n'importe. Heine a son originalité très accusée, à la fois dangereuse et charmante, un don merveilleux d'ironie cruelle, une mobilité inquiète, de l'esprit à perdre, une mélancolie de philosophe désabusé et de vieux gamin ; il est tout en contrastes, mais étonnamment équilibré, car chez lui, comme l'a parfaitement montré Em. Hennequin, « l'intelligence et la sensibilité se balançaient ». S'il manque de délicatesse et de noblesse, il a tout le reste.

Le voilà donc installé en France ! Il va partout, il est de tout, il touche à tout. Il fait sa cour au saint-simonisme, il est l'intime du docteur Véron, il fréquente dans les salons, il est au mieux avec la bohême. Son ami, Henri Laube, s'est extasié sur cette conquête de Paris par un Allemand : « Toutes les portes s'ouvraient devant lui, et tous les bras ; il appartenait en entier, sans réserves, à la brillante famille de ces notabilités françaises, qui, d'ordinaire, accueillent l'étranger avec tant de froideur et de politesse. » Ce « Prussien de hasard » enchantait les Parisiens, moins peut-être par son lyrisme que par l'agilité et l'acerbité de son esprit, ses bons mots et ses mots à l'eau forte. Blaze de Bury[1] a, je crois, résumé l'impression des contemporains sur Henri Heine : « La grande habileté de l'auteur des *Reisebilder* est d'avoir su se faire un romantisme à part, une sorte de romantisme critique. » On admirait par dessus tout le procédé, le *faire*, la manière. Suffit-il de « mêler Arnim à Byron et Novalis à Mme Sand », de « prendre un aiguillon à Voltaire » et de se mettre à rimer, pour être Henri Heine ? Oui, — quand

---

[1] *Ecrivains et Poètes de l'Allemagne*, op. cit., p. 239.

on a du génie. Toujours est-il qu'on le goûtait, en première ligne, pour autre chose que pour l'intensité de son lyrisme. Aux yeux de L. Veuillot, par exemple, Heine est « le plus grand des poètes parisiens », le plus merveilleux des articles de Paris en poésie ; et il lui pardonne d'être Juif, athée, Allemand, en faveur de son rire, comme M. Drumont, exactement. Cette « impertinence du génie », pour employer une heureuse expression de M. F. Lichtenberger, était irrésistible.

Il est probable, en outre, qu'on n'était point fâché de retrouver, « jusqu'en ses chants d'amour et ses plus naïves mélodies, une note étrangère à l'Allemagne du temps, quelque chose de douloureux et de mauvais, une saveur âcre, une pointe de malignité qui tient à ses origines, à son éducation [1] ». Cet « oiseau échappé du Ghetto », qui prend son vol avec un air de défi, en secouant sur son pays ses ailes trempées de fiel, en faisant monter ses chants brefs et sifflants de moquerie, de passion et d'angoisse, était trop un phénomène pour ne rencontrer qu'indifférence à Paris. « Il est des nôtres, dira Sainte-Beuve, autant que le spirituel Grimm l'a jamais été » ; il est « l'un de nos alliés les plus compromis et les plus fervents » ; il serait « mieux au niveau du Français, s'il avait moins d'esprit ».

Heine est pensionné, par surcroît. M. Alex. Weill a repris, dans la *Revue politique et littéraire* de 1878, l'accusation de vénalité dirigée contre le poète, en appuyant sur ce « qu'en sa qualité de correspondant de la *Gazette d'Augsbourg*, il avait accepté des ministères Molé, Guizot et Thiers, une subvention annuelle de six mille francs ». La vérité est que la subvention exista, mais

---

[1] *Revue des Deux Mondes*, tome 114, p. 775.

M. Betz a prouvé qu'elle n'était pas l'équivalent de services qui eussent été des crimes de haute trahison.

Savait-il du moins le français, ce Parisien de Düsseldorf ? Quelque étrange que cela paraisse, Heine n'a jamais possédé notre langue à fond [1]. Il l'écrivait mal, s'il la parlait assez bien. Suivant M. Ed. Grenier, « il en appréciait les finesses, les délicatesses, mais il était incapable de construire une phrase élégante et qui ne fût pas embarrassée de germanismes ». Il était absolument rebelle à notre orthographe. Il lui fallait des traducteurs, des « teinturiers » discrets, pour masquer son insuffisante connaissance de notre idiome ; il en eut : Loève-Weimar, Gérard de Nerval, Willm, « La Mouche » (Camille Selden), Ed. Grenier, Saint-René Taillandier, etc. Il ne les a point payés en monnaie de compliments ; très difficile, très capricieux, moins généreux, il pratiqua l'ingratitude sous toutes ses formes.

On a trop souvent méconnu, lui-même comme les autres, la valeur de cette observation qui, étant de lui, s'applique tout particulièrement à lui : « Il y a des choses qu'il faut absolument transposer au lieu de les traduire. » Le premier de ses « teinturiers » en titre fut Loève-Weimar, coreligionnaire et compatriote de Heine, mais plus francisé ; on lui doit, entre autres, une adaptation des *Reisebilder* (« tableaux de voyage ») ; Willm traduisit fidèlement *Die Harzreise* et *Die Nordsee* pour sa *Revue germanique*, et s'amusa, au passage, des bévues de Loève-Weimar. Un des interprètes les plus adroits de Heine fut l'Alsacien A. Specht, qui mit en français pour Renduel le fameux livre *De la France* (1833), et contribua ainsi à faire la fortune parisienne de l'auteur. Mme Cornu-Lacroix,

---

[1] *L.-P. Betz*, op. cit., p. 165 et s.

M. Alex. Weill, Max Buchon, Gérard de Nerval, — qui s'était en quelque sorte identifié avec la poésie de Heine et qui fut le premier traducteur français de l'*Intermezzo* — A. Michiels, F. Vallon, Amiel, Marc-Monnier, Paul Gautier, Ed. Schuré ont essayé de transporter dans notre langue sa prose ou ses vers. M. Ed. Grenier a traduit *Lutèce* où Heine, tout en malmenant l'Allemagne, distribua force coups d'épingle à Lamartine, Hugo, Chateaubriand. Saint-René Taillandier publia, de 1851 à 1855, dans la *Revue des Deux-Mondes*, le *Romancero*, *Méphistophéla et la légende de Faust*, le *Retour*, le *Livre de Lazare*, le *Nouveau Printemps*. Camille Selden (Mᵐᵉ de Krinitz) rendit aussi d'importants services de traduction à Heine [1]. Paul Ristelhuber embellit son *Bouquet de lieder* de quelques fleurs cueillies dans *Junge Leiden* et *Heimkehr*; il a, de plus, traduit l'*Intermezzo* en 1856. M. Catulle Mendès nous a donné *William Ratcliff*. M. A. Claveau envoya à la *Revue contemporaine* de 1863, un « *Intermède* imité on ne peut plus librement de l'*Intermezzo* de Henri Heine ». Albert Mérat et Léon Valade travaillèrent ensemble à une version très artistique du même *Intermezzo* (1868) et Valade écrivit plus tard ses *Nocturnes*, « poèmes imités de Heine » (1881). E. Vaughan et Ch. Tabaraud mirent en vers l'*Intermezzo* (1884), comme le Belge Ch. Beltjens, comme MM. Guy Ropartz et P.-R. Hirsch (1890). M. Daniaux a traduit, également en vers, le *Retour* (1890) et le *Nouveau Printemps* (1894), M. J. de Tallemay l'*Intermezzo* (1894), suivi des *Premières Ruines*...

Il y aura plus d'intérêt et de profit à suivre les traces de l'influence de Heine dans notre poésie depuis 1830. On a maintes fois parlé d'une sorte de parenté intellectuelle

---

[1] *L.-P. Betz*, op. cit., p. 209.

et sentimentale entre l'auteur de l'*Intermezzo* et celui de *Namouna*; elle est toute d'apparence. Il est certain que Musset n'a rien prêté à Heine. Celui-là serait-il, en revanche, le débiteur de celui-ci ? A. Claveau, un de nos « intermezzistes », l'affirme en ces termes :

> Car Musset broda finement,
> En bon français, le pareil thème,
> Et recommença le poème
> Écrit par l'autre en allemand.

Et M. E. Montégut a déclaré, dans la *Revue des Deux-Mondes* de 1864, qu'une réelle analogie l'avait frappé, « avec la plus lumineuse évidence, dans un volume publié en 1823, sorte de *Spectacle dans un fauteuil*, qui semble vraiment avoir servi de prototype au fameux volume de Musset, tant il est composé d'une manière analogue. Deux poèmes dramatiques, comme dans le recueil de Musset, *Almanzor* et *William Ratcliff*, séparés par une série de lieds, l'*Intermezzo* qui tient la place de *Namouna* ». Il faut avouer que la ressemblance est purement extérieure. Heine peut, au demeurant, se passer de disciples qui l'auraient imité si peu, et de si loin. Son œuvre n'est-elle pas naturalisée en France ? Ignore-t-on à Paris plus qu'à Berlin ce qu'est l'esprit ou le lyrisme « à la Heine » ? L'auteur des *Reisebilder* et de l'*Intermezzo* n'y est-il pas traduit, lu, commenté, cité, admiré plus qu'aucun de ses compatriotes ? Ne s'en est-on pas inspiré assez, et très visiblement, pour qu'il soit permis d'épargner à Musset le reproche de s'être trop souvenu de Heine, — à ce Musset qui ne consentait pas même à être un joli Byron français, et qui a pu s'écrier sans hypocrisie :

> Je hais comme la mort l'état de plagiaire ?

Théophile Gautier, lui, adorait Heine ; dans ses récits

de voyage, dans ses morceaux de critique, nous trouvons, à chaque instant, un bon mot, une piquante anecdote, un vers ou une strophe du chantre du *Nouveau printemps*. Mᵐᵉ Jaubert n'a-t-elle pas dit que Gautier « était vraiment imbu des poésies et de l'esprit de l'illustre écrivain » ? Les Goncourt[1], qui placent le causeur en Théo bien au-dessus de l'écrivain, veulent qu'il y ait eu en lui « les deux notes de Rabelais et de Heine, — de l'énormité grasse et de la tendre mélancolie ». La forme de Heine dut surtout séduire cet artiste. Le grain de sentimentalité et la parcelle d'au-delà qu'on découvre, en cherchant un peu, dans l'œuvre de Gautier lui viennent sans doute d'Henri Heine. Plusieurs de ses pièces lyriques sont du Heine transposé, ainsi les *Cærulei oculi* :

> Une femme mystérieuse,
> Dont la beauté trouble mes sens,
> Se tient debout, silencieuse,
> Au bord des flots retentissants...

N'est-ce point là une *Loreley* amplifiée, comme l'*Obélisque de Paris et l'Obélisque de Louksor* est une autre amplification du *Fichtenbaum*, comme *Le Monde est méchant*,

> Le monde est méchant, ma petite,

ou d'autres morceaux sont des réminiscences plus ou moins lointaines du *Buch der Lieder* et de l'*Intermezzo* ? J'ai, chantait-il,

> J'ai là, l'*Intermezzo* de Heine,
> Le Thomas Grain d'orge de Taine,
> Les deux Goncourt ;
> Le temps, jusqu'à l'heure où s'achève,
> Sur l'oreiller, l'idée en rêve,
> Semblera court.

---

[1] *Journal des Goncourt*, III, p. 192.

Même dans les *Émaux et Camées*, ce travail exquis de joaillier en rimes, on croirait parfois entendre comme un écho affaibli des plaintes brûlantes de Heine. Pure hypothèse ? Je ne sais, mais il n'y a pas seulement dans ce recueil des échantillons de poésie impassible. M. Emile Bergerat a noté le significatif bout d'entretien que voici : On venait d'offrir à Gautier un exemplaire de ses *Émaux et Camées*, avec un portrait par Jacquemart. « Vous ressemblez à Homère », s'écrie M. Bergerat. Et Théo de répondre, avec un sourire presque douloureux : « Oh ! tout au plus à un Anacréon triste. »

Un admirateur du « poète impeccable », mais un admirateur qui bientôt quitta la grand'route pour les ruelles pittoresques et mal famées, Charles Baudelaire, avait subi la fascination du génie de Heine. Celui-ci et Hoffmann furent ses maîtres allemands ; il aima son mal dans le leur. « Ne faut-il pas, écrivent les Goncourt, un coin maladif de l'homme, et n'est-il pas nécessaire d'être un peu, à la façon de Henri Heine, un crucifié physique » ? Si Baudelaire n'est pas un fanatique de Heine, s'il ne sympathise ni ne fraternise ouvertement avec lui, s'il a même, dans un accès de mauvaise humeur, flétri sa « littérature pourrie de sentimentalisme matérialiste », il a, tout au fond du cœur, une tendresse de choix pour ce grand artiste qui lui a enseigné, tout autrement que Victor Hugo, à jouer de l'antithèse, à surmener sa fantaisie et ses nerfs pour en tirer à tout prix du « nouveau », à se moquer en pleurant de la souffrance et du martyre. Que Baudelaire ait glissé quelques cantiques parmi ses *Fleurs du mal* :

> Soyez béni, mon Dieu, qui donnez la souffrance
> Comme un divin remède à nos impuretés...

ce sont là des accidents séraphiques de poète macabre. Il

vaut la peine de constater, entre autres, que Baudelaire a de l'âme féminine le même dédain que Heine, ou que Gautier, qui le tient de Heine. L'essentiel, chez la femme, c'est qu'on puisse « trouver la forme de son nez convenable » :

> Sois charmante, et tais-toi !

Il est vrai que Sainte-Beuve avait déjà dit, avec moins de méprisante désinvolture :

> Et ton sourire en sait plus long que mon génie.

Il est vrai encore que Rivarol marivaudait ainsi avec Manette, sa maîtresse, simplement une jolie fille :

> Ayez toujours pour moi du goût comme un beau fruit
> Et de l'esprit comme une rose.

Il y a bien plus d'âpreté dans l'orgueil comtempteur de Heine ou de Baudelaire. La femme n'est, à leurs yeux, qu'un perfide instrument de plaisir ; ils ne lui assignent pas de fonction plus haute.

Et puis, certaines « fleurs du mal » sont imitées ou inspirées de Heine, *Le Revenant* par exemple, qui est tout à fait dans le genre des *Todtentanzballaden*.

Heine avait littéralement ébloui Gérard de Nerval. On peut aisément s'en assurer en parcourant le *Voyage en Grèce*, le *Voyage en Orient*, ou les vers de la *Bohême galante*. Et, chez les poètes de la Bohême littéraire, on ne fut pas insensible au chant de la sirène allemande ; ainsi des strophes entières du *Requiem d'amour* de Murger sont des échos de Heine.

C'est aux Parnassiens qu'il a le plus prêté, moins toutefois à l'école elle-même qu'à l'un ou à l'autre de ses chefs. Sainte-Beuve mandait à Charles Berthoud, en 1867 : « Heine est fort à la mode en ce moment chez nous. Lui et Musset sont poussés très haut. » Le romantisme était déjà de l'histoire ; seul, Hugo le représentait, loin de la France, et soufflait à travers l'Océan ses bruyantes et superbes fanfares. Une nouvelle littérature était née. M. P. Ginisty pouvait affirmer, en 1886, que durant les trente années écoulées depuis la mort de l'auteur de l'*Intermezzo*, « le nom de Heine n'a fait que grandir en France ». Sa langue si colorée, si imagée, si souple, d'une trame si fine et si serrée, d'une allure si provocante et si personnelle, charmait les artistes du « Parnasse ». Heine les délivrait de la poésie oratoire de la précédente génération. Ce « Grec » de Germanie, ce « païen » du Ghetto les ravit. « Pour moi, dira Th. de Banville, Heine est, après Hugo, le plus grand poète de ce siècle. La première fois que je lus l'*Intermezzo*, le plus beau poème d'amour qui ait été jamais écrit, il me sembla qu'un voile se déchirait devant mes yeux, et que je voyais pour la première fois une chose longtemps rêvée et cherchée. » Déjà Gautier avait insinué, à propos de l'*Exil des Dieux*, que c'était là un thème « que Heine, avec son scepticisme attendri et sa sensibilité moqueuse, avait traité plus légèrement ». Dans les *Cariatides*, l'influence de Heine est incontestable. Heine n'a-t-il pas jeté sur les *Odes funambulesques* un rayon de sa fantaisie bizarre, n'y a-t-il pas fait éclater les fusées de son esprit ? Em. Hennequin a vu passer un peu d'*Atta Troll* et du *Conte d'hiver* dans les odelettes satiriques de Banville ; Gautier avait été frappé aussi de la parenté qui existait entre les deux poètes. L'association du lyrisme et de de la bouffonnerie qu'a tentée Banville, n'était-ce pas un des secrets de Heine ? MM. Ducros et Betz ont insisté avec raison sur ce point ; je me dispense de répéter ce qu'ils ont fort bien expliqué l'un et l'autre.

L'imitation est non seulement consciente, elle est voulue dans quelques-unes des premières poésies de M. Catulle Mendès, dans les « sérénades » plus que partout ailleurs : « cela *voulait* ressembler aux lieder de Heine. » Dans *Philoméla*, dans *Pentéléia* du même auteur, dans ses essais capricieux de jeunesse, l'accent est très souvent celui du poète allemand. Em. Hennequin ne s'y est point trompé : « M. Catulle Mendès qui, depuis, dans ses vers, s'est livré à un érotisme plus transcendant, à ses débuts, dans *Philoméla*, dans les *Sérénades*, surtout dans l'*Intermède*, a modulé quelques chansons lyriques, harmonieuses, simples, d'un érotisme souffrant, mièvre ou malicieux, qui répercutent et continuent certaines musiques de Heine. » Et il cite à l'appui de son assertion des stances qui sont bien d'un Heine français ; il aurait pu en transcrire beaucoup d'autres ; celle-ci peut-être :

>Jamais aux passants je ne conte
>Ma honte ni mon mal amer...

qui est une adaptation de :

>*Wie schœndlich du gehandelt*
>*Ich hab'es den Menschen verhehlet...*

Quant à l'*Intermède* de M. Mendès, il n'est point une traduction de l'*Intermezzo*, mais plutôt un équivalent dans notre langue, plus artificiel, d'une originalité plus cherchée.

Ne serait-ce pas s'aventurer que d'écrire, à la suite de MM. Hennequin et Betz, que les *Intimités* de Coppée « laissent au souvenir une émotion pareille à celle qu'on éprouve en lisant l'*Intermezzo* », et que le lied

>Rougissante et tête baissée...

est dans la manière de Heine ? La rencontre me paraît tout

accidentelle. Qu'il y ait un cas de ce que les Allemands nomment la *Congenialität*, entre le Coppée des *Intimités* et le Heine sentimental et mélancolique des bons jours, je ne songe point à le nier. Pousser le rapprochement plus loin, c'est entrer dans l'inconnu.

Léon Valade, lui, est un gentil Heine parisien, moins vibrant et moins puissant, plus délicat et plus pur. Ses tristesses sont douces, sa malice est aimable. Si les chimères l'ont déçu, il l'avoue sans rancune. Sa plainte n'est jamais un cri. Nul mieux que lui n'a su nous restituer Heine en le transposant. Il ne l'a pas traduit, il l'a très adroitement arrangé à notre goût, sans le trahir. Sa personnalité ne s'efface point dans ses réminiscences ou ses adaptations de Heine ; elle les francise et les fleurit. Lisez *La Rencontre*, et vous me comprendrez. Lisez également ces « petites chansons » que Heine faisait avec ses « grands chagrins », et que Valade a joliment refaites :

> ... Je lui parlai des belles fièvres
> Qui vous montent du cœur aux lèvres,
> Au clair de lune, après minuit :
>
> Elle eut un bâillement d'ennui.
> Voulant obtenir quelque chose,
> Je lui fis voir un chapeau rose.

Les Parnassiens ne furent pas seuls à imiter et à goûter le merveilleux poète.

Il y a des souvenirs de Heine dans Richepin, il y en a de très présents dans les « chansons joyeuses » de Maurice Bouchor, comme dans les *Médaillons* et les *Petites Orientales* de Jules Lemaître, comme dans plus d'une page d'Edm. Haraucourt. Il serait facile de suivre encore sa trace dans les *Illusions* de Jean Lahor et dans les vers de

Paul Bourget ; les lieders subtils et douloureux d'*Au bord de la mer* ne sont-ils pas, en effet, du Heine revêtu par une âme plus dolente et un esprit moins acide ? La « petite couleuvre bleue » de la *Vie inquiète* a toute la grâce musicale et le fantastique narquois de telles pages de l'*Intermezzo*. M. Bourget n'est-il pas l'ami des poètes qui ont « reculé les bornes du cœur » — ou qui les ont déplacées — et ne range-t-il point Heine parmi les princes de ces poètes-là ?

Savourez maintenant cette confession de M. Marcel Prévost, dans sa préface, à la traduction Daniaux du *Heimkehr* : « Nous, jeunes gens de cette seconde moitié du siècle, à qui Heine a pour ainsi dire enseigné l'amour, larme par larme et baiser par baiser, nous y avons gagné le *Heimkehr* et l'*Intermezzo*, c'est-à-dire deux cantiques de tendresse tels que jamais poète n'en avait chuchoté si près de l'âme humaine. » Eh ! certes, notre scepticisme sentimental, une sorte d'impuissance d'aimer et de nous livrer dans l'amour, un peu de notre pessimisme littéraire, une certaine amertume de vivre et de subir la vie, sont des parts de l'héritage de Heine, tant et si bien que celui-ci a été, sans y viser le moins du monde, une des forces les plus actives de la réaction contre la poésie-discours, la grandiloquence théâtrale et l'apparente transcendance passionnelle du lyrisme de nos romantiques.

Bien plus, notre impressionnisme, notre symbolisme et notre décadentisme lui doivent assurément quelque chose, les portions les plus précieuses peut-être de l'une ou de l'autre de leurs œuvres mal démêlées. Paul Verlaine est plein de réminiscences de Heine, ici très fidèles, là plus vagues et presque insaisissables.

> Mets ton front sur mon front et ta main dans ma main,
> Et fais-moi des serments que tu rompras demain...

n'est-ce pas le *Lehn' deine Wang' an meine Wang'*? Et le

> Il pleure dans mon cœur
> Comme il pleut dans la ville...

et tant d'autres inspirations de ce sensuel et de ce mystique, de cet ironiste et de ce désolé, ne donnent-ils pas à penser que si Verlaine était né à Düsseldorf, il aurait été un Henri Heine de moins de tenue et de moins d'esprit ?

Le charme de Heine a opéré sur deux ou trois générations de Français ; il ne s'est point évanoui. M. Ed. Schuré l'a fait observer très ingénieusement : « Cette nature double — ce mélange de sentimentalité et de cynisme — a été une des causes principales du prodigieux succès de Heine en France. On aime chez nous ces contrastes heurtés... Vous pensiez avoir affaire à un Jean Paul ; point du tout, c'est un autre Voltaire. La surprise vous enchante, et vous applaudissez. Pour les Allemands, c'est tout le contraire. Ils voulaient pleurer, et on les a fait rire ; ils sont furieux. » Ce qui a séduit plus que tout le reste, je crois, c'est cette poésie d'une forme si savante en sa simplicité, d'une brièveté si intense ; ce raccourci et cette quintessence de poésie, qui ne dit pas tout, qui évoque tout, et qui ouvre toute large la porte à l'imagination surexcitée. On a lu, on s'accoude, on prolonge sa lecture par une émotion vivement éveillée et par un rêve sans fin.

Après cela, il serait puéril de mettre Heine, pour céder aux exigences de son biographe Stockmann, au premier rang des poètes *français*. Les dix-sept volumes de ses *Œuvres complètes*, édités par Michel et Calmann Lévy, ne doivent pas nous faire illusion sur ce point. C'est de la traduction. Notre littérature fut pour lui une école de préparation, mais il n'a renié ni sa langue, ni le génie de son pays. Il est venu à nous ; il n'est point des nôtres, parce que telle fut sa volonté, et parce que son insuffisante connaissance de notre idiome le condamnait à rester Allemand. Les *Œuvres complètes* sont des fleurs de cette Allemagne, où les « philistins » qui se vengent, lui marchandent passionnément le droit, sur quelque place publique, à un bronze que M. Em. Bergerat proposait de lui élever en plein Paris.

De Heine à Wagner, la poésie allemande paraît n'avoir plus trouvé le grand chemin de France. On l'étudie pour ne pas ignorer ce qu'il convient d'en savoir; on ne l'écoute plus, on ne l'imite plus. Il y a des souvenirs d'Allemagne dans les vers de Maxime du Camp ; il y en a beaucoup plus dans ceux de son ami Etienne Eggis[1], un poète suisse que Jules Janin traitait de « poète gallo-allemand » et qui, dans ses deux recueils, *En causant avec la lune* (1850), *Voyages au pays du cœur* (1852) a résumé, parfois avec un accent tragique, sa vie de bohème parisienne et de vagabondage en Germanie :

> Je n'avais pour tout bien qu'une pipe allemande,
> Les deux Faust du grand Gœthe, un pantalon d'été,
> Deux pistolets rayés non sujets à l'amende,
> Une harpe légère, et puis... la liberté.

Il mourut de phtisie à Berlin, en 1867,

> En cousant une rime aux deux coins d'une idée.

Les *Impressions d'un buveur allemand* d'Eggis n'ont pu sortir que d'un cerveau germanisé à fond ; mais sa langue

---

[1] *Virgile Rossel*, Histoire littéraire de la Suisse romande, op. cit., II, p. 443 et s.

est demeurée très française, harmonieuse et souple. D'autres poètes suisses[1], F. Monneron, qui avait du « génie », selon le mot de Sainte-Beuve, et qui, lui aussi, mourut à Berlin, Henri Blanvalet, Paul Gautier, Marc Monnier[2], tous ont plus ou moins respiré l'atmosphère poétique de l'Allemagne. Et j'en dirai autant de plusieurs Belges, d'A. van Hasselt, d'E. Wacken, l'auteur des *Fleurs d'Allemagne*, d'E. de Linge, le traducteur d'*Hermann et Dorothée*, sans aller jusqu'à nos contemporains immédiats[3].

Est-il vrai, comme l'admet M. Süpfle, que Mme L. Ackermann ait été la muse française du pessimisme schopenhauerien? Non. Mme Ackermann[4] fut élevée, ainsi qu'elle l'a écrit, « par un père voltairien de vieille roche », qui s'ingénia de bonne heure à détruire la foi dans le cœur de son enfant. Elle s'initia d'ailleurs à la littérature allemande, lut Gœthe et Schiller dès l'âge de seize ans. A vingt-cinq ans, elle partit pour Berlin où elle connut Schubart, l'éditeur de Rückert : « Je ne sortis de ses mains que complètement germanisée. » Elle ajoute : « Le Berlin d'alors — de 1838 — était la ville de mes rêves. »

---

[1] *Ibid.*, II, 425 et s., 432 et s.

[2] Je cite ces vers de Marc Monnier; il nous conte qu'il eut, dans sa jeunesse, « trois amis d'esprit divers », qui furent trois autres lui-même, et l'un deux,
>L'un front pâle et blond qui s'incline
>Est né dans les brumes du Rhin...

[3] M. Maurice Maeterlinck a publié récemment (Bruxelles, 1895) : *Les disciples à Saïs et les fragments de Novalis*. Ses interprétations de Novalis sont très curieuses, car M. Maeterlinck est un frère intellectuel du poète des *Hymnen an die Nacht*. Au reste, Novalis a été souvent invoqué par nos symbolistes et nos mystiques; il est vrai qu'ils ne le connaissent guère que de nom.

[4] *Pensées d'une solitaire*, in-18, Paris, 1883; voir, notamment, l'introduction p. XI, et p. 48.

Après son mariage, elle eut l'occasion de voir, dans la société berlinoise, A. de Humboldt, Varnhagen, Boekh. Tout cela pourrait aisément faire conclure à une vigoureuse poussée d'idées allemandes dans son œuvre. Mais elle a protesté elle-même, de toute son énergie, contre « les critiques qui ont naturellement attribué mon pessimisme à l'influence qu'aurait exercée sur moi la philosophie allemande ». Ses explications semblent décisives : « Mes vues sur la destinée humaine remontent hélas ! bien plus haut et me sont tout à fait personnelles. En voici la preuve. » Elle cite des fragments datant de sa dix-septième année ; j'en extrais ces alexandrins :

... Sous le poids de tes maux, ton corps usé succombe,
Et, goûtant de la nuit le calme avant-coureur,
Ton œil se ferme enfin du sommeil de la tombe :
Réjouis-toi, vieillard, c'est ton premier bonheur.

Sa désespérance aura d'autres accents, une fois l'artiste en possession de tout son art ; et vous l'entendrez clamer dans les *Paroles d'un amant* :

Tout entier à l'adieu qui va nous séparer,
J'aurais assez d'amour en ce moment suprême
Pour ne rien espérer.

« Ce dernier trait, dit-elle, en rappelant ses essais de jeune fille, prouve suffisamment que mon pessimisme n'avait pas attendu Schopenhauer pour se déclarer. » Il est possible que la doctrine de Schopenhauer ait renforcé, exalté et comme enorgueilli son pessimisme; rien de plus. Et comment ne pas transcrire ici une de ses pensées, qui est très caractéristique ? « Elle nous dit: « Quand j'ouvre un livre allemand, il me semble que j'éteins ma lumière, et lorsqu'il m'arrive, en le quittant, de prendre un livre français sur le même sujet, on dirait que je la rallume. »

Il faut arriver jusqu'à Richard Wagner pour renouer le fil, brusquement rompu depuis Heine, de l'influence de l'Allemagne sur la poésie française. Le maître de Bayreuth est encore à la mode en France, après vingt ans de dénigrement et quinze ans d'enthousiasme ; il y a ses admirateurs et même ses fanatiques. Ce n'est pas seulement le musicien [1] qui attire en lui, c'est le librettiste, — le poète. M. Catulle Mendès n'a-t-il pas avoué que ses deux *auteurs* de prédilection sont Hugo et... Wagner ? M. Ch. Morice, dans sa *Littérature de tout à l'heure*, ne marque pas moins d'engouement pour le « dominateur de ce siècle ». Écoutons-le : « Richard Wagner a fait deux principales choses : l'union de toutes les forces artistiques et la synthèse des observations et des expériences dans la fiction... Inutile aussi d'affirmer davantage de quel précieux et grave poids la pensée wagnérienne pèse et toujours plus pèsera, féconde, sur les esprits engagés dans la voie lumineuse. » Ne chicanons pas sur ce dernier adjectif ; ne nous demandons pas non plus, car ce n'en est point le moment, ce que Wagner doit à la poésie française du moyen-âge. Il importe, au surplus, d'expliquer l'action de Wagner en France par celle, antérieure et préparatoire, d'un autre Allemand, Schopenhauer qui a marqué dans l'évolution de nos idées et de nos préoccupations littéraires.

[1] La musique allemande a pénétré en France avec Gluck ; Bach, Haendel et Haydn y furent connus dès les premières années de ce siècle. Les opéras de Mozart ne passèrent le Rhin qu'après la mort du grand compositeur, et n'y reçurent pas, tout d'abord, un accueil très chaud. Beethoven le suivit ; puis Weber, Meyerbeer, Offenbach, ces deux derniers des Allemands francisés. Voir *Th. Süpfle*, op. cit., II^2, p. 47 et s., et 121 et s.

Je ne mentionne qu'au passage l'action de Nietszche ; il vient, au reste, d'être introduit en France, et je ne vois pas très bien ce qu'il nous apporte de nouveau, car son individualisme outrancier est fort vieux, et ses paradoxes les plus saugrenus eux-mêmes sont de l'excentricité habilement réchauffée ; il ne vaut que comme artiste.

Retournons à Schopenhauer ! Si nous en parlons à propos du maëstro de Bayreuth, c'est que Wagner l'a tenu pour le plus grand penseur de tous les temps ; c'est que Wagner est comme imprégné de la doctrine du « sage de Francfort »; c'est que le philosophe a déblayé le terrain pour les retentissantes revanches françaises du musicien. Que l'on ne s'y trompe pas ! Il est probable qu'après toutes les bonnes raisons que Wagner avait données à la France de ne point regretter les coups de sifflet de *Tannhœuser*, la « musique de l'avenir » n'aurait point, sans la faveur soudaine du pessimisme, conquis Paris dans les années qui suivirent la guerre de 1870.

Assurément, le pessimisme n'était rien d'extraordinaire pour nous, même dans notre poésie. Lamartine s'est écrié, dès ses premières *Méditations* :

J'ai vu partout le mal, où le bien pourrait être ;

pour Alfred de Vigny, la « vérité sur la vie est le désespoir » ; Leconte de Lisle a magnifiquement exprimé « le perpétuel écoulement des phénomènes au sein de l'éternelle illusion[1] », et profondément « souffert de l'angoisse commune ». Cependant, de Vigny et Leconte de Lisle exceptés, nos poètes ne furent, avant Schopenhauer, pessimistes que par accident, comme le Gœthe de *Werther*,

---

[1] *F. Brunetière :* L'évolution de la poésie lyrique au xixe siècle, II, p. 162.

le Chateaubriand de *René*, et non point par système ou seulement par réflexion. Les jeunes générations, au contraire, se nourrirent de la désespérance foncière et du pessimisme radical, aussitôt qu'elles les trouvèrent exposés avec l'appareil dogmatique d'un Schopenhauer ; leur tristesse confuse et leur impuissance navrée ayant pris, grâce à lui, l'air d'une philosophie, ils eurent garde de ne point s'en parer. M. G. Pellissier[1] écrit, à la vérité, qu'en France le pessimisme n'eut point de maître, et ne tint pas école : « Il fut un état d'esprit général et spontané. Il ne s'enseigna pas comme une doctrine, il se respira comme un mauvais air. » On a dit aussi que la science avait tué la foi aux réalités invisibles, desséché les sources mêmes de la poésie et de la vie.

Quoi qu'il en soit, beaucoup de ce « mauvais air que nous avons respiré » vient de Schopenhauer. Son œuvre fut une pâture sur laquelle se jetèrent avidement tous ceux qui éprouvaient le besoin d'appuyer leur mélancolie et leur découragement sur l'autorité d'une démonstration savante. Les Parisiennes elles-mêmes s'en mêlèrent, a conté M. Jules Claretie, goûtèrent aux âpres paradoxes et à la savoureuse ironie du philosophe allemand. Et nous eûmes le type du « schopenhaueriste » qui se reconnaissait souvent à ce signe particulier : qu'il n'avait point lu Schopenhauer. Celui-ci ne fut, en somme, pratiqué et pénétré que par une élite. La grande armée des esprits à la suite — suivit, moins d'ailleurs le moraliste et le métaphysicien que le « boudhiste de table d'hôte », le Schopenhauer d'une légende et d'une mode. On savait que le pessimisme avait son théoricien et son prophète ; on n'en demanda pas davantage ; M. Ed. Rod[2] l'a noté en

---

[1] *Essais de littérature contemporaine*, in-12, 1893, Paris, p. 9.
[2] *Idées morales du temps présent*, 1891, p. 68.

ces termes : « Les clients les plus dévots du sage de Francfort ont été amenés à sa doctrine par des causes tout extérieures. »

Quelle est la part de Schopenhauer, du faux et du vrai, du faux surtout, dans la formation de notre âme contemporaine, si versatile et si complexe ? Petite ou grande, elle existe. Des poètes, des romanciers, des conteurs, des auteurs dramatiques de notre fin de siècle, il en est peu, parmi les « arrivés » d'hier et d'aujourd'hui, qui ne soient ou qui n'aient été des pessimistes déclarés : Rollinat, Jean Lahor, Edm. Haraucourt, Zola, Bourget, France, Maupassant, Huysmans, Loti, Rod, Margueritte, Becque, pour ne citer que ces noms.

Sur le pessimisme de Schopenhauer, Wagner[1] greffa son mysticisme insinuant et son « hystérie », — le mot est de M. Max Nordau[2], qui voit en Wagner « le dernier champignon vivant sur le fumier du romantisme ». Schopenhauer pouvait agir sur les esprits ; Wagner agit

---

[1] « Certes l'influence de Schopenhauer est sensible dans *Tristan*; elle est indéniable, Wagner lui-même l'a formellement avouée... Le poème des *Nibelungen* tout entier, antérieur pourtant à l'étude de Schopenhauer, pourrait, à la rigueur être considéré comme une illustration poétique du *Monde comme représentation et volonté*. Wotan, en particulier, est, avant la lettre, un personnage conçu absolument dans l'esprit de la philosophie du pessimisme schopenhauerien. On pourrait aller plus loin même, et dire, sans trop forcer le caractère des poèmes antérieurs, que *Lohengrin*, *Tannhäuser*, et même le *Vaisseau*, offrent de nombreux points de rapprochement avec les idées de Schopenhauer... Leur lecture (des écrits du philosophe de Francfort) fit sur lui une impression d'autant plus profonde que les théories de Schopenhauer sur la morale, sur l'esthétique, et particulièrement sur « le renoncement à la faculté de vivre », comme solution unique aux incompatibilités de l'existence, correspondaient en beaucoup de points aux propres théories de Wagner. » (M. Kufferath : Tristan et Iseult, in-12, Paris, 1894, p. 166.)

[2] *Dégénérescence*, 2 vol. in-8°, 1894, I, p. 304 et s.

sur les nerfs par la seule mais puissante fascination de son art. La naïveté raffinée, la brutalité ingénieuse, la sensualité passionnée de son imagination passèrent à un égal degré dans sa poésie et dans sa musique. Il eut le talent de rehausser ou d'obscurcir ses ouvrages en les dosant copieusement de symbole, d'érotisme et de spiritualité. En cela, il fut le « moderniste » par excellence, le « messie » de la dégénérescence, suivant Max Nordau, et le « Cagliostro de la modernité », d'après Nietzsche. Il a bâti la Bysance artistique et sentimentale du xix° siècle, sur le sol médiéval et mystique. Mais, au fond, l'obsession sensuelle a été sa grande inspiratrice, et il en pourrait dire ce qu'Iseult dit de « Dame Minne », de dame Amour :

> ... *Wass sie mir kühret,*
> *Wohin mich führet,*
> *Ihr ward ich zu eigen.*

Wagner est venu à son heure. Et, s'il a manifesté, par surcroît, le dessein « d'anéantir la civilisation politique et criminelle », il a simplement tenté, par là, de couronner son œuvre de réaction contre le positivisme né de la science et contre le réalisme triomphant dans la littérature. Aussi bien, il faut le considérer en France comme l'un des initiateurs, le principal sans doute, de notre « symbolisme » et de notre « décadentisme » à base d'érotomanie. C'est bien ainsi que l'a compris M. Brunetière, par exemple, qui lui consacre quelques-unes des dernières pages de son livre sur l'évolution de la poésie française dans notre siècle, et qui fait concorder l'influence de Wagner avec celle des préraphaélites anglais et du roman russe[1].

---

[1] *T. Süpfle*, op. cit., II², p. 93 et s., 121 et s. Voir aussi l'article

Au point de vue plus étroit de la technique de notre poésie, les symbolistes sont essentiellement tributaires de Wagner, qui put prendre déjà dans Herder, dans Schiller, dans Gœthe, dans Schelling, l'idée d'une fusion complète de la plastique, de la poésie et de la musique, — d'une synthèse des diverses formes de l'art. Ils ne l'ont, au reste, acceptée ou réalisée qu'à moitié ; ils n'ont songé à unir que la poésie et la musique :

De la musique avant toute chose...

M. Stéphane Mallarmé, à défaut de Verlaine, qu'Hennequin a surnommé le « Schumann de la poésie », est tout pénétré de wagnérisme ; c'est le Wagner, stérile et maniéré, de notre vers français.

On pourrait montrer encore que Bayreuth a introduit des traditions nouvelles dans notre théâtre moderne, qu'il est en train d'en modifier tout l'appareil extérieur. N'a-t-on pas remarqué que, dans *Gismonda* de Sardou, la procession ressemble à la scène du Graal de *Parsival* ?

II.

A part Schiller, Gœthe et Wagner, aucun dramaturge allemand compterait-il dans une histoire du théâtre français au XIX° siècle ? Il sied d'y faire une place à Kotzebue[1], et nous ne pouvons nous borner à ce que nous avons dit de cet écrivain fécond (p. 136), qui doit infiniment à

---

précité de M. J. Thorel (*Revue des Deux-Mondes* de 1894) sur la littérature wagnérienne en France.

[1] *Süpfle*, op. cit., II¹ 77 et s., II² 83, 117. *Kotzebue, sa vie et son temps, ses œuvres dramatiques*, par Ch. Rabany, in-8, Paris, 1893.

la France, mais qui lui a beaucoup prêté. On se rappelle peut-être que *Misanthropie et repentir*[1] eut un grand succès à Paris pendant la Révolution. L'impression laissée par cette pièce fut si forte, que Paul-Louis Courier se sert, dans une lettre du 25 Octobre 1806, du titre de Kotzebue pour définir une certaine disposition d'esprit : « Ces idées ne me quittent point et me donnent une physionomie de *misanthropie et repentir*. » Reprise pendant la Restauration, avec Talma et Mlle Mars, cette œuvre, aussi populaire en France qu'en Allemagne, excita un véritable enthousiasme. Une traduction libre d'Alph. Pagès (1864) ne plut guère moins au public du second Empire. *Misanthropie et repentir* avait même eu les honneurs de deux parodies à Paris, vers la fin du siècle dernier. Ajoutons que ce drame fut traduit, en premier lieu, par Fauvelet de Bourrienne (1792), sous le titre : *L'inconnu*, avec mention du nom de Kotzebue. A.-F. Rigaud le mit en vers français, mais le condensa en un acte (1799). De toutes les traductions, la plus fidèle et par cela même la meilleure, est celle que MM. de Barante et Félix Frank ont insérée dans leur *Théâtre choisi de Lessing et Kotzebue* (1870).

L'Enfant de l'amour pose de façon originale la question du bâtard, que les romantiques dramatiseront, dans *Antony*, par exemple, et que Diderot avait touchée avec son habituelle vigueur. On le traduisit en 1794 ; on le joua le 3 Fructidor an III à l'Odéon ; Jauffret et Weiss en donnèrent en 1820 une adaptation sous ce titre : *Le fils naturel*.

De toutes les pièces de Kotzebue, *La Réconciliation*

---

[1] On reprochait cependant à cette pièce, même en 1798, dans un rapport de la censure, « d'offenser les oreilles républicaines » parce que « ses principaux personnages sont des barons et comtes » ; cfr. *H. Welschinger*, op. cit, p. 129.

est, après *Misanthropie et repentir*, celle qui réussit le plus en France. Patras la traduisit et la fit représenter au Théâtre de la République le 11 Thermidor an VII. Kotzebue vit lui-même sa *Réconciliation* au Théâtre français, en 1804, « mieux, dit-il, que je ne l'ai jamais vue, et comme sans doute je ne la reverrai jamais ». On l'a exhumée récemment à l'Odéon (*Les deux frères*, 1883), et l'on sait qu'elle a fourni à Erckmann-Chatrian le sujet de leurs *Rantzau*.

Il ne faudrait pas chercher dans la *Petite ville allemande* qu'une simple copie de la *Petite ville* de Picard [1]; l'idée de l'une de ces comédies a été simplement suggérée par l'autre. On l'a traduite plus d'une fois, et jouée encore, devant une salle très bien disposée, le 7 Janvier 1878, aux « Matinées dramatiques » de Mlle Marie Dumas ; M. Fr. Sarcey a loué ce vaudeville « plein de détails gais ». Ed. Cadol s'en inspira dans ses *Gros bonnets de Kraehwinkel* (1879).

MM. Léon Halévy et Jaime ont arrangé *Le Chevreuil* de Kotzebue, en transportant l'action en Angleterre ; on applaudit cette adroite imitation à Paris en 1831 et 1871. C'est, a dit M. Sarcey, « le chef-d'œuvre des quiproquos où un homme est pris pour une femme, et réciproquement [2] ».

Des œuvres tragiques de Kotzebue, je ne connais qu'un remaniement pour la scène française, *Les Hussites devant Naumbourg* ; Alex. Duval en a tiré un mélodrame en vers (1804).

On a également traduit et représenté en France : les

---

[1] Picard s'est inspiré, lui, de *Die Unglücklichen* (1798) dans ses *Vieux Comédiens* (1804); il a encore imité *Der Besuch* dans *La manie de briller* (1806), comme aussi Alex. Duval, qui en a fait la *Manie des grandeurs* (1827).

[2] *Rabany*, op. cit., p. 408.

Indiens en Angleterre (1792), qui passèrent plus tard au théâtre de la Cité = Variétés (sous le titre : les *Indiens à Marseille*), le 10 Messidor an IX ; *Noblesse et Pauvreté* (1805), les *Deux Klingsberg* (1806).

Citons parmi les traductions parues, celles de la Collection des chefs-d'œuvre des théâtres étrangers (les *Espagnols au Pérou* ou la *Mort de Rolla* et la *Prêtresse du Soleil*), le *Club jacobin des femmes*, le *Mensonge généreux*, le *Comte de Bourgogne*, la *Ville et le village*, *Hugo Grotius*, etc.

Les romans venus d'Allemagne jouissaient d'une telle vogue, dans les dernières années du xviii° siècle et les premières du xix°, qu'on se garda bien de ne pas mettre en français la plupart des romans et nouvelles de Kotzebue : Les *Malheurs de la famille Ortemberg* (1792), les *Aventures de mon père* (1797), *Ildegerte* (1804), où l'auteur a très librement suivi un récit de Le Noble (1693), la *Gageure dangereuse* (1798), des fragments de *Les derniers enfants de ma fantaisie*, *Léontine de Blondheim* (1808), *Philibert* (1810), *Contes à mes fils* (1818). Et nous ne parlons point de ses souvenirs, ni de ses voyages ; nous ferons remarquer seulement que sa *Fuite à Paris* ne doit être lue que dans l'original.

Dumas père, qui a usé du bien d'autrui à la façon de Molière, avec moins de scrupules toutefois, a dépouillé, pour son drame *La Conscience* (1855), deux œuvres de Kotzebue, et plus particulièrement *Das Bewusstsein*. Le même, qui avait emprunté à Iffland la donnée de son roman *Catherine Blum*, fit jouer à Marseille, en 1857, *Die Jaeger* de cet auteur, qui devinrent un « drame en cinq actes et à grand spectacle », *Les garde-forestiers*. Et rappelons, pour finir, que le drame de Ducange, *Trente ans de la vie d'un joueur* (1827), a été écrit d'après *Le 24 Février* de Z. Werner, que le vaudeville de Gœrner, *Englisch*, se métamorphosa en cette très jolie pièce qu'est *L'honneur satisfait*.

L'influence de Kotzebue lui-même ne fut pas très profonde sur notre théâtre. Il amusa ou il émut quelques salles de spectacle, il fournit quelques sujets à nos dramaturges ; il n'a rien rénové.

Presque tout le monde avait trop à faire en Allemagne à copier les Français, ou à les traduire, pour leur rendre la monnaie d'un art dramatique original. Ce qui était original ne passait point la frontière, si ce n'est en raccourci, par fragments, dans les études critiques de la *Revue des Deux-Mondes* ou de la *Revue germanique*. Quand j'aurai dit encore que la *Griseldis* de Halm, traduite en prose par Milleret (1840), inspira la *Griselidis* de M. Armand Silvestre, j'aurai tout dit, ou presque tout.

M. Süpfle [1] a constaté ceci, non sans amertume : « La supériorité des Français est plus grande encore dans la littérature dramatique (que dans le roman). Notre théâtre souffre décidément, voici vingt ans, d'une absence de vigueur et de fraîcheur. Les pièces françaises ont les mêmes défauts que les nôtres, mais ils y sont dissimulés par l'habileté de l'ouvrier, par la fine peinture de la vie sociale, par la vivacité spirituelle du dialogue. Ces qualités suffisent à expliquer l'état de dépendance du théâtre allemand envers le théâtre français, tant il y a que, depuis ces dernières dizaines d'années, nous lisons, traduisons, imitons, représentons à l'envi, dans la plupart de nos villes, les productions les plus pauvres, les plus creuses et les plus immorales de nos voisins. Ce n'est que tout récemment qu'on a cherché à délivrer notre théâtre de cette servitude. » Et, dès « qu'on a cherché à le délivrer »,

---

[1] Op. cit., II², p. 117.

l'intérêt des Français lui est revenu. Sudermann n'est pas un innconu à Paris ; la Renaissance a joué *Heimat* sous le titre de *Magda*, le 13 Février 1895, avec grand succès ; et la presse française n'a guère eu que des éloges, tempérés peut-être par des allusions malicieuses aux analogies du drame de Sudermann avec notre tragédie bourgeoise. Deux curieux, deux passionnés de nouvelles formules dramatiques, MM. Antoine et Lugné-Poé, l'un au Théâtre Libre, l'autre à l'Œuvre, ont révélé Gerhard Hauptmann au public parisien. Si la police empêcha M. Lugné-Poé de donner les *Ames solitaires* d'Hauptmann, elle ne mit point d'obstacle à la représentation des *Tisserands*, ni d'*Hannele Mattern*. Les *Tisserands* sont une sorte de dur chef-d'œuvre mal construit ; *Hannele Mattern* n'est qu'un poème mystico-symbolique, une « maeterlinckiade » berlinoise, plus près du ridicule que du sublime, mais qui, pour cela précisément, séduit nos jeunes auteurs amoureux d'exotisme et d'excentricité. Ils ont paraphrasé à leur usage le vers fameux, et ils sont très fiers de pouvoir s'écrier :

Nous sommes les petits de ces étrangers-là.

III

Nos romanciers ont-ils appris quelque chose de leurs confrères d'Allemagne? Le *Titan* de Jean Paul, traduit par Philarète Chasles, aurait-il marqué sa trace dans notre littérature? Point. L'influence de Richter ne s'est exercée en France qu'à travers Hoffmann, ce Jean Paul du frisson. Les romans et les nouvelles de Tieck ne firent aucune fortune chez nous ; on imita l'un ou l'autre de ceux-là, l'une ou l'autre de celles-ci, et l'on n'en parla plus. Mais Th.-A. Hoffmann

Ce Théodore Hoffmann, Hoffmann le fantastique, de Gautier, ouvrit aux Français le monde du surnaturel et de la fantaisie macabre.

On possédait bien en France, les *Contes* d'Hamilton, si pétillants de grâce et d'esprit, le *Diable boiteux* de Le Sage, le *Diable amoureux* de Cazotte, on y avait lu Wieland et le *Faust* de Gœthe, mais rien de cela n'était comparable aux étranges et démentes inspirations d'Hoffmann. Le *Globe* sonna la cloche, en 1828 : « Je ne connais aucun ouvrage où le bizarre et le vrai, le touchant, l'effroyable, le monstrueux et le burlesque se heurtent d'une manière plus forte, plus vive, plus inattendue, aucun ouvrage qui, à la première lecture, saisisse et trouble davantage. » Cette découverte tombait au moment propice. Les romantiques étaient las des conventions et des entraves qui bridaient leur imagination. Comment ne pas s'emparer de ce « génie extravagant et fumeux » ? Comment ne pas saisir au vol ces rêves maladifs et passionnés ? Comment ne pas verser dans cette littérature de cauchemar ? « Qui nous rendra encore, disait X. Marmier dans son article sur Hoffmann et Devrient à la *Revue des Deux-Mondes*, qui nous rendra cette joie subite, cette impression singulière que nous éprouvâmes lorsque, pour la première fois, Hoffmann nous apparut avec ses étranges rêveries, sa pipe et son idéal, ses élans de poésie et son chat Murr ? »

Saint-Marc Girardin publia une traduction de *Marino Falério* d'Hoffmann dans ses *Souvenirs de voyages et d'études*. Déjà en 1826, Loève-Weimar avait commencé à traduire cet aliéné lucide ; les vingt volumes de ses

Œuvres complètes de E.-T.-A. Hoffmann (1829-1833) eurent une vogue extraordinaire. Des contes choisis d'Hoffmann furent transportés plus tard en français, les uns par Toussenel (1838), les autres par X. Marmier (1843), les *Contes posthumes* par Champfleury (1856); J. Barbier et M. Carré donnèrent en 1851 un drame intitulé : *Les contes d'Hoffmann*. Et le « genre hoffmannesque » naquit et fleurit en France, à l'heure même où on le délaissait en Allemagne. C'était du nouveau, dans un temps qui en était avide; c'était de la fantaisie exaspérée dans un monde littéraire où la folle du logis était relevée d'interdiction. Philarète Chasles écrivait, dans ses *Etudes sur l'Allemagne ancienne et moderne* : « On s'engagea en France, avec un engouement aveugle, dans la carrière du fantastique, sous la direction d'Hoffmann. Le feuilleton, la critique et même l'histoire devinrent fantastiques... Le théâtre même et le roman sentimental héritèrent des caractères doubles, des spectres fantasmagoriques, des monstruosités et des avortements humains recueillis et curieusement décrits par Hoffmann : Paillasse, Fleur-de-Marie, Quasimodo lui-même et toute cette armée de héros difformes, de gueux, de bohémiens, de mendiants, de squelettes et de pendards sublimes, dont la littérature romanesque a été inondée, eurent pour initiateur Hoffmann, et ses contes pour point de départ. » Presque tous nos romanciers et novellistes se précipitèrent à la suite d'Hoffmann, dans la course au surnaturel, au terrifiant et au grotesque [1].

Voici les *Contes fantastiques* (1829) de Jules Janin; voici Th. Gautier dans la *Fée aux miettes* et le *Roi Can-*

---

[1] M. Th. Süpfle cite *Smarra* de Nodier parmi les produits du genre hoffmannesque; mais *Smarra* est de 1821, et Nodier, qui ne savait pas l'allemand, n'a pu lire Hoffmann dans l'original.

daule, et, peut-être même dans *Le capitaine Fracasse*, ce « mélange savant de fantaisie échevelée et de réalisme trivial »; voici Gérard de Nerval, Frédéric Soulié, Eugène Sue, Balzac, qui doit au conteur allemand le sujet de *Peau de Chagrin*, et qui s'est peut-être inspiré d'Hoffmann pour quelques-uns des monstres défilant dans sa galerie de la « Comédie humaine »; voici Victor Hugo, dont *Notre-Dame de Paris* trahit en plus d'un endroit l'influence hoffmannesque; voici Musset, chez lequel le souvenir des *Contes* revit, comme l'a indiqué Sainte-Beuve, soit dans l'un ou l'autre de ses types de jeune fille allemande, soit dans certaines parties mi-fantastiques de son théâtre; voici George Sand, qui composa le *Secrétaire intime* (1834) après avoir relu l'auteur de Mlle *de Scudéry*, et qui, dans ses années de vieillesse, fit de *Meister Floh* sa *Nuit de Noël*, en évoquant, dans une préface dithyrambique, les enthousiasmes que la jeunesse romantique puisa dans la traduction de Loève-Weimar; voici les premières œuvres d'Erckmann-Chatrian, qui sont pleines de réminiscences d'Hoffmann, l'*Illustre docteur Matheus*, les *Contes de la montagne*, les *Contes fantastiques*.

Hoffmann vainquit donc à Paris, alors que son étoile avait bien pâli en Allemagne. Sa réputation se maintint dans les pays de langue française, tandis qu'elle déclinait de plus en plus chez ses compatriotes. Tout le monde connaissait les *Contes fantastiques*, et l'on peut dire, sans trop se hasarder, qu'ils ont eu plus de lecteurs en France que le *Faust* de Gœthe ou les lieder de Heine. Nous regardions encore Hoffmann au collège, il y a vingt ans, comme une sorte de classique étranger prohibé. Les contrastes, les écarts, les bizarreries, la démence de l'imagination hoffmannesque, cet original mélange d'humour, d'émotion et de naïveté, d'exaltation et d'ironie, de personnages monstrueux et de *Mädchen* idylliques, de gaîté, de grâce, d'âpreté, de laideur, de folie, de terreur et d'horreur, tout cela apparut comme la dernière incarnation du génie allemand ; et l'on fraternisa, sous l'espèce de l'emprunt, avec ce prêteur de sensations inédites, cet inventeur de situations extravagantes. Celui-là se moquait mieux que personne du prosaïsme bourgeois et de la règle vieillotte. Comment les romantiques et leurs successeurs immédiats ne seraient-ils point allés à lui ?

A ne s'en pas tenir aux seules apparences, aux traductions, aux adaptations et aux réminiscences inventoriées par l'histoire comparée des littératures, à descendre jusqu'au fond des choses, il faut bien reconnaître que l'action d'Hoffmann a été décisive sur l'orientation de notre romantisme dans le sens de la confusion des idées de bien et de mal, de beau et d'horrible. Cette confusion, il ne l'a pas créée, il l'a seulement accélérée de toute la puissance fiévreuse que dégage son œuvre. Son fantastique nébuleux de Germanie, nos Français l'ont précisé, et l'ont appliqué bientôt à la vision même de la vie. Balzac, par exemple, dans quelques-uns de ses types les plus saisissants et les plus en dehors de l'humanité, dans son Vautrin « ignoble et grand », dans d'autres, semble hanté par des conceptions à la Hoffmann. Ceci est un peu conjectural, je l'accorde ; il n'en demeure pas moins que la coïncidence est frappante entre la popularité soudaine d'Hoffmann en France et la recrudescence, sinon l'apparition simultanée, du gueux et du monstre, dans notre littérature.

Le génie allemand continue, non plus à s'épanouir, mais à s'insinuer en France, dans le roman, le conte et la nouvelle. Il est en Allemagne, des individualités si curieuses, il en sort des livres si différents de ceux que lancent les éditeurs parisiens ! On peut être sûr du plaisir de la surprise, à défaut de celui de l'admiration. Et puis, ce pays est encore si peu et si mal connu, que chaque matin se lève un écrivain qui croit l'avoir découvert. Dans ses *Lettres d'un voyageur*[1], George Sand s'arrêtera tout à coup devant la singulière figure de Lavater, qui avait disparu de la scène depuis longtemps ; elle nous affirme que, si elle était en Suisse, elle « voudrait aller à Zurich exprès pour recueillir des renseignements sur la destinée de cet homme évangélique » ; et la voilà partie ! Elle compare les systèmes de Gall et de ce Lavater « dont l'œuvre est édifiante, éloquente, pleine d'intérêt, d'émotion et de charme » ; elle s'enflamme pour la phrénologie. Ce n'est là qu'un trait choisi entre cent. Néanmoins aucun conteur allemand ne s'est imposé en France depuis Hoffmann, et n'y a influé sur le goût national.

Pourquoi ? Le roman de mœurs et le roman historique fêtaient ou allaient fêter leurs grands jours. Or, dans ce domaine, les Français n'avaient rien à apprendre de leurs voisins. Ils étaient des maîtres en ces genres où la fertilité de l'invention ici, là, l'observation même incisive de la réalité ne sont rien sans la dextérité de la main et la promptitude de l'esprit ; au reste, l'Allemagne leur demandait des modèles, et ne songeait point à leur en fournir. Elle ne pouvait guère attirer que par des œuvres où s'exprimeraient dans toute leur ingénuité ou dans tout leur éclat, les qualités les plus originales de la race.

Je n'ignore point que les récits historiques d'Henri Zschokke ont été traduits plus d'une fois, par X. Marmier (1828), par Loève-Weimar (1847), par W. de Suckau (1859), par Ch. Ecuyer (1895). Mais on les a lus principa-

---

[1] Edition 1887, p. 224 et s.

lement dans la Suisse romande et en Alsace; la France les a goûtés avec une évidente modération. Le *Lichtenstein* de Hauff et les *Nouvelles* du même ont également passé dans notre langue sans éveiller tout l'intérêt dont ce conteur eût été digne. La même remarque s'applique aux *Paysans de Westphalie* d'Immermann, à *En l'an treize* de Fritz Reuter, aux *Nouvelles juives* de Kompert, au *Doit et avoir* de G. Freytag, aux savoureux récits de Jérémie Gotthelf[1], et à d'autres romans de mœurs qui furent successivement présentés au public français. La *Revue des Deux-Mondes* avait beau multiplier les études sur les romanciers contemporains d'Allemagne; on parcourait les articles, on n'ouvrait pas les livres; on n'éprouvait pas même la tentation de s'initier à une langue et à une littérature qui, décidément, ne produisaient rien de transcendant et auxquelles manquait un auteur de tout premier ordre, une George Sand ou un Balzac, un Dickens ou une George Eliot.

Cependant les Français ont eu pour Berthold Auerbach une prédilection qui est tout à leur honneur. Ils ont mieux fait que l'aimer, ils l'ont imité. Le malheur de la France est peut-être que ses écrivains ont presque constamment regardé vers ceux que les Allemands appellent *die obern Zehntausend*, — les dix mille privilégiés de l'élite intellectuelle ou sociale; quand ils se sont adressés au peuple, ils ont jugé que le roman-feuilleton était bon pour lui. Aussi notre littérature, j'entends celle qui compte, est-elle, de toutes, la moins populaire et la plus aristocratique. Les auteurs, qui ont du talent et du génie, ne veulent pas en avoir pour la foule. Dumas père lui-même, qu'on a lu

---

[1] Ses *Œuvres choisies* viennent d'être traduites en quatre volumes (La Chaux-de-Fonds, 1893-1895); cette édition française, superbement illustrée, a-t-elle passé la frontière suisse? Je l'ignore.

partout, n'a écouté que son imagination ; jamais son cœur n'a battu à l'unisson de ces millions de cœurs qu'il a pu amuser, qu'il n'a pas compris. Les choses auraient-elles changé ? Où sont, à part la George Sand des dernières années et une petite demi-douzaine d'écrivains estimables, où sont, en France, ceux qui ont offert à l'ensemble de la nation une nourriture spirituelle et morale par le roman ? Combien sont-ils, ceux qui ont peint l'humble vie du peuple, sans la caricaturer ou la souiller, qui l'ont peinte avec fidélité et avec sympathie ? Et combien sont-ils, ceux qui ont travaillé au relèvement des masses, en faisant servir à cette noble tâche le charme de la fiction et le pouvoir de la poésie ? Le roman a été le champ de bataille ou la Bourse de la passion ; il a été trop peu l'école de l'expérience et du devoir. Il n'y a pas de lacune plus déplorable que celle-là dans notre littérature.

Ne l'a-t-on pas senti, lorsqu'on a salué les simples et saines histoires villageoises d'Auerbach avec tant de cordialité étonnée et ravie ? Vins exquis, liqueurs capiteuses, boissons de toutes sortes fabriquées par des artistes ou des faiseurs, on avait prodigué tout cela, n'oubliant que l'eau fraîche ; et c'était de l'eau fraîche que les *Scènes villageoises de la Forêt noire*. Elles avaient cet avantage, qu'on apprécie peu en France, de pouvoir être mises entre toutes les mains. Elles n'en étaient pas moins d'un art bien supérieur à celui de tant de conteurs qui courent après une forme originale ou s'épuisent à se créer une manière. La belle propreté antique, avec une pointe d'émotion et un bout de morale, voilà ce qu'Auerbach avait retrouvé. Sa nature était naturelle, son humanité était humaine. Il puisait dans la vie. Si l'on peut lui reprocher une observation trop affectueuse de la réalité, la critique porte à peine, et je ne serais point éloigné de le féliciter de cette heureuse faiblesse. Bien faire et faire du bien, tel fut son idéal littéraire.

Saint-René Taillandier, l'un des premiers, montra dans ce brave homme, le peintre délicieux du village souabe. Les traductions se suivirent, presque sans interruption, depuis celle de Max Buchon jusqu'à celle de M. B. Lévy. Auerbach est devenu classique en France. Les auteurs du programme de troisième classe y sont, pour l'allemand, Schiller, Gœthe et... Auerbach.

Les *Contes* et les *Scènes* d'Auerbach traversèrent la frontière juste à l'heure où George Sand publiait ses romans champêtres. Si l'on ne peut prouver l'influence de celui-là sur celle-ci, il est permis au moins de la supposer, car enfin Saint-René Taillandier avait copieusement annoncé dans la *Revue des Deux-Mondes*, qui était la maison littéraire de George Sand, les *Scènes villageoises de la Forêt noire*. Auerbach inspira très directement d'autres auteurs français ; je ne citerai qu'Erckmann-Chatrian.

On fit également connaissance avec les contes d'Hebel, de Simrock et de Schmid, avec ceux des frères Grimm, avec le *Robinson suisse* de Wyss, avec les récits de Gerstäcker, avec les *Aventures du baron de Münchhausen*, qui rappellent et qui enrichirent les gasconnades de notre « Monsieur de Crac[1] ». Tout cela, je le veux bien, n'a pas une extrême importance, quoique Hebel, Simrock,

---

[1] Les *Aventures du baron de Münchhausen* furent traduites par Th. Gautier, et illustrées par G. Doré en 1862; une première traduction en avait paru dix ans auparavant. Mais M. *Th. Süpfle* (op. cit., II², p. 91) a commis une erreur lorsqu'il a dit que « le personnage aimé de Münchhausen, célébré par le crayon de G. Doré, devint en France le gasconnant M. de Crac ». Notre M. de Crac est bien plus vieux que cela ; il suffira de rappeler la jolie farce en un acte et en vers de Colin d'Harleville : *M. de Crac dans son petit Castel, ou les Gascons* (1791).

les frères Grimm aient donné parfois de merveilleuses restitutions des traditions et légendes populaires. Et ils ont eu des imitateurs, et, s'ils en ont eu trop peu, ou s'ils n'en ont pas suscité de plus brillants, ce serait tout ensemble de l'ingratitude et de l'injustice que de leur refuser le mérite d'avoir montré à la France la nécessité d'une littérature pour les humbles et les petits, le peuple, l'adolescence et l'enfance.

Les romanciers allemands de la génération actuelle paraissent n'avoir intéressé la France qu'assez médiocrement. M. J. Bourdeau a bien analysé les *Aïeux* de Freytag dans la *Revue des Deux-Mondes* de 1881, et signalé Gottfried Keller, dont une bonne traduction des *Gens de Seldwyla* fut publiée en Suisse par M. J. Guillaume; l'*Ekkehard* de Scheffel a bien été traduit à Lausanne, et les romans historiques d'Ebers un peu partout; *Boutique et comptoir*, *Le moment du bonheur*, les quatre volumes de la *Vie militaire en Prusse* d'Hacklander ne passèrent sans doute pas inaperçus; la *Famille Buchholz* a certes diverti les Parisiens, et Sacher-Masoch fut l'un des favoris parmi les écrivains étrangers; Carmen Sylva est lue de ce côté du Rhin autant que de l'autre, et l'on n'a dédaigné ni le *Mariage d'Ellen* de Spielhagen, ni la *Femme en gris* ou le *Souhait* de Sudermann, ni *Mourir* de Schnitzler, mais ces modernes ont l'air de ne rien nous dire ou de ne rien nous apprendre. Nous allons à la plupart d'entre eux par acquit de conscience. Il ne faudrait pas moins d'un génie pour secouer notre indifférence; nous l'attendons, il s'obstine à ne pas venir. Les autres nations, Dieu merci, sont moins exigeantes à l'égard des Français [1].

---

[1] Je puis mentionner en note seulement le fait que la guerre de 1870 a engendré toute une littérature patriotique et anti-allemande, dont M. le professeur Koschwitz a dressé un inventaire complet et

IV

Ne seraient-ce point la science et la philosophie allemandes qui auraient opéré les changements les plus profonds dans les méthodes, les idées et toute l'évolution de l'intelligence française au xix° siècle? Les poètes, les dramaturges, les conteurs ont contribué au renouvellement de certains genres littéraires, mais ils ne se sont point emparés du mouvement des esprits, et l'on peut croire que, même sans eux, nos écrivains auraient fait à peu près ce qu'ils ont fait. A défaut de l'Allemagne, l'Angleterre était là pour représenter en France le génie septentrional et l'âme protestante.

On vit naître en Germanie une race particulière de philosophes et de savants, de philosophes et de savants qui n'étaient que cela, qui ne subordonnaient à quoi que ce fût la recherche de la vérité. Dans leurs chaires universitaires, dans leurs retraites studieuses, ils suivaient leur pensée solitaire avec une audace tranquille, avec une volupté intense et candide, sans égard aux préjugés du monde, ni aux agréments de la vie, ni même au bien de l'État, doux et fiers possédés de la science, qui ne voulaient qu'elle, ne voyaient qu'elle, et s'abîmaient en elle. Ils n'avaient jamais poussé assez loin leurs investigations, ils n'avaient jamais assez creusé leurs systèmes. Ils se transformaient, dans le silence et le recueillement d'un labeur sans trêve, en vivantes encyclopédies. Ils ne reculaient devant aucune expérience, se haussaient aux

---

fort curieux (du moins pour la nouvelle et le roman) dans la *Zeitschrift für franz. Sprache und Litteratur*, XV, p. 73 et s. Ce serait sortir de mon sujet que de m'y arrêter.

synthèses les plus hardies, sorte de gérants du mystère et de fonctionnaires de l'infini.

Les Français, plus militants, plus amoureux des faits que de l'abstraction, découvrirent ces hommes si différents de la plupart des philosophes et des savants de leur pays. Ils les approchèrent d'abord avec quelque méfiance, puis avec un respect encore mêlé de critique, enfin avec une admiration presque superstitieuse. Tous ces grands chercheurs n'étaient pas, au reste, si complètement enfermés dans leur tour d'ivoire ; tous apportaient à leur travail la même conscience minutieuse, et presque tous le même détachement souverain.

Assurément, la science française ne restait pas stationnaire ; elle avait ses noms universels, la source de ses découvertes ne s'était point tarie. Mais la philosophie semblait épuisée ; l'hiver était venu pour elle, et c'est d'Allemagne que lui sourit un nouveau printemps. M. Barthélemy-Saint-Hilaire [1] l'a dit : « Nos prétendus philosophes n'étaient que des publicistes et des littérateurs, ils pouvaient être utiles à leur temps, mais ils délaissaient les grandes questions de métaphysique et d'histoire pour se mettre au service de besoins plus urgents, et de passions qui n'avaient rien de philosophique. Quel contraste n'offrait donc pas l'Allemagne ! Quelle étendue ! quelle largeur de vues ! quelle science ! quelle conviction ! quel désintéressement ! Les systèmes pouvaient être faux ; mais ils étaient aussi sincères qu'originaux, aussi graves que nombreux. Point de préoccupation étrangère qui les vînt pervertir ; ils ne recherchaient que la vérité. » L'enthousiasme de M. Barthélemy-Saint-Hilaire est peut-être excessif ; en tout cas, la France ne demeura point indifférente à ce réveil de la haute spéculation en Germanie.

[1] *Victor Cousin*, op. cit., I, p. 72.

Mme de Staël avait commencé, dans *De l'Allemagne*, à vulgariser la philosophie allemande, après Ch. de Villers et de Gérando. La doctrine kantienne, les larges et neuves considérations de Herder sur la marche de la civilisation furent le point de départ d'une véritable révolution en France dans le domaine des sciences spéculatives ; c'est aussi un peu par Kant et par Herder que l'idéalisme rentra dans notre littérature. A l'empirisme longtemps triomphant de Locke succéda la fièvre rationaliste, et le spiritualisme l'emporta sur le sensualisme. Cousin se berce du rêve de concilier la philosophie française et allemande; Schelling lui-même l'y encourage. La *Philosophie transcendentale*, les *Principes métaphysiques de la morale*, la *Critique de la raison pure* de Kant sont traduits, le premier de ces ouvrages par L.-F. Schön en 1831, les deux autres par Ch.-J. Tissot en 1832 et 1835-1836. Un réfugié d'Outre-Rhin, H. Ahrens, annonce à Paris, en 1833, un cours public sur « l'histoire de la philosophie en Allemagne ». Ch. Bénard, fait paraître, en 1836, son *Histoire de la philosophie allemande*, et plaide en faveur d'une « alliance philosophique » entre les deux pays. E. Lerminier, l'adversaire de l'éclectisme de Cousin, avait donné, déjà en 1833, ses *Lettres philosophiques à un Berlinois*, où il disait : « La philosophie allemande a mis en évidence et sur le trône l'idée elle-même, et, par cela même, elle a bien mérité de tous. » Puis, c'est Jules Barni qui transporte en français à peu près toute l'œuvre de Kant, que Cousin a expliquée dans ses *Leçons* (1842), A. Saintes, dans son *Histoire de la vie et de la philosophie de Kant* (1844), Emile Saisset dans *Le scepticisme*, etc., D. Nolen dans la *Critique de Kant et la métaphysique de Leibniz* (1875), sans parler des travaux cités au cours du précédent chapitre (p. 168 et s.). Fichte, qui a formulé sa thèse paradoxale et féconde du monisme de la volonté morale, est traduit par Grimblot, Berchou de Penhoën, Nicolas, Francisque Bouillier. En 1855 et 1859, Auguste Véra offre aux Français une *Introduction à la philosophie de Hegel* et une version fidèle de la *Logique* de l'illustre penseur ; il traduisit plus tard la *Philosophie naturelle*, la *Philosophie de l'esprit* et la *Philosophie de la religion*. Entre temps, Ch. Bénard avait composé ses *Extraits philosophiques de Schelling*, et Grimblot traduit le *Système de l'idéalisme transcendental*. Les ouvrages sur l'histoire de la philosophie de Brucker, de Tiedmann, de Tennemann sont étudiés et appréciés selon leur mérite. Herbart, qui retourne à l'idéoréalisme kantien, trouve en M. Th. Ribot le plus pénétrant des interprètes; Schopenhauer, de Hartmann et Nietzsche frapperont vivement les esprits en France, après l'éclatante mais courte victoire du positivisme et du matérialisme (Auguste Comte lui-même avait fait quelques emprunts à Feuerbach, et procédait à certains égards de Hegel). Et le darwinisme eut ses plus fermes appuis dans les Hæckel, les Büchner, les Virchow, les Moleschott, qui passèrent en France dans des études ou des traductions qu'on accueillit avec un empressement significatif. Et le criticisme ne sera rien autre chose qu'une greffe kantienne.

Taine pourra écrire : « J'ai lu Hegel tous les jours, pendant une année entière, en province ; il est probable que je ne retrouverai jamais des sensations égales à celles qu'il m'a données. De tous les philosophes, il n'en est aucun qui soit monté à des hauteurs pareilles, ou dont le génie approche de cette prodigieuse immensité. » Ch. Bénard dira : « Sous peine d'être déclaré visionnaire, nous nous ferions fort de montrer l'esprit, quelquefois la lettre, partout l'empreinte de ses doctrines (de Hegel) dans les productions de notre époque où l'on s'attendait le moins à les trouver. » Proudhon, par exemple, pour ne citer que ce nom, est tout imprégné d'hégélianisme, idées et dialectique. Hegel surtout a puissamment influé sur le développement de notre philosophie, avec sa méthode d'apriorisme passionné, sa méconnaissance des faits et sa glorification de l'hypothèse métaphysique, oracle suprême contre les sentences duquel l'expérience elle-même ne saurait prévaloir. Il a été le type et le modèle du savant moderne qui s'oublie dans les absolus de la pensée pure.

Pendant que la philosophie allemande s'installait en France, la critique et l'histoire y introduisaient des méthodes nouvelles, y entassaient des matériaux précieux. Le goût de la recherche approfondie, de l'infatigable furetage, de l'inquiète, de l'ombrageuse minutie, nous fut communiqué par l'Allemagne. Nous avions séduit et même ébloui l'Europe par nos généralisations élégantes, par la clarté de notre langue, la souplesse de notre intelligence, la facilité alerte et charmante de notre génie. Mais nous vivions, en somme, de peu de chose, — de peu de faits [1], ou du moins de peu de ces faits sur lesquels nous eussions exercé le contrôle méticuleux d'un travail scientifique. Il nous fallut demander aux autres le secret des persévérantes enquêtes et de la féconde érudition. La cigale gauloise chantait si bien ! L'hiver la prit au dépourvu. La fourmi germanique fut bonne prêteuse.

Il y avait un danger réel à trop profiter des leçons de

---

[1] Je ne parle pas ici des sciences physiques et naturelles, qui donnèrent à la France de si glorieux représentants à la fin du siècle dernier et dans les trente premières années de celui-ci : Gay-Lussac, Lavoisier, Berthollet, Lacépède, Geoffroy-Saint-Hilaire, Lamark Cuvier, etc. Je songe surtout aux sciences spéculatives et qui touchent tant à la littérature qu'au mouvement général des idées.

l'école allemande ; nous l'évitâmes, grâce au besoin de limpidité, à l'amour des idées générales et à la passion de l'art qui sont en nous. Les Français ne songèrent qu'à s'instruire, non à imiter, à copier ou à singer. Ils ne perdirent presque rien de leurs brillantes qualités ; ils y ajoutèrent sans s'alourdir ni s'obscurcir. Voici, en histoire, toute une révolution qui s'opère dans la critique des sources, avec la *Römische Geschichte* de Niebuhr, traduite par Golbéry ; voici, dans la traduction, ou plutôt dans la reconstruction de Guigniaut, très supérieure à l'original [1], l'ouvrage de Creuzer sur la symbolique et la mythologie des anciens peuples ; voici l'Athènes politique et les croisades ressuscitées en quelque manière par Bœckh et Wilken ; voici Ranke, Waitz, Sybel, Mommsen, Janssen ; voici la Faculté de théologie protestante de Strasbourg, Ed. Reuss en tête, qui, à la suite des Allemands, rénove la critique religieuse ; voici la littérature comparée, qui sort toute neuve des mains de Bopp, de G. de Humboldt, de Lassen ; voici, même dans une matière plus spécialement française, dans la philologie romane, l'œuvre fondamentale de ce Frédéric Dietz, dont MM. Gaston Paris[2], Paulin Meyer, Léon Gautier et leurs émules s'avouent les disciples reconnaissants ; voici toutes les branches du savoir qui touchent de plus près à l'avancement intellectuel de l'humanité reprises et restaurées par l'Allemagne moderne, une prodigieuse accumulation de faits, une étonnante profusion d'aperçus, le tout sura-

---

[1] Voir dans l'ouvrage précité de M. Barthélemy-Saint-Hilaire, sur *Victor Cousin*, les louanges que Gans et Schelling adressent à Guigniaut. « Je l'ai lu avec admiration », écrit Schelling (*ibid.*, I, p. 174).

[2] Il faut ajouter que les « romanistes » actuels en Allemagne, MM. Tobler, W. Förster, etc., sont presque tous des élèves de M. G. Paris.

bondant et trouble à la vérité, mais où des synthèses s'esquissent déjà et où des lois se formulent ; et puis, la France est là pour les vulgarisations habiles et les savoureuses condensations. Prenez un chimiste comme Berthelot, un physiologiste comme Ch. Richet, un philologue comme Gaston Paris, un historien comme M. Sorel, ou M. Lavisse, ou M. Gab. Monod, ou M. Chuquet, et vous vous convaincrez d'emblée que l'alliance des méthodes germaniques et du goût latin a profité à la solidité comme à la diffusion de la science, sans nuire à la qualité de la littérature. Bien plus, la science française, volontiers sollicitée par des desseins de propagande étrangers à son rôle, va se piquer de désintéressement et « s'objectiver », sans s'abstraire et sans planer pour autant.

L'action de l'Allemagne a été décisive sur la France du livre savant.

George Sand écrivait au prince Napoléon, en 1868, que Renan, Littré et Sainte-Beuve avaient eu la faiblesse de faire voyager leur esprit en Allemagne, mais que leur talent les avait heureusement préservés de la germanisation complète. La célèbre romancière parlait à l'aventure. Et d'abord, Sainte-Beuve, quoiqu'il ait gagné à connaître l'esthétique et la critique d'un Lessing ou d'un Schlegel, n'a jamais regardé l'Allemagne que de loin ; il en ignorait la langue et bien d'autres choses. Ne mandait-il pas, le 2 Février 1858, à son ami Hermann Reuchlin : « Je suis un ignorant en matière d'Outre-Rhin[1] »? S'il était, ce dont le blâmait encore George Sand, un « négatif » en religion et en philosophie, l'Allemagne n'y était pour rien. Littré, lui, devait beaucoup aux Allemands, et n'en

---

[1] *Zeitschrift für franz. Sprache und Litteratur*, XII, 157 et s. (un article de M. Eug. Ritter sur la « Correspondance de Sainte-Beuve avec Hermann Reuchlin »).

disconvenait pas ; mais cette dette a-t-elle donc si funestement pesé sur le traducteur de Strauss ? Nous verrons ce qu'il en fut de Renan. Il serait plus juste de dire que la belle renaissance des études scientifiques en France, dans toutes les sphères de la recherche et de la pensée, a été provoquée, et, dans une certaine mesure, dirigée par la renaissance intellectuelle de l'Allemagne moderne. Il n'y a aucune raison d'en être humilié, ni de s'en plaindre.

Quels sont, dans notre siècle, pour ne point nous écarter des genres littéraires, ceux de nos historiens, de nos moralistes, de nos critiques, qui ont le plus vécu dans la familiarité de la science allemande ? Et qu'ont-ils retenu d'un commerce plus ou moins étroit avec leurs confrères d'Outre-Rhin ?

S'il nous est permis de ne plus revenir sur l'influence allemande dans les œuvres d'un Cousin ou d'un Quinet, s'il est possible — pour nous occuper en première ligne des historiens — de la contester chez les Sismondi, les Thierry et les Thiers, il est aisé d'en découvrir la trace dans l'école descriptive de Barante, comme dans l'école philosophique de Guizot. En particulier, l'auteur des *Mémoires de mon temps* s'est préparé à sa tâche de professeur et d'écrivain par une forte initiation aux choses d'Allemagne. Il retrouvait d'ailleurs, dans la patrie de Gœthe et de Kant, comme un écho fraternel de son esprit et de son cœur : le génie protestant n'y apparaissait-il pas plus libre et plus hardi, plus épanoui et plus fécond ? Il est regrettable que Guizot ait été si discret dans ses *Mémoires* sur la période où son intelligence et son caractère prirent leurs assises définitives. Mais, ainsi que l'a noté M. A. Bardoux[1] : A vingt ans, « la philosophie et la littéra-

---

[1] *Guizot*, in-16, 1894, p. 12.

ture allemandes étaient l'objet de l'étude favorite de François Guizot : il lisait Kant et Klopstock, Herder et Schiller, beaucoup plus que Voltaire et Condillac ». Or, l'empreinte germanique s'est gravée dans ses livres, à commencer par le plus durable et le plus original, son *Histoire de la civilisation*.

Le premier en France, Jules Michelet, dégagea de la caricature de Luther laissée par Bossuet, l'énergique et l'exubérante personnalité du grand réformateur (v. p. 166). C'est qu'il avait parcouru l'Allemagne dès 1828, visitant toutes les villes du Rhin et se perfectionnant dans la langue du pays. N'avait-il pas projeté de doter la France d'un monument comparable aux *Deutsche Alterthümer* de Grimm ; et cherché les *Origines du droit français* dans l'ancien droit germanique ? N'avait-il pas, suivant l'exemple de Herder, entrepris la publication d'une *Encyclopédie des chants populaires* ? N'avait-il pas publié, en 1833, les *Mémoires de Luther*[1], avouant son « culte de l'Allemagne », affirmant son enthousiasme de la Réforme ? Certes, il n'a pas toujours témoigné une sympathie très vive aux Allemands. On peut s'en convaincre en lisant l'introduction de son *Histoire universelle* et le jugement qu'il a porté sur les dernières années de Luther. Mais, dans son *Histoire de France*, il a mis à large contribution les recherches de Jacob Grimm ; et, plus tard, dans ses poétiques ouvrages de haute fantaisie passionnelle ou descriptive, *La mer*, *L'oiseau*, *L'amour*, il semble bien qu'il ait semé des réminiscences du panthéisme lyrique de Gœthe ou de l'érotisme mystique de certains romantiques d'Allemagne.

---

[1] F. Meissner, op. cit., p. 81. *Revue des Deux-Mondes*, tome 126, p. 899 et s. (article de M. G. Monod). E. Faguet : *Le XIXe siècle*, 11e édition, 1894, p. 358, 366.

Hippolyte Taine est un cerveau encyclopédique à la Niebuhr, en même temps qu'un protestant libéral à l'allemande. Sur ce dernier point, il suffira de rappeler avec M. A. Sabatier, l'adhésion consciente et préméditée qu'il a faite à la Réforme, la veille même de sa mort, et d'insister sur sa définition typique de la vie morale : « La persuasion que l'homme est avant tout une personne morale et libre, et qu'ayant conçu seul, dans sa conscience et devant Dieu, la règle de sa conduite, il doit s'employer tout entier à l'appliquer en lui, absolument, obstinément, inflexiblement, par une résistance perpétuelle opposée aux autres et une contrainte perpétuelle exercée sur soi. »

Non seulement Taine est, par l'intransigeance de sa méthode aprioristique, un disciple fervent de cet Hegel qui lui a procuré, nous a-t-il dit, les plus profondes jouissances intellectuelles de sa vie, mais il a beaucoup étudié les historiens d'Allemagne, comme aussi les juristes et les sociologues, les physiologistes et les métaphysiciens. « L'Allemagne, s'écriait-il dans une lettre, sera pour nous ce que fut l'Angleterre pour les hommes du xviiie siècle. J'y trouve des idées à défrayer tout un siècle. » Il y trouve des idées, assurément, et encore des faits, tout l'immense bagage de l'érudition germanique. La tournure de son esprit et ses procédés de travail subirent puissamment l'action de la science d'Outre-Rhin, quoiqu'il ait tenu à « sa forme d'esprit française et latine ». Ses vastes constructions philosophiques et historiques, l'appareil un peu lourd de son savoir et jusqu'aux formes souvent abstraites de son style, tout cela est un peu d'importation allemande. On peut ajouter, je crois, qu'il a découvert dans Herder, après Philarète Chasles, sa fameuse théorie de l'influence de la race et du milieu, théorie qu'Herder lui-même avait prise dans l'abbé Dubos, dans Montesquieu et dans Fontenelle.

En 1866, Taine était pour la Prusse contre l'Autriche. Il voyait encore, à la veille de la guerre, l'Allemagne avec les yeux de l'admiration; il se proposait de traduire dans un livre ses sentiments de sympathie et de gratitude envers la nation qui avait été une des patries de son esprit. Les évènements de 1870 l'accablèrent; l'attitude violemment gallophobe d'un Strauss, d'un Mommsen, le détournèrent de son dessein. L'Allemagne resta sans doute, à ses yeux, la glorieuse restauratrice de la science et de la pensée; il n'eut plus la force de l'aimer pour elle-même.

Il sera dit que nombre des hommes supérieurs de la France contemporaine auront fait faire un stage allemand à leur cerveau. Après Guizot, après Michelet, après Taine, le nom d'Ernest Renan[1] nous arrête. Dans une lettre du 24 Août 1845, aussitôt après sa sortie de Saint-Sulpice, il raconte en termes d'une émotion reconnaissante ses premières rencontres avec le génie de l'Allemagne[2] : « Je continue cependant avec courage l'avancement de ma pensée... J'ai étudié l'Allemagne, et j'ai cru entrer dans un temple. Tout ce que j'y ai trouvé est pur, élevé, moral, beau et touchant. O mon ami, oui, c'est un trésor, c'est la continuation de Jésus-Christ. Leur morale me transporte. Ah ! qu'ils sont doux et forts !... La morale de Kant est bien supérieure à toute sa logique ou philosophie intellectuelle, et nos Français n'en ont pas dit un mot. Cela se comprend : nos hommes du jour n'ont pas de sens mo-

---

[1] G. *Séailles* : Ernest Renan, in-16, Paris, 1894, p. 27, 35, 249, 259, 262.

[2] Imprimée à la suite des *Souvenirs d'enfance et de jeunesse*, in-8, 1883, p. 381 et s.

ral. La France me paraît de plus en plus un pays voué à la nullité pour le grand œuvre de renouvellement de la vie dans l'humanité. On n'y trouve qu'une orthodoxie sèche, anticritique, raide, inféconde, petite. » Renan chante ses fiançailles avec la science allemande. Il en est à la période d'effusion et d'ivresse.

C'est l'affranchissement de l'intelligence et de la conscience par la Réforme qui tout d'abord fascine les Français : ils se souviennent de la discipline catholique lorsqu'ils n'ont plus la foi, et la vision de la liberté les ravit. La raison libérée règne en Allemagne ; la morale, dégagée de toute coercition extérieure, de tout dogmatisme tutélaire et tyrannique, dicte ses lois souveraines : « Quand je vois des penseurs aussi libres et aussi hardis que Herder, Kant, Fichte, se dire chrétiens, j'aurais l'envie de l'être comme eux ; mais le puis-je dans le catholicisme ? » Comment un esprit en travail d'émancipation n'aurait-il pas été conquis par l'indépendance courageuse et la gravité sereine de ces penseurs !

L'impression des années de jeunesse se serait-elle voilée, ou même oblitérée dans la suite ? Elle a persisté jusqu'à la fin. Comme l'a remarqué M. Séailles, Renan a estimé par dessus tout « le sérieux de l'Allemagne ». Ce Breton à l'incrédulité religieuse, ce séminariste de la libre-pensée ne pouvait pardonner à la France « le vice égrillard, la coquetterie de l'immoralité, la gentillesse du mal », tous ces « péchés français » qu'il n'a pas laissé de commettre à son tour, dans l'une ou l'autre de ses dernières œuvres. Il lui a reproché encore d'être « dominée par une sorte de respect humain mal entendu, qui met à la place du pédantisme de la science, ce que Mme de Staël appelle si bien le pédantisme de la légèreté. » il est l'ennemi du rire profane, de l'incurable frivolité ; il a la nostalgie du recueillement austère. Les pages de ses *Questions contemporaines* sur la « théologie de Béranger » débordent-elles assez d'amère ironie ? Oh ! « ce Dieu de grisettes et de buveurs » ! L'homme superficiel, « sans haute moralité, voilà l'impie ! » Seule, « la tristesse est féconde en grandes choses ».

L'Allemagne avait été la consolatrice de Renan, et sa nourrice. Quel brutal réveil ne fut pas pour lui la déclaration de guerre ! Cette patrie idéale de sa pensée, ce peuple de savants et de poètes, cette race providentielle à laquelle était dévolue la tâche sacrée d'une rénovation du monde, n'était plus hélas ! qu'une décevante chimère. Le beau songe s'achevait dans des cris de haine et des flots de sang. La nation qu'il avait toujours présentée à ses compatriotes comme la plus morale et la plus cultivée, « s'est montrée à nous sous la forme de soldats ne différant en rien des soudards de tous les temps ». On ne pouvait raisonnablement exiger d'elle, ce semble, qu'elle envoyât ses philosophes et ses érudits à la rencontre des armées françaises. Mais Renan lui-même en veut cruellement à l'Allemagne de ce qu'il ne lui a point convenu d'être battue quand elle se sentait de taille à vaincre.

Sa conduite n'en fut pas moins d'une dignité parfaite. Ses deux lettres à Strauss sont d'un voyant qui serait un sage. Il convie les Allemands à la modération, il leur prêche la défiance de la force, il les menace des revanches de l'histoire et, douloureusement, il confesse les fautes de son pays. C'est la raison qui parle le langage du cœur. Combien Strauss fit petite figure auprès de Renan !

Cette leçon élevée de fraternité, la France ne pouvait l'accepter en pleine fièvre d'humiliations et de désastres ; l'Allemagne ne l'entendit point.

Il n'est pas possible d'indiquer ici, par le menu, les

diverses formes et les phases diverses de l'influence germanique sur l'écrivain. Il faut avouer qu'il n'a pas réussi, comme il en avait l'ambition, à rendre universelles, en les passant au filtre de son esprit agile et de sa langue inimitable, les vérités profondes et confuses de la philosophie allemande. Son mobile et capricieux génie l'a éloigné des larges voies droites pour le conduire par les jolis et périlleux sentiers de la fantaisie spéculative. Ennemi de la métaphysique abstraite, tout pénétré de la nécessité de relier la philosophie à la science, n'étant d'ailleurs ni un philosophe, ni un savant au sens propre de ces mots, il commença par généraliser la méthode historique ; puis, il se perdit, et, dans sa seconde manière, il affecta un ton, il afficha des airs de Schopenhauer badin, en sorte qu'à travers toutes ses métamorphoses et toutes ses pirouettes, il demeure extrêmement personnel. La trace des assimilations et des emprunts s'efface

Dans l'obscure clarté qui tombe de ses livres.

N'est-ce pas de sa théologie que Renan aurait pu dire qu'elle était, pour une part considérable, tributaire de l'érudition d'Outre-Rhin ? Il avait approché les hébraïsants et les exégètes, les linguistes et les critiques. Il les avait même dévalisés un peu. Que ne dut-il pas à Strauss, ou à l'école de Tubingue dont le chef, F.-Chr. Baur, a si notablement avancé la connaissance des origines chrétiennes ? Mais il serait bien étrange que cette tête aventureuse de Renan se fût mise paisiblement à la suite des théologiens d'Allemagne. M. Maurice Vernes[1] a déjà constaté ceci : « Il est fort remarquable que Renan se trouve avoir subi

---

[1] Article *Jésus* de la *Grande Encyclopédie*.

dans une très faible mesure l'influence de la logique impitoyable et de la théosie mystique de Strauss, pour ressusciter bon nombre des thèses de la critique du xviiie siècle et du vieux rationalisme du commencement de ce siècle. » Il prend des faits aux Allemands et les arrange selon son goût, sans autre contrôle, souvent, que celui de son imagination. C'est que l'artiste domine chez Renan, un artiste que les conséquences logiques d'une doctrine ou d'une découverte inquiètent à peine. Aussi n'a-t-il été ni Kant, ni Hegel, ni Strauss ; mais l'Allemagne n'a point de Renan, ni n'en peut avoir.

Un contemporain de Renan, un Renan serré, dur et sans vol, Edmond Scherer, sollicite maintenant notre attention. Celui-ci lit *Faust* à quinze ans, fait, à vingt ans des extraits de Kant, dans lesquels il trouve la confirmation de sa foi calviniste. Très orthodoxe au début, il fut, à Strasbourg, l'élève de Reuss. « Il semble, écrit son biographe, M. O. Gréard [1], qu'il raconte sa propre histoire dans le passage où il peint la surprise éprouvée par Jean-Jacques Ampère, lorsque, appelé à poursuivre ses études en Alsace, le jeune savant se trouva sous le charme de ces belles méthodes critiques et constructives, de cette liberté absolue des recherches qui sont l'honneur de l'Allemagne, et qui font l'effet d'une révélation à celui qui les rencontre au sortir de notre plat enseignement universitaire. » Le cri de Scherer était alors : « Allez en Allemagne ; l'Allemagne seule vous creusera. » Cet enthousiasme se calma, quand Scherer vit ce qui manquait d'aisance et d'ampleur aux Allemands dans le maniement des idées générales.

La science germanique le détourna de la religion, en sapant sa foi dans l'inspiration plénière des Écritures,

---

[1] *Edmond Scherer*, in-12, 1890, p. 82, 128.

sa croyance à l'autorité scripturaire. Ce fut un long combat entre son cerveau et sa conscience. Il avait été profondément pieux. Il avait composé le

<blockquote>J'errais perdu dans les sentiers du doute,</blockquote>

le plus beau chant de l'église protestante. Mais il était un esprit affamé de vérité : « O mon Dieu, donne-moi d'être vrai ! » s'écriait-il.

Il se sépara donc de ses coreligionnaires. A Genève, on l'excommunia. Schleiermacher le satisfit à l'origine ; puis, avec l'intransigeante rectitude de son intelligence, il alla plus loin, jusqu'au bout de la négation. En 1866, il publia dans la *Revue des Deux-Mondes* son étude sur Hegel et l'hegelianisme, « qui fut en ce temps-là, dit M. Brunetière[1], dans le silence du Second Empire, ce qu'on appelait alors un événement littéraire ». Pénétré, rapporte M. Gréard, « par toute son éducation, de la science allemande, Scherer l'avait, pour ainsi dire, laissée sommeiller en lui. Kant et Hegel furent longtemps ses maîtres latents en quelque sorte ». Il entrait dans la philosophie par une profession de foi nettement hegelienne. Cinq ans auparavant, il avait dit : « Il n'y a en fait de vérité qu'une genèse éternellement inachevée de la vérité. » Il crut découvrir, dans Hegel, la religion des faits, qui lui parut suffisante, à défaut d'une autre. D'où, toute son œuvre. La vie n'étant que l'expérience des réalités, l'histoire et la critique furent les grandes écoles de son esprit.

Scherer connaissait à fond les principales littératures étrangères. Il est surprenant qu'il n'ait presque point parlé de celle de l'Allemagne. Toujours est-il qu'il a réuni

---

[1] *L'Evolution des genres*, etc., I, p. 240.

les deux privilèges du Français et de l'Allemand : d'écrire pour les autres et de penser par lui-même.

Ce « noble et pur Vinet », comme l'appelle M. Faguet, ne devrait-il qu'à son éducation protestante et à la nature les rares qualités qui l'ont fait ranger parmi les moralistes et les critiques français les plus distingués de notre siècle ? Le Suisse Vinet passa près de vingt ans à Bâle, aux confins des deux civilisations germanique et latine. Il s'y familiarisa avec la vie et la science allemandes. « On a de lui toute une série de volumes manuscrits remplis de notes, de réflexions relatives à ses lectures, de citations, d'analyses d'ouvrages, etc., qui prouvent que, dès ses premières années de libres et fortes études littéraires, il profite du voisinage de la science allemande pour élargir le cercle de ses connaissances et s'ouvrir des horizons... Pour Gœthe, il eut à revenir de quelques préventions, et l'on peut croire qu'il eut toujours pour lui plus d'admiration que de sympathie. Schiller l'attirait depuis plus longtemps, et lui était déjà moins étranger. Il se fit une fête de pénétrer dans l'intimité de cette belle âme [1]. » Par ses articles au S...neur, qui était à Paris l'organe du groupe Stapfer, Vinet contribua certes à fortifier en France ce goût de sévère et pointilleuse critique morale qu'il avait pris dans son commerce avec les œuvres des grands écrivains d'Allemagne. Il possédait cette vertu, qu'il refusait, par exemple, à Zschokke, de « contempler les évènements du haut d'une conscience pure ». Si sa constante préoccupation de la moralité de la parole écrite est

---

[1] *Eugène Rambert* : Alexandre Vinet, 1875, in-8, Lausanne, p. 69. — Rambert, l'un des meilleurs écrivains contemporains de la Suisse française, poète, conteur, critique, naturaliste, a également vécu en pays allemand, à Zurich, pendant près de vingt années ; l'influence germanique est très visible dans son œuvre variée et solide.

un fruit de la Réforme, l'originalité de sa méthode est, à certains égards, une fleur de Germanie. Et cette « sympathie universelle », que lui reconnaissait Ed. Scherer, il l'avait trouvée de l'autre côté du Rhin. Ainsi s'explique la fine remarque de Paul Albert sur Vinet : « Il parlait notre langue, sans parler notre langage. »

Un autre Suisse, H.-F. Amiel, gagna en Allemagne cette obsession de l'analyse, cette fièvre de la métaphysique et ce spleen loquace qui tuèrent en lui le pouvoir de créer. « La vaste chauve-souris du spleen bat des ailes sous mon plafond », gémira-t-il un jour. Il étudia en Allemagne, à Heidelberg, à Berlin, à Tubingue. Il disait du Berlin d'avant 1848 : « La pensée l'emporte ici sur la vie. » Et il fut le Berlinois idéal de ce Berlin-là.

Il revint d'Allemagne brumeux et subtil à souhait, dans l'esthétique comme dans la philosophie. Mais il n'avait pas abdiqué l'indépendance de son jugement, celui qui pouvait dire : « Le manque de fait, de réalité, de base, rend parfois les idées de Schiller tranchantes et fragiles comme l'abstraction. Goethe reste étranger à l'histoire... L'égoïsme a été l'étroitesse de cet esprit si large et, par une juste punition, l'a rendu incomplet et petit par un côté... Il ne comprend pas la vie historique, l'évolution des peuples [1]. Dans ses *Etrangères*, il a traduit *Lenore* de Bürger, de l'Uhland, du Goethe, du Schiller, du Heine, du Rückert, du Scheffel. Dans son *Journal intime*, il a souvent rivalisé de tortueuse profondeur et d'obscure transcendance avec les Allemands les moins limpides. Il n'en est pas cependant arrivé à méconnaître les supériorités indiscutables de l'esprit français : « O la clarté, la netteté, la brièveté ! Diderot, Voltaire et même Galiani !... Les Alle-

---

[1] *Berthe Vadier* : H.-F. Amiel, in-12, 1886, p. 111.

mands entassent les fagots du bûcher, les Français apportent l'étincelle. » Mais il se contente d'« entasser », lui.

Quant à l'éminent philosophe et sociologue vaudois Charles Secrétan, que M. Alfred Weber nomme, dans son *Histoire de la philosophie européenne*, « le plus original de nos métaphysiciens de langue française », il fut également familier avec le génie des deux peuples entre lesquels la Suisse peut servir de trait-d'union. Son éducation philosophique fut plutôt allemande; sa langue et sa forme, très abstraites l'une et l'autre, donnent parfois à ses livres un petit air d'ouvrages pensés dans l'idiome de Kant. En opposition avec Hegel, il avait choisi comme base de sa doctrine, non seulement la raison, mais aussi la conscience. La *Philosophie de la liberté* dérive de Kant, mais surtout de la seconde philosophie de Schelling. Dans ce traité, où il expose une métaphysique assez neuve, son but est de retrouver, de ressaisir l'idée de Dieu, d'un Dieu libre, et d'affirmer la liberté de l'homme.

Vers la fin de sa vie, il s'était laissé absorber par la question sociale, qu'il envisageait sous toutes ses faces, religieuse, morale, politique, économique, avec une décision d'esprit, une hardiesse de vues et une rigoureuse probité intellectuelle qui montrent combien avait été fécond, dans cet homme, le mélange d'une culture en partie double.

Ce mélange n'offrirait-il que des avantages ? La souplesse de l'esprit, la clarté de la forme, une communion nécessaire de l'écrivain avec le génie même de la race, voilà ce que l'on courrait le risque de perdre, si l'on ne se précautionnait jalousement contre une soumission trop facile aux influences étrangères. C'est bien ainsi que l'ont compris Michelet, Taine, Renan. C'est ainsi encore que l'entendait ce généreux et prime-sautier philosophe et moraliste, J.-M. Guyau, que la mort a trop tôt enlevé aux grandes lettres françaises. Kant a pu être un de ses « enthousiasmes », comme l'a noté M. Alf. Fouillée ; Guyau a pu s'initier aux systèmes d'un Fichte, d'un Hegel, d'un Schopenhauer, d'un de Hartmann ; il a pu étudier des phénomènes de pessimisme littéraire dans Lenau ou dans Heine, — il a conservé toutes ses qualités latines, et pourtant, on sent très bien ce qu'il doit à une fréquentation assidue et prolongée en Angleterre et en Allemagne. La même observation s'applique à plusieurs de nos contemporains, MM. Vacherot, Paul Janet, A. Fouillée, J. Soury, Th. Ribot, Boutroux, Renouvier ; et à combien d'autres ?

Dans l'histoire, dans la critique, dans l'esthétique, dans la morale et la philosophie, les méthodes de travail mises en honneur par les Allemands ont surtout gagné du terrain en France. L'éloquence naturelle et la fantaisie improvisatrice y sont contenues par des besoins d'information précise et de minutieux contrôle. On y est plus solide qu'autrefois, plus documenté, mieux armé du côté du fait, et, partant, plus sûr de ses conclusions. La riche et l'ardente sève française n'est pas devenue plus compacte et ne circule pas pour autant avec plus de lenteur. Est-ce que M. Sorel, ou M. Lavisse, ou M. Brunetière, et tous ceux qui connaissent le labeur de l'Allemagne intellectuelle, se sont obscurcis et alourdis parce qu'ils l'étudient, et ne dédaignent point d'en profiter ? Le chauvinisme ne serait nulle part plus ridicule, ni plus funeste, que dans les nobles affaires de la science et de l'art.

A notre époque, dans cette Europe qui ressemble à un vaste bureau d'échanges, où les œuvres de l'imagination et de la recherche, plus aisément encore que les produits du sol et de l'industrie, traversent les frontières et deviennent en quelque sorte la propriété commune des peuples, où se font peu à peu le rapprochement des esprits, l'unification des lois, la fusion des races, où la solidarité internationale s'affirme de plus en plus dans l'élite des penseurs et des artistes, ce serait folie que de tout donner aux autres et de ne leur rien prendre en retour.

CONCLUSION

Ne pas copier, ne point imiter même, — assimiler avec choix, telle est, dans l'ordre littéraire, la seule manière rationnelle et féconde d'entrer en relation avec l'étranger. Il faut regarder, étudier, comparer ; suivre, non pas. Celui qui s'asservit se condamne à l'impuissance, celui qui emprunte sans mesure finit par la banqueroute. Celui qui s'instruit y a tout gain.

La France se serait-elle donc si mal trouvée, au cours des siècles, de son intelligente curiosité ? Et n'est-il pas dans son rôle historique d'universaliser, grâce à l'instrument merveilleux de sa langue et à la promptitude avisée de son esprit, tout ce qui demeurerait national chez les autres, et qu'elle a le privilège de rendre humain ? N'est-il pas dans son tempérament, et dans sa destinée, d'être pour tous l'interprète de tous ? Mais à cela ne saurait se borner son action dans le monde. Si elle ne demande qu'à vulgariser ou à clarifier la pensée des autres, elle eut sans cesse l'ambition de vivre aussi pour elle-même et de créer par elle-même. Pas davantage que ses voisins du Nord, de l'Est ou du Midi, cependant, elle ne fera rayonner son propre génie au-delà de ses frontières, si elle ne le renouvelle par un contact incessant avec celui des autres peuples.

Qu'est-ce, en effet, que l'esprit français dans ses limites naturelles, préservé ou sevré de toutes infiltrations étrangères ? Je cite M. R. Doumic[1] : « Ni rêveur, ni mystique, incapable de comprendre toute idée ou trop abstraite ou trop compliquée, médiocrement sensible au jeu des couleurs et à la musique des phrases, il est sensible au spectacle de la vie et s'applique à rendre, dans ce qu'ils ont de plus particulier, les cent actes divers de l'ample comédie. » Mais il est si alerte, qu'il n'est pas pour lui d'inaptitudes foncières, ni d'insuffisances radicales. Ce qu'il n'a point, il le peut acquérir; il peut devenir ce qu'il n'est pas, sans cesser d'être ce qu'il est. Aussi bien, on l'a vu aux XVIe et XVIIe siècles, faire, comme disait Sainte-Beuve, ses « voyages de remonte » en Italie et en Espagne, au XVIIIe en Angleterre, au XIXe en Allemagne et ailleurs. S'il lui est arrivé de verser dans l'engouement et de s'enticher des défauts des autres au point de se les approprier, il s'est bientôt ressaisi ; et ces incursions en pays non français ne lui furent en somme que profitables ; il est resté ainsi, comme l'écrivait M. Gaston Paris, « toujours national et toujours européen », et plus européen encore que national.

Que lui manque-t-il, cependant, que lui a-t-il manqué ? De n'être « ni rêveur, ni mystique » et d'être réfractaire à l'abstraction ? Assurément. Et aussi, de ne point se pénétrer assez du sérieux de la vie, de se désintéresser par trop des conséquences morales de son effort. Il a joint à sa grâce de la frivolité, il a mis de la passion dans ses étroitesses, il s'est défié du sentiment, il n'a cru ni peu

---

[1] *Ecrivains d'aujourd'hui*, Paris, in-16, 1894, p. 95.

ni prou au charme suprême de la vertu. En un mot, et ceci dit à peu près tout, l'esprit français n'a été qu'esprit. Mettez à part les individualités d'exception, ou celles qui ont subi fortement des influences étrangères, un Pascal, un Molière, un Rousseau, un Châteaubriand, et acceptez ce qu'a de forcément incomplet une caractéristique enfermée dans une formule très brève, vous reconnaîtrez avec moi que notre littérature est bien plus l'expression d'une raison vive et sûre que la confession d'une âme profonde.

Comment n'en serait-il pas ainsi ? Le climat, l'histoire, la religion ont fait de la France un pays où l'existence est facile, où le principe d'autorité, malgré quelques rudes secousses, a triomphé de la liberté individuelle, où le culte a été une force dans l'État plutôt qu'une magistrature des consciences. Et puis, la vie intellectuelle se retira de bonne heure des centres provinciaux, émigra vers l'attirante et brillante capitale. On s'éloigna de la nature pour se rapprocher du monde ; on quitta son coin paisible pour monter sur la scène, et de là, parler à l'Europe friande du spectacle parisien. D'un côté, on désapprit à vivre par soi-même ; on apprit, de l'autre, à vivre pour la galerie. Intimité, intensité et recueillement d'une vie intérieure libre et pleine, l'esprit français a ignoré cela de plus en plus. Il était à la tribune ou sur les tréteaux ; il s'ingéniait à conquérir un auditoire choisi, à le flatter, à l'amuser, à l'éblouir, et, pour être applaudi de tous, à développer de préférence ces dons de tact, de mesure, d'agrément et d'adresse auxquels nul n'est insensible.

Voilà pourquoi, sans doute, les qualités de la race aidant, les lettres françaises sont du domaine public infiniment plus que celles des autres peuples ; elles vont aux idées générales par les routes droites, elles s'imposent à toutes les intelligences par leurs formes claires, elles sont les plus « cosmopolites de toutes », suivant M. J. Lemaître, et les plus « sociables », d'après M. F. Brunetière. Leurs lacunes sont comme la rançon inévitable de leurs supériorités. Précisément parce qu'elles sont universelles à un degré que les autres n'ont pas atteint, elles sont peut-être moins originales que d'autres et de substance moins riche.

Que peut leur donner l'Allemagne ?

Un peu de l'au-delà de sa poésie, du sérieux de sa pensée, des salutaires angoisses de sa conscience. Rien pour l'art, ou presque rien ; beaucoup par ailleurs. Qu'est-ce que l'Allemagne ? Le génie du Nord et le cœur de la Réforme, — la liberté de la recherche et du rêve, la religion et la morale de l'effort individuel. C'est ce qu'il importe de considérer, sans s'attacher aux défaillances momentanées, ni même aux longues impuissances d'une race sur laquelle ont pesé des siècles de mauvaise histoire. Mme de Staël avait fort bien vu les découvertes utiles que la France pouvait faire dans l'œuvre de la Germanie renaissante ; seulement, elle n'avait pas dégagé son enseignement de ses enthousiasmes lyriques et de ses éloquentes généralisations. Son livre tournait trop au poème admiratif. Elle imprimait l'élan ; elle ne montrait pas le chemin.

La France, si énergiquement centralisée comme État, et, depuis la révocation de l'édit de Nantes, si entièrement livrée, comme peuple, à la domination de l'esprit catholique, avait insensiblement perdu la notion des bienfaits de l'indépendance personnelle et celle des droits de la conscience particulière. L'égalité lui fut toujours plus chère que la liberté. L'individu abdiqua sa volonté entre les mains du pouvoir séculier, sa pensée entre celles de l'autorité ecclésiastique ; il raillait ses maîtres, et cela lui suffisait pour qu'il s'en crût l'égal et se proclamât libre. De là, dans la littérature, cette acceptation aisée des règles, ce respect invétéré des traditions, cette soumission presque absolue aux décrets de l'opinion. Le Français est trop le produit d'un milieu ; il n'est pas assez sa propre création.

En Allemagne, au contraire, où l'État impérial ne fut, des siècles durant, qu'un souvenir historique, où l'Église est une foule en mouvement, il y a partout de petits centres de culture, il n'est pas une âme qui n'ait sa foi à elle ; et la liberté, pour y être conçue comme une adhésion ou même comme une obéissance de l'homme à une loi qui le dépasse, y est encore la liberté, dans la vie intérieure du moins. Cette situation politique et ces conditions spirituelles sont inséparables d'assez graves inconvénients. Au demeurant, les choses ont changé, et, pour la Prusse entre autres, cette esquisse appellerait des retouches.

La France n'aurait-elle rien à prendre, dans ce pays si différent d'elle-même et qui, après un lourd sommeil de deux cents ans, a soudain offert au monde le spectacle d'une des plus belles résurrections intellectuelles ?

M. Paul Stapfer a vu dans l'Allemagne l'*alma parens*, la nourrice du cerveau et du cœur de l'Europe, la France étant surtout l'interprète avisé et l'habile metteur en œuvre de l'imagination et de la science universelles. La France a bien été cela ; elle a été autre chose encore. Comme toutes les nations, elle a fourni son contingent d'idées originales, mais elle peut y ajouter, et c'est à quoi il la faut convier. Elle se gardera bien de chercher au dehors ce qui ne convient pas à son tempérament ; elle s'empressera de façonner à son image, et selon son génie, toutes ses importations de matière première. La philosophie allemande, par exemple, est admirable d'audace et de fécondité ; c'est de l'or en lingots que la France doit convertir en numéraire circulant dans le monde. L'érudition allemande est étonnante d'exactitude et de patience ; lampe merveilleuse, la France l'allumera. Les romanciers et les conteurs d'Allemagne ont créé une littérature du foyer ; les Français se souviendront des dures paroles que Michelet a écrites sur leur « foyer équivoque et suspendu en l'air », et ils se diront que l'art peut aider à le relever ou à le perdre. La poésie allemande,...

Mais j'entends des voix inquiètes, ou chagrines, qui redoutent et déconseillent tout commerce trop intime entre les deux nations. M. G. Renard nous dit [1] : « Quel changement durant ces dernières années !... L'histoire a laissé le récit étouffer sous le luxe des notes, comme un arbre sous la végétation débordante d'une plante parasite. La philosophie s'est enveloppée d'un jargon apocalyptique, qui s'accommode de toutes les équivoques ou même de toutes les déloyautés de raisonnement. La littérature, elle aussi, s'est hérissée de grands mots épineux, où le lecteur se pique et s'accroche comme à des branches de ronces traînant dans un jardin. La langue enfin s'est embarrassée de termes et de tournures qui l'appesantissent et la troublent. » M. F. Brunetière [2], n'a pas laissé non plus d'avertir ses compatriotes : « Il suffit à l'Allemand de se comprendre lui-même, et d'autant que les autres le comprennent moins aisément, il y voit une preuve de la profondeur de sa pensée. Le Français estimerait qu'il a manqué son but, s'il fallait peiner pour l'entendre et il aime mieux passer pour superficiel que pour obscur. » En réalité, et sauf dans la philosophie où des profanes

---

[1] *Op. cit.*, p. 101.
[2] *Etudes critiques*, 5e série, p. 271.

n'ont plus accès, tant la plupart des « professionnels » y usent du droit d'être inintelligibles, on accordera que la contagion germanique n'a point exercé trop de ravages.

Ce serait d'ailleurs mal observer l'Allemagne que de n'y chercher
Que le savoir obscur de la pédanterie,
et de passer outre. Le goût, si français, des belles formes, le fanatisme de la pensée en toilette ne doivent pas aveugler sur le reste, qui a son importance. Et puis, n'exigeons pas des Allemands qu'ils soient aussi sensibles que les Latins aux grâces du style ; sans partager l'insouciance que professent trop d'entre eux pour les questions d'art littéraire, sans choir dans leur manie de dénoncer « *ein Dilettant* » dans tout écrivain qui se pare, il sied néanmoins de les féliciter de ce qu'un morceau, même admirablement troussé, ne les satisfait point, si l'auteur s'est borné à d'adroites variations sur les lieux communs de l'imagination et du savoir. L'Allemagne, quoi qu'on puisse lui reprocher, nous a enseigné, dans ce siècle, à rendre plus substantielles et plus sûres les vivantes et limpides conversations que sont presque tous les livres de marque proprement française. L'écueil de l'improvisation menaçait notre esprit agile ; nous ne nous heurterons jamais à celui de ce « spécialisme exclusif », que Vinet appelait « une ignorance savante ». Même ceux d'entre nous qui se confinent dans la petite maison silencieuse et fermée de leur « spécialité », gardent une fenêtre ouverte sur la vie.

N'oublions pas non plus que, de toutes les littératures européennes, l'allemande a été la plus ouverte aux influences étrangères. Elle fut un vaste champ d'essais. Gœthe n'est-il pas la plus haute incarnation d'une sorte de génie international ? N'a-t-il pas été le premier grand ouvrier de cette *Weltlitteratur* qu'il annonçait ? Mais si les Allemands, plus que les autres peuples, respirent les idées qui soufflent de tous les coins de l'horizon, ils n'ont pas le don de les universaliser ; ni leur idiome, ni la tournure de leur esprit ne leur permettent de remplir le rôle si allégrement tenu par les lettres françaises. Toujours est-il, qu'en les étudiant, on étudie l'Europe du même coup, car rien n'échappe à leur patiente curiosité. Notre littérature et notre langue, pour ne citer que ce fait, ont leurs revues en Allemagne, tandis que notre première et unique *Revue d'histoire littéraire de la France* a été fondée en 1894 ; la Germanie s'intéresse si fort aux lettres françaises qu'elle a ses « moliéristes », et même son *Molière-Museum*... Si nous avons besoin d'auxiliaires pour nous initier plus complètement à l'effort intégral de l'intelligence humaine, ou, simplement, pour nous renseigner sur nous-mêmes, nous n'en découvrirons nulle part d'une érudition plus étendue, ni plus exacte, sinon plus avenante, que de l'autre côté du Rhin. Au surplus, nombre de savants allemands ne dédaignent pas d'être des artistes ; ainsi, je ne crois pas que nos historiens et critiques littéraires écrivent avec plus d'agrément et d'originalité qu'un W. Scherer ou un Erich Schmidt.

Enfin la littérature allemande n'a-t-elle pas, plus que la nôtre, des préoccupations élevées, ne tend-elle pas, plus que la nôtre, à l'émancipation et à l'éducation progressives de l'individu moral ? C'est là le point essentiel. Sans doute, Alfred de Vigny n'a lancé qu'une injuste boutade, le jour où il a dit que « tout Français, ou à peu près, naît vaudevilliste et ne conçoit pas plus haut que le vaudeville ». Combien de gens, en France, n'abaisseraient-ils pas volontiers l'esprit français au niveau d'un gentil ou frivole amuseur ? Qui donc personnifiait naguère cet esprit dans… Eugène Labiche? N'avons-nous pas trop d'auteurs qui ne se proposent d'autres fins que celles d'être les gardiens jaloux de la légèreté nationale? Ne se moque-t-on pas couramment de ceux qui recommandent la décence dans le livre, de ceux qui exaltent la vertu, de ceux qui célèbrent la vie de famille? Nos romanciers n'ont-ils pas une prédilection marquée pour la peinture des existences irrégulières et des passions dévoyées? L'adultère n'est-il pas la ressource de notre théâtre? Le pamphlet et le réquisitoire ne sont-ils pas la forme habituelle de nos entretiens politiques? Et n'avons-nous pas perdu la faculté même d'admirer? M. Th. de Wyzewa note quelque part, dans son suggestif volume *Chez les Allemands*, qu'au contraire de ce qui se passe en Allemagne, à Paris, « personne ne lit un livre, ne regarde un tableau avec d'autres pensées que celles du jugement qu'il en aura. La critique a remplacé chez nous la jouissance artistique ».

L'Allemagne — ce n'est ici qu'une appréciation d'ensemble — l'emporte par le sérieux, sinon par l'éclat, de son œuvre littéraire. Pourvu que nos défauts nous divertissent et que nos vices nous rendent intéressants, nous les préférons à l'ennuyeuse austérité. Les Allemands sont d'un autre avis. S'ils avaient à moitié raison?

Ainsi, la restauration des droits de l'individu, la part du rêve et de l'au-delà dans la poésie, les méthodes d'investigation savante, la religion des faits sévèrement contrôlés, une conception plus morale de l'activité intellectuelle, telles sont les conquêtes auxquelles nous serons incités par une étude impartiale et attentive de la littérature allemande. La France n'a point à se déguiser lourdement, à sacrifier ce trésor de goûts, de penchants et d'idées qui constituent son âme; elle a seulement à s'enrichir. Comme Amiel l'écrivait de Berlin, dans une lettre du 11 décembre 1846, nous ne « viendrons pas chercher en Allemagne une culture littéraire, mais scientifique », et un peu d'idéal par surcroît. Puis, préoccupés de l'avenir de notre langue, de notre race, de notre action dans le monde, tout pénétrés de cette pensée qu'il n'est pas d'autres sources du progrès que celles de la bienveillance entre les cœurs et de la solidarité entre les esprits des hommes, n'abdiquant rien de nous-mêmes, mais ne rougissant point de ne pas être tout par nous-mêmes, nous dégagerons un magnifique programme de ces paroles d'Ernest Renan :

« La France m'a fait bénéficier des faveurs qu'elle réserve à tout ce qui est libéral, de sa langue admirable, de sa belle tradition littéraire, de ses règles de tact, de l'audience dont elle jouit dans le monde. L'étranger même — lisez : l'Allemagne — m'a aidé dans mon œuvre autant que mon pays ; je mourrai ayant au cœur l'amour de l'Europe autant que l'amour de la France ; je voudrais parfois me mettre à genoux pour la supplier de ne pas se diviser par des jalousies fratricides, de ne pas oublier son devoir, son œuvre commune, qui est la civilisation. » Le même Ernest Renan n'a-t-il pas dit, — cette phrase a été citée déjà par M. J. Texte, à la fin de son bel ouvrage sur *J.-J. Rousseau et les origines du cosmopolitisme littéraire* — « qu'il semble que la race gauloise ait besoin, pour produire tout ce qui est en elle, d'être de temps en temps fécondée par la race germanique » ?

DEUXIÈME PARTIE

LA LITTÉRATURE FRANÇAISE EN ALLEMAGNE

INTRODUCTION

Si la littérature allemande a exercé une influence considérable sur la nôtre, du moins depuis un siècle et demi, l'action de la littérature française en Allemagne a été tout à la fois bien plus prolongée, bien plus constante et bien plus profonde. Cela tient essentiellement à ce que notre langue et notre esprit ont des qualités de précision, de clarté, de souplesse et de grâce qui leur assurèrent de bonne heure une popularité universelle, tandis que la langue et l'esprit germaniques, aussi riches, moins séduisants cependant et surtout moins limpides, ne purent guère prétendre à la royauté intellectuelle au-delà des frontières. Et puis, ainsi que l'a dit Henri Martin, la propagande est comme la vocation de la France. Cette vieille nation, toujours jeune, a manifesté, au cours de toute son histoire, presque sans arrêt, des besoins et une force d'expansion extraordinaires. Elle n'a pas conquis le monde comme l'ancienne Rome, elle l'a policé en le passionnant ou en le charmant sans cesse. Son domaine territorial a pu s'étendre ou se réduire; les succès de sa politique extérieure ont eu bien des vicissitudes, — elle a maintenu, à travers les fortunes les plus diverses, l'attirant et le vivant prestige de son génie.

Aussi n'est-ce rien de surprenant que le rôle joué en Allemagne par cette France qu'Amiel, je crois, appelait la Célimène de l'Europe. On n'est point aveugle à ses défauts, que l'on copie volontiers, on s'irrite contre elle, on voudrait se soustraire à l'empire de l'enchanteresse ; il est irrésistible. La France n'est-elle pas une Grèce moderne, la patrie cosmopolite, si j'ose ainsi dire, de l'art et du savoir? Elle produit tout et s'assimile tout ; elle est extrêmement féconde et infiniment variée ; elle a pour le moins l'âme européenne autant que nationale, elle instruit et divertit, elle démêle et vulgarise. Et, comme l'a montré M. F. Brunetière [1], « depuis Chrétien de Troyes jusqu'à M. François Coppée, depuis Froissart et Commynes jusqu'à l'auteur de l'*Esprit des lois*, et jusqu'à celui de l'*Essai sur les mœurs*, presque personne en France n'écrit qu'en vue de la société, sans jamais séparer l'expression de sa pensée de la considération du public auquel il s'adressait, ni par conséquent l'art d'écrire de celui de plaire, de persuader et de convaincre ». Comment n'aurait-elle pas captivé l'intelligence et l'imagination allemandes, un peu lentes, un peu lourdes, un peu abruptes ? Comment ne leur aurait-elle pas suggéré des idées, prêté des matériaux, fourni des modèles, quitte à en recevoir parfois en retour ?

Considérez l'évolution littéraire de l'Allemagne, allez de Conrad de Ratisbonne à M. Paul Lindau, du *Rolandslied* au *Zug nach dem Westen*; prenez le roman ou le théâtre, la philosophie ou l'histoire, la critique ou l'esthétique, et même la poésie, vous ne constaterez, en mettant

[1] *Etudes critiques*, op. cit., 5ᵉ série, p 257.

à part quelques individualités d'exception et en reconnaissant que la poésie épique et lyrique s'est peu à peu débarrassée de la tutelle étrangère, vous ne constaterez aucune interruption durable, ni même aucune intermittence, dans l'action des lettres françaises sur celles d'Outre-Rhin ; les essais d'émancipation restent incomplets, les éclipses d'influence ne sont que partielles. C'est, encore un coup, que la puissance d'attraction de la France est comme invincible. Ce pays est, par excellence, celui où s'élabore, en des formes presque parfaites, la pensée, et où se concentre l'âme du monde civilisé ; il a des défaillances et des lacunes, il commet des erreurs et des fautes, mais nul plus que lui, nul mieux que lui ne résume et ne propage l'effort de l'esprit universel ; il communique à ses propres œuvres comme aux œuvres qu'il fait siennes, je ne sais quel pouvoir fascinant de lumière et de vie ; il crée et il recrée tout à l'image de son génie et pour l'usage de l'humanité.

CHAPITRE PREMIER

DES ORIGINES AU XVIᵉ SIÈCLE

I

Longtemps, l'Allemagne n'a guère été qu'une expression géographique. La France est, depuis des siècles, une nation et une patrie. La civilisation latine a pénétré la France de part en part. L'Allemagne est restée à demi barbare jusqu'à la Renaissance ; réfractaire à l'influence de la Rome des Césars, elle fut amenée par violence à la religion de la Rome du Christ. Tandis qu'en Provence, et jusque dans le Nord de la vieille Gaule, la fusion se consomme rapidement entre l'antiquité classique et le christianisme, l'intelligence allemande témoigne une indifférence méfiante ou une hostilité passionnée aux deux puissances spirituelles qui vont s'allier pour gouverner l'esprit et l'âme de l'Europe. L'antiquité classique, c'est le symbole de la règle ; le christianisme, tel du moins que Rome l'a formé, c'est l'image de l'unité : or, le Germain, par tempérament comme par tradition, regimbe à l'une et à l'autre.

Un moment, sous les Hohenstauffen, on peut croire

que le grand effort vers la centralisation politique conduira très rapidement à l'éveil et à l'épanouissement du génie national. Nous assistons soudain au spectacle d'un superbe essor de la poésie. Mais, dès la mort de Frédéric II, l'Allemagne, livrée à l'anarchie, marche à la décadence, puisque aussi bien les Habsbourg, même dans leurs jours les plus glorieux, travaillent moins pour l'Empire que pour la maison d'Autriche. Et, de nouveau, on ne sentira plus, entre les membres de la famille germanique, qu'une parenté toute matérielle, toute physique : de parenté intellectuelle, on ne pourra parler qu'au temps de la Réforme.

Comment une littérature, allemande d'origine et de tendances, serait-elle née, ou se serait-elle maintenue, dans un État où la féodalité se développe sans contrepoids, alors que, partout ailleurs, elle est absorbée par le pouvoir royal, où le bien général est immolé aux intérêts particuliers, où l'étranger, appelé à s'ingérer dans les affaires du ménage intérieur, impose souvent ses mœurs, son esprit, ses volontés ? Dans cette société sans cohésion et sans force, le génie de la race est à la merci de toutes les infiltrations et de toutes les influences. La France, l'Italie, l'Angleterre, l'Espagne y règneront tour à tour, ou même côte à côte. Et la merveilleuse floraison du *Nibelungenlied* n'aura qu'un printemps, précisément parce que la muse populaire et nationale n'a point de place dans l'Allemagne dénationalisée de l'époque féodale ; les chefs-d'œuvre mêmes du « premier âge classique » ne retrouveront des admirateurs qu'au xviii° siècle.

Ce sont les chansons de geste de la France qui, après avoir puisé une bonne partie de leur sève dans ce qu'on appelle l'épopée mérovingienne, passent en Allemagne, moins rudes et moins farouches en général que le *Nibelungenlied*, toutes pleines de bravoure élégante, d'altière fantaisie et de charmant héroïsme. La *Chanson de Roland*, où s'exprime l'âme guerrière et chevaleresque de la vieille France, renouvelle l'imagination germanique ; la mystique poésie bretonne lui rapprend le rêve ; les troubadours de Provence lui enseignent la grâce ; la philosophie du moyen âge français lui apporte la science. Mais une littérature qui vit surtout d'emprunts, qui n'est plus en communication intime et permanente avec son peuple, végète ou dévie fatalement. Et l'unité de la langue, qui avait failli se constituer dans le dialecte souabe, est plus compromise que jamais ; heureusement, la Réforme viendra, et Luther.

II

Il est nécessaire d'entrer dans quelques détails et de suivre pas à pas l'histoire de l'action intellectuelle de la France sur toute la littérature allemande du moyen âge. On verra clairement que si les origines germaniques de l'épopée française sont incontestables, l'Allemagne littéraire d'avant la Réforme doit à la France le fond et la forme de la portion la plus considérable de son œuvre[1].

L'ancienne poésie chrétienne des Allemands, le *Héliand*, si caractéristique par sa germanisation du christianisme et d'une couleur si originale, l'*Harmonie des Evangiles* d'Otfried de Wissembourg, où l'auteur revendique si énergiquement le droit de « chanter en langue franque les louanges de Dieu », le *Ludwigslied*, tous ces balbu-

---

[1] W. Golther : *Geschichte der deutschen Litteratur*, 1ᵉʳ Theil, 1 Bd. in-8, Stuttgart, 1892 (163ᵉ volume de la collection Kürschner).

tiements d'un génie qui prend conscience de lui-même datent du ıx° siècle, et la France, naturellement, n'y est pour rien. Pareillement, les poèmes latins que le siècle suivant donne à l'Allemagne, ainsi le *Walthuarius de Aquitania* du moine de Saint-Gall Ekkehard [1], sont d'inspiration germanique et christianisante ; en revanche, les premières traces de l'épopée des animaux, du *Roman de Renart* en langue latine, se trouvent dans un poème de la même époque attribué à un moine de Toul ; et le renard, le loup, le lion y sont déjà dessinés en traits si vifs, qu'ils les garderont et que leur physionomie définitive est acquise dès lors à l'histoire littéraire [2].

La prose allemande et latine de l'Allemagne des ıx° et x° siècles n'est pas d'essence moins nationale.

C'est à l'heure où la France est morcelée par la féodalité, où l'Allemagne s'épanouit sous les Hohenstauffen, vers le milieu du xıı° siècle, que la littérature allemande célèbre les commencements de son « premier âge classique ». Le prodigieux mouvement des croisades va réveiller et féconder l'esprit de la chrétienté. Cependant la France est, par sa richesse, par son éclat, par ses mœurs, par toute sa civilisation enfin, tellement en avance sur l'Allemagne, que celle-ci imitera celle-là. Sans doute, la chevalerie à la française n'était, à tout prendre, que l'ensemble des vertus germaniques vantées par Tacite, épurées et ennoblies par la religion du Christ, assouplies et affinées par la race celto-latine ; elle était cependant si différente, après tant de siècles révolus, de l'antique idéal moral des Germains, que l'Allemagne n'y vit qu'une belle fleur étrangère à cueillir.

[1] J. Bächtold : *Geschichte der deutschen Litteratur in der Schweiz*, in-8, Frauenfeld, 1892, p. 40 et s.
[2] *Gaston Paris* : *La littérature française au moyen âge*, in-12, 2° édit., 1890, p. 117 et s.

La rudesse et l'étroitesse de la vie allemande se dissolvent en quelque sorte au contact de cette vie séduisante du gentil et fier Occident. Sentiment de l'honneur, culte de la femme, soumission à l'autorité, protection des faibles, dévotion à l'Église, ces choses renouvelées, sinon nouvelles, vont passer le Rhin avec la littérature française qui, dès le xii° siècle, sera la grande prêteuse de celle de l'Allemagne.

M. Golther[1] a dit : « L'originalité du poète allemand est fortement compromise ; il n'invente et ne compose presque plus... Il ne traduit pas, au sens moderne du mot, en s'attachant aussi fidèlement que possible à son modèle ; il le voit avec ses propres yeux et le transforme partiellement. » C'est bien cela. L'imitation n'est point directe, du moins chez les écrivains de quelque talent. On arrange, on remanie, on crée même en l'occurrence. On est ébloui, mais on est stimulé ; et le *Perceval* d'un Wolfram d'Eschenbach, toute française qu'en soit la source, sera une œuvre profondément allemande à bien des égards. Si d'ailleurs notre langue était en Allemagne celle de la noblesse, elle n'avait pénétré ni dans le peuple, ni dans le clergé. Mais l'élite seule compte sérieusement dans l'histoire intellectuelle d'une nation ; et voilà pourquoi il est impossible d'étudier la littérature allemande du moyen âge, si on ne la compare constamment à la littérature de la France.

C'est avec Conrad de Ratisbonne et le prêtre Lamprecht que commencent les traductions du français. Conrad achève vers 1132 son *Rolandslied*, qui est notre *Chanson de Roland* ; il ne s'est pas beaucoup écarté de son modèle pour les faits et la couleur, il l'a toutefois germanisé de ton presque autant que de langue ; il l'a, d'autre part, adapté

---

[1] W. Golther, op. cit., p. 110.

aux préoccupations et aux événements contemporains, il en a varié la forme, en un mot, mais il s'est montré incapable de prêter aux héros de notre épopée la physionomie nettement accentuée et singulièrement vivante de l'original [1]. L'*Alexanderlied* de Lamprecht est d'un traducteur beaucoup moins personnel ; elle date des années 1130 à 1140.

Un poète de Thuringe doit avoir composé *Graf Rudolf* entre 1170 et 1173 ; et, quoique le fond de l'œuvre soit certainement français, on ne sait encore aujourd'hui s'il s'agit ici de quelque imitation ou si l'auteur s'est borné à consulter la tradition orale. Cependant, la littérature de l'Occident est de plus en plus goûtée. *Flore et Blanchefleur* nous est arrivée, entre autres, par des fragments d'une version allemande de 1170. Eilhard d'Oberg donne un peu plus tard *Tristan et Iseult* à ses compatriotes ; il suit de très près [2] le texte de Béroul, semble-t-il, mais d'une manière assez indépendante, et il est fort probable qu'il aura mis à contribution le poème perdu de Chrétien de Troyes : « Il faut reconnaître, dit M. Kufferath [3], que le poème d'Eilhard, sans avoir les qualités brillantes qui distinguent celui de Gottfried (de Strasbourg), est remarquable par la sincérité naïve et charmante du récit, le ton vif et énergique de la langue. L'habileté avec laquelle Eilhard manie le dialogue égale celle de Chrétien de Troyes, ce qui autorise à croire que, peut-être, Eilhard aura imité, comme on le suppose de Béroul, le poème perdu du poète champenois. »

Nous avons enfin, pour la première période, qui va de

---

[1] *Golther*, op. cit., p. 189 et s.
[2] M. Kufferath : *Tristan et Iseult*, in-12, 1894, p. 108 et s. *Romania*, XVI, 288 et s. (E. Muret : *Eilhard d'Oberg et sa source française*).
[3] *M. Kufferath*, op. cit., p. 108.

1050 à 1080, le *Reinhart Fuchs*, d'Henri le Glichezâre. Cette satire allemande est, en somme, une adaptation très fidèle, pour toute sa première partie, du récit qui constitue le fond de la branche I de notre *Roman de Renart*. Bientôt, il est vrai, l'auteur abandonne son modèle, pour combiner l'histoire du procès et de la maladie. M. Gaston Paris pense que le Glichezâre a imité ensuite « une branche semblable à la seconde moitié de la branche X, mais plus ancienne, et qu'il l'a lui-même amalgamée avec une branche semblable à I » (1-1200). Il ne croit pas, comme l'imaginent MM. Sudre et Voretzsch, que l'écrivain de Reinhart Fuchs ait eu sous les yeux une branche française composée de versions antérieures du commencement de I et de la fin de X ; et il le prouve par des raisons qui semblent décisives. Ce qu'il y a de certain, du moins, c'est que l'œuvre originale est française, et que toutes les autres dérivent d'une forme primitive conçue dans notre langue [1].

Dès 1180, nous rencontrons la poésie de cour, l'épopée chevaleresque, avec Henri de Veldeke, qui savait aussi bien le français que le saura Gottfried de Strasbourg lui-même. Ce prêtre mondain avait l'esprit alerte et sec ; il émonda les végétations touffues de son texte français, dans l'*Eneit*, qui est tirée du roman d'*Eneas*, plus ancien encore que le roman de Troie, mais il émonde avec trop de scrupules cette façon d'Énéide travestie à la mode du moyen âge. Henri de Veldeke eut le mérite de doter la poésie allemande du vers régulier :

> *von Veldeke der wise man*
> *der rehte rime allerêrst began.*

---

[1] *Léopold Sudre* : Les sources du Roman de Renart, in-8, Paris, 1893. Voir un article de M. G. Paris sur cet ouvrage, dans le *Journal des savants* (Septembre, Octobre et Décembre 1894, Février 1895).

L'influence de cette innovation fut considérable. On négligea désormais les œuvres précédentes ; on retraduisait la chanson de Roland, l'Alexandre, le Tristan, le Reinhart Fuchs. Et Veldeke eut des disciples, qui lui prirent à la fois sa forme et sa matière.

Maître Otte ne peut naturellement prétendre à l'originalité, dans sa translation de l'*Eraclius* de Gautier d'Arras ; il a pourtant une touche plus réaliste, un accent plus populaire que le poète français. Un inconnu traduit, vers 1214, *Athis et Prophilias*, d'après Alexandre de Bernay. Les remaniements du roman d'Alexandre par Biterolf et Berchtolt (début du xiii° siècle) ne nous sont point parvenus. Herbort de Fritzlar suit, avec une maladresse servile, dans son « liet von Troye », le roman du poète tourangeau Benoît de Sainte-Maure. Albert de Halberstadt essaie bien de réagir contre la prédominance excessive du génie français, en traduisant du latin les *Métamorphoses* d'Ovide ; cette tentative demeure isolée.

Les trois grands maîtres de la poésie allemande du moyen âge nous attendent. Grâce à eux, cette poésie se familiarise étroitement avec les légendes de la Table Ronde[1], et les introduit dans l'épopée germanique, car le *Tristan* d'Eilhard n'était plus qu'un assez vague souvenir ; Hartmann d'Aue et Gottfried de Strasbourg sont de la même famille spirituelle, des artistes avant tout, sans vive originalité de sentiment et de pensée ; Wolfram d'Eschenbach a moins de talent qu'eux, mais il a du génie. C'est par une traduction presque littérale de l'*Erec* de Chrétien de Troyes que débute Hartmann d'Aue ; son dessein de polir et d'affiner est visible. Il ne procède pas autrement pour écrire son *Gregorius*, qui a également des

---

[1] *Gaston Paris*, op. cit., p. 86 et s.

origines françaises. Son *Iwein* est une adaptation intéressante de l'*Iwain*, ou *Le Chevalier au lion*, de Chrétien, intéressante, moins par les aventures extraordinaires du héros et le décor fantastique du poème, que par l'ardente religiosité et la manière prêcheuse de l'auteur; au surplus, il est bien inférieur au poème de Chrétien pour le naturel et la couleur. *Pauvre Henri*, son meilleur titre de gloire, sort du cadre de cet ouvrage; on n'y saurait découvrir aucune influence immédiate de notre littérature. Les qualités essentielles de Hartmann sont celles du style, d'un style noble et délicat qui n'est pas trop loin de la perfection. Ses œuvres furent composées entre 1192 et 1202.

Si Hartmann est un lettré, qui possède à fond le latin et le français, Wolfram d'Eschenbach n'est rien moins que cela. Celui-ci a fait son éducation à l'école de la vie ; les règles de l'art, les trésors de l'érudition, il n'a pu que les soupçonner. Son français devait être bien insuffisant; il est facile de s'assurer qu'il ne comprenait pas notre langue, ou la comprenait mal. Mais qu'importe ! Il a le don souverain, qui est de créer. Il va son chemin, au hasard du génie, incapable de suivre son modèle de droit fil. Mais il est diffus, il est obscur, il n'a point de rhétorique.

Le *Perceval*, ou conte du *Graal*, auquel Chrétien de Troyes travailla vers 1175, et qu'il ne termina point, fut-il la source de Wolfram ? Ou ce dernier se serait-il, comme il le dit, inspiré de ce « Kyot der Provenzàl »[1], qui aurait remanié et achevé le *Perceval* de Chrétien ? La question n'est pas résolue définitivement. S'il a imité Chrétien, il l'a fait avec une entière indépendance ; il s'est affranchi des liens de la convention, et, d'un héros d'épopée sans physionomie personnelle, il a tiré un caractère ; et puis, il n'est

[1] On a identifié Kyot avec Guiot de Provins, sans raisons décisives; Kyot lui-même est peut-être une invention de Wolfram.

jamais asservi par des arrière-pensées politiques, il ne sacrifie qu'à un idéal moral très élevé. Son Parcival est bien, comme on l'a noté ingénieusement, le Faust d'un siècle de foi. Ecoutez Wolfram, dans son introduction : « Le doute qui envahit l'esprit est l'ennemi du salut de l'âme. L'âme humaine est comme souillée par une foi chancelante. Celle-ci n'a plus un reste de valeur morale que si elle est soutenue par un courage viril, par un véritable esprit chevaleresque qui orne l'âme obscurcie par le doute. » Cet « esprit chevaleresque » est inné dans Parcival, qu'il préserve de la déchéance totale [1] et ramène à Dieu.

Serait-ce donc un mystique, un pur mystique, que Wolfram d'Eschenbach ? Nullement. Il n'est pas théologien le moins du monde, il n'est qu'un poète chrétien et un chevalier songeur. Il est tout ensemble l'apôtre et le panégyriste de cette chevalerie amoureuse et pieuse, qui veut conquérir à la pointe de l'épée « *des lîbes pris und ouch der sêle paradis* », — la perle d'amour et le paradis de l'âme.

S'il est permis de passer sur le fragment du *Titurel*, où Wolfram nous conduit vers le premier roi du Graal et l'aïeul de Parcival, il faut rappeler au moins, avec quelque insistance, que, dans son *Willehalm*, il s'est bien inspiré de notre *Bataille d'Aliscans*, mais sans contenir sa fantaisie ; il sied d'ajouter, qu'au lieu de traiter les infidèles de félons, à l'exemple des poètes français, il les représente comme de nobles et vaillants guerriers. A ce point de vue encore, Wolfram nous apparaît tel qu'il fut, le plus subjectif, le plus libre et le plus original des poètes épiques du moyen âge allemand.

---

[1] *Golther*, op. cit., p. 215 et s. ; cfr. *Gaston Paris*, op. cit., p. 51.

Parcival date de 1203 à 1215, Willehalm de 1217. Gottfried de Strasbourg vécut et chanta aussi durant le premier quart du xiii° siècle. Il préfère Hartmann à Wolfram, la grâce à la profondeur, l'art à la pensée, et son œuvre ne pèche point par excès de substance morale. Dans son *Tristan*, il a suivi tantôt la version du trouvère anglo-normand Thomas, tantôt celle d'Eilhard, pour les fondre en un tout extrêmement remarquable par l'unité de la composition, la prédominance du sentiment lyrique et le charme du style; Ulrich de Turheim (1240) et Henri de Freiberg (1300) achevèrent le récit des amours de Tristan et d'Iseult, que Gottfried n'avait pu mener jusqu'à la mort des deux amants.

Poète de la passion qui s'abandonne à elle-même et qui s'oublie dans son ivresse, Gottfried de Strasbourg a écrit le cantique romancé de ce doux mal d'aimer, qui est

Stetes Leid in stetiglicher Seligkeit.

Il l'a écrit en artiste qui s'écoute et s'admire, dans une langue limpide, imagée et précieuse. Il n'a rien de la gravité solennelle de Wolfram; c'est pourquoi, peut-être, sa peinture des hommes et des mœurs du temps nous semble si vive et si vraie.

Citons un *Lancelot* d'Ulrich de Zatzikoven et ne négligeons point une imitation, par Wirnt von Gravenberg (vers 1203), de *Guinglain*, le poème exquis de Renaud de Beaujeu. Il y a ceci de particulier, dans le cas de Wirnt, qu'il veut avoir ignoré le manuscrit de Renaud; il se serait contenté de mettre en vers le récit que lui fit quelque écuyer de son entourage[1]:

Ich will das maer volenden hie
Als michs ein knappe wizzen lie...

[1] *Golther*, op. cit., p. 226.

Le poème de Wirnt n'est qu'insignifiant ; son imagination ne lui a rendu que de mauvais services, et il eût tout gagné à serrer l'original de près.

Conrad Fleck[1], qui est l'auteur d'un *Kliès* perdu, traduit sans doute de Chr. de Troyes, a très librement imité *Flore et Blanchefleur*, avec aisance et naturel. Henri de Türlin a, dans sa *Krone der Abentheuer*, compilé un fort copieux roman d'Arthur, sans aller aux sources directes. C'est déjà la décadence, provoquée par l'absence d'un modèle français. Le même auteur a transposé aussi l'un de nos vieux fabliaux[2]. Ulrich de Turheim continue le Tristan de Gottfried et le Willehalm de Wolfram ; ce sont de pâles reflets de belles œuvres, tandis que le *Willehalm* d'Ulrich de Türlin atteste de réelles facultés créatrices.

Nous avons prononcé tout à l'heure le nom de Wolfram. On lui a attribué l'épopée de *Lohengrin* ; à tort. Assurément, le poète du *Sängerkrieg auf der Wartburg* a bien mis l'histoire de Lohengrin dans la bouche de Wolfram d'Eschenbach, mais celui-ci n'y a pas collaboré autrement ; le nom même de Lohengrin — « li Loheren Gerin » — pris, on ne sait trop pourquoi, de notre ancienne langue, a fourni le titre d'un médiocre poème thuringien du XIIIe siècle, emprunté aux aventures de « notre chevalier du Cygne ».

Une réaction de plus en plus énergique se prépare néanmoins contre le règne de la poésie française en Allemagne. Elle éclate dans les œuvres de Conrad d'Ems et de Conrad de Würzbourg, surtout dans celles du premier de ces auteurs, car l'autre s'est inspiré de nos fabliaux ; il a remanié le *Partenopeus de Blois* et commencé un roman de Troie. Le *Stricker* (« l'assembleur »), un poète

---

[1] *J. Bächtold*, op. cit., p. 92 et s.
[2] *Golther*, op. cit., p. 228.

errant du xiii° siècle, nous prouve, par un fait typique, combien cette réaction vaincra difficilement. Il croit avoir intérêt à indiquer, comme source de son *Daniel von Blumenthal*, un livre français « d'Alborich von Vizensun » (Besançon) ; or ce n'est là qu'une supercherie, d'ailleurs vénielle : la vérité est qu'il obéit à sa fantaisie, en pillant un peu tout le monde. Et le roman de chevalerie lui-même n'est pas mort. Ulrich d'Eschenbach commet un poème de 30 000 vers sur Alexandre, d'après un texte latin qui lui vient de France. Et le *Wigamur*, et *Dematin*, et *Crane*, etc., ne sont guère, on peut l'admettre, que de la littérature française germanisée.

L'épopée allemande a donc été, dans une très large mesure, tributaire de la France. La poésie lyrique sera infiniment plus originale ; quoique les croisades, les trouvères et troubadours du Nord et du Midi français en aient accéléré l'épanouissement, elle est bien une plante du sol germanique. Purement nationale à l'origine, elle a subi, notamment dans l'Allemagne du Sud et les contrées du Rhin, l'influence de notre lyrisme. Mais nous avons beaucoup plus agi sur la forme que sur le fond même de cette poésie. Le *Minnegesang* conserve l'accent du terroir ; il s'allège, il se pare, il ne change point. C'est la plainte, le sourire, le cri d'un cœur ; ce n'est pas un jeu élégant de galanterie. Le sentiment de la nature, l'idée de patrie y sont bien moins absents enfin que chez nos poètes.

Il est aisé de signaler des réminiscences très précises de nos lyriques dans les chants de leurs émules d'Allemagne, mais l'imitation n'y est jamais servile : Frédéric de Hausen s'est inspiré de Folquet de Marseille et de Bernard de Ventadorn ; Rodolphe de Neuchâtel, de Folquet de Marseille encore et de Pierre Vidal ; Conrad de Würzbourg s'est approprié le thème du poème lyrico-épique de *Guiron* ;

Henri de Mohrungen, plus personnel à coup sûr, ne s'en tient pas moins aux maîtres français, qu'il renouvelle librement ; Reinmar le Vieux emporte jusqu'à Vienne et y interprète le génie lyrique de la France. Walther von der Vogelweide, lui, est plus qu'un écho ; c'est l'âme allemande qui chante en lui et par lui, avec une fraîcheur et une profondeur que Gœthe seul a retrouvées [1].

Les poèmes didactiques et moraux, *Winsbeck* et *Winsbeckin*, *Freidanks Bescheidenheit* ne nous arrêteront pas davantage que *Der Renner* d'Hugues de Trimberg ; nous avons ici de la littérature populaire et nationale, sans infiltrations étrangères.

Il en est de même de la *Heldensage* et du *Heldengedicht*, qui ont fleuri au commencement du XIII° siècle, à l'heure où l'épopée chevaleresque était à son déclin. Les jongleurs allemands vont donner une forme définitive aux mythes des peuples de Germanie, à tout ce fécond mélange de légende et d'histoire qui s'est formé dans les cycles francs, burgondes, gothiques et scandinaves ; ils en feront, comme l'a dit M. H. Lichtenberger dans son beau travail sur les *Nibelungen*, non point « une œuvre individuelle, mais le terme d'une évolution séculaire » ; les facultés imaginatives et les traditions orales de la race, la *Dichtung* d'une part, la *Wahrheit* de l'autre, y auront travaillé pendant des siècles et auront abouti à un chef-d'œuvre étrange et puissant où la France n'est pour rien.

Quant à la prose allemande, elle est assez indépendante

---

[1] M. A. Jeanroy (*Les origines de la poésie lyrique en France*, Paris, in-8, 1889, p. 274 et s.) a nettement affirmé que même « les premiers Minnesinger, ceux qui appartiennent à l'école austro-bavaroise, ont reflété fidèlement la poésie romane, que toute leur poésie est imprégnée des théories courtoises ». Il a fort ingénieusement noté les ressemblances générales comme les imitations directes.

de toute influence française. Le latin est la langue de la science et de l'histoire. Les œuvres en prose nationale sont peu nombreuses ; nous n'avons guère que les sermons de David d'Augsbourg et de Berthold de Ratisbonne, les « livres de droit », comme le *Sachsenspiegel* du chevalier Eike de Repgow et le *Schwabenspiegel*, plus quelques chroniques. J'accorde que l'on s'émancipe insensiblement du latin, mais, dans la littérature d'imagination, je ne vois, avant le xiv° siècle, rien à citer qu'une... traduction de *Lancelot*, faite sur une adaptation en prose française.

III

Le grand interrègne et les chevaliers pillards ont donné le coup de grâce à la poésie de cour, à l'épopée. Les soucis matériels et la sauvagerie des mœurs sont mortels pour l'art. D'un autre côté, l'âme allemande se déplace à l'avènement de la bourgeoisie. Celle-ci, qui a pris conscience de sa force, s'affranchit et s'élève graduellement ; elle a bientôt la puissance et la richesse ; la littérature vient à elle.

Un nouvel esprit s'est formé, qui descend des sommets du rêve sur lesquels la chevalerie avait bâti, et qui se complaît aux simples réalités de la vie quotidienne. Déjà la langue, la métrique, le goût se corrompent, ou, du moins, cessent de s'affiner. L'idiome littéraire, qu'était le « moyen haut-allemand », recule et s'efface devant les dialectes provinciaux. Sobre, fruste, triviale, telle sera la littérature de la bourgeoisie germanique aux xiv° et xv° siècles ; mais l'Allemagne d'alors verra les commencements d'un théâtre national.

Les anciens genres auraient-ils, pour autant, disparu d'un jour à l'autre ? Nicolas Wisse et Philippe Colin augmentent, s'ils n'enrichissent point, le trésor épique de leur pays d'un *Parcival* en 30 000 vers (1331 à 1361), et l'intercalent entre les livres 14 et 15 du poème de Wolfram ; ils ont, pour cette besogne, copié les diverses suites du *Conte del graal* de Chrétien de Troyes, sauf celle de Gerbert ; ils ont même eu recours au français du Juif Samson Pino, qui leur servit d'interprète [1] ; ils ne songent nullement à établir une harmonie, fût-elle approximative, entre la conception de Wolfram et la leur, ou plutôt celle de leurs modèles. Quelques autres romans de chevalerie attestent un peu plus d'originalité chez leurs auteurs, ainsi le *Guillaume d'Antioche* (1324) de Jean de Wurtzbourg ; ainsi une immense compilation d'Ulrich Fürterer, qui retrace les aventures des Chevaliers de la Table Ronde d'après ses devanciers allemands (1490) ; ainsi le *Karlmeinet* (xiv° siècle) qui reprend tout le cycle de Charlemagne ; ainsi le *Roman de Limborch* (1291-1318) ; ainsi des remaniements des romans de Troie et d'Alexandre à l'aide des sources latines ; ainsi la *Fille du roi de France* d'Henri de Buhel, adaptation prolixe de *Mai et Beaflor* ; ainsi les transpositions de Hans Ried, celle d'Ivain, par exemple. Mais l'action directe de la France ne s'exerce plus sur cette littérature épique de décadence.

L'épopée des animaux, satire ingénieuse et transparente des hommes et des choses du temps, devait, bien plus que l'épopée chevaleresque, faire les délices d'une bourgeoisie positive et frondeuse. Une traduction du roman de Renard, sur des données françaises, a précédé, au xiv° siècle, la version en bas-allemand d'Henri d'Alk-

---

[1] *Golther*, op. cit., p. 337 et s.

mar, le fameux *Reinke Vos* dont s'inspira Gœthe pour son *Reineke Fuchs* : « Le roi lui-même ne pille-t-il pas ni plus ni moins qu'un autre?... Et qui lui dira la vérité? Le confesseur, le chapelain? Ils se taisent. Ne jouissent-ils pas du larcin des autres, quand ils n'y gagneraient qu'un habit neuf? » Voilà le ton à la mode, le ton de *Reinke Vos*.

L'imitation de la France se reconnaît encore dans les nouvelles et les farces[1], prises au trésor commun de l'imagination du moyen âge. Mais on verse surtout dans le gros comique et la parodie. Les légendes sont tirées, la plupart, des originaux latins, comme la vie de sainte Élisabeth. La poésie historique, la chronique rimée, les poèmes didactiques, dont le type le plus célèbre est la *Nef des fous* de Sébastien Brandt, le théâtre ne nous offrent rien de caractéristique pour notre enquête. La poésie lyrique est entre les mains des « maîtres chanteurs »; elle se fait populaire, elle a parfois des accents guerriers ou des tendances mystiques. La prose, dans la nouvelle et dans le conte, subit l'influence italienne. Le théâtre religieux et populaire de l'Allemagne, qui avait, au début, reçu une vive impulsion de notre vieille littérature dramatique[2], s'émancipe à son tour. On peut dire que la voix de la France ne s'entend plus de l'autre côté du Rhin, ou n'y parvient plus qu'à de longs intervalles, et qu'elle ne fascine plus les écrivains de Germanie. La Loreley française, qui chantait des chants si gracieux et si frais, semble avoir épuisé ses charmes; le peuple et ses poètes ne l'écou-

---

[1] La plupart des contes recueillis par von der Hagen, en 1850, ont des origines gauloises; cfr. *Zeitschrift für vergl. Litt. Gesch.*, N. F. VIII, p. 257 et s.

[2] W. Creizenach, Geschichte des neueren Dramas, 1ᵉʳ Band (Halle, in-8, 1893), p. 47 et s., 112 et s., 162 et s., et *pass*.

tent plus que d'une oreille distraite, lorsqu'ils l'écoutent : la littérature se fait nationale et se prépare aux luttes prochaines.

Si la nation elle-même s'éloigne de la France, les cours princières, celles surtout du Sud et de l'Ouest, tentent, sans grand succès, à la vérité, de favoriser, au xv⁰ siècle, une renaissance de la féodalité chevaleresque et galante. Ce qu'elles aiment encore, ce qu'elles cultivent toujours, c'est la littérature française. On y lit et on y traduit Lancelot, la Belle Mélusine, Pontus et Sidonie ; notre roman y jouit d'une vogue qui ne ralentit pas. En 1493, Marquard von Stein met en allemand les nouvelles du chevalier de La Tour Landry ; en 1521, le Bernois Guillaume Ziely en fait de même pour les « histoires » d'*Olivier de Castille*, d'*Artus d'Algarbe* et de *Valentin et Orson*, [1] ; un peu plus tard, Hiéronymus Rodler fait paraître à Strasbourg sa version de Fierabras et des Quatre fils Aymon (1533, 1535) ; Veit Warbeck [2] traduit, en 1527, le roman de la *Belle Maguelonne*, qui fut souvent réimprimé et repris, dont Hans Sachs n'a pas dédaigné de traiter le thème par trois fois, qui a fourni, en 1796, le sujet d'une des meilleures œuvres de Tieck, et d'où Hermann Schauenbourg a tiré une épopée (1856), Hans Pöhnl, un drame populaire (1887). Le mariage de Maximilien d'Autriche avec Marie de Bourgogne avait d'ailleurs contribué à restaurer l'empire de la langue française dans les cours d'Allemagne. On peut constater, même en 1547, que la bibliothèque de l'électeur de Saxe compte, sur 426 volumes, 67 ouvrages français, les uns en plusieurs exemplaires.

---

[1] J. Bächtold, op. cit., p. 438 et s.
[2] *Die schöne Magelone*, éd. Aug. Sauer, in-12, Weimar, 1894 (avec notes et commentaires).

Les romans dominent, Amadis, Artus, Huon de Bordeaux, Cleomadès, Mélusine, Pontus, Tristan, etc.¹. Mais la Réforme et la Renaissance allemandes sont venues.

¹ *Ibid.*, introd., p. xl..

CHAPITRE II

LA RENAISSANCE ET LA RÉFORME

I

Il y a, certes, quelque exagération, il y a un grand fonds de vérité dans ce tableau de la Renaissance allemande, avant qu'elle soit fécondée par la Réforme : « Education artistique nulle, absence d'idéal ; terre à terre continuel, goût pour l'utile, pour l'intérêt immédiat, telle en est, ce me semble, la caractéristique. L'esprit est étroit, mesquin, naïf, et par-dessus tout stérile. On s'attache aux petits côtés des choses, aux détails, à l'extérieur, à la forme... Incapable de penser par lui-même, l'Allemand du xvi⁰ siècle pense par l'intermédiaire des autres, et tâche de reproduire leurs idées ; incapable d'originalité, il s'attache à l'imitation, et à l'imitation servile ; il calque les œuvres étrangères et, comme tous ceux dont le goût n'est pas exercé, il comprend mal le modèle, l'alourdit, le gâte même [1]. » Au demeurant, l'humanisme se heurte, chez les Allemands, à une répulsion instinctive. Il faut

---

[1] L.-G. Wysocki : *Andreas Gryphius et la tragédie allemande*, etc., Paris, in-8, 1892, p. 1. — Cfr. *Histoire générale* de MM. E. Lavisse et A. Rambaud, IV, p. 388 et s.

qu'il accorde la première place aux préoccupations religieuses et morales, pour qu'il lui fassent mieux qu'un accueil défiant. A quoi bon l'érudition qui ne servirait pas à la foi? Accepter les Latins pour maîtres, ne serait-ce pas renier les traditions nationales? On peut chercher d'utiles enseignements dans l'antiquité, comme Albert Durer dans l'art étranger; non pas une inspiration et un idéal. Mais on est pauvre soi-même d'inspiration et d'idéal, du moins dans les sciences et les lettres. L'Allemagne a beau posséder mille imprimeries, dix-sept universités, la vie scientifique et littéraire n'y a pas d'essor. Le pédantisme scolastique continue à y sévir. Erasme est un demi-Latin bien plus qu'un Allemand; Reuchlin a peur de ces « sirènes » que sont la Grèce et Rome, et ni l'un ni l'autre ne parlent à l'âme du peuple.

En réalité, la Réforme, qui secoua le génie national de sa longue torpeur, ne fut l'œuvre ni des écrivains, ni des savants; quoiqu'on ait pu prétendre, elle fut bien plutôt et bien mieux préparée par les mystiques des précédents siècles que par la Renaissance. Quel terrain plus favorable pour y semer le grain de révolte contre Rome, que cette Allemagne où, depuis maître Eckart, le prédicateur « à qui Dieu n'a rien caché », Thomas a Kempis, Henri Suso, Jean Tauler ont prêché la doctrine de la vérité chrétienne reposant tout entière dans la foi du cœur? Ces hommes étaient, non les serviteurs de l'Église, mais les apôtres de Dieu. Jean Tauler déclarait que, Jésus-Christ étant mort pour toutes les créatures humaines, celui qui ne résistait qu'à la personne du pape ne pouvait être tenu pour hérétique; le pape n'avait pas le pouvoir de lui fermer le ciel [1]. Or Luther s'était nourri, à

---

[1] *La merveilleuse histoire du R. P. Jean Tauler* (traduite de l'allemand), in-12, Genève, 1887.

Wittemberg, des leçons du moine strasbourgeois; on sait qu'il publia, plus tard, sous le titre de : *Eine deutsche Theologie*, un opuscule anonyme qui est comme l'abrégé des idées religieuses de la « mystique allemande » et qui a exercé sur la Réforme une action peut-être décisive.

Cependant, la Renaissance avait aussi soufflé sur Luther; il a senti la caresse de l'esprit antique, mais il s'adresse avant tout à l'âme allemande, avide de liberté intérieure, altérée des « intuitions ineffables » de maître Eckart. C'est pourquoi l'Allemagne de Luther, qui aurait dû se donner tout ensemble un art et une foi, révéler son génie du même coup qu'elle affranchissait sa conscience, songea d'abord à se séparer de Rome et même de l'antiquité latine, pour redevenir germanique.

Luther dénoua et fixa la langue de son pays; il poursuivit en outre un double but : il ne lui suffisait pas de proclamer la liberté dans le domaine spirituel, il voulait faire une « nation libre ». Que manquait-il « au beau cheval qui avait tout en abondance ? » Un bon cavalier; il le serait, il presserait d'un genou robuste les flancs de la monture indolente, et c'est bientôt sur un fier coursier qu'il partirait à la conquête idéale : l'unité et l'indépendance de l'Allemagne. L'émancipation politique et religieuse ne serait-elle point, par surcroît, génératrice d'une littérature originale, et la voie n'était-elle pas toute large ouverte à des chefs-d'œuvre allemands ? En tout cas, l'instrument de merveilleux progrès est là, une langue qui est celle du culte et de l'enseignement, une langue faite pour créer et pour durer.

Est-ce que Luther aurait devancé son temps, rompu trop brusquement avec le caractère et les habitudes de ses compatriotes ? Est-ce que la passion de l'unité qui l'anime n'est pas un héritage latin ? Est-ce que l'esprit de Rome ne persiste pas en lui ? Il est certain que la Réforme n'a pas été *sa* Réforme, que, sur l'arbre glorieux entrevu par Luther, des greffes malheureuses ont été transportées par l'intérêt des princes et par le tempérament du peuple.

Et puis, les réserves intellectuelles et morales de l'Allemagne sont-elles assez importantes ; ce qu'elle a gardé de son patrimoine littéraire est-il d'assez de prix, pour qu'elle soit capable de vivre de sa vie ? Comme on n'était pas assez riche de son propre fonds, il aurait fallu, ce semble, ajouter la Renaissance à la Réforme pour atteindre à un art national florissant. Mais l'antiquité classique et le protestantisme ne purent se concilier en Allemagne, se fortifier et s'épurer en se mêlant.

Au début, la littérature tendra donc à refaire alliance avec l'âme allemande. Profane ou religieuse, par exemple, la poésie lyrique sera essentiellement populaire. D'autre part, Hans Sachs, Jean Fischart, Rollenhagen auront pour collaborateur le génie même de l'Allemagne du temps. Cependant ce génie aurait besoin de se reconnaître d'abord ; on lui demande trop, et on le lui demande trop tôt. Aussi le mouvement littéraire du XVI° siècle n'aura-t-il pas de lendemain : il est prématuré et s'arrête, faute d'être sollicité par l'imitation des antiques. En Italie, en Angleterre, en France, l'esprit ancien et l'esprit moderne se rapprochent, se soutiennent, se confondent ; ici, ils coexistent seulement. Et, les individualités de premier ordre ont manqué.

En effet, Luther est surtout homme d'état et théologien ; Ulrich de Hutten n'est qu'un admirable batailleur. Ni l'un ni l'autre ne sont en parfaite communion intellectuelle avec le peuple, avec la bourgeoisie pieuse, honnête et jalouse des villes allemandes, qui avait été, en somme, l'initiatrice de la Réforme. « C'est elle, dit M. C. Schweizer[1], qui lentement prépara la révolution du xvi° siècle, comme les philosophes du xviii° ont fait mûrir la Révolution française. » Or, qui fut le représentant de cette grande classe sociale? Hans Sachs; et, dans la Réforme, il vit avant tout la « régénération intérieure ». S'il exerça sur son époque une influence presque comparable à celle de Mélanchton, Zwingli et Luther lui-même, s'il tenta, au surplus, avec des moyens insuffisants, de marier la foi allemande à l'art antique, on s'est abusé en voulant prouver que Hans Sachs était, plus que bien des érudits, ses contemporains, versé dans la connaissance des auteurs de la Grèce et de Rome. Ce pédagogue, ce moraliste et ce censeur s'est retrempé, sans contredit, dans l'étude des littératures anciennes : il se les est mal assimilées. Son étonnante et déplorable facilité l'a perdu, comme sa demi-culture l'a rétréci.

Ses éditeurs le comparaient à Homère. Un demi-siècle s'écoule ; la gloire de Hans Sachs s'éteint. Le public l'abandonne, la critique le défend mollement ou l'ignore jusqu'à la biographie de Ranisch (1765). Décidément, la Réforme n'avait donné aux lettres allemandes que l'illusion d'un réveil.

La cause la plus profonde de l'infériorité de cette littérature ne serait-elle pas encore le caractère tout local de son inspiration, l'absence d'un idéal universel ? Elle regarde à sa corporation, à sa cité, à sa province ; elle ne voit pas l'humanité, à peine la patrie. Ses règles d'art, la poésie ne les reçoit que d'une puérile scolastique, la

---

[1] *Ch. Schweizer* : Étude sur la vie et les œuvres de Hans Sachs, in-8, Nancy, 1887, p. 414.

« tablature » des *Meistersänger*. La prose est didactique, raisonneuse, exhortatoire, ou satirique et bouffonne, mais le sentiment et la passion de la beauté lui sont comme étrangers. Quand la voix de Luther s'est tue, c'est l'âme allemande qui a fait silence ; et, d'ailleurs, Luther n'a été, dans sa traduction de la Bible, dans ses cantiques, un grand écrivain que pour les besoins de sa foi et par grâce de génie : la littérature, en tant que chose d'art et séparée de son but religieux ou moral, lui est indifférente.

II

Aussitôt après Luther, l'Allemagne intellectuelle se remet au régime des influences extérieures. Le haut saxon, qui était le *Gemeindeutsch* du réformateur, assoupli, façonné, enrichi par lui, s'est bientôt corrompu et, jusqu'à un certain point, dénationalisé. Les idiomes étrangers l'envahissent, les langues anciennes l'alourdissent et le défigurent sous couleur de l'affiner. « Dans ces conditions, remarque M. Grucker [1], il n'est pas étonnant que la langue française, indépendamment des autres causes qui en facilitent la propagation, grâce à ses qualités de clarté, d'élégante précision, fasse de rapides progrès en Allemagne, et devienne bientôt la langue des affaires et des relations sociales. »

Il en va de la matière littéraire comme de la langue. L'Allemagne traverse, au reste, la plus redoutable des crises politiques. Confusion partout ; union nulle part. La guerre confessionnelle n'est souvent qu'un habile et

---

[1] *Histoire des doctrines littéraires et esthétiques en Allemagne*, op. cit., 45.

sanglant jeu de princes. Les diètes impériales offrent le plus lamentable spectacle. Le christianisme se rapetisse et se dessèche, des deux côtés, au profit de la superstition croissante. Un Jean Fischart ne craint pas d'employer son temps à traduire la *Démonomanie des sorciers*, qui fut l'erreur d'un très grand esprit, Jean Bodin, et le *Marteau des sorcières*; il collabora, par surcroît, à la publication de l'*Alchimie corrigée*. C'est la décadence matérielle et morale d'un peuple. Les universités, prospères aux jours de l'humanisme et de la Réforme naissante, ne sont plus que des écoles d'indiscipline, de vie joyeuse et brutale. « Ne soyez pas des voleurs, ne commettez pas d'abus de confiance, ne vous emparez point par brigandage des biens d'autrui », telles sont les recommandations que l'on adresse, en 1596, aux étudiants de Wittemberg. La noblesse se dégrade aux plus grossiers plaisirs; le *minime sitim tolerare* de Tacite reprend la plus triste des actualités. Lisez les *Denkwürdigkeiten* du brave Jean de Schweinichen, qui portent sur les années 1552 à 1602 !

L'influence française pèse de plus en plus, du même coup, sur les destinées de l'Allemagne. L'élan national de la Réforme est brisé. On retourne d'un demi-siècle, d'un siècle en arrière. Le roman chevaleresque, qui s'était substitué en France aux récits épiques, retrouve en Allemagne la vogue de nos vieilles épopées. La première édition allemande d'*Amadis* paraîtra en 1569; en 1583 encore, le livre jouira d'une telle popularité que le libraire francfortois Feierabend pourra écrire ceci : « Tous les exemplaires en ont été vendus en très peu de temps, et l'on en redemande constamment. » Les histoires de Fierabras, des Quatre fils Aymon et bien d'autres ne divertissent pas beaucoup moins l'Allemagne d'après Luther; elles y ont infiniment plus de succès, elles parlent davantage à l'imagination et à l'esprit allemands que la littérature foncièrement germanique, les bouffonneries (*Peter Leu*, *Claus Narr*, *Finkenritter*, etc.), le théâtre de Hans Sachs, ou même que la merveilleuse *Historia von Dr Johannes Faust*, dont le premier livre parut en 1587. C'est que cette littérature ne possède aucune force créatrice, ne voit et ne rend que les faits extérieurs dont elle est incapable de dégager les éléments artistiques, et presque le sens moral.

Lorsque le Strasbourgeois Jean Fischart [1], l'écrivain le plus original de la seconde moitié du xvie siècle, essaiera de revenir aux traditions nationales, il sera condamné à copier des modèles hollandais ou français. Son *Bienenkorb* (1579) est-il rien autre chose qu'une traduction assez libre du *Bijenkorf* de Marnix de Sainte-Aldegonde, ou plutôt de la version française que cet auteur fit de son ouvrage sous le titre de : *La Ruche romaine* ? Fischart traduit certes en traducteur qui se sent égal à toute œuvre de quelque mérite ; ses adjonctions sont peu importantes, et il s'est principalement amusé à cribler de coups d'épingle son ennemi intime Jean Nas, le polémiste catholique. Son *Gargantua* n'est-il pas du Rabelais ?

Et pourtant, ce Fischart était un brillant esprit. Il savait les langues anciennes et modernes, il était nourri de toutes sciences sacrées et profanes, mais son érudition encyclopédique lui fut souvent funeste, appesantissant sa verve, étouffant son imagination, corrompant son goût, le mettant en défiance de toute originalité qu'il ne rencontrait pas chez les autres. Imitateur et compilateur il fut, et il ne fut guère que cela, mais imitateur et compi-

---

[1] *Étude sur Jean Fischart*, par P. Besson, in-8, Paris, 1889 ; voir, notamment, p. 21 et s.

latour presque génial. C'est à notre Rabelais qu'il a emprunté le plus.

S'il entreprit d'arranger le premier livre de *Gargantua*, et s'il le publia en 1575, c'est qu'il entendait refondre le travail de gens mal avisés qui s'étaient attelés à Rabelais « sans la permission de Minerve », et avaient fait de son allègre et puissante satire du moyen âge scolastique « une œuvre languissante et sans charme, dans le genre d'un commentaire de Domat ». Fischart ne s'empare point de la bonne plume de maître François pour guerroyer contre un cadavre : la scolastique est vaincue, même en Allemagne. Qu'à cela ne tienne, l'immoralité ne l'est point, et c'est contre elle qu'il tournera les armes fournies par Rabelais. Il vise donc à corriger les mœurs, mais, pour que son modèle lui serve jusqu'au bout, il « enduira de miel la coupe, afin qu'on avale d'autant mieux l'absinthe amère ». Et voilà comment *Gargantua* devint, Fischart aidant, un traité de morale en allemand !

Fischart ne traduit ici ni ne plagie. Il adopte le cadre de l'ouvrage français, l'élargit encore et le remplit, tant de motifs puisés dans Rabelais, que de traits recueillis de droite ou de gauche, et de tableaux ou de réflexions dont nul ne lui disputera la paternité (ainsi, toute sa théorie du mariage). Les modes, les travers, les vices des diverses classes sociales, les louches pratiques des différents métiers, la rapacité et l'usure des Juifs, tout lui est prétexte à de vives attaques ; et son « miroir du monde », s'il n'est pas flatteur, est aussi complet qu'on le peut souhaiter.

Le *Gargantua* de Fischart, infiniment plus didactique et moralisant que celui de Rabelais, n'a pas perdu toute la saveur de son modèle. C'est un livre recréé et « réglé sur le méridien allemand » ; l'œuvre entière est transposée pour l'usage et au profit de l'Allemagne. Fischart, qui a lâché les rênes à sa fantaisie, se permet toutes les licences : les noms de lieux et de personnages, par exemple, sont parfois dénaturés ou brouillés à l'envi ; les innombrables comparaisons de Rabelais apparaissent appropriées au pays que Fischart connaît et pour lequel il écrit, et la tour Arctice ressemblera au « beffroi d'Ulm » ; et la salle de bains de l'abbaye de Thélème, à une chambre de la Chartreuse du Petit-Bâle ; et la défense de Seuillé, par frère Jean des Entommeures, servira à conter la belle résistance des Suisses aux Armagnacs ; les événements et les hommes de l'époque, et jusqu'aux auteurs du cru trouvent place dans son adaptation « habillée à l'allemande ». Bien plus, Fischart s'est appliqué à prouver que son imagination pouvait rivaliser avec celle de Rabelais pour l'extravagance et l'exubérance. Il a subi, en se nourrissant de *Gargantua*, la contagion de cette plantureuse gaîté, de cette généreuse ivresse. Aussi développe-t-il, amplifie-t-il, surcharge-t-il sans mesure. A cet égard, il serait curieux de rapprocher la généalogie de Gargantua et l'éloge du vin dans Rabelais et Fischart[1], ou la harangue de maître Janotus. Il renchérit volontiers sur les bouffonneries, délaie les digressions, exagère les exagérations, au risque de choir dans la pédanterie saugrenue ou dans l'ennui foncier. Mais, chose assez remarquable de la part d'un réformé d'humeur militante, c'est à peine s'il a enrichi de quelques épigrammes les railleries de *Gargantua* à l'adresse de l'Église catholique.

Quant au style de Fischart, il s'est étonnamment modelé sur celui de Rabelais. Images, tournures, vocabulaire, tout donne l'illusion d'un pastiche adroit. M. P. Besson a pu dire que, « dans toute la littérature allemande,

---

[1] *P. Besson*, op. cit., p. 74 et s.

on ne trouva pas un seul écrivain qui ait essayé de manier la langue avec ce sans-gêne et cette désinvolture ». Il abuse des équivoques, des calembours, des annominations, des bizarreries les plus folles, des inventions les plus grotesques, de toutes les manies d'un graphomane délirant. Cependant, que d'heureuses rencontres, que de verve énergique dans son allemand désordonné !

Gargantua, le chef-d'œuvre de Fischart, avait été précédé de l'*Aller Practik Grossmutter* (1572), qui est une traduction libre de la *Pantagrueline Prognostication*. Il y a également plus d'une réminiscence de Rabelais, dans la *Chasse aux puces*, dans le *Podagrammisch Trostbüchlein* (*Livret de consolation du goutteux*), qui débute par une paraphrase du

>Mieux est de ris que de larmes écrire,
>Pource que rire est le propre de l'homme.

Le protestant Jean Fischart savait trop bien le français pour ne point tirer parti des pamphlets anticatholiques publiés en France. Jacques Eyseberg avait traduit le *Traité des reliques* de Calvin, sans doute sur une version latine de cette fameuse diatribe, et une bonne partie de la littérature satirique des huguenots avait passé en Allemagne. On reconnaît la main de Jean Fischart dans les traductions du *Réveille-Matin* et de la *Déclaration publique des États mécontents en France*. Il était passionné pour sa Réforme ; la liberté était sa vie, cette liberté qu'il a chantée en vers robustes :

>*Dann wer sein Freyheit nit schützt weidlich,*
>*Der wird beids an jm selbst unredlich*
>*Und Meyneidig an sein Vorfahren...*

L'adaptation d'un autre libelle politique, *Le vray pa-*

triote (1579), est certainement de lui. Il prélude aux impertinences et aux violences de sa *Légende du bonnet carré*, dirigée contre les jésuites, par son *Importante Nouvelle de France*, une traduction qu'il fait suivre d'une pièce de vers intitulée : « un éreintement des Frères du Saint-Esprit et des Jésabellites ». Il compose une préface pour le *Miroir des Princes*, traduit par son ami Georges Nigrinus (le pasteur Schwarz). Et nous pourrions signaler bien d'autres de ses « arrangements », ou de ses collaborations, qui se rapportent à des ouvrages français. Il faut se borner. Nous en aurons dit assez quand nous aurons rappelé que Jean Fischart a formulé ses doctrines littéraires et esthétiques, tant dans l'avant-propos rimé, écrit en 1572 pour l'édition Feierabend de l'*Amadis de Gaule*[1], que dans son « introduction et explication » qui précède la traduction du roman byzantin d'*Ismenius et Ismène* faite par J.-Ch. Becker.

Nous n'avons pas cherché l'imitation française dans d'autres satiriques de la Réforme, les Ulrich de Hutten, les Thomas Murner, auxquels Fischart avait succédé. C'eût été peine perdue. Le théâtre allemand du XVIe siècle ne nous dédommagerait-il point ? Les farces de Carnaval, les *Fastnachtspiele*, ne disparaissent pas avec Hans Sachs, mais le divorce se consomme bientôt, et définitivement, entre la littérature du peuple et celle des savants. La *Schulkomödie* l'emporte ; les pièces latines de Nicodème Fuchslin et d'autres sont mises en allemand. Toutefois, comme elles ne s'adressent pas à la foule, celle-ci continue à préférer les lourdes et grossières imaginations du *Hanswurst*, ce roi des tréteaux populaires depuis le *Vom*

---

[1] Ajoutons que les Allemands ont traduit l'*Amadis* de la version française de ce roman, non point du texte espagnol. Wieland reprendra plus tard cette œuvre devenue si populaire en Allemagne.

kranken Bauer de Peter Probst. Au surplus, le théâtre savant n'était rien moins que du théâtre ; le poète Agricola disait lui-même de sa pièce *Jean Huss* : « qu'elle ressemblait autant à un drame qu'un corbeau à un cygne ».

C'est alors que se produisit un fait considérable dans l'histoire littéraire de l'Allemagne. Vers la fin du xvi° siècle, des troupes de comédiens anglais, qui traversaient le pays, furent attirées par quelques princes ou s'installèrent dans quelques villes, Prague, Francfort, Ulm. Ces acteurs étaient bien supérieurs, pour l'aisance des manières et la sûreté du jeu, aux bourgeois et aux collégiens qui faisaient leur apprentissage sur les scènes allemandes. Et puis, en Angleterre, Shakespeare était à l'apogée de sa puissance créatrice, tandis que les dramaturges de Germanie ne s'élevaient pas au-dessus d'une aride ou d'une fruste médiocrité. Enfin, l'art fougueux et brutal des Anglais, avec sa fièvre de mouvement et sa vie exaspérée, avec ses débauches de terreurs et d'horreurs, devait singulièrement frapper l'imagination du peuple. N'était-ce pas, d'ailleurs, un peu le tableau de leurs propres mœurs qu'on offrait là aux Allemands ? Jacob Ayrer, tout à la fois un Hans Sachs de décadence et un Shakespeare superficiel, ne réussit qu'à répandre un éclat éphémère sur le théâtre national et à séculariser le drame. Il convient d'ajouter que s'il s'inspira des Anglais, il ne les pilla point. Les sujets de ses nombreuses pièces sont presque tous empruntés au *Decameron*, aux vieilles farces du cru, aux *Histoires tragiques* de Fr. de Belleforest, aux nouvelles de Bandello. Son meilleur titre de gloire est encore d'avoir introduit le *Singspiel* — l'opéra — en Allemagne.

III

Ainsi, de quelque côté qu'on regarde, poésie, prose, théâtre, c'est la faillite littéraire du xvi° siècle allemand. La langue se corrompt, il n'y a point de centre intellectuel, les progrès de l'instruction populaire s'arrêtent, les écrivains de talent sont clairsemés, et les plus originaux subissent l'action de l'étranger, comme un Jean Fischart, ou comme un Jacob Ayrer. Souvenirs et traditions, esprit national et sentiment de la patrie, tout sommeille, tout s'éteint. On ne voit dans l'antiquité qu'une mine, au lieu d'une école. On ne lui prend guère que des idées morales, on n'en dégage guère que les éléments utiles. Elle est confisquée au profit de la Réforme par des théologiens et par des pédagogues. Si elle a existé, ce n'est, Luther l'a dit, « qu'à cause de l'Évangile ».

Mélanchton ne peut triompher de cette conception aussi étroite qu'intéressée du rôle des lettres anciennes dans le monde renouvelé par l'imprimerie, la Renaissance et la Réforme. Ni la Grèce, ni Rome ne sauraient, dans ces conditions, vivifier la littérature de l'Allemagne. Luther disparu, le génie germanique, un instant réveillé, mais réveillé seulement plutôt que dirigé et fécondé, se rendort dans l'imitation paresseuse.

La parole est aux maîtres, la victoire aux modèles contemporains du dehors. La Réforme, en subordonnant l'art à l'action, a bien fourni quelques chefs-d'œuvre et quelques livres estimables à l'Allemagne ; elle ne lui a pas apporté une littérature.

Est-ce, après tout, la faute de la Réforme seule? N'est-ce pas un peu celle de l'Allemagne? Les *Fragmente und*

Aphorismen de Börne renferment ce passage malicieux et plein de sens : « Dans l'art, dans la science, dans la vie sociale, les Allemands atteignent leur but plus tard que les autres nations. Non pas qu'ils ne connaissent point le chemin le plus court, ou qu'ils soient plus mauvais marcheurs que d'autres ; mais ils arrivent de plus loin : ils partent toujours des principes. S'agit-il d'enlever une tache sur un habit, ils commencent par étudier la chimie ; ils l'étudient si bien et si longtemps que, dans l'intervalle, il n'est, de l'habit, plus resté qu'une loque. » L'intelligence allemande est consciencieuse, mais elle est lente ; elle a toute sorte d'hésitations, de scrupules, et la superstition de cette *Gründlichkeit*, qui est un mot à peu près intraduisible dans notre langue, — qui est un mélange d'excessive minutie et d'infatigable curiosité. Elle ne craint, dans ses voyages, ni les circuits, ni les haltes. Elle a surtout le sens critique : et c'est déjà ce qui nous explique comment, au xvi° siècle, la chronique et l'histoire peuvent arriver chez Franck et chez Tschudi à la précision des méthodes modernes ; et c'est pourquoi aussi l'Allemagne a voulu éprouver, scruter, amasser, — dût-elle tâtonner et se perdre, — avant d'être elle-même ; et c'est pourquoi encore il a fallu un critique, Lessing, pour lui révéler son génie et lui montrer le chemin.

CHAPITRE III

LA LITTÉRATURE FRANÇAISE EN ALLEMAGNE D'OPIZ A GOTTSCHED

I

L'Allemagne n'a pas connu de temps plus douloureux que ceux de la guerre de trente ans. L'Empire se désagrège, la nation elle-même s'effondre, les individus s'effacent et s'abaissent. Qu'est-ce, en effet, que l'Allemagne d'alors? Une sorte de pays public, que l'Europe piétine et rançonne en liberté. Le patriotisme est mort, le génie national se meurt. Au seul point de vue littéraire, la langue s'altère, les sources créatrices sont taries. La politique et les armes absorbent ou détruisent tout. Et, quand le traité de Westphalie aura consacré la dislocation de l'Empire, les influences étrangères seront souveraines; Louis XIV et la France, en particulier, exerceront une action prépondérante sur les mœurs, l'esprit, le gouvernement des divers petits états qui constituent l'Allemagne purement nominale du xvii° siècle.

Opiz pouvait écrire que la capitale des Allemands était Paris. Mais Paris n'est-il pas la capitale de l'Europe, la ville par excellence des plaisirs, des arts et des sciences?

N'attire-t-il pas l'élite des curieux, des lettrés et des savants ? Ses écoles illustres, sans avoir retrouvé les grands jours des xii° et xiii° siècles, ne continuent-elles pas d'être le rendez-vous de ces jeunes étudiants d'Angleterre, d'Italie, d'Allemagne, qui furent, au moyen âge surtout, et qui étaient encore sous Louis XIII et Louis XIV, d'incomparables propagateurs de notre idiome, de nos idées, de notre littérature ?

On conçoit que la France, à l'apogée de sa gloire, ait fasciné la Germanie épuisée et mutilée. Assurément, l'imitation est un parti désespéré, d'autant qu'elle est maladroite et servile à l'ordinaire, qu'elle va aux défauts bien plus qu'aux qualités ; elle peut faire des parvenus, elle ne donne que l'apparence de la richesse et du succès. Mais l'état intellectuel et moral de l'Allemagne fut si déplorable, pendant et après la guerre de trente ans, que le bien sortit de l'excès du mal.

M. E. Grucker[1] l'a expliqué avec toute la clarté désirable : « Notre langue si nette, si précise, si bien adaptée à tous les besoins, à tous les usages de la pensée, ce bon sens si juste et si fin, cette science pratique de la vie, cet art de la conversation, cette fleur d'élégance et de politesse, tous ces avantages, toutes ces qualités devaient s'imposer irrésistiblement à une société sans consistance, sans caractère national bien accusé, pleine de contrastes et de disparates, qui n'avait pour ainsi dire pas conscience d'elle-même, et dont la langue et les mœurs étaient à peine dégrossies ». Les inconvénients, en général très graves, de l'imitation directe furent compensés par des gains évidents : l'Allemagne n'avait rien à perdre, la contagion intense de l'esprit français la rendit peu à peu

---

[1] *Histoire des doctrines*, etc., *op. cit.*, p. 59 et s.

capable de voir, de penser, de vivre par elle-même. Opiz, Thomasius, Leibniz ne s'y sont point trompés, et si ces deux derniers ont réagi contre la dénationalisation du goût germanique, ils n'ont pas laissé de reconnaître l'action bienfaisante de la France. Ni Opiz, ni Caniz, ni tous ceux qui essayèrent de modeler les lettres allemandes sur les nôtres ne furent de grands écrivains ; ils préservèrent du moins leur langue et leur littérature de la grossièreté finale, en prolongeant la Renaissance chez eux par le culte du génie français.

Au demeurant, une nation ne saurait porter longtemps la livrée d'un maître étranger ; l'heure du réveil finit toujours par sonner. On conquiert un pays, on ne conquiert pas une race. Bientôt les exagérations ridicules des imitateurs engendrent le dégoût, et l'humiliante stérilité des esprits soulève l'indignation. Les « sociétés de langue », les rudes invectives de Moscherosch, les épigrammes irritées de F. de Logau, les éloquentes adjurations d'un Thomasius et d'un Leibniz prépareront les voies et les moyens d'une restauration littéraire.

II

Impuissance résignée, voilà, en deux mots, le tableau des lettres allemandes au commencement du xvii° siècle. C'est aux *Sprachgesellschaften*, aux « sociétés de langue », que revient l'honneur d'avoir défendu les premières l'idiome national contre les infiltrations étrangères et la corruption indigène. On rougissait, en Allemagne, d'être Allemand et de parler sa langue, ou, du moins, on ne la parlait qu'en y mêlant à l'envi du français, de l'italien et du latin, — du français surtout. Le geai se parait des plumes du paon, avec une coquetterie niaise. « Comme cet oiseau, dépouillé de ses plumes étrangères, serait nu et laid ! » s'écriait le poète Neumark. Le vocabulaire et la syntaxe se dénaturaient dans une promiscuité baroque ; ce passage d'une lettre citée par M. Grucker est significatif : « Aus *manquement* einiger *occasion*, habe ich bis *dato* mein *officium re ipsa* nicht *præstiren* können. » Avant tout, ne soyons pas nous-mêmes, tel semble être l'idéal de la plupart des cours princières et de presque tous les auteurs de l'Allemagne d'alors.

Les sociétés de langue, qui se fondent dès l'année 1617, sur le modèle des académies italiennes, cherchent à grouper les deux aristocraties de la naissance et du talent, afin de sauver le palladium de la race : la langue allemande. La « Société frugifère » fait promettre à ses membres « de respecter, dans son intégrité et son véritable esprit, le noble idiome maternel », et de le pratiquer avec une passion jalouse, et de l'épurer avec une intraitable rigueur. Elle n'a peut-être pas assez compté avec la force des choses ; elle est obligée de transiger avec le goût et les nécessités du temps. En veut-on la preuve ? Il suffira sans doute de rappeler qu'Opiz est le dieu du cénacle, et que l'un de ses coryphées, Tobias Hübner, traduit en vers ïambiques les deux premières *Semaines* de Dubartas.

Certes, on fait de la propagande nationale à la « Société frugifère » ; les œuvres qui en sortent, l'esthétique qu'on y professe, se ressentent des influences du dehors. Les « Ordres » du *Sapin*, des *Bons Allemands*, du *Cygne de l'Elbe*, des *Bergers de Pegnitz*, d'autres encore, furent créés dans le même but, tandis que celui de la *Palme d'or*, avec sa fière devise : « sans varier », et l'*Académie des parfaits amants* acceptent la tutelle du génie français.

Cette *Académie des parfaits amants* n'était qu'une

société pastorale à l'image de celle de l'*Astrée*. Le roman d'Honoré d'Urfé[1], fut traduit en allemand (1619) avant même qu'il eût achevé de paraître en France ; une traduction plus complète suivit, en 1629, et l'Académie, qui ne comprenait pas moins de vingt-neuf princes et princesses, ne conçut pas d'ambition plus haute que de continuer et de terminer le roman fameux. On écrivit même à l'auteur ; on le remercia des « contentements infinis » qu'il avait procurés aux « parfaits amants », et ceux-ci lui témoignèrent le désir de le voir placer un jour dans leur pays la scène d'une œuvre nouvelle. D'Urfé, très flatté de l'hommage, répondit qu'il dédierait à l'Académie tous ses livres futurs.

Les sympathies littéraires partagent donc l'Allemagne en deux camps. La Société frugifère néanmoins et ses imitatrices n'accomplirent pas une vaine besogne : l'idiome national s'émancipa et s'épura, grâce à leur ardente propagande. En revanche, l'asservissement de la pensée se prolongea pendant un siècle encore, et celui du goût public. Nous pourrons nous en convaincre en notant les manifestations les plus caractéristiques de l'influence étrangère sur la littérature allemande, d'Opiz à Gottsched.

III

Opiz résume tout l'effort intellectuel de l'Allemagne durant la guerre de trente ans. Il est peu de réputations qui aient, autant que la sienne, subi les vicissitudes de l'opinion. Un « Virgile allemand » pour ses contemporains, il

---

[1] *Grucker*, op. cit., p. 119 et s.; *Zeitschrift für neufranz. Sprache und Litteratur*, V, 107 et s.

reste, aux yeux de Gottsched, *der Vater der deutschen Dichtkunst*, car, s'il a d'abord imité Dante, Pétrarque, le Tasse, Marot, Ronsard, Desportes, Malherbe, « c'était pour les surpasser ensuite, à l'exemple des Romains, qui, pour s'être épris un peu tardivement des modèles de poésie, d'éloquence, d'architecture laissés par la Grèce, ne les ont pas moins surpassés de beaucoup[1] » ; et si « l'Allemagne n'a pas eu son François Ier, son Richelieu, son Louis le Grand, pour aimer les arts et les encourager royalement », il faut avouer que ses écrivains se sont bientôt élevés aux premiers rangs. Les critiques du XIXe siècle ont substitué le dénigrement à l'éloge. Scherer[2] a dit d'Opiz : « Jamais un poète médiocre n'a pris, avec aussi peu de droit, une place importante dans l'histoire d'une littérature ». Gervinus, Vilmar, Gödecke ne l'ont pas ménagé non plus ; leurs successeurs, il est vrai, lui ont rendu meilleure justice. Au fond, Martin Opiz ne fut qu'un Malherbe germanique sans vigueur d'esprit et sans puissance créatrice.

Dès son *Aristarchus, sive de contemptu linguæ teutonicæ* (1617), une œuvre de la vingtième année, il se défie, et de ses propres forces, et des ressources du génie national. Il a protesté sans doute contre le dédain dans lequel les Allemands paraissent tenir leur langue, mais il n'y a pas une parcelle d'originalité dans sa petite dissertation, écrite d'ailleurs en latin. Il a tenté de faire pour son pays ce qu'Heinsius avait entrepris en Hollande, et il l'a suivi docilement. Dans son traité célèbre, qui est une sorte de pendant germanique à la *Défense et illustration* de Du Bellay, dans son *Buch der deutschen Poeterey* (1624), Opiz

---

[1] *Gottsched's Gesammelte Reden*, Leipzig, 1749, p. 205.
[2] *Geschichte der deutschen Litteratur*, Berlin, 1883, p. 336.

n'est plus seulement l'étudiant qui reproche à l'Allemagne de « dormir les yeux ouverts » ; il se hasarde aux théories d'esthétique, il aspire au rôle de législateur du Parnasse, quoiqu'ici encore il soit un disciple bien plus qu'un maître. Toutes les règles de sa poétique sont empruntées à Scaliger, Heinsius, Vida et Ronsard. C'est, en particulier, dans l'*Abrégé de l'Art poétique français*, dans le *Discours sur le poème héroïque*, qu'Opiz a puisé nombre de ses définitions, de ses préceptes et de ses principes. Assurément, il choisit ; ses plagiats sont parfois intelligents, et presque toujours raisonnés. Et il abonde dans le sens de Ronsard s'écriant que c'est « un crime de lèse-majesté d'abandonner le langage de son pays vivant et florissant, pour vouloir déterrer je ne sais quelle cendre des anciens ». Mais comme il ne suffit pas d'expliquer, comme il faut combattre, par surcroît, il est militant, et même agressif à souhait[1].

La parenté des deux langues allemande et hollandaise engage Martin Opiz à ne point s'écarter d'Heinsius pour tout ce qui est épuration du vocabulaire et refonte de la syntaxe. Il doit reconnaître cependant que le retour aux traditions de Luther serait le salut de l'idiome national. « N'emploie pas davantage le dialecte alsacien que moi celui de Silésie, mande-t-il à Venator en 1628 : nous avons une langue littéraire, comme l'était le langage attique chez les Grecs ; c'est celle de Luther, et, si tu ne t'y conformes pas, tu commettras fatalement des erreurs. » Pour toute la ma-

---

[1] Consulter, outre les ouvrages précités de *Grucker*, *Gödecke* et les histoires de la littérature allemande : *Über das Verhältniss von Martin Opiz und D. Heinsius*, von B. Muth, Leipzig, in-8, 1872; *Die Kunstlehre der Renaissance in Opiz' Buch der deutschen Poeterey*, von C. Borinski, München, in-8, 1883 ; *Martin Opizens Buch der deutschen Poeterey*, von Otto Fritsch, Halle, in-8, 1884; *M. Opiz, P. Ronsard und D. Heinsius*, von R. Beckherrn, Königsberg, in-8, 1888.

tière de sa poétique, il s'adresse de préférence à Ronsard, qui fut, ne l'oublions pas, un élève de Scaliger. L'invention est, par exemple, d'après Ronsard, « le bon naturel d'une imagination concevant les idées et les formes de toutes choses »; Opiz traduit cela par « la représentation ingénieuse des choses que nous pouvons imaginer », — *die sinnreiche Fassung aller Sachen die wir uns einbildden können*. La composition, ou « disposition », est définie en termes identiques par l'un et l'autre. La conception qu'Opiz a de l'épopée est toute ronsardienne, comme aussi son culte de la mythologie. Le début de la *Poeterey* est du Ronsard traduit, et, dans tous les chapitres du livre, on retrouve des bribes, et même des passages entiers, tant de l'*Abrégé de l'Art poétique* que du *Discours sur le poème héroïque*. Le troisième chapitre lui-même, le chapitre « polémique », rappelle Ronsard en bien des endroits, quoique le poète français n'eût pas besoin, comme Opiz, de prouver à ses lecteurs le charme de la poésie.

Il y a plus. Que sont très souvent les vers d'Opiz ? Du Ronsard mis en allemand. Il semble, qu'à l'ordinaire, l'inspiration ne lui vienne que s'il a relu au préalable quelques pages du chef de la Pléiade. Il prend à celui-ci des sujets, des images, des comparaisons et jusqu'à des émotions. Lorsqu'il ne copie point, il paraphrase. On a prétendu qu'Heinsius avait servi d'intermédiaire entre Opiz et Ronsard. M. Beckherrn [1] a pu affirmer, sans contradiction possible, « qu'Opiz est un imitateur direct de Ronsard ». Ne s'est-il pas approprié toute la métrique ronsardienne ? Ne s'est-il pas risqué, lui aussi, à l'ode pindarique ? N'a-t-il pas déclaré que, « quant aux vers saphiques, il était de l'opinion de Ronsard » ? Les rimes ne sont-elles

---

[1] *Op. cit.*, 85 et s.

pas croisées de même chez tous les deux ? Les strophes et les mètres rares dans l'auteur de la *Franciade* ne le sont-ils pas dans Opiz ? La libre césure et l'enjambement facile de celui-ci ne lui ont-ils pas été suggérés par les alexandrins[1] de celui-là ? Jusque dans les détails les plus menus, Opiz obéit aux enseignements du maître aimé ; il ne s'en éloigne guère que sur le terrain religieux. Ronsard était un catholique passionné ; Opiz est un indifférent :

> *Gut von sich selber thun das ist Religion,*
> *Das ist angenehm. Lasst Ketzer Ketzer bleiben !*

Il ne pouvait, au surplus, s'adresser à un meilleur guide que Ronsard, puisqu'il s'agissait d'une rénovation nationale de la littérature allemande. Est-il accusation plus gratuite que celle portée par Boileau contre Ronsard ? Il aurait « en français parlé grec et latin »! Tout au contraire[2], il est de ceux qui ont dénoué notre langue et l'ont enrichie, en remontant aux sources et aux traditions les plus incontestablement françaises. C'est là également le principal mérite de Martin Opiz pour la langue littéraire de l'Allemagne. Il n'a ni su, ni pu être un Allemand par-dessus tout. Il n'était pas homme de génie le moins du monde. Il fut le poète et le critique de son temps et de son milieu, sinon de son peuple. Il a pensé et senti comme les anciens, comme les écrivains des nations qu'il aimait,

> *Italien, ich meine dich*
> *Und Frankreich.*

---

[1] Opiz s'est vanté d'avoir introduit notre alexandrin dans la poésie allemande ; la prétention n'est pas fondée (cfr. entre autres, *Grucker*, op. cit., 151 et s.).

[2] M. L. Mellerio l'a démontré d'une manière complète dans son curieux et savant *Lexique de Ronsard* (Paris, in-16, 1895).

Trop modeste, il traitait sa *Poeterey* de *nullum libellum*; elle a été la charte de près d'un siècle de poésie allemande. Charte toute française, d'ailleurs. L'influence de l'Italie et de l'Espagne pourra s'insinuer entre celle de Ronsard, puis de Boileau. Notre littérature n'en sera pas moins, jusqu'à Lessing, l'inspiratrice et l'éducatrice par excellence. N'est-ce pas Opiz qui disait, un jour, que si l'on avait ouvert le cœur d'un Allemand de son époque, on l'eût trouvé français pour les cinq huitièmes, italien et espagnol pour un huitième, allemand pour un huitième au plus ? Ce qu'il disait du cœur pouvait s'appliquer à l'esprit.

IV

La fusion entre l'art antique et l'âme nationale, entre la littérature savante et la littérature populaire, était impossible dans l'Allemagne du XVII° siècle. On y était condamné à traduire ou à copier, bien plutôt qu'à créer. Après Opiz toutefois, on possède un instrument qu'il suffira de perfectionner, une langue et un style allemands. Gain considérable.

Et voici, la réaction anti-française se dessine, stimulant les *Sprachgesellschaften*, suscitant des écrivains et des œuvres. L'action de la France n'est point abolie pour autant. Je veux bien qu'elle soit à peine sensible dans Ph. de Harsdœrfer et chez ses confrères de la *Société des Bergers de Pegnitz*; elle est à peu près absente de l'œuvre de Paul Flemming; au moment même où la *Gelehrtenpoesie* d'Opiz est à l'apogée de sa faveur, Wencel Scherffer de Scherfferstein célèbre sa langue maternelle, ou mieux son dialecte, son « *Slesisch Teutsch* », et ne doit presque rien à l'imitation française ; J.-S. Wieland, dans ses deux grands poèmes en alexandrins, *Urach* (1626) et le *Héros de minuit* (1633), essaie de ramener la littérature allemande au genre épique, et nous donne les deux premières applications importantes de la prosodie opizienne, sans intelligence, au demeurant, en disciple qui n'a pas compris ; Fréd. de Sprée, Gerhardt, Günther sont avant tout les représentants d'un lyrisme national et religieux ; échos lointains, ou vagues reflets, c'est tout ce que la France peut reconnaître dans l'œuvre de la plupart de ces poètes. Et Georges Grefflinger, qui traduit le *Cid* de Corneille en 1650, et d'autres de ses contemporains sont déjà plus près de l'Italie et de l'Espagne que de la France. Il en sera de même de la seconde école silésienne, avec Hoffmann de Hoffmannswaldau et Gaspard de Hohenstein.

Cette seconde école silésienne, suivant à quelques années de distance celle d'Opiz, fut pour l'Allemagne ce que le gongorisme avait été pour l'Espagne, le marinisme pour l'Italie. Elle inaugura le règne du « précieux » en Germanie, elle professa une sorte d' « opizisme » dégénéré et prétentieux.

Hoffmann de Hoffmannswaldau avait fait, dans sa jeunesse, un assez long séjour à Paris ; il parlait couramment notre langue. Il est peu probable qu'il ait connu l'hôtel Rambouillet. Les savants l'attiraient plus que les poètes. Il traduisit beaucoup, bien entendu. S'il attachait une certaine importance à son *Getreuer Schäfer*, une version, qui n'est pas maladroite, du *Pastor fido* de Guarini, il ne méprisait point sa translation littérale, d'ailleurs lourde et fruste, de *La mort de Socrate* de Th. de Viau, qui était elle-même un *Phédon* librement mis en vers français. Il introduisit en outre, dans son pays, notre poésie galante et celle des Italiens. Théophile,

Saint-Amant, Le Pays, Colletet, sont ses modèles; les piquantes obscénités ne le rebutent point, il puise gaiement dans la *Muse coquette*, le *Cabinet satirique*, le *Parnasse satirique* et les œuvres similaires. Colletet l'a plus particulièrement séduit, et, comme ce polisson de Colletet, Hoffmann de Hoffmannswaldau a chanté, en allemand métaphorique, les « globes jumeaux »

> Dont la beauté pourrait émouvoir une souche.

Mais Marini est son dieu, et Bodmer l'a surnommé le « Marini silésien »[1].

L'élève le plus illustre de Hoffmann de Hoffmannswaldau, Gaspard de Lohenstein, exagéra encore, dans la poésie lyrique, le marinisme de son maître. En somme, la seconde école silésienne, pour avoir préféré les grâces affectées de l'Italie à l'aimable et désinvolte correction française, n'exerça qu'une influence contraire à son but : elle précipita par ses excès le retour de la littérature allemande à la simplicité du style et à la santé de l'inspiration.

Il fut réservé à un modeste amateur, F.-R.-L. de Caniz[2], d'affranchir l'Allemagne du joug littéraire de l'Italie pour la rapprocher de la France; il vainquit Marini par Boileau. Les vers de Caniz n'eurent pas, de son vivant, les honneurs de l'impression; des copies manuscrites n'en circulèrent pas moins dans tous les cercles lettrés. La première édition de ses œuvres est de 1700; la neuvième, la seule qui soit complète et sûre, porte la date de 1727.

Ainsi que l'a montré M. Luz[3]: « Les meilleures poésies

---

[1] *Chr. Hoffmann von Hoffmannswaldau*, von Jos. Ettlinger, Halle, in-8, 1891; *Grucker*, op. cit., 251 et s.

[2] *F.-R. L. von Caniz, sein Verhältniss zu dem franz. Klassicismus*, etc., von Valentin Luz, Neustadt, in-8, 1887.

[3] *Op. cit.*, 8 et s.

de Caniz sont sans contredit ses satires; elles doivent leur existence à celles de Boileau, qui lui suggérèrent l'idée de faire passer ce genre en Allemagne, et lui fournirent des modèles qu'il imita de façon très directe. » M. Ch. Joret[1] a dit, de son côté : « Caniz, le disciple de Boileau, devint le chef d'une école dont la sagesse poétique et la froide raison contrastèrent singulièrement avec l'exagération et l'enflure des poètes qui avaient précédé. » La France reprit, par lui, possession de l'intelligence et de l'imagination allemandes; le naturel rentra triomphalement dans la poésie, mais le naturel selon Boileau, le naturel sans la jolie fleur de fantaisie et de rêve.

Les deux premières satires de Caniz sont assez insignifiantes. La troisième, une attaque peu voilée contre le « Marini silésien », veut être étudiée avec quelque attention. Caniz ne se gêne nullement de demander à l'*Art poétique* et aux *Satires* de Boileau, les armes qui lui permettront

> D'aller ôter le masque aux vices de son temps.

Souvent, il se contente de traduire, ou de paraphraser; mais il y a de l'aisance dans sa versification, et le tour spirituel de l'original est rendu avec adresse. Parfois il s'aventure à être lui-même, il individualise ses types plus que Boileau ne le fait, il est moins éloigné que celui-ci de la réalité et de la vie. Aussi bien il a, autant et plus que son maître français, le droit de blâmer l'emphase et les autres défauts nés de l'imitation italienne :

> *So künstlich trifft itzund kein Dichter die Natur,*
> *Sie ist ihm viel zu schlecht, er sucht ihr neue Spur,*
> *Geusst solche Thränen aus, die lachenwürdig scheinen,*
> *Und wenn er lachen will, so möchten andre weinen...*

---

[1] *Revue critique d'hist. et de litt.*; V², 271.

Et c'est en alexandrins non moins alertes qu'il reproche aux précieux de la seconde école silésienne, d'être toujours

> Montés sur deux grands mots comme sur des échasses.

Art poétique, *Satires*, *Épîtres*, Caniz met tout Boileau à large contribution, et ne laisse point de cueillir, par-ci par-là, une image, un trait, dans Régnier ou dans Racan.

Je ne m'arrêterai pas à ses *Trauergedichte*, secs et gauches, ni même à ses *Geistliche Gedichte*, infiniment moins artificiels et moins compassés. Celui qu'on appela « le grand Caniz » eut le mérite de sauver la langue et la littérature nationales de l'amphigouri et de la boursouflure. Il fut le Boileau de l'Allemagne, un Boileau timide et qui importa sa réforme de l'étranger au lieu de la créer. Sa prosodie est peut-être la partie la plus personnelle de son œuvre. Avant Brockes, il travaille à émanciper la versification allemande; s'il adopte et s'il emploie volontiers notre alexandrin classique, il lui arrive de ne point « suspendre l'hémistiche » et de ne pas reculer devant un hiatus.

Caniz s'était séparé, sans fracas, de la seconde école silésienne. Il n'avait pas le tempérament d'un lutteur :

> *Genug! Wer Wespen stört kriegt Beulen in's Gesicht.*

Son ami Neukirch[1] et Wernicke, tous deux fanatiques des lettres françaises, consommèrent la rupture.

Sans Boileau, Caniz n'eût guère été qu'un rimeur d'occasion; Boileau aidant, il ne chercha pas seulement, pour parler avec Frédéric II, « dans l'usage de la bonne com-

---

[1] Neukirch jugeait le *Télémaque* de Fénelon supérieur à bien des égards aux poèmes d'Homère et de Virgile.

pagnie, cette politesse et cette aménité qui plaisent dans son style », il fut le restaurateur du bon sens et de l'équilibre dans une poésie qui les avait par trop dédaignés. Mais la poésie ne vit pas que de bon sens et d'équilibre ; Günther et Brockes y ajoutèrent un peu de ce sentiment et de cette émotion qui lui prêtent charme et vie.

Avant et après Caniz, la France ensemença toute une petite bande verte et fleurie du domaine littéraire de l'Allemagne. Je songe aux « anacréontiques », de Weckerlein à Hagedorn[1].

C'est Henri Estienne qui, en 1554, nous restitua, non point Anacréon lui-même, mais un Anacréon gentiment arrangé, qui, d'emblée, fit les délices du Parnasse français. Remy Belleau le traduit, Ronsard le chante :

> Anacréon me plaît, le doux Anacréon.

Le père des « anacréontiques » allemands, Weckerlein, se rattache, dans ses *Oden und Gesänge*, aux imitateurs que le poète grec suscite en Angleterre et en France. Opiz voit Anacréon à travers Ronsard ; il n'en sait exprimer ni l'élégant épicuréisme, ni la grâce naïve et simple. Un successeur de Weckerlein et d'Opiz, Löwen, écrira longtemps après : « Leurs hymnes bachiques n'étaient que de vulgaires *Bierchansons* ; il ne semble pas que la subtile et joyeuse ivresse du vin ait jamais touché ces poètes, dont les vers titubaient et se cognaient à la façon de paysans ayant trop bu. »

Ces rimeurs allemands du XVIIe siècle, sauf peut-être David Schirmer, sont incapables de copier un modèle aussi alerte, aussi frais que le délicieux Anacréon. Lorsque le *Voyage en Languedoc* (1656), de Chapelle et Bachau-

---

[1] *Zeitschrift für vergleichende Litteraturgeschichte*, N. F., III, 1 ets.

mont, avec ses lestes couplets sertis dans de la prose légère, puis, certaines odes de J.-B. Rousseau, certaines petites pièces badines de Chaulieu, de Grécourt, de Gressat, eurent fait leur tour d'Allemagne, la faveur revint plus vive à cet

> Anacréon, ce tendre sage,
> Le Nestor du galant rivage,
> Le patriarche des amours.

Seulement ce furent toujours des savants, ou des lourdauds, qui se chargèrent de germaniser cette pimpante et frivole littérature. Mencke s'avise-t-il, par exemple, d'adapter le délicat madrigal :

> Vénus, je sais qu'Amour fugitif et rebelle
> S'est sauvé de ton sein et se cache à tes yeux...

il ne sait que dire pesamment :

> *Ich weiss, o Venus wol*
> *Dass dein Cupido sich*
> *Aus deinem Schoosse hat verloren.*
> *Das kränket dich...*

La langue est encore nouée et noueuse, même quand elle sert à un J.-Ch. Günther. Il faut aller jusqu'à Uz, grand admirateur de La Fontaine[1], jusqu'à Hagedorn[2], pour trouver en Allemagne de vrais poètes qui soient d'aimables « anacréontiques ». Ce dernier, en sa jeunesse, avait été, de cœur et d'esprit, avec les auteurs de la seconde école silésienne. Mais il avait plus de sympathie pour le goût français que pour le marinisme italien. « Alors, mande-t-il à Bodmer le 19 mai 1753, je lisais plus de

---

[1] *Zeitschrift für vergl. Litteraturgeschichte*, N. F., VI, 329 et s.
[2] *Fr. von Hagedorn*, von H. Schuster, Leipzig, in-8, 1882; *Vierteljahrschrift für Litteraturgeschichte*, V, 611 ; *Die Vorläufer der anacreontischen Dichtung*, von G. Withowski, Leipzig, in-12, 1889, p. 36 et s.

poètes français que d'allemands ; *et j'avais raison.* » On le voit ensuite se rapprocher de Caniz, et subir l'influence de Boileau. N'a-t-il pas indiqué lui-même deux emprunts faits à Despréaux pour sa satire *Der Poet?* Et il n'a pas tout avoué.

Tout à coup, l'Angleterre, où il a passé deux ans, s'empare de lui, — « *das glückselige England* ». Sa correspondance montre néanmoins que les Français demeurent ses maîtres préférés, qu'il se forme à l'école de Montaigne et de La Bruyère. La Fontaine, d'autre part, lui enseigne à composer des fables, où il manque d'art et de finesse, mais où il y a plus de sentiment, de *Gemüth*, que dans celles du Bonhomme. Et Chapelle, et Chaulieu, sans parler d'Horace, « son ami, son compagnon de toutes les heures », l'initient aux gentils secrets de la chanson anacréontique. Ses imitations, au reste, n'ont rien de servile. « On devrait imiter, disait-il, comme ont fait Boileau et La Fontaine. » N'est-ce pas celui-ci qui écrivait : « Cela ne s'appelle pas imiter ; c'est joûter contre son original ? »

Richardson ayant mis la morale à la mode dans la littérature d'imagination, Hagedorn changea de manière et s'éloigna de nos poètes. Son ironie n'en garda pas moins, dans ses *Epigrammatische Gedichte*, ce quelque chose de bref et d'aigu qui est notre bien.

Il serait facile de signaler les sources françaises de maintes des œuvres d'Hagedorn, d'autant plus qu'il eut soin, en général, de les avouer. Je renonce à entrer dans ces détails. Hagedorn, fabuliste et « chansonnier », doit beaucoup à la France. Or, n'oublions pas qu'il fut l'un des premiers maîtres de Lessing, et l'un des plus aimés [1].

[1] Je me borne à rappeler, en note, qu'un autre « anacréontique »,

En résumé, la poésie de l'Allemagne, d'Opiz à Hagedorn, n'offre rien de très remarquable ; elle ne réussit que dans les genres où la raison a plus de part que l'imagination : épigrammes à la Logau, satires à la Caniz, odelettes et fables à la Hagedorn. Malgré la concurrence de l'Italie, de l'Espagne, de l'Angleterre, c'est la France qui la dégrossit, la dégourdit et la polit. La seconde école silésienne succombe bientôt, le *lohensteinischer Schwulst* est condamné, le naturel et le bon sens règnent enfin, sous l'égide de la France.

V

En France, dès le milieu du xvi° siècle, la dramaturgie du moyen âge, qui errait à l'aventure, sans théorie et sans but, se transforma en un système étroit que l'on crut avoir pris dans Aristote[1]. Il n'est pas qu'on n'ait vu citer cette phrase, mise par Jodelle dans la bouche d'un personnage de sa première tragédie :

> Avant que ce soleil qui vient ores de naître,
> Ayant tracé son jour, chez sa tante se plonge,
> Cléopâtre mourra.

J.-N. Götz, a traduit le *Temple de Gnide* de Montesquieu et le *Vert-Vert* de Gresset, ainsi que le *Cours de Belles-Lettres* de Batteux. Il imita tout ensemble Anacréon et J.-B. Rousseau. Cfr. *Gedichte von J.-N. Götz*, etc., dans les *Deutsche Litteraturdenkmale des XVIII^ten und XIX^ten Jahrhunderts*, de Seuffert et Sauer (vol. 42, Stuttgart, 1893).

[1] *Grucker*, op. cit., 251 et s., 353 et s. ; A. *Erhard* : Les Comédies de Molière en Allemagne, Paris, in-8, 1888 ; *Entwickelungsgeschichte der franz. Tragœdie*, von Ad. Ebert, Gotha, in-8, 1856 ; *Les unités d'Aristote avant le Cid de Corneille*, par H. Breitinger, 2° édit., Genève, in-16, 1895 ; W. Creizenach, op. cit. pass.

Voilà l'unité de temps retrouvée et consacrée, la « règle des règles », selon Corneille. Ronsard pense, lui, que la tragédie et la comédie « sont bornées de peu d'espace, c'est-à-dire, d'un jour entier ». Jean de La Taille préconisera l'unité de lieu, dans une introduction placée en tête de *Saül le furieux*, et y proclamera la nécessité de l'unité d'action. L'*Art poétique* de Vauquelin de la Fresnaye réunira, en un corps de doctrines, les règles que s'est imposées la Pléiade.

On crut recommencer les Grecs et les Latins, « suivre la voie des plus vieux ». On se fit écolier chez Aristote, dont l'influence regagna auprès des écrivains tout ce qu'elle avait perdu dans la philosophie. Mais on écouta les leçons d'un Aristote étriqué, défiguré et raidi par les commentateurs et les glossateurs italiens. Ce furent, en réalité, les *Poetices libri septem* de J.-C. Scaliger, venu de Padoue en Gascogne, qui traduisirent ou travestirent les théories aristotéliques à l'usage des dramaturges du temps. M. Ch. Arnaud[1] a prouvé que, « sur la question de l'étendue du sujet, Scaliger se sépare nettement de « son maître et dictateur », Aristote, en effet, n'entendant pas qu'on mesure cette étendue au clepsydre, mais sur les proportions naturelles et nécessaires de l'action ». Comme le théâtre, poursuit M. Arnaud, est obligé de respecter la vérité, « si le sujet est trop étendu, il ne pourrait pas tenir dans les limites de la représentation qui dure à peine sept ou huit heures; il y aurait contradiction entre le poème et sa représentation, ce qu'il faut éviter avant tout. Ce raisonnement contient en germe la règle des trois unités, et toute la démonstration qu'en donneront Chapelain et d'Aubignac ». Le poème dramatique sera bientôt

---

[1] *Etude sur la vie et les œuvres de l'abbé d'Aubignac*, Paris, in-8, 1887, p. 129 et s.

asservi à un code d'une tyrannique inflexibilité; il sera essentiellement affaire de métier, — de fabrication, eût dit Scaliger, s'il avait professé en français.

La religion des « règles » eut ses apostats, Alexandre Hardy, Heinsius, qu'approuvèrent Scudéry et l'Académie. Mais la *Silvanire* de Mairet est composée « selon les rigueurs italiennes ». Chapelain vient à la rescousse, Richelieu abonde dans le sens des unités, l'Académie se soumet. La Mesnardières, un protégé du cardinal, rédige sa *Poétique*, l'abbé d'Aubignac sa *Pratique du théâtre*. La cause de la liberté est perdue, puisque Corneille lui-même l'abandonne. Les pédants ont souvent le dernier mot en France : on les raille, pour avoir le droit de leur obéir. Et parce que Corneille, Molière, Racine eurent du génie malgré les « règles », on se figura qu'ils en avaient à cause d'elles ; et Boileau, le législateur littéraire du siècle, prêta à celles-ci l'autorité souveraine de ses décrets :

> Qu'en un lieu, qu'en un jour, un seul fait accompli
> Tienne jusqu'à la fin le théâtre rempli ;

et Descartes, au surplus, en annonçant aux Français l'évangile de la raison, ne leur avait-il pas commandé la vénération de la règle ? Quelques escarmouches contre les trois unités — la préface de François Ozier à la tragi-comédie *Tyr et Sidon*, le *Discours de Cliton*, d'un anonyme, Molière, dans la *Critique de l'École des femmes* — n'effaceront point la victoire remportée par Scaliger au nom d'un Aristote mal compris et tronqué.

Que va être, en Allemagne, le succès de notre théâtre classique ? Le théâtre est de la littérature extérieure, si l'on peut ainsi parler ; l'imitation y est plus facile, plus naturelle, que dans la poésie lyrique, par exemple, qui est l'écho des voix intimes. Aussi nos auteurs dramatiques eurent-ils toujours plus de vogue en Allemagne que nos poètes, sans compter qu'il faut au théâtre des qualités de décision, d'ingéniosité et d'adresse que les Allemands, auxquels elles manquent en général, eussent cherché vainement ailleurs qu'en France.

On n'ignore point, qu'au xvi° siècle, la tragédie française fut en progrès constant ; celle de l'Allemagne se figea dans le moule oratoire de la tragédie pédante, les Allemands recommencèrent Sénèque et Heinsius. Les acteurs anglais, qui traversèrent le pays, purent se faire admirer pour l'excellence de leur jeu, leur science profonde des effets dramatiques ; s'ils conduisirent à la sécularisation définitive, ils ne préparèrent pas la réforme du théâtre en Allemagne, où ils se heurtèrent à la permanence des traditions scolastiques et aux susceptibilités de la foi religieuse. Sans compter que ces drames d'Outre-Manche étaient bien touffus, bien mouvementés, bien violents. La tragédie convenait mieux au tempérament germanique, plus curieux de dissertations morales que d'action ; Opiz en prit sa théorie dans Scaliger, mais n'eut garde de la développer et ne mentionna même pas les trois unités ; Gryphius s'en tint étroitement à la doctrine aristotélique formulée par les critiques de la Renaissance, et Lohenstein ne procéda pas autrement, tout en introduisant dans ses pièces composées comme celles de Sénèque une rhétorique déclamatoire, des tableaux licencieux et des scènes d'une extravagante brutalité.

André Gryphius [1] est, avec Jean Veltheim et Chr. Weise, le principal représentant de l'art dramatique dans l'Allemagne du xvii° siècle. Auteur de la première tragédie allemande (*Léon l'Arménien*, 1646), il a substitué les

---

[1] *Andreas Gryphius et la tragédie allemande au XVII° siècle*, par G. Wysocki, Paris, in-8, 1892 ; *Herrig's Archiv*, XXII, 98.

sujets historiques aux sujets traditionnels, et il a créé la langue de la tragédie, en remplaçant la prose par l'alexandrin. La mort du drame pédagogique et didactique coïncide avec l'apparition des œuvres de Gryphius. Aux abstractions personnifiées succèdent des êtres vivants ; aux thèmes tirés de la Bible et de la mythologie, les évènements de l'histoire, même contemporaine (*Charles Stuart*). Notons encore que Gryphius donne, cent ans avant Lessing, dans *Cardenio et Célinde*, un modèle de tragédie bourgeoise.

Il observe les trois unités, son art est absolument classique ; son inspiration, toutefois, le rapproche du théâtre populaire. Ses maîtres sont les Hollandais, Shakespeare et Sénèque. Au surplus, il a fort bien connu Garnier ; ses personnages ont d'ordinaire le ton et l'allure de ceux du dramaturge français, et M. Wysocki [1] a signalé des ressemblances très directes entre Garnier et Gryphius, mouvements de la pièce, situations, pensées, images. Rien de plus aisément explicable, puisque notre théâtre presque tout entier avait passé ou devait passer en Allemagne. On n'a pas oublié que Grefflinger traduisit le *Cid* en 1650 ; vers le même temps, Gryphius mit en allemand le *Berger extravagant* de Th. Corneille, et imita le *Fantôme amoureux* de Quinault. S'il a ignoré Rotrou, il s'est rencontré parfois avec l'auteur du *Cid* ; le rôle de Balbus dans *Léon l'Arménien* est à peu près celui de Dom Gormas ; le vers fameux :

> La valeur n'attend pas le nombre des années,

devient dans la comédie *Horribilicribrifax* :

> *Muth kommt vor den Jahren, bei wackeren Gemüthern.*

---

[1] *Op. cit.*, 303 et s.

Ce qu'il y a de plus original, dans le théâtre comme dans la poésie lyrique de Gryphius, c'est sa peinture sévère et triste, tant de la vie sociale que de la vie individuelle de l'époque ;

Das Leben ist ein Kriegen
Voll Angst...

Il a tant souffert, dans sa famille et pour sa patrie ! *Sterben heisst genesen*, s'écriera-t-il un jour. Ses tragédies, n'est-ce pas la guerre de trente ans à la scène, la justice honnie, la violence triomphante, le pillage, le meurtre, tous les désastres et tous les crimes ?

Il a manqué à Gryphius surtout des acteurs et un public, qui eussent tout ensemble sollicité et affiné son talent dramatique. On en a fait le chef de la seconde école silésienne ; à tort, car il fut un isolé. Harsdörffer, avec son *Entonnoir poétique de Nuremberg*, détourna l'Allemagne de la Hollande et de la France. On négligea le grand théâtre ; la pastorale et l'opéra achevèrent de corrompre le goût littéraire ; plus que jamais, les Allemands furent tributaires de l'étranger.

Toutefois, une réaction se produisit bientôt en faveur de la France. L'acteur Jean Veltheim, directeur de la *berühmte Bande* qui s'installa, vers 1685, à la Cour de l'Électeur de Saxe, n'est pas revenu, quoi qu'on ait dit, aux *Haupt-und-Staatsactionen*, et n'a pas non plus préparé le succès de la *Commedia dell' arte* en Allemagne. Son activité réformatrice commença et se poursuivit avec ses traductions des classiques français ; il avait compris que là était le préservatif unique contre la brutalité anglaise et la préciosité italienne. Il prit son bien un peu

---

[1] *Johannes Velten*, von Carl Heine, Halle, in-8, 1887. Le nom de cet auteur est orthographié, tantôt Veltheim, tantôt Velten.

partout, comme ce Molière que, l'un des premiers, il sut imposer à l'admiration de l'Allemagne. Sur les quatre-vingt-sept pièces qu'il a laissées, dix-huit au moins sont des adaptations, ou, plus généralement, des versions allemandes de Molière, Scarron, Desmarets, Corneille. C'est par lui que ses compatriotes ont connu d'abord le *Misanthrope*, l'*École des femmes*, le *Festin de Pierre*, le *Bourgeois gentilhomme*, le *Mariage forcé*, le *Médecin malgré lui* de Molière, le *Dom Japhet d'Arménie* de Scarron, l'*Aspasie* de Desmarets, le *Comte Essex* de Th. Corneille, le *Menteur*, la *Mort de Pompée*, *Rodogune*.

Notre comédie exerça, sur l'Allemagne d'alors, une attraction plus forte que nos auteurs tragiques. Veltheim alla droit à Molière, qui est accessible à tous, qui est infiniment varié et infiniment amusant. Le succès fut immense. Pourquoi ? Serait-ce parce que Molière est un génie cosmopolite, n'appartenant pas beaucoup plus à la France qu'aux autres nations ? Soit. Mais, s'il est un génie cosmopolite, c'est qu'il est un Français, un fils de la race la plus sociable et la plus universelle de toutes. Et puis, d'après M. Erhard[1] : « On put voir dans les vieilles farces du poète français comme une suite des vieilles farces allemandes ; elles continuaient, aux yeux du public, la tradition de Hans Sachs et des bouffons anglais. Beaucoup de ces ressemblances s'expliquent encore, parce que Molière et les auteurs allemands ont puisé aux mêmes sources, à savoir dans les nouvelles italiennes. » Aussi quelles frappantes analogies entre *La femme dans le puits* de Hans Sachs et la *Jalousie du Barbouillé*, ou le *Faux saint François* d'Ayrer et le *Tartufe !* Le théâtre populaire de l'Allemagne et Molière avaient trop de points

---

[1] *Op. cit.*, 44.

communs pour que celui-ci ne pénétrât point et ne relevât pas celui-là, en lui apprenant à peindre vigoureusement des caractères vrais et vivants. Devrient a pu dire que « le véritable art de représenter des hommes » date, en Allemagne, de Molière. Quant à notre tragédie classique, avec ce qu'elle a d'abstrait dans l'action et dans les personnages eux-mêmes, avec son allure majestueuse et ses formes savantes, avec son tour essentiellement psychologique, elle n'est qu'un théâtre d'idées et de sentiments, et non point le théâtre de faits qui plaisait surtout aux Allemands de l'époque. Molière, lui, était le Messie attendu; la scène germanique lui doit de n'être pas tombée dans la plate ou grossière vulgarité. Veltheim, qui le pille, habitue ses auditeurs à la décence et au rire des honnêtes gens; il remplace *Hans Wurst* par le *Courtisan*, qui est presque un bouffon de bonne compagnie; il entend que le naturel règne dans la pièce comme sur les tréteaux; il donne à l'Allemagne des acteurs qui sont des artistes, et des œuvres qui sont du théâtre.

Les plus anciennes traductions de Molière sont renfermées dans le recueil intitulé : *Schaubühne englischer und französischer Comœdianten* (1670). L'*Amour médecin* figure en tête du premier volume; viennent ensuite les *Précieuses ridicules*, *Sganarelle*, *l'Avare* et *Georges Dandin*. Mais des traductions manuscrites d'autres comédies de Molière circulaient en Allemagne, puisqu'on y jouait, vers le même temps, les *Fourberies de Scapin*, le *Tartufe*, l'*École des maris*, outre les adaptations que nous avons signalées dans le répertoire de Veltheim. La *Schaubühne* ne flattait point les auteurs étrangers qu'elle révélait aux Allemands : « Les contre-sens y sont nombreux; la plupart des traits spirituels sont incompris ou rendus incompréhensibles... Mais ces taches ne doivent pas nous empêcher de reconnaître les mérites du traducteur. Il s'est soucié, chose dont beaucoup de ses successeurs se sont dispensés, de serrer de près le texte de Molière. Il ne l'étend, ni ne le tronque [1]. »

Une mauvaise traduction de toutes les pièces en prose de Molière fut publiée, à Nuremberg, en 1699, sous le titre : *Histrio gallicus comico-satiricus* ; on l'a, sans raisons plausibles, attribuée à Veltheim. Nos tragiques, Corneille, Rotrou, puis Racine, tentèrent également les traducteurs ; ils furent représentés assez souvent. La vogue, cependant, est au genre comique et à l'opéra [2]. Nul n'est plus goûté que

> Quinault, le doux Quinault à la verve galante.

En 1666, les Allemands apprennent à connaître l'*Art de régner*, de Gillet de la Trissonerie, en 1679, la *Jalouse d'elle-même* de Boisrobert, *Dom Japhet d'Arménie* de Scarron, la *Fille capitaine* de Montfleury ; le *Menteur* de P. Corneille, le *Geôlier de soi-même* de son frère Thomas, et bien d'autres de nos meilleures comédies passent sur les principales scènes d'Allemagne. L'*Esope à la cour* de Boursault nous vaut la première traduction d'une comédie française en vers allemands. *Esope à la ville* sera mis en prose deux ans après. On se divertit au *Roi de Cocagne* et au *Cartouche* de Legrand, vers 1720. Le « Théâtre de la foire » n'est pas dédaigné. J.-H. König arrangea le *Monde renversé*, en le semant d'allusions et de traits de son cru, afin que ses compatriotes y découvrissent quelque chose de leur caractère et de leurs

---

[1] *Erhard*, op. cit, 64, 65.
[2] *Zeitschrift für vergleichende Litteraturgeschichte* N. F., IV, 1 et s.

mœurs. Ce n'est là rien moins que de la littérature nationale ; mais l'éducation du public progresse, sans qu'il y paraisse tout d'abord ; les écrivains s'aiguisent l'esprit, acquièrent du métier, préparent leur émancipation. Il est vrai que des auteurs qui se bornent à copier sont condamnés à copier longtemps.

N'est-ce pas un fait indéniable que les Allemands eux-mêmes qui s'affranchissent de l'imitation directe semblent frappés d'impuissance ? Les *Haupt-und-Staatsactionen* et les *Hans-Wurstiades* maintiennent au théâtre une atmosphère de lourde et violente grossièreté. Elles n'en sont pas moins un régal pour la foule, tant il y a, qu'en 1719, le nom de Molière ne suffisant plus pour allécher les spectateurs, on le donne pour l'auteur de cette « remarquable *Hauptaction* » qui est... le *Tartufe*[1]. Dès la fin du XVII° siècle, la décadence de la scène est complète. La tragédie savante végète ; le drame et la farce populaires s'abaissent encore ; on ne réussit même plus à s'assimiler le génie des nations qu'on pille.

Louis Tieck a prétendu que l'art dramatique de son pays aurait pu se renouveler et s'ennoblir en puisant hardiment aux sources shakespeariennes. Se serait-on sauvé du chaos par le désordre ? et de la brutalité, par la fougue et les audaces du grand Anglais ? Oui, peut-être, si l'on avait compris la beauté souveraine de Shakespeare, cette harmonie merveilleuse dans la variété infinie. L'Allemagne en était incapable. Un demi-siècle va s'écouler, et un critique annoncera, en ces termes inquiets, l'apparition du *Shakespeare* de Wieland : « Mon esprit se représenta immédiatement tous les misérables imitateurs qui

---

[1] Néanmoins les éditions allemandes de Molière se suivent, nombreuses, jusqu'à celle de 1721, quoiqu'on préfère les pauvres adaptations de Reuter et de Henrici.

surgiraient en Allemagne, tous les Shakespeares allemands qui ressusciteraient les *Hanswurst* enterrés, feraient chanter des chansons de fossoyeurs, montreraient des rois en démence, abuseraient des orages accompagnés de danses de sorcières. » Combien ces paroles eussent-elles été plus de saison encore au temps des *Haupt-und-Staatsactionen*?

Il fallait ramener la discipline et l'unité dans la littérature dramatique. Aussi l'influence française était-elle, de toutes, la plus nécessaire, et fut-elle la plus heureuse. Shakespeare, d'ailleurs, se confondit, en Allemagne, avec la tourbe des écrivains en mal de drames plats, touffus et sanguinaires : il fut trahi, défiguré, annihilé. Pickelring, le pitre grotesque et stupide, devint le héros du théâtre allemand, dépoétisa et ravala tout.

Les quarante-trois pièces de Chr. Weise nous dédommageraient-elles de ces pesantes insanités? Weise, dont l'activité littéraire se place entre 1677 et 1708, était un savant qui eut le mérite de sortir de sa science, la fantaisie de glisser un bout de modernité jusque dans ses drames bibliques, et le malheur d'user d'un jargon franco-allemand de cette façon : « *O irraisonnable Expedition von einem Cavalier... Allein wer mir Gage gibt, dessen Ordre muss ich pariren.* » Il brilla surtout dans la comédie, ainsi dans son *Machiavel rustique*; il s'insurgea contre les « règles »; il essaya de peindre des caractères. Dans ses drames, il rappelle, de très loin, Shakespeare : le plus remarquable est son *Maréchal d'Ancre*. Mais, dit un auteur[1], à propos du *Maréchal d'Ancre* précisément, « on peut mesurer à l'absence de plan et d'esprit dans

---

[1] *Christian Weise als Dramatiker*, von E.-W.-H. Kornemann, Marburg, in-8, 1853.

cet ouvrage, la grandeur de la tâche que devait assumer Gottsched[1] ».

Chercherons-nous des compensations dans Chr. Kormart[2], à défaut de celles que nous avons en vain demandées à Weise? Il a traduit du Scarron, du Pierre et du Thomas Corneille, assez mal et souvent à contre-sens. Il a remanié et adapté quelques chefs-d'œuvre étrangers, qui lui permirent d'être parfois intéressant et vivant. Mais il exagère ses modèles, il verse dans les *Staatsactionen*, il néglige de doser la cruauté et l'horreur. Dans *Héraclius*, les partisans de Phocas sont massacrés sur la scène, Phocas lui-même est brûlé vif *coram populo*. Dans *Polyeucte*, les chrétiens meurent en masse, sous les regards du spectateur, en des supplices divers. Et Kormart abuse des apparitions; nous voyons, dans *Polyeucte*, « de noirs démons qui descendent des airs, avec des torches allumées, au bruit des tambours... »

Arrêtons-nous! C'est l'abomination de la désolation. Le tempérament national est trop abâtardi par ses habitudes d'imitation ou la rudesse de son goût, pour créer un théâtre viable. Il tâtonne et s'égare en des efforts stériles et de laborieux plagiats. Tout ce qui n'est pas traduction littérale est franchement médiocre, ou pire. On bénira tantôt Gottsched et sa férule.

VI

La plupart des poètes ou des dramaturges allemands du xviime siècle sont de méchants copistes, ou des élèves mal dégrossis de l'étranger. La vieille âme germanique, enthousiaste et fière, serait-elle donc morte? Nous allons

[1] *Herrig's Archiv*, XXVIII, 50.
[2] *Chritophorus Kormart*, von W. Johannes, Berlin, in-8, 1892.

la retrouver dans le roman, où s'est réfugiée toute la verve, et chez les philosophes, où s'est concentrée toute la pensée de cette malheureuse époque. La poésie et le théâtre étaient, en ce temps-là, trop de la littérature de cour, pour exprimer le génie propre de la race ; les princes, principicules et leurs courtisans ne jurant que par Versailles et Louis XIV[1], les bourgeois se contentant de faire la révérence à qui les humiliait et les exploitait, comment un réveil de l'esprit national se serait-il produit?

En haut, un luxe éhonté, une immoralité sans frein ; en bas, la résignation muette et la misère croissante! Aussi le roman subit-il, d'abord, le destin des autres genres littéraires. On traduisait pêle-mêle les pastorales de Sidney, de D'Urfé, de Sannazaro. La faveur de l'*Amadis de Gaule* et de ses nombreux pastiches n'était pas épuisée. Philippe Zesen, qui avait vécu à Paris, donnait, en 1664, une version allemande de *Lysandre et Caliste*, publiait des adaptations (*Ibrahim*, la *Sophonisbe africaine*), dans lesquelles il se flattait, par l'exagération du merveilleux, les complications de l'intrigue, l'absence enfin de toute réalité, d'enchérir sur son modèle, Mlle de Scudéry, qui, du moins, possédait un certain sens de la mesure et beaucoup d'esprit. A.-H. Buchholz, qui s'était proposé de ruiner le crédit du « licencieux *Amadis* », s'y prenait bien mal, puisqu'il ne faisait rien autre chose que de l'imiter, en imitant, par surcroît, les romans de la Scudéry.

Comme par miracle, une œuvre du cru surgit de ce fatras, le *Simplicissimus* de Grimmelshausen[2]. Plusieurs

---

[1] « Il n'y a pas, disait Frédéric II dans son *Anti-Machiavel*, jusqu'au cadet d'une ligne apanagée, qui ne s'imagine d'être quelque chose de semblable à Louis XIV ; il bâtit son Versailles, il a ses maîtresses. »

[2] *Uber Grimmelshausens simplicissimische Schriften*, von F. Bobertag, Breslau, in-8, 1874.

parties du livre sont empruntées à Boccace, à Bandello, ou à d'autres, et, pour le dire en passant, toute la relation des aventures de Simplicissimus en France est tirée de la quatre-vingt-seizième des *Histoires tragiques* (traduites de Bandello) : *Ce que fit une noble, belle et riche demoiselle après le décès de son mari, pour ce qu'elle n'avait pas le don de continence*. L'œuvre de Grimmelshausen, inspirée par le roman picaresque, alimentée par les conteurs italiens, est néanmoins de la littérature nationale au premier chef ; l'auteur, comme on l'a montré déjà, ne « peint que des caractères allemands ».

C'est encore le moule du roman picaresque, ce sont surtout les *Suenos* de Francisco de Quevedo y Villegas, mis en français dès 1631 par le sieur De la Geneste, qui ont servi à Moscherosch[1] pour sa *Wahrhaftige Geschichte Philanders von Sittewalt*. Moscherosch écrivit en ayant sous les yeux le texte de De la Geneste, qui est, à bien des égards, une adaptation, en somme timide, de l'original espagnol. Il s'ingénia toutefois, même dans la première partie du *Philander*, à rester personnel ; et la seconde partie de l'ouvrage ne doit presque plus rien aux « visions » de Quevedo francisé. Nous avons ici un tableau navrant de la situation de l'Allemagne pendant la guerre de trente ans, et, du même coup, une violente tentative de réaction contre les influences étrangères.

Il semble que, pour son *Insomnis cura parentum*, une paraphrase d'un petit traité anglais, Moscherosch ait utilisé les *Quatrains* de Pibrac (traduits par Opiz en 1634) et les *Essais* de Montaigne. Mais les pages de Montaigne sur « l'institution des enfants » s'adressent aux fils et filles

---

[1] *Moscherosche Geschichte Philanders von Sittewalt*, von Joh. Wirth, Erlangen, in-8, 1887 ; *Beiträge zu einer Biographie von Hans Michael Moscherosch*, von L. Pariser, München, in-8, 1891.

de la noblesse, tandis que Moscherosch songe à la bourgeoisie ; et puis, le Français est un sceptique, l'Allemand un chrétien fervent, si bien que l'action des *Essais* sur l'*Insomnis cura* n'a pu être être très profonde. Ajoutons que Moscherosch avait « l'honnête Montaigne » en grande estime, et qu'il a jugé les *Essais* en ces termes : « Ni la France, ni l'Europe n'ont rien vu de plus méritant que le livre de ce Socrate français. ».

Il y a des réminiscences de nos auteurs dans Grimmelshausen, dans Moscherosch ; l'empreinte de notre génie est à peine marquée dans leurs œuvres. Ceux-ci sont des Allemands : l'âme et la conscience nationales se sont réveillées en eux. Et, si leurs accents patriotiques n'arrivent pas jusqu'aux résidences princières, ils pénètrent partout ailleurs ; les savants et les philosophes eux-mêmes n'y sont pas insensibles. Quelle est, en effet, la chose essentielle ? De restaurer le culte de la langue maternelle, de « montrer, selon le mot de Thomasius, pour notre langue le respect que les Français ont pour la leur. » Il serait presque aussi nécessaire de créer une littérature. Commençons toujours par sauver notre langue ! Les *Sprachgesellschaften* s'y sont employées. Suivons leur exemple, en perfectionnant leur méthode ! Parlons allemand, pensons en allemand ! Notre idiome est digne de tout exprimer. « La science, s'écrie David Schupp dans son *Lehrmeister*, n'est le domaine exclusif d'aucune langue. Pourquoi ne pourrais-je pas apprendre en allemand, comme en latin, à connaître Dieu, à l'aimer, à l'honorer ? Pourquoi ne pourrais-je pas apprendre en allemand, comme en grec ou en arabe, les moyens de venir en aide aux malades ? Les Français et les Italiens étudient toutes sciences dans leur langue maternelle. »

Thomasius, lui, passe de la théorie à la pratique. Il

prouve par ses cours et ses livres, que l'allemand convient à tous les sujets, et n'est inférieur à aucun. De son côté, Leibniz compose ses *Considérations sur l'exercice et l'amélioration de la langue allemande*, qui, à la vérité, ne furent publiés qu'après sa mort. Il y dit, entre autres : « La France et la langue française ont dominé chez nous après la paix de Westphalie et le traité des Pyrénées... Notre jeunesse, nos jeunes seigneurs eux-mêmes, qui ne connaissent pas leur pays, et admirent tout chez les Français, ont non seulement fait mépriser leur patrie à l'étranger, mais ont aidé à la faire mépriser, montrant une ignorance de la langue et des lettres allemandes qu'ils n'ont point perdue avec l'âge. » Leibniz, au demeurant, écrit en français autant qu'en allemand. La France continue à être son idéal, comme elle est celui de Thomasius. La profession de foi de ce dernier, intitulée : *De l'Imitation des Français*, déconseille moins l'imitation elle-même que l'abus qu'on en fait. La première revue savante d'Allemagne, les *Monatsgespräche* de Thomasius, est suscitée par l'apparition des *Nouvelles de la République des Lettres*, de P. Bayle, et Thomasius est un peu, par le caractère et dans son œuvre, un placide Bayle germanique; il prépara la venue de Lessing, comme Bayle celle de Voltaire.

Lorsque J.-N. König rédigea sa *Dissertation sur le goût*, il suivit des modèles français : le *Traité du Beau* de J.-P. de Crouzaz, le *Discours sur l'origine du Beau*, de Frain de Tremblay, les *Causes de la corruption du goût*, de Mme Dacier, les *Réflexions critiques* de Dubos. Bien plus, quel fut en Allemagne le vainqueur d'Aristote? Descartes. Leibniz, Thomasius, Wolff, vulgarisèrent le cartésianisme, en le modifiant plus ou moins, en insistant sur la concordance possible entre la raison et la foi, en aboutissant à un rationalisme pieux. Cette influence de Descartes, Hégel et

Schelling la subiront à leur tour, dans une certaine mesure, et Schopenhauer lui-même déclarera que le *cogito ergo sum*, est l'équivalent de la proposition « qui lui a servi de premier principe ; le monde est une représentation[1] ».

Une recrudescence de l'action intellectuelle de la France en Allemagne coïncida naturellement avec la révocation de l'édit de Nantes et l'établissement des « réfugiés » dans toutes les parties du pays, notamment en Prusse. L'Académie des sciences et des lettres de Berlin, fondée en 1700, « renouvelée » en 1744, devint, pour longtemps, un foyer d'idées françaises ; notre langue fut la langue officielle de cette compagnie savante, qui, jusque vers la fin du xviiime siècle, se recruta essentiellement dans le Refuge, et dont les membres les plus illustres furent presque tous des Français, Basnage, Beausobre, Lenfant, Maupertuis, d'Argens, Formey[2]. Et, puisque les petits faits ne sont pas toujours les moins significatifs, ne vaut-il pas la peine de constater que *Robinson Crusoé* fut tout d'abord traduit en allemand (1721), non sur le texte anglais, mais sur une version française du roman de Foë ?

---

[1] *Descartes*, par Alfred Fouillée, Paris, in-16, 1893, p. 197 et s.
[2] *Histoire philosophique de l'Académie de Prusse*, par Chr. Bartholmèss, *op. cit.*, et notre *Histoire de la littérature française hors de France*, p. 417 et s., et 447 à 459.

CHAPITRE IV

GOTTSCHED ET LA PRÉDOMINANCE DU GOUT FRANÇAIS

I

C'est un peu le chaos que le xvii° siècle littéraire en Allemagne, un chaos où l'on sent d'ailleurs que la lumière cherche à pénétrer. Qu'en sortira-t-il ? Une littérature franchement nationale ? Une littérature imitant sans choix et sans originalité, tantôt, ou tout à la fois, les Anglais, les Espagnols, les Italiens, les Français ? Ou, peut-être, une littérature modelée sur l'idéal des meilleurs esprits, un Opiz, un Thomasius, un Caniz, un Hagedorn, — sur nos simples, sévères et nobles lettres classiques ? Tout est possible. L'avenir est entre les mains de l'homme qui aura le talent et l'autorité nécessaires pour

Débrouiller l'art confus de ses prédécesseurs,

imposer ses idées et dicter des lois. Cet homme sera-t-il Gottsched[1] ? Et, si c'est Gottsched, quels seront le but et la portée de son œuvre ?

---

[1] *Gottsched und seine Zeit*, von Th.-W. Danzel, Leipzig, in-8, 1848 ; O. Wickmann : L'Art poétique de Boileau dans celui de Gottsched, Berlin, in-8, 1879 ; *Erhard*, op. cit. ; *Grucker*, op. cit. ; *Zeitschrift für vergleichende Litteraturgeschichte* de Koch, I, 146 et s.; *Archiv für Litteraturgeschichte*, XIII, 444 et s.

Le nom du chef de « l'école de Leipzig » est demeuré impopulaire en Allemagne. « La grande masse de la nation, écrit M. Erhard [1], s'en tient encore à l'appréciation de Lessing ; la plupart des gens continuent à maudire en Gottsched un gallomane dont l'action sur la littérature allemande fut désastreuse. » Ce jugement est de ceux qui appellent une revision. Ainsi que l'ont fort bien expliqué Danzel et Guhrauer, dans leur monumentale biographie de Lessing, « Gottsched, dont on a fait le bouc d'Israël du passé, a certainement des droits à être considéré comme un précurseur [2] ».

Gottsched, à l'exemple de Thomasius, son maître, travailla toute sa vie à la restauration de la langue nationale, quoiqu'il ait, par une contradiction plus apparente que réelle, sacrifié à l'imitation de la France. D'Arnaud Baculard pouvait le féliciter en ces termes : « Vous avez eu le courage de guérir vos compatriotes d'un préjugé qui leur faisait tort, vous leur faites voir qu'ils sont riches par eux-mêmes, et que leur langue est autant susceptible de grâce et de force que la nôtre. » C'était parler d'or. L'amour de l'idiome maternel était-il donc inconciliable avec l'admiration des lettres françaises? Etait-ce manquer de clairvoyance et de patriotisme, que d'encourager les Allemands dans le culte de leur langue et de les envoyer en même temps à la meilleure école d'art littéraire qu'il y eût en Europe? Non, certes, d'autant que si Gottsched fut séduit par la perfection de nos chefs-d'œuvre classiques, il n'en resta pas moins, de cœur et d'esprit, un écrivain allemand.

Pourquoi ne pas enseigner et ne point appliquer les

---

[1] *Op. cit.*, 114.
[2] *Gotthold Ephraïm Lessing*, von Th.-W. Danzel und G.-L. Guhrauer, 2te Auflage, Berlin, in-8, 1880, I, p. 487.

règles d'une esthétique qui avait brillamment fait ses preuves ? La littérature de son pays avait besoin d'être placée sous une tutelle intelligente ; Gottsched le proclama sans détour. On s'émanciperait, on obéirait à son propre génie, quand ce génie se serait reconnu et révélé. Gottsched voit dans la France une grande école d'art ; il faut que l'Allemagne puisse un jour rivaliser avec sa glorieuse voisine, mais, comme son éducation a été négligée, il importe avant tout de la compléter, sinon de la recommencer. A l'anarchie des doctrines, à l'éparpillement des efforts, à la perversion du goût, il oppose la digue de principes éprouvés, d'un labeur réfléchi et d'un idéal solide ; la France sera pour l'Allemagne ce que la Grèce fut pour Rome. Il veut, en particulier, rompre avec le désordre et la barbarie du théâtre contemporain ; et il traduit, et il adapte, et il fait la leçon. Il eut le tort, sans doute, de s'abandonner à ses penchants d'autorité jalouse, à sa manie de système, qui étaient peut-être simples défauts de race, et de ne point s'aviser, au moment psychologique, que sa tâche était accomplie. Il persista, jusqu'à la fin, à être un Boileau germanique, plus pédant et plus rogue que le nôtre, même après que l'Allemagne fut en état de se passer d'un Boileau. Cependant, M. Ch. Joret[1] a dit, avec beaucoup de justesse : « Malgré ce que son point de vue a d'étroit, la *Poétique* de Gottsched n'en avait pas moins l'incontestable mérite d'être le premier essai d'une valeur réelle qu'on eût fait de l'autre côté du Rhin, pour ramener les règles à un système unique, et, comme telle, elle inaugura la science de l'art en Allemagne. »

Gottsched s'appuie sur la raison ; c'est la licence qu'il

[1] *Herder et la Renaissance littéraire en Allemagne au XVIIIe siècle*, Paris, in-8, 1875, p. 6.

déteste et dénonce. Ses remarques sur la mythologie
céleste de Milton sont caractéristiques à cet égard. Avec la
raison, le suprême arbitre en littérature est le goût. Mais,
sous sa plume, ces expressions prennent un sens petitement
personnel. Il n'y a qu'une raison, celle de Gottsched,
qu'un goût, le sien. Il se serait volontiers approprié cette
phrase de Batteux [1] : « Les goûts ne peuvent être différents,
sans cesser d'être bons, que quand leurs objets sont
différents. » Aussi déduit-il de sa raison et de son goût à
lui toute une esthétique empruntée, au surplus, à des
auteurs de son tempérament.

Je n'insiste pas sur les doctrines professées par Gottsched
à l'Université de Leipzig, à la *Deutsche Gesellschaft*,
dans ses livres et ses journaux, son *Versuch einer critischen
Dichtkunst*, ses *Beiträge*, etc. Sa poétique est, somme
toute, M. Wickman l'a montré par le menu, celle de
Boileau, exactement. Il suffira de signaler quelques divergences.
Un ami de Gottsched, le comte de Manteuffel [2],
qui s'était amusé à traduire en français les odes d'Horace,
avait énoncé ces idées sur la rime : « J'avoue que toute
versification allemande non rimée choque autant mon
oreille ou mon goût, qu'une prose rimée, ou des vers latins
rimés... Je sais qu'il y a eu des poètes français qui ont
tenté de faire des vers sans rimes... Le fameux Boileau a

---

[1] Il croit en Batteux, d'ailleurs, dont il avait fait des extraits pour
ses cours, autant qu'en Boileau, — à ce Batteux que traduisirent
ou commentèrent Bertram, Adolphe Schlegel, Gellert, Ramler,
Sulzer, et que, plus tard, Herder appela « un mauvais petit rationaliste
et métaphysicien aride ».

[2] Le même comte de Manteuffel écrivait à propos de la poésie
allemande : « Je connais nos poètes allemands. On peut hardiment
dire d'eux ce que Boileau disait des sonnets français :
  A peine dans Gombaut, Mignard et Malleville,
  En peut-on admirer deux ou trois entre mille. »

fait si peu de cas de cette méthode, qu'il n'a pas seulement daigné en faire mention dans son *Art poétique*. » Gottsched ne va pas aussi loin ; il admet les vers allemands sans rimes, du moins dans la tragédie et l'épopée : « Les Français n'ont pas à tenir compte de la quantité comme les Anglais, les Hollandais et nous, les Allemands. Leur « cadence » est même, pour leurs critiques, un « je ne sais quoi », dont ils ne se font aucune idée précise. Si leurs vers étaient sans césure et sans rimes, ce ne seraient plus des vers. » Sa théorie de l'imagination, d'autre part, est presque mot pour mot celle de Wolff. Il est persuadé que la seule étude de sa *Poétique* donnera la clef pour « composer toute espèce de poèmes »; il ne croit pas au don poétique, à « l'influence secrète » de Boileau ; les règles d'art sont des recettes de fabrication.

Sa réforme de la langue et son essai d'une réforme du théâtre valent mieux que ses travaux de législation littéraire.

Le renouvellement de la littérature, au XVIIe siècle, était parti de la Silésie. On écrivait en « silésien » ; Gottsched entendit qu'on écrivît en allemand. Il reconstitua, dans ce but, la *Deutsche Gesellschaft*, qu'il avait l'ambition d'ériger en une Académie dont le comte de Manteuffel serait le Richelieu. Il communiqua son projet à Fontenelle, secrétaire perpétuel de l'Académie française ; Fontenelle lui répondit en ces termes[1] : « Il est impossible qu'un étranger comme moi juge en détail de ce qui peut vous convenir, ou de ce qui vous conviendrait le mieux. Je vois seulement en gros que vous avez pour votre langue un zèle auquel je ne puis qu'applaudir. Il faut avouer que, nous autres Français, nous pourrions bien

---

[1] *Danzel*, op. cit., 88.

être trop prévenus en faveur de la nôtre, quoique la grande vogue qu'elle a dans toute l'Europe nous justifie un peu. Nous avons l'avantage qu'on nous entend partout, et que nous n'entendons point les autres, car notre ignorance en ce sens-là devient une espèce de gloire. Par exemple, vous, Monsieur, vous savez très bien le français, vous l'écrivez très bien, — le compliment n'est point ironique, — et moi je ne sais pas un mot d'allemand. Cependant, je ne crois pas que ce succès de notre langue vienne tant de quelque grande perfection réelle, qu'elle aurait par-dessus les autres, que de ce qu'on s'est fort appliqué à la cultiver et de ce qu'on y a fait quantité d'excellents livres en tous genres, qui ont forcé les étrangers à la savoir... Une chose que j'entends reprocher à votre langue, quoique ce soit plutôt la faute des écrivains, c'est que vos phrases sont souvent extrêmement longues, que le tour en est fort embarrassé, le sens longtemps suspendu et confus... Que les ouvrages qui partiront de votre société donnent l'exemple d'un meilleur arrangement dans les phrases, d'une plus grande clarté, etc. ! Ce sera un grand bien qu'elle procurera à votre langue. » De ces conseils, Gottsched pouvait se passer, car nul ne réagit plus vigoureusement que lui contre le phébus et le galimatias, et, bien qu'il ne tardât pas à se brouiller avec les membres de la *Deutsche Gesellschaft*, il dota son pays de l'instrument précieux d'une langue propre, sobre et vive.

J'aborde la question de la réforme théâtrale entreprise par Gottsched. Il aurait, certes, dû la préparer; il la lança violemment, sans s'occuper des conditions spéciales de l'art dramatique en Allemagne. La prudence est la suprême vertu des novateurs littéraires qui n'ont point de génie; Gottsched ne fut pas prudent.

Nous avons vu comment on sacrifia aux genres bâtards de la pastorale et de l'opéra, le drame populaire dégénéré et la tragédie savante dévoyée. Mais nos chefs-d'œuvre classiques, trop souvent mutilés et trahis, s'installèrent à la scène allemande, dont ils relevèrent un peu le niveau. Gottsched s'imagina que là était le salut. Au lieu de chercher la formule d'un théâtre national, il s'engoua de nos tragiques, et si, d'ailleurs, dans son *Nöthiger Vorrath zur Geschichte der deustchen dramatischen Dichtkunst*, il manifesta le dessein louable de prouver à ses compatriotes que leur ancienne poésie dramatique n'était point méprisable, il les convia sans détour à l'imitation de la France : les Allemands se contenteront de traductions de pièces françaises, jusqu'à ce qu'ils aient eux-mêmes des auteurs capables d'en produire de bonnes dans leur langue. Le malheur était que Gottsched fut un professeur et un critique, sans être le moins du monde un artiste. N'attendez pas de lui des créations ! Il n'a que des préceptes et des règles à vous donner. Il immolera Molière — « Térence lui est de beaucoup préférable » — à Corneille, à Racine, à Voltaire, à Crébillon. Sa *Deutsche Schaubühne* ne contiendra que le *Misanthrope* de notre grand comique. Et que jouera l'actrice Neuber, qui reçoit son répertoire des mains de Gottsched ? Le *Cid*, *Horace*, *Cinna*, *Polyeucte*, *Iphigénie*, *Britannicus*, *Phèdre*, *Mithridate*, *Bérénice*, quelques comédies de Destouches et de Marivaux, presque rien de Molière. Il va droit aux modèles les moins libres. Aussi bien, le succès ne couronna point la tentative de la Neuber ; le privilège accordé à cette dernière lui fut retiré en 1733, au profit d'une troupe concurrente qui représentait des bouffonneries.

C'est que la tragédie française ne répondait plus en Allemagne à aucune aspiration nationale. Condamnée à

Leipzig, elle le fut également à Nuremberg et à Hambourg. A la vérité, la Neuber mandait à son mentor : « Je n'en démordrai pas, tant que j'aurai un sou à y consacrer. En fin de compte, ce qui est bon reste bon. » Que d'illusions ne se faisait-elle pas ! A Hambourg, elle échoua malgré le concours de Peter Struwen, « un beau génie », selon le baron de Bielfeld ; ce « beau génie », qui fut un traducteur médiocre, lui fournit des versions approximatives d'*Alzire*, de *Brutus*, du *Comte Essex*, de *Britannicus* et de *Phèdre*. Les Hambourgeois accueillirent chaudement, en revanche, le *Timoléon* de F.-G. Behrmann, « la première tragédie allemande », à en croire l'éditeur de la pièce [1]. Ce *Timoléon* n'était, à tout prendre, qu'une tragédie à la Gottsched, « ein regelmässiges Trauerspiel », comme le déclara le maître de Leipzig.

La comédie française avait eu en Allemagne un sort moins précaire que celui de notre tragédie. Gottsched n'en sentit pas toute l'originale saveur, et, chez Molière, la large humanité. N'est-ce pas lui qui a défini la comédie : « la peinture d'un travers ou d'un vice qui doit édifier — *erbauen* — et amuser le spectateur » ? L'art d'amuser et la peinture des vices ne constituent-ils pas, à ses yeux, des éléments de valeur égale ? En dépit de Gottsched, c'est pourtant par notre comédie que l'influence française se maintint le plus longtemps à la scène allemande. Lorsqu'à Leipzig même, la mode fut à Holberg, on put y voir un hommage indirect rendu à ce Molière dont l'illustre Danois était un disciple fervent [2].

[1] *Hamburgische Dramatiker zur Zeit Gottscheds*, von Ferd. Heitmüller, Wandbeck, in-8, 1890 ; voir aussi *Caroline Neuber und ihre Zeitgenossen*, von F.-J. von Reden-Ebseck, Leipzig, in-8, 1881.
[2] J'ajoute que Gottsched a fait un *Caton mourant*, imité d'Addison et de Deschamps. Il a traduit, en 1733, le premier chant du

La gloire de Gottsched survivra-t-elle à la défaveur dans laquelle tombe notre tragédie classique ? Dès 1740, l'astre décline et s'éteint.

Gottsched eut une collaboratrice qu'il aurait bien fait d'écouter : sa femme, *die Gottschedin*. Excellente ménagère et bas-bleu d'une intelligence rare, elle eut des intuitions et des éclairs que son mari dédaigna, et dont elle n'osa point tirer parti. Si elle ne se gênait pas, en l'occurrence, de se moquer un peu de son solennel époux, elle avait foi au professeur de l'Université de Leipzig. Mais, quoique Mme Gottsched acceptât les théories littéraires de son grand homme, défendît l'*Essai d'une poétique*, jurât par Boileau et vénérât les règles, elle échappa toujours à la complète servitude par grâce de talent. Elle fut un bas-bleu, non point une pédante : « Une femme, écrira-t-elle, doit lire pour devenir plus sage et meilleure, plutôt que pour paraître savante. » Aussi a-t-elle peur de l'érudition féminine, de la science en jupons, et dissimule-t-elle la sienne avec une discrétion jalouse.

Son existence fut vouée à d'assez insipides, ou à de trop lourdes besognes de traduction. Gottsched l'encouragea, en outre, à faire du théâtre. Elle débuta par une adaptation de la *Femme docteur* du jésuite Bougeant, qui avait mis à forte contribution les *Femmes savantes* et le *Tartufe*; sa *Pietisterey*[1] (1737) ne laisse point d'être presque une œuvre originale par la vive peinture des mœurs et l'ingénieuse analyse des caractères. Les piétistes se fâchèrent, la pièce fut interdite. Faute de la copie, le

---

Lutrin de Boileau (la traduction complète du poème, par G.-E. E. Müller date de 1758), — de ce *Lutrin* dont l'influence est très visible dans les *Renommisten* de Zachariæ, du moins à partir de la deuxième édition.

[1] *Archiv für Litteraturgeschichte*, XIII, 444 et s.

public demanda le modèle : *Tartufe*, que Krüger imita de nouveau, quelques années après, dans ses *Geistliche auf dem Lande* (1743), et Gellert dans sa *Betschwester* (1745). Mme Gottsched tailla ensuite, dans le *Misanthrope*, en l'embarrassant, en le chargeant, en y introduisant même un épisode grotesque à la manière italienne, une comédie d'actualité qui n'est pas sans mérite. Sa verve prenait essor, quand Gottsched arracha sa compagne à la littérature d'imagination. Elle dut, dès 1742, traduire le *Dictionnaire* de Bayle. Labeur écrasant ! Néanmoins, soit que Gottsched l'y engageât pour la *Schaubühne*, soit escapade ou révolte d'esprit, elle composa, en 1743, le *Mariage mal assorti*, qui est un peu l'histoire de Georges Dandin contée avec infiniment d'adresse et d'entrain.

Cette vie de manœuvre de lettres l'épuise et l'aigrit. Elle finit par trouver que son grand homme n'est qu'un gros égoïste. « Mourir jeune ! » tel est son rêve, à trente ans. En attendant, elle est obligée de peiner pour la *Schaubühne*. Voici la *Gouvernante française*, qui décèle un esprit fatigué ; voici le *Testament* (1745), une pièce dans le ton du *Malade imaginaire*, avec quelque chose de plus lent et de plus amer. De 1745 à 1758, elle traduisit onze volumes de l'*Histoire de l'Académie royale des inscriptions et belles-lettres*, sans compter les *Dialogues* de Platon. « Prenez garde, gémissait-elle, on va m'enterrer la plume à la main ! »

Ses yeux se sont dessillés. Elle ne croit plus à Gottsched, ni au mari, ni au professeur, ni à l'écrivain. Ce cuistre exigeant et célèbre peut être le Boileau de son pays ; il l'exploite, elle, et il la tue. « Des larmes innombrables dont nul ne fut témoin » ont détruit l'admiration et l'amour. Elle veut changer d'air moral ; elle applaudit aux *Poésies* de Haller, à *Miss Sara Simpson* de ce Lessing, dans lequel, peut-être, elle devine confusément un vengeur. Elle meurt en 1762; Gottsched, qui a soixante-quatre ans, s'empresse d'épouser une toute jeune fille... Si Mlle Kulmus n'était pas devenue Mme Gottsched, si elle avait été stimulée par un artiste au lieu d'être soumise à un despote, il est fort possible qu'elle eût enrichi, avant Lessing, la scène allemande de quelques bonnes comédies.

II

Culte de la langue, étude des anciennes lettres nationales, appel à l'intelligence de l'Allemagne, — et imitation de l'étranger, telle fut l'œuvre de Gottsched. A défaut de la logique d'un patriotisme exclusif, la nécessité avait présidé à l'élaboration de cette œuvre. Il fallait être Allemand, certes, mais en n'oubliant pas ce qui avait valu à la France sa suprématie littéraire en Europe. Le caractère obstiné et tyrannique de Gottsched compromit le succès d'une tentative qui signifiait une véritable réforme. Ce critique avait le travers de tant d'autres critiques, qui est de ne point accepter la critique. Il guerroya contre ceux qui déploraient une obéissance trop étroite au goût français, il s'entêta, il se perdit; il arrêta même le développement, et il étouffa l'originalité de quelques-uns de ses disciples. Je songe, entre autres, à Jean-Elie Schlegel[1], qu'il tenait pour le mieux doué de tous.

[1] *Erhard*, op. cit., pass.; *Grucker*, op. cit., 475 et s.; *Johann Elias Schlegel, der Trauerspieldichter*, von Joh. Rentsch, Leipzig, in-8, 1890; *Vierteljahrschrift für Litteraturgeschichte*, I, 212 et s.; *Joh. Elias Schlegel*, von E. Wolff, Berlin, in-8, 1889.

Il est certain que l'auteur des *Troyennes* se serait, s'il n'était mort très jeune, émancipé bientôt de la tutelle de Gottsched. Son esprit indépendant ne l'a-t-il pas préservé des petites servitudes d'école ou de chapelle? Et, vers la fin de sa vie, la rupture n'est-elle pas en train de se consommer entre lui et le professeur de Leipzig? Schlegel, une tête cosmopolite, avait étudié les Grecs, les Français et les Anglais. Dans son *Ode sur l'abus de la poésie* éclate une admiration égale pour Corneille, Racine, Molière, Voltaire, Milton, Addison. Sa tragédie des *Troyennes* est inspirée d'Euripide, et aussi de ce que d'Aubignac, dans sa *Pratique du Théâtre*, a dit « de la ruine de cette royale famille de Priam ». Au reste, il « est ébloui par le génie des poètes de France ». En Angleterre, Addison est son modèle, non Shakespeare. Et, malgré Gottsched, il est un fanatique de Molière : « Ceux qui, du fond de leur cabinet, prescrivent des règles, estiment qu'il ne faut pas s'occuper du bas peuple, et n'avoir pour lui aucune complaisance ; c'est parce que Molière a eu de ces complaisances, que Boileau le blâme. Mais ceux-là sont moins sévères, qui jugent d'abord par l'expérience qu'une pièce faite pour le bas peuple doit procurer des ressources aux mêmes acteurs qui joueront avec dignité le *Misanthrope*, ou encore ceux qui ne refusent pas une distraction à la foule, distraction qui n'existerait point si elle ne se réglait pas sur l'intelligence populaire. » Il se sert donc de Molière pour conseiller le retour à un théâtre moins aristocratique que celui préconisé par Gottsched. Ses maîtres, dans la comédie, furent, tout naturellement, Molière et Holberg, ou, si l'on veut, Molière à travers Holberg. Mieux que tous ses compatriotes du xviiie siècle, il a compris le génie et jusqu'aux procédés du grand Français. La preuve en soit cherchée, non dans ses pièces de débutant inexpérimonté, qui sont trop du Molière ou du Destouches assez mal démarqué, le *Bon Conseil*, l'*Oisif affairé*, le *Mystérieux*, une imitation du *Misanthrope*[1], mais bien dans le *Triomphe des honnêtes femmes*, dont le Nicandre est tout à la fois un peu don Juan et un peu Tartufe. C'est à peine, cependant, s'il est un dramaturge national; le fond de son théâtre comique, à tout le moins, n'est pas plus allemand que français.

Un « Molière allemand », comme l'appelait la Neuber, J.-U. de König, qui avait traduit le *Régulus* de Pradon, fut attiré et flatté par Gottsched. Homme influent, non sans talent, critique distingué, il a laissé deux comédies, le *Monde renversé* et les *Mœurs de Dresde*, qui sont, suivant M. Erhard, l'œuvre d'un disciple ingénieux de Molière; König sut fondre les procédés de l'art classique avec les traditions populaires, montrer du bon sens et de la tenue jusque dans la bouffonnerie, transformer en satire des mœurs allemandes ses souvenirs du maître français, agrémenter ses réminiscences de précieuses observations personnelles. Le succès du *Monde renversé* fut considérable. Gottsched avait beau ne point aimer Molière; Molière[2] n'avait pas cessé d'amuser l'Allemagne, que déjà notre tragédie ne l'intéressait plus. Le fabuliste Gellert l'imite dans sa comédie *La Bigote*, prélude assez plat de *Lady Tartufe* de Mme de Girardin. L'étudiant en théologie Krüger, qui s'était fait comédien parce que les protections lui manquèrent pour devenir pasteur, fut plus heureux

---

[1] Cronegh l'imita également. Ajoutons que *Vieles und doch Nichts* de Schlegel est une adaptation du *Distrait* de Destouches.
[2] La traduction complète des œuvres de Molière date de 1752; elle fut faite par Bierling, et si bien faite que M. Paul Lindau l'a réimprimée sans changement, quand il a voulu présenter de nouveau le vrai Molière à l'Allemagne.

avec ses *Candidats, ou Les moyens d'attraper une place*; il combina les trois intrigues du *Tartufe*, du *Misanthrope* et du *Mariage forcé*, et si sa pièce, trop touffue, mal nouée, et dénouée à la grâce de Dieu, n'est qu'un essai de jeunesse, elle n'en tire pas moins une incontestable valeur, tant du relief que de la vérité des caractères.

On le voit, notre tragédie et la tragédie allemande elle-même végètent, mais notre comédie se maintient assez bien à la scène, pour que Lessing y trouve les éléments d'une comédie nationale qui sera une œuvre d'art.

III

Quels que fussent les mérites propres de Gottsched, réforme de la langue, étude des anciens monuments littéraires de l'Allemagne, suppression des *Staatsactionen*, retour au bon sens et au bon goût, il avait immolé l'agréable à l'utile, l'imagination à la raison, « il n'était pas, comme l'a dit M. Erich Schmidt[1], l'homme attendu, il était fait pour clore une période, non pour inaugurer une ère nouvelle ».

Sa *Poétique*, notamment, était trop saturée de doctrines étrangères pour constituer un code durable d'esthétique allemande. En 1742, « une mine éclata sur sa tête », ainsi que l'écrivait Hagedorn : la préface de Liscow à la deuxième édition de la traduction de Longus, par Heinecke. Le même Liscow mandait, en français, au même Hagedorn : « Sachez que le sieur Gottsched est tellement perdu de réputation ici (à Dresde), qu'on a honte de se voir confondu avec un homme de sa trempe. » Chr.-F. Weisse

---

[1] *Lessing*, 2 Bde, Berlin, in-8, 1884, I, 51.

se moquait du professeur leipzigois à Leipzig même, dans sa pièce des *Poètes à la mode*. Le 6 octobre 1755, Ramler vidait son cœur dans le sein de Gessner : « Une véritable *Dunciade* serait bien nécessaire pour écraser la vermine qui hante le Parnasse. Le grand « *Duns* » (Gottsched) ne conservera plus de gloire que dans les provinces où les belles-lettres ont fait leur apparition depuis peu... Dans nos cités éclairées, on le lit, on s'en sert et on le méprise[1] ».

Aux portes de Leipzig, Halle[2] fut, pendant toute la première moitié du xviii° siècle, un foyer de réaction contre Gottsched et l'influence française. J.-F. Reimann, qui avait entrepris de doter son pays d'une histoire littéraire, avec la chronique sans méthode et sans vie qu'il intitula *Historia litteraria antediluviana*, affirmait hardiment (1719), en paraphrasant Térence : *Nihil in historia litteraria dictum ab esteris, quod non a Germanis dictum sit prius.* S.-G. Lange fondait à Halle, en 1733, « une société pour le développement de la langue, de la poésie et de l'éloquence allemandes », avec le concours d'Emmanuel Pyra, l'un des plus fougueux adversaires de Gottsched. C'est à Halle encore que Baumgarten, Lange, Meier défendront Klopstock contre le maître de Leipzig. C'est là enfin que Chr. Wolff créera le centre d'un mouvement intense de la pensée germanique.

Les Zürichois Bodmer et Breitinger, le Bernois Haller et l'auteur de la *Messiade* furent néanmoins les vrais vainqueurs de Gottsched ; ils démolirent son système, pièce à pièce, les uns par des attaques préméditées, les autres par la seule vertu d'œuvres originales.

Bodmer et Breitinger professent que la poésie doit redevenir individuelle, et se rapprocher de la nature en se

---

[1] *Zeitschrift für vergleichende Litteraturgeschichte*, N. F., V, 101.
[2] *Aus Halle's Litteraturleben*, von W. Kawerau, Halle, in-12, 1888.

rapprochant de l'homme. « Breitinger, dit M. Ch. Joret[1], mettra l'invention poétique au-dessus de la règle, et rendra à la puissance créatrice de l'imagination ses droits imprescriptibles ». Cependant ni Breitinger, ni Bodmer, n'ont rompu d'emblée avec Gottsched. En 1737, Bodmer n'a pas cessé de collaborer aux *Kritische Beyträge*, et, l'année suivante, il correspond, sur le ton de l'amitié, avec le Boileau allemand. La guerre ne fut déclarée qu'en 1740. Alors, les divergences fondamentales qui, dès le début, séparèrent les Suisses et Gottsched, se manifestèrent et se précisèrent. La poésie, pour celui-ci, n'est que savante versification ; elle est un art et un don pour ceux-là. L'un prêche l'obéissance absolue à des règles, dont les autres ne méconnaissent pas la valeur, mais auxquelles ils ne permettent pas d'empiéter sur les libertés nécessaires de l'imagination. Les Suisses condamnent, en somme, l'artifice au nom de la vie.

Étaient-ils pour autant rebelles ou hostiles à l'influence française ? Nullement. Mais notre littérature leur paraissait trop exclusivement intellectuelle, trop solennellement aristocratique, trop vouée aussi à la glorification de l'esprit catholique et du pouvoir absolu. Sans doute, *Télémaque* était l'avant-coureur d'une sorte de politique libérale, si l'on peut ainsi parler ; l'*Athalie* de Racine impliquait une protestation discrète contre le régime de « l'État, c'est moi » ; La Fontaine et Molière avaient battu en brèche plus d'un préjugé littéraire ou social ; Bayle était venu, et le rationalisme anglais allait déborder sur la France. Tout cela n'empêchait pas que le classicisme du grand siècle ne maintînt son empire, au-delà du Rhin, longtemps après que ses coryphées avaient quitté la scène. Et c'était le

---

[1] *Herder*, op. cit., 6.

classicisme que Gottsched préconisait en Allemagne, et c'était contre lui que se révoltaient les Suisses en attaquant Gottsched. Mais l'esprit allemand avait été trop façonné par l'éducation française, pour que Bodmer, Breitinger et leurs amis pussent l'émanciper de prime saut.

M. Honegger [1] l'a expliqué : « On se trompe en croyant que les Zurichois, qui combattaient, à la vérité, la prédominance de l'influence française, y étaient par cela même inaccessibles. Leur critique n'a-t-elle pas été inspirée par un Français, et ne s'appuient-ils pas sur Dubos? Le *De l'Esprit humain* de Locke ne leur fut connu que par la traduction française dans laquelle ils l'étudièrent. Bodmer appelait déjà, vers 1740, l'attention sur la méthode historique de Montesquieu et de Voltaire, vantant surtout leur peinture du caractère des nations et des hommes. Et puis, le Zurichois, de beaucoup le plus imbu des idées et du goût français, n'est pas encore venu; c'est le Gessner des pastorales, qui sont tout uniment un pastiche heureux de la galante poésie de cour des Français... Aussi Gessner a-t-il mieux réussi en France qu'en Allemagne. » N'est-ce pas un fait significatif que Bodmer se montra plutôt froid envers les restaurateurs de la poésie allemande au XVIIIme siècle, envers Haller et Klopstock [2]? Et toute la théorie des *Discurse der Mahlern* sur l'analogie de la peinture et de la poésie n'était-elle pas dans les *Réflexions* de Dubos?

Un autre Suisse — sans même citer Jacob Meister, le collaborateur et continuateur de Grimm — n'avait pas

---

[1] *Op. cit.*, 328 ; cfr. Bächtold, op. cit., 531 ; Grucker, op. cit., 487 et s. Les *Discurse der Mahlern* portent, d'ailleurs, comme épigraphe le *ut pictura poesis sit* de Dubos, et leurs auteurs fondent toujours la parenté des arts sur le principe général de l'imitation.

[2] Bächtold, op. cit., 510, 591 et s., 664.

moins de sympathie pour les Français; il s'agit du médecin J.-G. Zimmermann [1], philosophe et moraliste à ses heures, qui, assistant à une représentation de l'*Iphigénie* de Racine en 1751, écrivait de Paris : « Je n'y ai fait que pleurer et pleurer. La grande actrice, Mlle Du Mesnil, m'a épris (sic) d'une façon que je croyais devoir sortir malade de la pièce. » Il était, au demeurant, pour Bodmer contre Gottsched. « Expliquez-moi, Monsieur, mandait-il à Haller, le 28 janvier 1758, par quel singulier hasard le grand Frédéric peut adresser des vers très jolis au grand *Dunce* de Leipzig. »

Haller, lui, comme Bodmer et Breitinger, du reste, avait subi l'influence de la littérature anglaise plus que celle des lettres françaises. Qu'est-ce que sa poésie? De la poésie nationale de langue, mais plus britannique de ton et d'inspiration, qu'allemande. Dans son œuvre en prose, au contraire, il ne peut se détacher de la France. Que l'on parcoure ses nombreuses notices bibliographiques aux *Annales savantes de Göttinuge* [2], et l'on se convaincra que nos auteurs l'intéressent par-dessus tout, qu'il s'y occupe bien davantage de Voltaire, de Diderot, de Rousseau, que des écrivains de sa race ! Et ne s'est-il pas érigé en rival protestant de Voltaire ? Et son médiocre roman, *Fabius et Caton* (1774), n'est-il pas une réfutation voilée du *Contrat social*?

Mais voici, la pensée de la Réforme germanique réapparaît soudain [3]. Le sentiment religieux refait alliance avec

---

[1] *J.-G. Zimmermann's Leben und Werke*, von R. Ischer Bern, in-8, 1893, p. 29, 60.

[2] Voir mon *Histoire de la litt. franç. hors de France*, 84 et s. et la savante introduction à l'édition L. Hirzel (1882) des *Haller's Gedichte*.

[3] *Friedrich Gottlieb Klopstock*, von F. Muncker, Stuttgart, in-8, 1888, p. 38 et s., et *pass*.

l'art. Comme le notera Gœthe, « l'idéal s'est éloigné du monde pour se réfugier dans la religion ». La *Messiade* n'est pas loin.

Serait-ce que Klopstock ne va point se soucier des Français? On retrouve certaines idées de Lamotte et de Batteux, dans sa fameuse *Declamatio* sur les poètes épiques; bien plus, il s'est vraisemblablement souvenu, pour cette œuvre de jeunesse, de l'*Essai sur la Poésie épique* de Voltaire, mais il a un don de sympathie et une faculté d'admiration que Voltaire ne possédait pas au même degré : s'il est sévère pour la *Henriade*, il égale Fénelon (*Télémaque*) à Milton. Il ne peut toutefois se défendre d'un mouvement de colère, en songeant aux Français qui ont mal parlé de la littérature allemande, le P. Bouhours, Mauvillon et d'autres. Il est plein de confiance en l'avenir; il laisse entrevoir déjà le plan de sa *Messiade*, qui vengera les lettres nationales d'injustes et frivoles dédains. Beaucoup plus tard, il mettra son amour-propre à mordre les étrangers qui ont calomnié l'Allemagne, Voltaire en tête, puis Rivarol et Palissot, sans oublier Frédéric II, dont il critique vertement l'essai *De la littérature allemande*.

Il faudrait quelque complaisance pour découvrir l'influence française dans la *Messiade*. Il en faudrait moins pour la signaler dans le théâtre de Klopstock. Ses tragédies bibliques sont imitées de Corneille et de Racine[1]. La forme de ses odes est encore empruntée à l'ancienne rhétorique; il y remplace, je l'accorde, la mythologie antique par l'allemande, et il y étale une *Urdeutschheit* un peu ridicule. Les opéras et les comédies de son contemporain, le très fécond A.-G. Meissner, ne sont, d'autre part, guère que

---

[1] *Honegger*, op. cit., 345.

des copies d'œuvres françaises. Et il serait facile de multiplier les preuves du prestige persistant du génie de la France, en Allemagne, vers 1750 ; notre littérature n'y joue toutefois plus le premier rôle, et les voies sont ouvertes à Lessing.

CHAPITRE V

MOLIÈRE, DIDEROT ET ROUSSEAU EN ALLEMAGNE, AU TEMPS DE LESSING

I

Frédéric II, auteur français et monarque prussien, fut, selon le mot de Sainte-Beuve « le plus cousin de Montaigne et de Bayle parmi les écrivains porte-couronne ». Il n'eut pas d'autre patrie intellectuelle que la France, mais il n'eut pas d'autre politique que la régénération de l'Allemagne, car, la Prusse forte, c'était l'Allemagne reprenant dans le monde la grande place qu'elle y avait perdue. La race et la nation se ressaisirent dès les victoires et les conquêtes de Frédéric. La famille physique dispersée se reconstitua dans la gloire, en puissante unité morale ; le talent et le génie lui vinrent, par surcroît.

On n'ignore point la mauvaise opinion que Frédéric II avait des lettres allemandes ; il est vrai qu'il les connaissait à peine. Dans son opuscule *De la littérature allemande*[1], écrit et publié un an avant la mort de Lessing, il passe sous silence les plus illustres de ses contempo-

---

[1] Voir l'édition définitive publiée dans les *Deutsche Litteraturdenkmäler* de Seuffert (1 vol. in-16, Heilbronn, 1883).

rains, l'auteur de la *Dramaturgie*, Herder, Wieland ; et ce qu'il dit de Gœthe est d'une malveillante superficialité. Il n'a guère lu que les poètes et les philosophes de ses années de jeunesse, il en est resté à Gellert et à Caniz ; quant au théâtre, « Melpomène n'a été courtisée que par des amants bourrus ». Cependant, il espère en l'avenir. Qu'on aille jusqu'à la dernière page de son petit livre, on aura toute sa pensée : « Des Augustes feront des Virgiles. Nous aurons nos auteurs classiques ; chacun, pour en profiter, voudra les lire ; nos voisins apprendront l'allemand, les cours le parleront avec délices ; et il pourra arriver que notre langue, polie et perfectionnée, s'étende en faveur de nos bons écrivains d'un bout de l'Europe à l'autre. Ces beaux jours de notre littérature ne sont pas encore venus ; mais ils approchent. Je vous les annonce ; ils vont paraître. » Ils ont paru déjà, quoique Frédéric ne s'en doute point. Il a du moins le pressentiment de l'âge classique qui s'ouvre pour l'Allemagne. Tout français qu'il soit de goût et d'éducation, il est trop allemand par ambition et par devoir, pour ne pas saluer l'aurore des temps nouveaux.

A l'Académie royale de Berlin, cette succursale de l'esprit français en terre germanique, — n'est-ce pas elle qui couronne, en 1784, le mémoire de Rivarol sur l'universalité de notre langue ? — la mort de Frédéric fut le signal d'une révolution[1] ; elle devait, d'ailleurs, porter un coup terrible à la domination intellectuelle de la France dans toute l'Allemagne. Hertzberg est nommé curateur de l'Académie, seize jours après l'avènement de Frédéric-Guillaume II ; son premier acte officiel consiste à dépouiller le français de son privilège, en admettant

---

[1] *Bartholmèss*, op. cit., II, 345 et s.

l'emploi de l'allemand, à rang égal, dans les travaux de la docte compagnie. Sur les quinze membres résidents qui furent élus dans le courant de la première année du régime Hertzberg, douze sont Allemands, trois Français. Il s'agit, en effet, d'un « retour au patriotisme ». Mais l'Académie royale était en retard d'un bon quart de siècle. Ainsi que l'a constaté M. G. Brandes[1], « ce sont les Français qui, à la fin du XVIIIᵉ siècle, révolutionnent la politique et les mœurs; les Allemands réformèrent les idées littéraires », non, à la vérité, sans que Rousseau, Diderot et les Anglais y eussent aidé. Lorsque Ramler traduisit, en 1758, le *Cours de belles-lettres*, de Batteux, celui-ci pouvait encore garder l'illusion que l'Allemagne ne renierait point de sitôt « le père de l'esthétique française ». Mais sa théorie de l'imitation de la nature, attaquée par Winkelmann et Lessing entra rapidement en défaveur.

Il importait, pour les artisans de la réaction nationale, que tout fût renouvelé, les principes d'art et les œuvres, que tout fût désormais fécondé par le génie de la race. Une esthétique d'origine étrangère avait condamné la littérature à n'être qu'une école de copistes et de contrefacteurs; l'affaire essentielle, et la plus pressante, était de lui substituer un corps de doctrines conformes aux traditions et adaptées aux ressources de l'esprit germanique. Les victoires prussiennes de Frédéric II, quoi qu'en eût ce dernier, signifièrent le triomphe des idées allemandes.

[1] *Die Hauptströmungen*, etc., op. cit., I, 25.

II

Combien Lessing[1] lui-même n'est-il pas, malgré tout, l'imitateur original de la France? Gottfried Keller[2] a rudement apostrophé, dans une lettre à Hettner, les chauvins d'Allemagne — tout pays a les siens — qui, ne se bornant pas à nier la profonde influence des lettres françaises sur Lessing, se flattent que celui-ci a définitivement ruiné le crédit de notre théâtre; il s'écrie : « En Germanie, chaque imbécile se permet, depuis Lessing, de faire de mauvaises plaisanteries sur Corneille et Racine[3]... *Les Français sont des phraseurs!* Ah! que n'êtes-vous capables d'être des phraseurs de leur espèce? » Molière, Bayle et Diderot sont les créanciers de Lessing autant que Shakespeare, et tous nos classiques furent ses premiers maîtres.

Ce qui frappe surtout, dans la carrière du critique de la *Dramaturgie*, c'est, qu'après avoir pris conscience de son talent, il résolut d'être un écrivain national; il fut Allemand, moins encore de naissance que de volonté. L'Allemagne attendait un génie créateur, il *voulut* l'être avec autant d'énergie, par exemple, que V. Hugo voulut être le chef de notre romantisme. Voilà ce qu'il convient de remarquer avant tout. Et comme le théâtre était précisé-

---

[1] *Danzel et Guhrauer*, op. cit. ; *Erich Schmidt*, op. cit.
[2] *Gottfried Kellers Leben*, von J. Bächtold, Berlin, in-8, 1894, II, 123.
[3] Un critique allemand n'écrivait-il pas en 1871 (*Herrig's Archiv*, XLVII, 144), que les tragédies de Corneille ne sont que des drames héroïques sans racines dans la réalité et dans la vie, parce que Corneille, comme les Français en général, sacrifie tout à.... « l'idolâtrie de la gloire » ?

ment le genre littéraire dans lequel l'Allemagne avait été réduite à plagier ou à imiter le plus, il s'adonna tout entier à la réforme du théâtre. Son originalité ne se dégagea que lentement. Élève de nos comiques, au début, il vécut d'emprunts jusqu'à l'heure où il se sentit assez riche pour prêter à son tour. Mais, à l'apogée même de sa gloire, il ne cessa pas d'être tributaire de la France.

L'ancien théâtre allemand reposait, comme l'on sait, sur des assises populaires. Gottsched tenta d'en faire un théâtre aristocratique, selon le modèle des dramaturges de l'antiquité et du siècle de Louis XIV. « On tient couramment, disent Danzel et Guhrauer[1], cette tentative pour un arrêt dans l'évolution naturelle du théâtre allemand, pour une rupture avec les traditions historiques; c'était l'opinion de Lessing, qui déclara, dans un passage bien connu de ses *Litteraturbriefe*, que Gottsched a dirigé la scène allemande sur une fausse voie en conseillant l'imitation française, puisque aussi bien l'ancien théâtre de l'Allemagne avait beaucoup plus de points de contact avec les Anglais, dont il aurait fallu se rapprocher. Cette opinion, qui ne sera pas celle de l'impartiale postérité, ne se trouverait pas dans Lessing, s'il avait eu moins d'intérêt à la professer... Au reste, il n'est pas un peuple de l'Europe qui, dans quelque domaine que ce soit, puisse prétendre qu'il s'est créé lui-même, comme il semble que ç'ait été le cas pour les Grecs; ils ont tous eu besoin, à un degré différent, il est vrai, d'une éducation venue de l'extérieur, et qui a contribué à leur développement. Cette éducation, le théâtre allemand la demanda aux Français, et il est certain que notre théâtre populaire était incapable de s'épanouir, à l'exemple de celui de l'Angleterre; la

---

[1] *Op. cit.*, I, 103.

meilleure preuve en est son impuissance à résister aux influences étrangères ou de les détourner. » Lessing[1] a donc beau refuser à Gottsched le mérite d'avoir travaillé au progrès de l'art dramatique en Allemagne ; le critique leipzigois enseigna à ses compatriotes les bienfaits d'une esthétique rationnelle, qui venait à point après les tâtonnements et les extravagances de la seconde école silésienne. La magistrature littéraire qu'exerça Gottsched était si nécessaire, à son heure, que Lessing, en sa jeunesse, n'est guère qu'un élève de sa future victime. La France inspire et dirige l'un autant que l'autre.

Voyez plutôt! Le sujet, assez scabreux, de l'*Eremit* de Lessing est tiré des *Lettres Juives*[2] du marquis d'Argens, des *Cordeliers de Catalogne* et de l'*Ermite* de La Fontaine. Ses premiers essais lyriques sont de la poésie fugitive à la française ; il admire les *Oden und Lieder* d'Hagedorn, et il chante, lui aussi :

Ich trinke Wein und bin ein Dichter.

Son théâtre de débutant, quoique nourri d'emprunts faits aux Anglais, est tout imprégné de l'imitation de nos auteurs. Lessing n'en est pas même à la comédie larmoyante de Nivelle de La Chaussée. L'abstraction, chère à notre tragédie du xvii° siècle, le possède au point qu'il ne réussit à saisir la vie qu'en adaptant du Molière ou du Marivaux. Une de ses comédies de 1750 fut d'abord composée en français. Eh! quoi, notre théâtre, malgré de passagères éclipses de faveur, règne toujours en Allemagne. La *Deutsche Bühne zu Wien* (1749) renferme-t-elle autre chose, à part le *Démétrius* de Métastase et la *Schäferinsel* de Mylius, que du Th. Corneille, du Racine, du Marivaux et du Voltaire ?

[1] Voir la 17ᵐᵉ des *Litteraturbriefe*.
[2] Lettre XVII, p. 152, de l'édition de 1742.

En 1751, Lessing traduit — ce point est acquis désormais à l'histoire littéraire — une quinzaine de courtes dissertations historiques et philosophiques de Voltaire, le *Discours sur les contradictions de ce monde*, les *Remarques sur l'histoire*, etc.; et nous avons *Des Herrn von Voltaire kleinere historische Schriften*[1]. Il se faisait la main; ses traductions de l'*Histoire romaine* de Rollin, de l'*Histoire des Arabes* de Marigny, datent de la même époque. Son goût pour la France et le français persiste. Il met en allemand, avec la collaboration de Weisse, *Annibal*, l'unique tragédie de Marivaux; il s'inspire du même Marivaux et de Molière, pour son *Jeune érudit*; il est, jusqu'en 1759, le panégyriste de Voltaire en Allemagne. Pendant ces fécondes années de préparation, Molière et Marivaux sont les écrivains qu'il préfère. Sur qui s'appuie-t-il essentiellement, dans sa *Lettre à Marpurg*, où il combat Gottsched? Sur Molière, sur les principes énoncés dans la *Critique de l'École des femmes*, et il adopte le point de vue de Dorante. Qu'est-ce que le Damis du *Jeune érudit*? Selon M. Erhard[2], « un amalgame du Trissotin des *Femmes savantes*, du docteur Pancrace du *Mariage forcé*, du maître de philosophie du *Bourgeois gentilhomme* et d'un type de Holberg, Erasmus Montanus. » Le père Chrysandre, de la même pièce, n'est que le Chrysale des *Femmes savantes*, avec de l'égoïsme en plus, Julian, l'Élisa de l'*Avare*, Lisette, la Lisette de Molière, la fille de bon sens et de bonne langue, Valère, l'amoureux, Antoine, le valet de nos comiques.

Et qu'est-ce que la *Vieille fille*? Du Molière mieux compris que le *Jeune érudit*, plus vif et plus serré, comme

---

[1] *Lessing's Forschungen*, von R.-A. Wagner, Berlin, in-8, 1881.
[2] *Op. cit.*, 206; cfr. *Archiv für Litteraturgeschichte*, X, 35 et s. (un article de M. Mahrenholz).

le *Misogyne* d'ailleurs. *Les femmes restent les femmes* rappellent de très près le *Bourgeois gentilhomme*. Toutes les comédies et tous les canevas du jeune Lessing sont coulés dans le même moule français. Je concède que les *Juifs*, une œuvre faible pour l'intrigue et la psychologie, soient plus originaux, mais le *Libre-penseur*[1], qui leur est infiniment supérieur, n'est qu'une habile adaptation en partie double du *Misanthrope* et du *Festin de Pierre*; mais le *Trésor* tient à la fois du *Trinummus* de Plaute, de l'*Avare* et de l'*Amour médecin*. Quelle école que celle de Molière! Comment oublier les leçons que l'on y prend? Celle de Marivaux ne fut point perdue non plus pour Lessing. Quand il imitera les *Serments indiscrets*, il aura l'ambition, ainsi que Marivaux l'expliquait dans sa préface, de transporter au théâtre le ton de la conversation et l'image de la vie : « Ce n'est pas moi que j'ai voulu copier, c'est la nature. »

Voici un fait, relevé par Danzel et Guhrauer, et qui montre encore mieux que tout le reste, combien Lessing sacrifiait alors aux lois de l'esthétique française. L'attention de l'Allemagne avait été attirée déjà sur le théâtre anglais ; Gottsched, après Riccoboni, et comme J.-E. Schlegel, avait fort bien vu que les Anglais possédaient la science des effets dramatiques et, qu'en dépit de la brutalité de leur art, ils pouvaient fournir de riches matériaux à la scène allemande. Et les traductions, et les plagiats de se multiplier! Lessing ne négligea point de puiser à cette source abondante entre toutes ; particularité significative cependant, il ne sut que revêtir des thèmes britanniques d'une forme française.

[1] M. Mahrenholz, dans l'article précité, montre combien l'Adrast du *Freigeist* ressemble à l'Arnolphe de l'*École des femmes*.

III

Nous sommes arrivés à la deuxième période de sa carrière littéraire. Lessing s'applique tout à coup à dénigrer la France et ses dérivains. Pourquoi ? J'accorde que, se jugeant assez rompu au métier d'auteur pour voler de ses propres ailes, il caresse le rêve de doter son pays d'un théâtre national ; il était digne de se proposer cette belle et grande tâche. Serait-il téméraire d'avancer que sa brouille avec Voltaire et la haine qu'il voua au dieu de la veille, le conduisirent à renier violemment notre littérature ? D'importantes résolutions procèdent souvent de petites causes, et de mobiles mesquins. Voltaire n'étant plus qu'un triste sire aux yeux de Lessing, ce dernier ne se rendit-il pas aux seuls conseils de la colère, lorsqu'il déclara que les Français étaient des « plagiaires », des geais parés des plumes du paon ? Une solide rancune peut expliquer ce saut de logique... Mais on revient toujours à ses amours d'antan ! Quand Lessing aura étudié le théâtre en Angleterre, en Espagne, en France, en Italie, et qu'il s'avisera d'écrire une histoire générale du drame, il s'appropriera la méthode du P. Brumoy : « une nouvelle espèce de poétique par les faits ». S'il condamne Batteux qui n'est, pour lui, qu'une façon de Boileau systématisant, il peut invoquer Lamotte-Houdard contre la règle des trois unités ; Lamotte, qui ne considérait pas les unités comme « absolument inutiles », admettait néanmoins, avec Ménage (*Réponse à l'abbé d'Aubignac*, 1640) « qu'il vaut encore mieux pécher contre cette règle de douze heures — et, probablement, contre les deux autres aussi — que contre la possibilité et la vraisemblance ». Et puis, une bonne part de la science de Lessing vient de Bayle ; de la même source viennent également ses idées sur la tolérance et l'indépendance religieuses ; en philosophie, nul n'est plus près que lui du déterminisme optimiste du sage de Rotterdam [1]. Et enfin, ne recourra-t-il pas à Diderot pour sa restauration du théâtre allemand ?

Cet idéal d'un théâtre national était dans l'air, au demeurant. Les victoires de Frédéric II avaient réveillé le patriotisme en Allemagne. Modes, arts, mœurs, usages étrangers, tout cela devait être proscrit ! Gleim passe d'Anacréon à Tyrtée. Guerre aux Français et au goût français ! Assez de poètes de cour encombrant des Versailles de parodie ! Des bardes allemands, une littérature allemande ! Ressuscitons le génie des ancêtres ! Lessing fait la préface des *Chants d'un grenadier* de Gleim. *Heldenbuch* et *Nibelungen* sont ses lectures favorites ; il y découvre une nation de héros et des joyaux de poésie germanique. Il s'éprend de Logau, resté Allemand au milieu de l'Allemagne francisée. Et, plus que jamais, haro sur Gottsched, honneur aux Anglais, — à ces Anglais dont il déchaîne l'imitation, quitte à la déplorer bientôt pour apparaître comme un nouveau Gottsched aux *Sturm-und-Dränger !* A ce moment, il ne voit le salut que dans l'imagination allemande alliée à celle de l'Angleterre, et formée par l'art grec, dans Shakespeare germanisé par Lessing, épuré par Sophocle.

Sa *Miss Sara Simpson* donna, suivant Honegger [2], « le coup de grâce au système dramatique des Français et à leur règle pseudoaristotélique des trois unités ». Cette pièce, la première tragédie bourgeoise, ou le premier

---

[1] *Danzel et Guhrauer*, op. cit., I, 233 ; *Revue des Deux-Mondes*, Janvier 1869, p. 79 (article de M. V. Cherbuliez).

[2] *Op. cit.*, 348.

« drame domestique » des Allemands, fut composée en 1754, et publiée l'an d'après. Elle doit quelque chose à la *Clarisse Harlowe* de Richardson et au *Marchand de Londres* de Lilo [1] ; mais la technique en est encore bien classique, bien française. Il n'est pas exact de dire que Lessing s'est inspiré du *Fils naturel* ou du *Père de famille* de Diderot, qui sont, l'un de 1757, l'autre de 1758 [2] ; il les traduisit, dans la suite, *Sara Simpson* les précéda.

Il fallait frapper fort, au risque de ne point frapper juste. Dès l'instant où le but était d'extirper l'influence française du théâtre allemand, il convenait d'aller de droit fil aux moyens extrêmes. Il y avait tant à faire, au surplus, pour déblayer les voies d'un art dramatique national ! Que joue-t-on, par exemple, à Halle, en 1754 ? Du Gellert, du Gryphius, du Schlegel, mais surtout du Corneille, du Racine, du Molière, du Destouches, du Voltaire. Que pensent les classes dirigeantes ? La margravine de Bayreuth juge en ces termes une représentation allemande à la cour de son père : « Nous vîmes ce beau spectacle, qui était propre à dormir debout. » Et Frédéric II s'était juré de « ne jamais remettre les pieds en de telles comédies ». Lessing, en train de préparer une révolution, ne pouvait se contenter de demi-mesures. Lorsqu'il s'aperçut que son théâtre ne suffisait pas à chasser l'ennemi, il prit en main le fouet du critique ; nous eûmes la *Dramaturgie*.

Si Lessing n'a rien emprunté, pour *Sara Simpson*, au *Fils naturel* ou au *Père de famille*, les théories de Diderot ne pénètrent pas moins toutes ses conceptions dramatiques. Il a lu et relu un chapitre bien connu des *Bijoux indiscrets*, il a consulté de près la fameuse *Lettre sur les*

---

[1] *Vierteljahrschrift für Litteraturgeschichte*, III, 305 et s.
[2] *Diderot*, par L. Ducros, Paris, in-12, 1893, p. 266.

sourds et muets qui renferme presque toute l'esthétique théâtrale de Diderot... et de Lessing. Tous deux sont, d'ailleurs, des « naturalistes », d'esprit et de tempérament. Ils sentent et proclament la nécessité du genre moyen à la scène. Ni Destouches, ni même Nivelle de La Chaussée n'avaient réussi dans le « comique larmoyant », ou dans le « comique sérieux », pour parler avec Diderot. Nivelle de La Chaussée avait cependant révolutionné notre littérature dramatique, et M. Lanson[1] n'a rien exagéré quand il a dit : « L'influence de La Chaussée n'est pas sensible seulement sur les imitateurs qui le suivent (Voltaire dans l'*Enfant prodigue*, la *Cénie* de Mme de Graffigny, le *Sidney* de Gresset, la *Mère confidente* de Marivaux, Diderot, quoiqu'il s'en défende), ou sur les théoriciens qui le dépassent. Elle s'exerça sur tous les genres dramatiques ; elle fut universelle, et là où elle se réduisit, elle agit sans bruit et sans scandale ; elle dura et marqua le théâtre d'une empreinte qui ne s'est pas encore effacée aujourd'hui. » Que la comédie larmoyante n'ait pas eu un succès plus retentissant, la faute en fut à la médiocrité des auteurs bien plus qu'au genre lui-même.

« S'ils avaient été Molière, écrivait Grimm, ils auraient pu faire des pièces parfaites, et on n'aurait point déclamé contre un genre qui eût fait au théâtre un plaisir si pur et si grand. » L'insuffisance des œuvres rendit les Français plutôt rebelles aux innovations de La Chaussée ; elle frappa moins les Allemands, qui considérèrent avant tout l'utilité de la réforme, et, lorsque Diderot eut converti en doctrines les intuitions du précurseur, lorsqu'il leur eut en outre prêté le secours de son éloquence, ils furent défini-

---

[1] *Nivelle de La Chaussée et la comédie larmoyante*, Paris, in-8, 1887.

tivement gagnés à une cause qui répondait à leurs plus vives aspirations.

En 1756 déjà, Gellert avait, dans une leçon d'ouverture, traité *de comedia commovente*.

Il annonçait qu'elle venait de France, avec le *Philosophe marié* de Destouches, la *Mélanie* de La Chaussée, le *Sidney* de Gresset : la fusion de la tragédie et de la comédie s'opérait, s'était opérée. Les Français, tout en ne faisant qu'une adhésion réservée au mouvement, n'en méconnaissaient point la légitimité, et Voltaire n'y était pas hostile. L'Allemagne, où l'assaut aux classiques était le mot d'ordre, suivit avec enthousiasme. Lessing fut plus heureux au théâtre que La Chaussée et Diderot; Iffland et Kotzebue le continuèrent, en l'affaiblissant.

Diderot était prédestiné à devenir l'homme des Allemands de son temps. En lui, tout leur plaisait, jusqu'à ses défauts, et ses défauts surtout, sa familiarité un peu triviale, sa sentimentalité exaltée, sa manie philosophante; on lui pardonnait même son cynisme, comme aussi toutes les audaces et tous les excès de son génie militant. Serait-ce par hasard que *Jacques le Fataliste* et le *Neveu de Rameau* furent publiés de l'autre côté du Rhin avant de l'être en France : *Jacques* en 1792 (la première édition française est de 1796). dans le *Jacob und sein Herr* de Mylius, après que la *Thalie* de Schiller en eut donné l'épisode de Mme de La Pommeraye, le *Neveu* dans le texte de Gœthe[1]? Diderot fut donc accepté et fêté d'emblée. Gœthe l'admirait : « Diderot est Diderot, un personnage unique. Celui qui le dédaigne, lui et ses écrits, est un

---

[1] On sait que la première édition française du *Neveu* ne fut qu'une sorte de traduction rétrospective de la version allemande de Gœthe, par de St-Maur et de St-Géniès, bien que ces derniers prétendissent publier l'original.

sot. » Le poète Arndt l'a loué, Varnhagen le porta aux nues, Hegel affirmera que tout le dix-huitième siècle est dans le *Neveu de Rameau*[1], et Raumer prononcera, en 1843, son éloge en séance de l'Académie royale de Berlin. On conçoit que Lessing, qui avait assumé la tâche de libérer le théâtre allemand de l'influence du classicisme français, se soit passionnément attaché à Diderot. Celui-ci était un allié naturel, presque un complice. A ses compatriotes qui auraient pu s'effrayer de son initiative, Lessing opposait le nom et les théories de Diderot, et Diderot devint comme le chef honoraire de la réaction nationale : pourquoi les Allemands auraient-ils été plus royalistes que le roi, plus français que ce Français ?

Il n'est pas surprenant, dès lors, que *Minna von Barnhelm*, cette pièce qui devait révéler aux Allemands leur génie dramatique, soit tout uniment du « comique sérieux » à la Diderot. Lessing y peint des « conditions » plutôt que des caractères. Tous ses héros sont généreux, au point que les *Annales savantes de Göttingue* lui conseillaient d'intituler son œuvre : *Die Grossmüthigen*; c'est, au reste, sous ce titre, francisé (*Les amants généreux*), que Rochon de Chabannes fit jouer à Paris une adaptation de *Minna*. Mais si Lessing marche sur les traces de Diderot, il se rapproche plus que lui de la nature et de la vie. Aussi *Minna von Barnhelm* est-elle bien une comédie allemande, la première pierre qu'apporte ce bon ouvrier pour bâtir un théâtre national ; aussi l'Allemagne l'accueille-t-elle avec des transports d'allégresse. Weisse lui-même, chaud ami des Français, donnerait pour elle « toutes nos comédies ». Remarquons cependant que si *Minna* est une œuvre de révolte et d'outrance anti-fran-

---

[1] *Bibliothèque universelle*, N. P. XXXIII, 192 et s.

çaise, du même coup qu'une « tranche de vie » germanique, que si la plupart des personnages sont allemands, et si leur physionomie extérieure est rendue avec beaucoup de relief, les procédés du dramaturge ne sont rien moins qu'originaux : Lessing a créé des types, par superposition de traits semblables, selon la formule de notre xvii° siècle, son intrigue est enfantine, ou peu s'en faut, son Werner a, comme les valets de Molière, les défauts et les qualités de son maître, Franziska est notre soubrette, avec moins d'esprit et de rouerie, une « Lisette germanisée », pour parler avec M. Erich Schmidt.

Je n'ai à m'occuper longuement ni d'*Emilia Galotti*, ni de *Nathan le Sage*. *Emilia Galotti*, où les réminiscences de *Britannicus* ne sont pas rares[1], a inauguré une forme nouvelle de la tragédie allemande : le caractère et la destinée des personnages sont intimement liés ici, et envisagés sous l'aspect d'un véritable rapport de cause à effet. *Nathan le Sage*, éloquente dissertation dialoguée sur la tolérance, est tout imprégné de la philosophie des encyclopédistes, et Lessing s'est rappelé le portrait que Voltaire a dessiné du sultan Saladin dans l'*Essai sur les mœurs*[2]. Je puis également ne pas appuyer sur le *Laocoon*, après ce que j'en ai dit ailleurs (p. 74 et s.), ni sur d'autres ouvrages du grand critique. Il sied néanmoins de se souvenir de ses *Fables*; fanatique d'Ésope, il a malmené La Fontaine, vivement défendu par Herder, et n'a voulu voir dans la fable qu'une « proposition générale et morale ramenée à un fait particulier ». Il ne s'est pas gêné, en l'occurrence, de piller le Bonhomme[3], dont il n'a pas la

---

[1] *Herrig's Archiv*, XIX, 436 et s. ; voir, en outre, la première partie de cet ouvrage, p. 72.
[2] *Lessing* (d'Erich Schmidt), op. cit., I, 191 et s.
[3] Ainsi *Pulcheria war krank* n'est qu'une paraphrase d'*Alix malade*, etc.

naïveté délicieuse, l'exquise simplicité, la profondeur lyrique, et la « jovialité ensoleillée », pour citer encore M. E. Schmidt, le plus pénétrant des biographes de Lessing.

IV

Mais la *Dramaturgie*[1] nous attend. C'est elle, bien plus que le théâtre de Lessing, qui a, suivant le mot de M. V. Cherbuliez, « sauvé l'Allemagne de la tragédie classique ». Commencée en 1767, elle est un recueil de vives et ingénieuses polémiques d'art, non pas une œuvre systématique et d'un bloc. Comme l'a fort bien indiqué M. Crouslé[2], Lessing « opère souvent en tacticien, plus ardent à détruire un ennemi qu'à mettre le bon droit de son côté ». Il a une âpreté de verve, une décision de jugement, une intrépidité d'affirmation, une sagacité passionnée et partiale qui l'ont admirablement servi, car « il ne s'agit pas simplement pour lui de faire prévaloir une doctrine ou une autre dans un genre particulier ; c'est le génie allemand qu'il veut affranchir d'une littérature étrangère[3]. »

Nulle autre tâche ne semblait plus pressante à Lessing, que celle de chasser la tragédie française de la scène allemande. Le piquant et l'inattendu de sa critique est qu'il déclare, au nom d'Aristote, la guerre à Corneille, Racine et Voltaire. Ne tient-il pas la *Poétique* pour un traité aussi infaillible que les *Éléments* d'Euclide? Or les Français ont mal interprété Aristote, Corneille tout le

---

[1] *Histoire des doctrines littéraires et esthétiques en Allemagne; Lessing*, vol. II, par E. Grucker, Paris, in-8, 1896, où l'on trouvera, sur ce sujet, trois cents pages compactes et nourries.

[2] *Lessing et le goût français en Allemagne*, Paris, in-8, 1863.

[3] *Crouslé*, op. cit., 433.

premier ; ils lui ont attribué et emprunté la règle des trois unités qu'il n'a jamais formulée, ils l'ont, par surcroît, rétrécie et pétrifiée comme à plaisir. Comparez la *Mérope* de Maffei et celle de Voltaire, ou mieux, le théâtre de Sophocle et celui de Corneille, vous serez forcés d'en convenir. Il était, en ce point, d'accord avec Grimm, qui écrit, dans sa *Correspondance littéraire* : « La tragédie grecque restera éternellement une école de morale et de philosophie, tandis que la nôtre sera toujours un répertoire de lieux communs et de maximes futiles... Nous avons fait un insigne paralogisme contre le goût, lorsqu'à la renaissance des arts, nous avons introduit la tragédie ancienne sur notre théâtre. » Villemain devait concéder plus tard que « des noms antiques, des bienséances modernes, Euripide arrangé d'après Aristote, des mœurs factices et une poésie admirable, voilà la tragédie des Français ». On aurait donc modernisé les anciens, tout en les étriquant. Si, du moins, on avait respecté ces grands modèles !

En vérité, notre tragédie a bien été la tragédie grecque, mais adaptée au goût d'une société polie et d'un monde monarchique, et, en ce sens, elle fut de la littérature éminemment nationale. Sous son vêtement hellénique ou romain, elle cachait, au surplus, un fond général d'humanité, et, dans Racine ou Voltaire, d'actualité même, qui en faisait quelque chose de très original et très français.

Que Lessing ait dénigré Corneille, pour les besoins de sa cause, il serait excessif de s'en scandaliser. Mais M. Grucker a nettement prouvé que Corneille, condamné, dans la *Dramaturgie*, au nom d'Aristote, a mieux encore que Lessing compris les théories aristotéliques sur le théâtre. Où celui-ci a été souverainement injuste, c'est quand il s'est obstiné à ne voir, dans Corneille et Racine, qu'une imitation servile et guindée de l'antiquité, quand il s'est acharné à nier que nos classiques eussent renouvelé la tragédie en substituant au destin la politique et les intérêts, à la lutte de l'individu contre la fatalité la lutte des passions contre l'ordre social. N'était-ce point là toute une révolution? Et Laharpe n'avait-il pas quelque droit de soutenir que « l'art des Corneille, des Racine, des Voltaire, est plus riche, plus varié, plus savant que celui des Sophocle et des Euripide »? La tragédie de Corneille pouvait n'être pas un idéal pour l'Allemagne; s'ensuivait-il qu'elle fût une mauvaise et déclamatoire copie de la tragédie grecque? Cette thèse, sur laquelle Lessing a concentré tout son effort, n'est que violemment fausse.

Son culte pour le théâtre anglais l'a-t-il mieux inspiré? Assurément, il a enseigné que « Shakespeare doit être étudié, non pillé »; mais Shakespeare est le plus dangereux des maîtres, et c'est pour ne pas s'en être douté, que les Allemands ont compromis l'avenir de leur théâtre. Je ne saurais admettre, avec M. Wysocki[1], que « l'engouement des Allemands pour Shakespeare n'ait jamais été que factice », que Shakespeare ait été seulement la machine de guerre destinée à ruiner le crédit de notre art dramatique; ils sont allés à lui avec un enthousiasme bien naturel et parfaitement sincère, ils l'ont imité autant qu'ils l'ont prôné. M. Wysocki peut, en revanche, dire ceci : « Laissez passer les années par dessus cet enthousiasme, et vous verrez Gœthe revenir à la tragédie grecque, Schiller écrire non plus les *Brigands*, mais la *Fiancée de Messine* », traduire, l'un *Mahomet* et *Tancrède*, l'autre *Phèdre*, se rapprocher de la France, en d'autres termes. Après cela, il importe peu, qu'au regard de Lessing, nos tragédies ne soient pas des tragédies, et que Corneille ait trahi Aristote.

L'auteur de la *Dramaturgie* n'a pu, du moins, contester la

---

[1] *Gryphius*, op. cit., 24.

supériorité des Français dans le vaudeville et la comédie. S'il n'est pas toujours équitable envers Molière, il est prodigue d'éloges pour Marivaux et pour Destouches, dont « le *Philosophe marié* est un chef-d'œuvre ». Il lui arrive même d'adresser à la France des compliments qui se retournent contre l'Allemagne, comme le montrent ces lignes sur le *Siège de Calais*, de Du Belloy, pièce médiocre : « On y voit les Français tels qu'ils sont, jaloux de leur gloire, fiers des exploits de leurs aïeux ; ce peuple, convaincu du mérite de ses poètes, de l'influence du théâtre sur les mœurs, ne considère pas les auteurs dramatiques comme des membres inutiles de la société, et le théâtre comme un vulgaire amusement d'oisifs. Combien nous sommes loin des Français ! Disons-le franchement : comparés à eux, nous sommes encore de vrais barbares. Plus barbares que nos barbares ancêtres, qui avaient leurs bardes en haute estime, et qui eussent tenu pour un fou celui qui leur aurait demandé, à eux dont le goût pour les arts et les sciences était modéré, quel était l'homme le plus utile, d'un poète ou d'un marchand de peaux d'ours... Ah ! l'excellente idée de donner un théâtre national aux Allemands, à ces Allemands qui ne sont pas encore une nation ! Je ne parle pas de leur constitution politique, je songe uniquement à leur caractère moral — s'ils en ont un qui soit à eux. » Apres boutades, rudes apostrophes, partis-pris opiniâtres, éclairs de raison, accents généreux, il y a de tout cela dans la *Dramaturgie*, avec la grosse erreur d'un esprit fougueux qui a cru résister, sur le terrain strictement national, aux influences étrangères, lorsqu'il a expulsé les Français du théâtre allemand pour y introduire... les Anglais. Comme si c'était s'émanciper que de changer de maître ! La *Sturm-und-Drangperiode* sera son œuvre, et son châtiment.

V

Il n'est que de se bien tromper pour y persévérer. Lessing constate, avec amertume, vers la fin de sa *Dramaturgie*, que notre théâtre n'est pas détrôné en Allemagne. A Hambourg même, le public déserte les scènes allemandes pour la troupe française d'Hamon; à Vienne, Sonnenfels joue notre répertoire classique, ou le propose comme modèle, et, à Weimar, Gœthe n'en usera pas autrement. C'est que les imitateurs de *Minna* n'étaient point de taille à détruire le prestige de notre tragédie, ni surtout à remplacer nos comiques. En 1766, J.-B. Michaëlis écrivait encore : « Avant que la moitié de Paris ait sifflé une seule fois l'auteur, chez nous la deuxième édition de son ouvrage est déjà épuisée. » *Patriam fugimus!* soupirait un autre patriote à la Lessing.

Si, comme nous le verrons, les exaltés de la « période d'orage et d'assaut » parvinrent à jeter le discrédit sur nos tragiques, notre comédie poursuivit la série de ses succès en Allemagne, où Molière, Destouches et Marivaux règnent presque sans partage. Cornélius d'Ayrenhoff, un Viennois, daube vivement sur Shakespeare, défend les trois unités, traduit l'*Art poétique* de Boileau, se pose en nouveau Gottsched. Il ne faut, selon lui, chercher le théâtre idéal que dans Racine et dans Molière. Et ses tragédies écoulent le flot régulier de leurs alexandrins pompeux, et ses pièces moins sévères sont du Molière germanisé. Sa *Femme savante*, dont le cadre et la matière sont allemands, tient des *Femmes savantes* et du *Tartufe* on y trouve, entre autres, une satire assez piquante des drames de la *Sturm-und-Drangperiode* et du *Götz*

Gœthe. Son *Attelage* — *Der Postzug* — est tout à fait dans la tradition française ; on dirait du Molière, plus terne et plus traînant. Frédéric II, dans son opuscule *De la littérature allemande*, y voyait « une vraie comédie originale » ; il ajoutait : « Ce sont nos mœurs, ce sont nos ridicules que le poète expose sur le théâtre ; la pièce est bien faite. Si Molière avait travaillé sur le même sujet, il n'aurait pas mieux réussi. »

Tout le théâtre du baron de Peyrach n'est que plate et servile copie de Voltaire. L'acteur Brandes, qui sait arranger une intrigue et dialoguer une scène, est balancé entre Molière et Diderot, sauf dans son *Célibataire*, qui est pris à Molière exclusivement. Christophe d'Arien ne peut se vanter, dans sa *Jeune campagnarde*, tirée de l'*École des femmes* et de l'*École des maris*, que d'avoir intelligemment pillé Molière, et d'avoir doté le vocabulaire allemand du mot : *kujoniren* ; il a pourtant créé un type amusant de *Stürmer*, qui a le génie du jargon idiot et sublime.

On continue à traduire l'auteur du *Misanthrope*[1]. Herder lui-même l'estime, Wieland et Eschenburg, tout admirateurs qu'ils soient de Shakespeare, le placent très haut. C'eût été une inspiration féconde que celle du dramaturge qui se serait fait le disciple de Shakespeare et de Molière, qui aurait cherché le secret d'un théâtre national dans la fusion de leurs chefs-d'œuvre. Il semble qu'elle ait effleuré l'esprit mobile de l'acteur Schrœder ; il les représente, les imite et les remanie tous les deux, mais la brutalité shakespearienne finit par l'emporter, et Molière faillit sombrer dans la tourmente des *Stürmer*. On le réduisit en ballets et en opéras. Son influence néanmoins ne fut pas abolie.

[1] *Erhard*, op. cit., 266 et s.

Tartufe, qui avait servi à Mme Gottsched contre les piétistes, sert à Hélène Unger (*Der Betbruder*) contre Mesmer, Cagliostro et toute la charlatanerie du temps. Catherine de Russie, une Allemande sur le trône des Romanoff, a mis beaucoup de Molière dans ses *Trois comédies contre le mysticisme et la superstition* (écrites en français), où elle se flatte, comme elle le mande à Grimm, « d'étriller un peu les visionnaires qui commençaient à lever le nez ». Et les Harpagons, et les Diafoirus, et les Purgons sont un peu de toutes les comédies, *Jobsiade* de Kortum, *Lettre à un jeune Médecin* de Justi, etc. Et Wieland, qui nous montre Alceste dans les *Sympathies*, nous redonne Tartufe dans le Théophron du *Musarion*. Molière pénètre même dans les écoles ; les Jésuites d'Erfurt font jouer l'*Avare* dans leur collège en 1773 ; on introduit, dès 1788, un Molière expurgé dans les classes. Les foudres du pasteur Göze n'ont pas tué l'immortel railleur, voire en Allemagne. Sur son lit de mort, Frédéric-Guillaume II oubliait les angoisses de la fin prochaine dans la société du *Malade imaginaire*, et il disait : « Quand je vois comme ma maladie excite les médecins les uns contre les autres, je vois aussi très bien avec quel art magistral Molière a su les dépeindre. »

A côté de Molière, Diderot, le théoricien dramatique selon le cœur de Lessing, l'homme du *Père de famille* et du *Fils naturel*, devait reconquérir en Allemagne la part d'influence que la France était menacée d'y perdre [1]. La « tragédie bourgeoise » y lutta, non sans succès, contre le drame chevaleresque et moyenâgeux à la *Götz von Berlichingen*. L'*Agnes Bernauerin* de Törring, le *Deutscher*

---

[1] W. Wetz : Die Anfänger der ernsten bürgerlichen Dichtung des XVIII^ten Jahrhunderts, 1 Band, in-8, Worms, 1885 ; *Otto Heinrich von Gemmingen*, von C. Flaischlen, Stuttgart, in-8, 1890.

Hausvater de Gemmingen, le *Nicht mehr als sechs Schüsseln* de Grossmann paraissent presqu'à la même heure, et traitent, à des points de vue d'ailleurs différents, la question toujours plus aiguë des inégalités sociales.

Le *Père de famille* de Diderot n'avait pas célébré de triomphe en France; « il y eut un grand ébranlement qui s'apaisa assez vite[1] ». Il fit le tour, en Allemagne, de toutes les scènes importantes, d'autant que, les pièces de Lessing exceptées, la comédie larmoyante n'avait rien produit de remarquable jusqu'en 1780. Les Hambourgeois l'applaudissent dès 1759. Schrœder l'imite (1778). Gemmingen essaie d'y tailler une œuvre nationale (1780), et Kotzebue reprendra le même thème dans l'*Enfant de l'Amour*, en suivant, au reste, plutôt le *Fähndrich* de Schröder que le *Père de famille*. Quant à Gemmingen, il avait débuté par une traduction du *Pygmalion* de Rousseau. Son *Deutscher Hausvater*, son *Père de famille allemand*, provoqua un enthousiasme général. De toutes les adaptations du drame de Diderot, celle-ci est la plus indépendante. Gemmingen se sépare des *Stürmer*, déjà en ce qu'il se garde bien de sacrifier comme eux l'élément comique aux effets tragiques. Une « morale philistine », très élevée, somme toute, et presque intransigeante, lui suffit. Il n'a pas besoin du vaste monde pour horizon littéraire; le petit monde de la bourgeoisie offre assez d'espace à son talent. Il aime la sagesse, la vérité, la nature, et, ce qui n'est pas toujours le fait des amis de la nature, le naturel. Cet écrivain intéressant a fondé des revues éphémères, s'est fourvoyé même dans la politique; dans son théâtre, il est plein de bon sens. Il avait lancé, en 1779, sa *Mannheimer Dramaturgie* où, devançant d'un

---

[1] *Œuvres complètes de Diderot* (éd. Assézat), VII, 172.

siècle M. Sarcey, il professa que ses jugements avaient l'avantage considérable d'exprimer le sentiment du public. Il reprocha, dans une curieuse étude, à nos auteurs dramatiques de s'être dénationalisés à l'excès, et soutint que le théâtre d'un pays doit sortir des entrailles mêmes du peuple.

Le *Fils naturel*, que Dumas fils appelle « un vrai sermon dialogué en cinq actes », laissa en Allemagne une trace beaucoup moins profonde que le *Père de famille*.

Comment ne pas surprendre également l'action de Molière et de Diderot, dans deux des meilleurs auteurs comiques allemands, Iffland et Kotzebue? Mais, comme le disait Gœthe à Eckermann, « Molière gouvernait les mœurs de son époque, Iffland et Kotzebue s'asservissent aux mœurs de la leur, et ne savent pas voir au-delà, ni regarder plus haut ». Quoi qu'il en soit, on peut les louer d'avoir réagi contre les excès des *Stürmer*. Les « philistins » ne se reconnaissaient plus dans la littérature de leur temps ; Iffland et Kotzebue refirent du théâtre à l'usage des familles. Point d'envolée, point de génie, point de folie ; la bonne grosse morale enseignée sans raffinement par des esprits qui étaient eux-mêmes de la foule à laquelle ils s'adressaient. Ce fut une longue campagne de victoires. De 1780 à 1820, sur un chiffre total de 1471 représentations, on joue à Dresde 6 fois du Lessing, 6 du Gœthe, 46 du Schiller, 143 de l'Iffland et 334 fois du Kotzebue ! Molière semble presque oublié, mais, en réalité, il a souvent sa part des acclamations que récoltent ses deux imitateurs.

L'acteur Iffland [1], un artiste parfait de naturel et de

---

[1] Un détail assez piquant à propos d'Iffland. Ce dernier, très engoué des pièces anglaises à un moment donné, prétendit un jour que notre théâtre était trop peu mouvementé pour convenir aux Alle-

mesure, connaissait bien Molière. L'auteur ne valut pas le comédien. Ses pièces, claires et froides, n'en reposent pas moins des extravagances et des outrances auxquelles se plaisaient les *Stürmer*; elles sont une fraîche pluie d'automne après les étouffantes chaleurs de l'été. Aussi firent-elles sur les nerfs des contemporains l'effet d'une douche savante et douce. Molière, principalement le Molière du *Misanthrope*, fut l'idéal et le modèle d'Iffland, qui prêche le retour à la nature, peint amoureusement les petites gens, raille le monde des cours. Dans ses *Vieux garçons*, le conseiller Reinhold est un Alceste allemand, avec des traits de Sganarelle du *Mariage forcé*; Mlle Sternberg est Célimène, et la sœur de Reinhold rappelle Bélise du *Malade imaginaire*. Nous revoyons Arsinoé dans Mme Rauning de l'*État des femmes*, comme dans Mme Stahl de la *Paix du ménage*. Le *Crime par ambition* est un *Bourgeois gentilhomme* poussé au noir. « Mais, nous apprend un juge compétent [1], au lieu de la gaîté de Molière, nous trouvons dans ces pièces une sentimentalité fatigante et une sagesse prudhommesque. Il faut du courage pour les lire. »

Kotzebue [2] a plus de talent, plus de verve comique surtout et d'esprit. Il est, par surcroît, un écrivain adroit et facile, d'une rare légèreté de main. On sait que

mands. Le Français Beaunoir paria d'écrire, en deux semaines, un drame qui, bien que tombé d'une plume française, aurait tous les suffrages des Berlinois. Il tint parole. Mme Unger, femme de l'imprimeur de S. M., traduisit le manuscrit au fur et à mesure de la composition. On tut le nom de l'auteur et l'origine de la pièce (*Les libellistes*); elle eut grand succès, à en croire Beaunoir qui exagère un peu (cfr. *Zeitschrift für vergl. Litteraturgeschichte* de Koch, I, 327 et s.). On donna *Les libellistes* à Paris huit ans plus tard (1805).

[1] *Erhard*, op. cit., 439.
[2] Rabany : Kotzebue, op. cit.

l'homme ne fut pas un caractère ; il porta son absence de scrupules dans ses procédés littéraires, imita, copia, plagia avec une intrépidité et une désinvolture sans pareilles. Il avait passé quelques jours en France, vers la fin de l'année 1790 ; il y assista aux débuts de la Révolution, mais le drame ne l'intéressa guère que sur les tréteaux. S'il ne fut que médiocrement enchanté de notre théâtre patriotique, *Guillaume Tell*, *Brutus*, *Calas*, il s'éprit follement de notre comédie ; il déplorait cependant qu'on ne soignât pas davantage la mise en scène. Hormis le théâtre, il apprécia les choses françaises avec beaucoup de frivolité.

Dès son retour en Allemagne, il s'efforça de tourner la Révolution en ridicule. Il revint à Paris en 1803 ; sa gallophobie superficielle s'atténua : les Parisiens admiraient ses pièces.

L'influence de nos philosophes, de Voltaire comme de Rousseau et de Diderot, est visible dans ses « drames romanesques ». Ainsi que l'a expliqué M. Rabany : « Au premier, il avait pris son hostilité contre le christianisme et son aversion pour le moyen âge [1]. A Rousseau, il avait emprunté la haine des préjugés sociaux et souvent même des lois fondamentales de toute société ; au dernier, sa poétique nouvelle et son goût de réalité bourgeoise, si singulièrement mélangée d'apostrophes et de déclamations emphatiques. » Mme de Staël pourra lui reprocher « de n'avoir su donner à ses personnages, ni la couleur des siècles où ils ont vécu, ni le caractère que l'histoire leur

---

[1] Kotzebue a dit de Voltaire, en 1808, un peu pour se justifier lui-même : « La science de Voltaire, prétendra-t-on, était superficielle... Mais une seule feuille d'impression remplie par Voltaire a répandu dans le monde plus de connaissances et éveillé plus de pensées, que maints in-folios de ses contemporains » (cité par *Rabany*, p. 137).

assigne ». D'un autre côté, il a pris son exotisme dans Voltaire ; il s'est souvenu des *Incas* de Marmontel dans la *Prêtresse du Soleil* et la *Mort de Rolla*, qui transportent à la scène des épisodes de la conquête du Pérou par les Espagnols ; son Rolla est, au surplus, une sorte de René avant la lettre. Une autre pièce, *La Pérouse*, fut inspirée par le récit des voyages de Bougainville. Pour son « tableau historico-dramatique » des *Esclaves noirs*, qui est une réhabilitation sentimentale du nègre, il s'est borné à demander les faits, les « détails », à l'*Histoire philosophique des Deux-Indes* de Raynal.

Il n'y a, dans ses « drames bourgeois », que l'application pure et simple des idées de Diderot. *Misanthropie et repentir* accuse des prétentions de moraliste ; Schiller en a dit, dans un vers assez cru :

Wenn sich das Leben erbricht, setzt sich die Tugend zu Tisch.

Nous avons ici le phénomène de l'adultère larmoyant. Le héros de l'œuvre est une caricature d'Alceste, qui tire sa misanthropie de ses infortunes individuelles, et s'en guérit dès que sa femme manifeste du regret de l'avoir trahi. Kotzebue renouvelle, dans *Das Kind der Liebe*, la question de l'enfant naturel, soulevée au théâtre par l'auteur du *Père de famille* ; il prêche, dans ses *Noces d'argent*, dans sa *Mère de famille allemande*, dans sa *Réconciliation*, où apparaît plus d'une réminiscence du *Malade imaginaire* ; il tombe dans la manière de Berquin, avec le *Manteau rouge*, un conte de Musäus dramatisé.

Ses « drames historiques » ne trahissent point d'influence française. C'est du Shakespeare éteint. Je ne signale que les allusions à Napoléon, dans *Hermann et Thusnelda* (1813).

Ses comédies, en revanche, nous appartiennent bien

pour moitié. J'accorde que Kotzebue soit un éclectique, ou un versatile, qui choisit ses modèles de droite et de gauche, au hasard de la rencontre ou de la fantaisie, un jour fanatique de Rousseau, le lendemain penché sur Molière, plus tard ou en même temps, traducteur du *Faublas* de Louvet, imitateur de Picard et d'Andrieux, sans parler des Anglais. Dans ses « comédies philosophiques », il est tout à Rousseau. Le personnage de Gurli des *Indiens en Angleterre* (1789) est l'ingénue de « l'évangile de la nature » et l'Agnès romantique, bien plus que la « jeune Indienne » de Chamfort; dans *Frère Maurice l'Original*, on isole son bonheur aux îles Pelew, que venait de découvrir Wilson, et l'on est en plein dans la nature abstraite de Jean-Jacques. Ses « comédies de caractères et de mœurs » n'en font pas précisément, quoi qu'en ait dit M. Erhard, un « escroc » littéraire de Molière; mais combien l'imitation est directe en mille endroits! Que de souvenirs, trop vifs, de *Monsieur de Pourceaugnac* et des *Précieuses ridicules* dans l'*Etourdi*, de l'*Ecole des femmes* dans le *Voyage dangereux* et la *Comédie à la fenêtre*, des *Femmes savantes* dans le *Chat et le Rosier*, de l'*Ecole des maris* et de *Georges Dandin* dans le *Déserteur*, du *Médecin malgré lui* dans le *Muet*, adaptation servile et d'ailleurs manquée ! Allongerai-je cette nomenclature, en cherchant le *Bourgeois gentilhomme* dans le *Pédant* et l'*Ennemi du mensonge*, ou l'*Amour médecin* dans l'*Etrange maladie*, ou *Tartufe* dans l'*Amour est aveugle*, ou *Monsieur de Pourceaugnac* dans le *Fermier Feldkümmel*, ou enfin l'*Avare* dans la *Ménagère*[1] ? Notez

---

[1] *Erhard*, op. cit., 439 et s. — Rappelons que les contemporains de Kotzebue imitent également Molière, ainsi J.-D. Falk, dont les *Hibous* ont été partiellement inspirés par *Amphitryon*, mais n'ont ni la grâce, ni ne présentent l'intérêt du modèle. J'ajoute que

encore que Kotzebue eut l'ambition de créer un Tartufe à lui dans la *Dévote démasquée*, qu'il n'acheva point. Ne vous étonnez pas de trouver, dans l'*Homme qui sait tout*, le docteur Pancrace du *Mariage forcé*, avec la scène délicieuse du *Bourgeois gentilhomme* où les maîtres de M. Jourdain célèbrent à l'envi les mérites de leur science (acte I, scène III), et quelques traits des *Femmes savantes*, tout cela transformé, épaissi, alourdi ! « Molière allemand ! » s'écrie M. de Gottschal. « Molière en allemand », lui répond M. Erhard, et cette caractéristique spirituelle autant que juste restera ; ou, si l'on veut, Eugène Scribe germanique, avec moins d'imagination et plus de style, avec moins de métier et plus de sens de la vie.

Quand Molière ne lui fournit pas de modèles, il n'est pas embarrassé de recourir à Picard et à d'autres. *Die beiden Klingsberg* nous ramènent au *Vieux fat, ou les deux vieillards* d'Andrieux. Les quatre actes de *Die deutschen Kleinstädter* sont une transposition adroite de la *Petite ville* de Picard ; mais, tandis que le Français se moque de la province qui voudrait singer Paris, Kotzebue maltraite les bourgeois entichés de leur nid provincial, et fait, non sans originalité, de bonne satire allemande. La suite de cette pièce, *Carolus Magnus*, rappelle de nouveau Molière, en attendant que Kotzebue le trahisse et le germanise pesamment dans sa *Schule der Frauen* (1805). L'intrigue de son vaudeville en un acte, *Der Gefangene*, est identique

---

H. Zschokke, un *Aufklärer* suisse, publia une traduction de Molière 1805-1810), en donnant aux personnages des noms et des titres allemands, en transportant l'action au XIXᵉ siècle et en appliquant la satire de Molière aux mœurs de l'époque : Cathos et Madelon sont enthousiastes de Jean Paul, Tartufe est un émigré qui s'en vient combattre la philosophie en Allemagne, etc. Il poursuivra, dans ses *Stunden der Andacht*, sa campagne contre les piétistes en se souvenant du *Tartufe*.

avec celle d'un livret d'opéra-comique (*Le prisonnier*) d'Alex. Duval ; le *Comédien malgré lui* est tiré de la *Fête de campagne* de Dorvigny et le *Neveu mort* du *Duel impossible* de Martainville ; il a traduit, entre autres, un vaudeville (*Fanchon*) et une « comédie historique » (*l'Abbé de l'Épée*) de Bouilly... Kotzebue, esprit facile et délié, sans grande puissance créatrice, a remporté de brillants succès au théâtre, en s'assimilant tour à tour, avec beaucoup d'à-propos et d'habileté, les œuvres étrangères qui sollicitaient le mieux son tempérament et son talent. Son extraordinaire fécondité n'a dès lors plus rien d'inexplicable : ses deux cent sept pièces ne lui ont coûté, la plupart, que la peine d'arranger tantôt Shakespeare, tantôt Holberg, tantôt Molière et quelques auteurs de deuxième ou de troisième ordre[1].

VI

La France avait prêté des armes aux représentants du gros bon sens national contre les excentricités farouches des *Stürmer*. Elle était la règle ; elle était aussi la mesure, la vivacité, la délicatesse, l'esprit. Ce fut la plus grave erreur de Lessing, que son parti-pris de dénigrement passionné à l'égard de notre littérature dramatique. « Celui qui lit Schiller et Gœthe, a dit M. M. Carrière[2], voit bien qu'entre eux et Shakespeare, il y a eu Corneille et Racine. On n'aurait jamais dû l'oublier, ni le nier. »

---

[1] Je n'ai point parlé de Beaumarchais, dont le théâtre passa aussi en Allemagne ; on le traduisit, et surtout lui sut gré d'avoir consacré le droit d'auteur au profit des écrivains de tous pays.

[2] *Die Poesie, ihr Wesen und ihre Formen*, 2te Auflage, Leipzig, in-8, 1884, p. 680.

Lessing nia par avance que Corneille et Racine pussent contribuer jamais à la régénération du théâtre allemand. Il les frappa d'excommunication littéraire majeure. Il alla délibérément aux Anglais, tant et si bien que la *Sturm-und-Drangperiode* apparaît comme son héritière naturelle. Les enfants ne ressemblent pas toujours à leur père, il est vrai; ils le continuent, du moins, et ils exagèrent volontiers ses défauts plus que ses qualités. Liberté, liberté! s'écriait Lessing. On eut la licence.

Shakespeare sera le dieu de la « période d'orage et d'assaut », ainsi nommée d'après le titre d'un drame de Klinger; au théâtre classique des Français on opposera l'ancêtre génial du théâtre libre. Suivant Klinger, « Corneille fait déclamer à ses héros de beaux discours imités des anciens », alors que l'essentiel, à la scène, est de faire agir des hommes de chair et d'os. Et, dans la préface de son *Theater*, il condamne violemment « les règles froides et tyranniques » des tragiques français. Lessing tenait à l'unité d'action, et l'unité de lieu lui semblait désirable. Klinger et ses amis rejettent son autorité. Est-ce que Shakespeare s'est mis à l'école d'Aristote? Est-ce que les concessions de Lessing ne sont pas dictées par un excès de timidité? Le théâtre, c'est le mouvement, l'imprévu, la passion, le désordre, — la vie. Qu'importe qu'un drame renferme les éléments les plus étrangers ou les plus inutiles à son développement! Que signifie cette fiction gênante de l'unité de lieu? Klinger, lui, accumulera les incidents et les épisodes, et, par exemple, sa *Femme souffrante* n'aura pas moins de trente, son *Otto* ne comptera pas moins de cinquante-deux changements de décor. Ne comprenant pas Shakespeare, on l'outre d'autant plus. L'anarchie triomphe. M. Erich Schmidt, dans une introduction à la *Kindermörderin* (1776), tragédie de H.-L. Wagner, appuie sur ces détails qui ont leur éloquence : « Les « génies » étendaient leur dédain des règles jusqu'aux questions de l'orthographe et de la ponctuation. » Et ils confondaient l'horrible avec le tragique, la fantaisie exaltée avec la vie, l'effet brutal avec l'art, tous, Klinger, Lenz, Wagner, Leisewitz, Müller.

Avec Shakespeare, leur maître fut Rousseau[1]. Ce rhéteur paradoxal, véhément et passionné, ne sera pas, au reste, que l'inspirateur ou l'idole des poètes échevelés de la *Sturm- und-Drangperiode*. « Tandis que Voltaire, remarque M. Brandes[2], agit principalement sur les esprits en général, les talents de premier ordre subissent l'influence de Rousseau. » Mendelssohn cite la *Nouvelle Héloïse* « comme un roman qu'on s'arrache des mains en Allemagne, et dont on parle dans toutes les conversations ». Justus Möser en fait ses délices. Zimmermann[3] écrit à Bodmer, déjà en 1758 : « Rousseau est l'un de mes auteurs favoris... Il n'y a pas en Europe un philosophe aussi pratique que lui » ; la lecture de la *Nouvelle Héloïse* lui a « presque tourné la tête ». Herder et sa fiancée ne rêvent que de Saint-Preux et Julie dans leur correspondance, et, pour la fiancée, « Rousseau est un saint, un prophète que j'adore ». Wieland, Gœthe, Schiller ne l'admirent pas moins. Ceux-là mêmes qui se séparent des *Stürmer* sont pleins de lui : W. Heinse, qui adapte l'évangile de la nature aux

---

[1] *Bulletin de la Faculté des Lettres de Poitiers*, 1887, p. 383 (article de M. L. Ducros).

[2] *Die Hauptströmungen*, etc., op. cit., I, 30.

[3] *Ischer*, op. cit., 54. — L'influence de Jean-Jacques est visible dans plus d'un ouvrage de Zimmermann. A ses yeux, « Rousseau vaut mieux que mille Voltaires ». Il confesse, à la vérité, en 1767, que « son enthousiasme a passé peu à peu », et il le déclare au grand Haller, « qui détestait Rousseau et ses principes destructeurs de tout gouvernement ».

besoins de son imagination sensuelle, le doux et tendre J.-H. Miller, Ph. Moritz, F.-H. Jacobi, Lavater; Basedow, qui, avant l'*Émile*, avait professé plus d'une des idées de Jean-Jacques, est enthousiasmé par cette œuvre. Pour Campe, Rousseau est « *mein Heiliger* »; et que de Rousseau encore dans Kant, dans Pestalozzi, dans tout ce qui lit et ce qui pense en terre allemande!

Les « génies » lui rendent un véritable culte. N'a-t-il pas immolé la convention à la nature, la galanterie à l'amour, la loi à la liberté? Les drames de Klinger débordent de lyrisme philosophique et, si je puis ainsi parler, d'effusions abstraites à la Jean-Jacques; Gœthe disait de Klinger que « Rousseau pouvait le regarder comme un des plus purs disciples de l'évangile de la nature », que c'était Rousseau au théâtre, avec une pointe de stoïcisme et d'extravagance. D'après Lenz, « la *Nouvelle Héloïse* est le meilleur livre qui ait jamais été imprimé avec des caractères français »; il poursuit, dans sa vie comme dans ses écrits, l'idéal du *Naturmensch* (voir, en particulier, le personnage du prince Tandi de son *Mendozza*), et il faut sans doute attribuer à l'influence de Jean-Jacques le fait que la langue de Lenz abonde en mots étrangers, surtout en mots qui tirent leur origine de notre idiome[1]. Devrais-je ajouter que les *Stürmer* n'ont vu dans Rousseau que ce qu'il leur plaisait d'y voir? et qu'ils l'ont interprété à travers le commentaire infidèle de Wieland? Ils ne se sont pas souciés de la réfutation plus ou moins consciente que le théoricien de l'*Émile* et du *Contrat social* avait faite du lauréat des concours de Dijon. Le retour à la nature, à la vie primitive, âprement célébré par Jean-Jacques, a réveillé en eux le sang des vieux Germains. Et

---

[1] *Herrig's Archiv*, LXXXV, 129 et s.

ils sont partis en guerre contre la société, et ils ont abouti à la barbarie.

Que nous sommes loin de Lessing, de ce Lessing où tout est bon sens incisif, raison virile ! Comme il déplorait cette invasion des déséquilibrés dans la littérature de son pays ! Aussi les attaques les plus vives dirigées contre les « génies » vinrent-elles d'amis ou de disciples de Lessing. L'intransigeante sagesse railla la passion débridée dans la *Bibliothek* de Nicolaï et de ses collaborateurs Knigge et Musäus. Kotzebue et Iffland vengent l'esthétique et la morale des « philistins ». L'un des adversaires les plus dégourdis des *Stürmer*, G.-C. Lichtenberg, les crible de pamphlets virulents, les *Consolations pour les malheureux qui ne sont pas des génies originaux*, la *Requête des fous*. Merk, le mentor du jeune Goethe, et bien d'autres protestèrent également contre les agités et les turbulents. Signalons ici une amusante comédie, *Das Geniewesen* (1784), probablement composée par le professeur zürichois J.-J. Hottinger, qui malmène impitoyablement les « génies », en les désignant presque tous par leurs noms, et qui se rit de leurs idées, de leurs œuvres, de leurs idoles[1] ; Herder et Goethe ne sont pas ménagés non plus. En revanche, Hottinger s'insurge contre l'inconcevable mépris que certains de ses contemporains affichent envers Molière[2].

Décidément, si Lessing et les *Stürmer* avaient cru détruire le prestige du théâtre français en Allemagne, ils y avaient assez mal réussi. L'injustice de l'un et la folie des autres avaient provoqué une réaction inévitable en faveur de notre art dramatique (voir p. 402 et s.).

---

[1] Sauf Shakespeare ; un des personnages de la pièce s'écrie : « Pauvre Shakespeare ! Sors de ta tombe comme l'ombre de Hamlet, pour précipiter dans l'abîme de l'oubli la bande de nos poètereaux ! »

[2] *Vierteljahrschrift für Litteraturgeschichte*, V, 249 et s.

CHAPITRE VI

KANT, HERDER, WIELAND ET LA FRANCE

I

Ce que les Allemands appellent l'ère de l'*Aufklärung*, l'ère des lumières, ou, si l'on préfère, du progrès, est en bonne partie l'œuvre de l'esprit français représenté par l'Académie royale de Berlin, par Frédéric II, par Voltaire, par l'Encyclopédie et par ce J.-J. Rousseau, qui, selon l'expression de M. du Bois-Reymond, fut accueilli comme le Christophe Colomb d'un nouveau monde moral ; mais les éléments dont se compose l'esprit français du temps ne laissent point d'être des plus disparates. Et il ne faut pas oublier l'influence exercée en Allemagne par le rationalisme anglais. La contradiction est toutefois plus apparente que réelle entre les doctrines dont procède l'*Aufklärung* germanique ; en tout cas, elles aboutissent aux mêmes effets, elles se fondent en définitive dans un large spiritualisme, ennemi de l'intolérance et de la superstition, religieux encore au sens le moins rigoureux du mot, et dans le cosmopolitisme le plus généreux qui fût jamais.

M. Lévy-Brühl[1] a fort bien résumé le mouvement de pénétration et d'action de la philosophie française en Allemagne : « Les déistes anglais, pour la plupart, moralistes et prédicateurs, répondaient exactement aux sentiments de la classe moyenne qui se reformait alors en Allemagne, pieuse, industrieuse et instruite... Le libertinage, l'ironie, la dialectique sceptique et agressive ne pouvaient qu'inspirer à ces lecteurs un vif sentiment de répulsion. Or n'était-ce pas ce que leur offraient, sous mille formes, avec une verve et une malice inépuisables, les plus grands écrivains français du temps, ceux dont Frédéric II faisait ses délices, ceux qu'idolâtrait comme lui le beau monde? Partout, on lit et on admire Voltaire. Mais autant il est aimé des gens de qualité, qui affectent d'être incrédules, et qui applaudissent à ses farces les plus osées, autant il irrite la classe moyenne... Toujours est-il que l'influence de Voltaire n'en a pas moins été considérable. Outre le prestige de son esprit et de son style, outre l'éclat prodigieux de sa royauté littéraire, il y avait dans son œuvre une part de générosité active qui lui valut bien des admirateurs... Même sympathie plus ou moins mélangée pour les autres « philosophes » français, pour Montesquieu, pour Diderot, et presque sans mélange pour Rousseau... Il n'est pas d'écrivain étranger que l'Allemagne ait autant aimé, ni si vite : elle aurait tant voulu le revendiquer pour sien ! *Utinam ex nostris esset !* Ce fut un cri unanime... Imaginez une fusion imparfaite de ces éléments disparates, venus successivement d'un peu partout, de Locke et de Wolff, de Shaftesbury et de Voltaire, d'Helvétius et de Rousseau : ainsi s'était formée une doctrine composite qui n'avait de net

---

[1] *La philosophie de Jacobi*, Paris, in-8, 1894, p. 32 et s.

que ses tendances, franchement libérales. » Elle avait cependant des traits communs et des aspirations identiques assez essentiels pour déterminer les idées générales de l'élite de la nation.

Lessing, Kant, Herder sont les grands noms de cette période, qui embrasse tout le troisième quart du xviii° siècle, et même quelques-unes des années suivantes. Emancipation de la raison, éducation de la conscience, liberté absolue de la recherche philosophique, notions fécondes de la solidarité des générations entre elles et de la perfectibilité de l'homme, attitude déférente, sinon soumise, envers les anciennes croyances, voilà ce que représente, entre autres, l'œuvre de ces illustres écrivains. Mais si leur libre pensée est militante, elle n'est point taquine, ni téméraire, ni simplement négative. Ils ne se contentaient pas d'attaquer et de détruire, comme faisaient volontiers les Français ; ils rêvaient d'étreindre le superbe idéal d'une humanité se rapprochant sans cesse de ses fins divines.

Certes, l'Allemagne d'alors a lu passionnément Voltaire et les encyclopédistes. Il y avait néanmoins trop de critique et trop peu d'autre chose chez ces ardents disciples de Bayle. L'Allemand a besoin de principes, à défaut d'une foi ; le scepticisme léger et batailleur de ces Français lui avait ouvert les yeux sans satisfaire son âme. Aussi la manière violemment affirmative et l'éloquente sentimentalité de Jean-Jacques produisirent-elles une impression autrement profonde sur l'Allemagne pensante. Celui-ci fut le maître et le prophète, nous avons déjà pu nous en convaincre. Il ne parlait pas la langue, mais il parlait le langage de l'esprit germanique, et avec quelle fougueuse autorité ! Les plus nobles esprits furent stimulés, ou renouvelés, par lui, car, comme le disait Lessing,

« sans s'inquiéter des demi-vérités courantes, il allait tout droit à la vérité », ou, du moins, à ce qu'il estimait être le contraire de l'erreur.

MM. D. Nolen et C. Dietrich [1] nous ont montré dans quelle mesure Kant fut le débiteur de Rousseau. M. Dietrich, qui a tenté de prouver que le philosophe de Königsberg s'est souvenu de Jean-Jacques pour le discuter ou le combattre, bien plus que pour l'imiter ou le défendre, ne doit-il pas concéder que Kant a lui-même, dans ses *Considérations sur le beau et le sublime*, avoué son admiration pour le « citoyen de Genève » ? Et Kant n'a-t-il pas adopté, dans ce livre, le ton du rhéteur français, son style emporté et déclamatoire, son accent enthousiaste et âprement viril ? Il s'éleva plus tard, je le sais, contre les théories de Jean-Jacques, il les réfuta dans ses *Fragments* et dans l'*Anthropologie*, opposant le devoir social et la liberté à l'état de nature et à l'égalité entre les hommes. La philosophie oratoire et paradoxale de Rousseau ne compte plus pour Kant, dès l'âge de la pleine maturité, mais il n'en reste pas moins, comme l'a marqué M. Dietrich, « qu'il fit dater de son commerce avec les premiers écrits de Rousseau, en 1760, une révolution dans sa conception de la vie ».

II

Herder aurait pu se confesser dans les mêmes termes,

---

[1] *Revue philosophique*, de 1879-1880 (un article de M. D. Nolen sur les « maîtres de Kant ») ; *Kant und Rousseau*, von C. Dietrich, Tübingen, in-8, 1878 ; *Die Kantische Philosophie in ihrer innern Entwikelungsgeschichte*, par le même auteur, Freiburg i/B., in-8, 1885.

et, c'est Kant, au demeurant, qui l'initia véritablement aux idées de Jean-Jacques. « Nul n'inspira, ne dirigea Herder plus puissamment que Rousseau ; dans sa pensée et dans son œuvre, l'évangile de la nature de Rousseau apparaît comme un principe fondamental modifiant nos notions sur la langue, la religion, l'histoire, tant et si bien que partout il est nécessaire de replacer la nature à l'origine de toutes choses... Rousseau, il l'a dit, devait lui servir de guide et lui indiquer la voie à suivre pour arriver à la connaissance de soi [1]. » C'est ainsi qu'on a signalé l'influence de Rousseau, acceptée de très bonne heure, avec un enthousiasme que les années refroidirent, par le fils du maître d'école de Mohringen [2].

Peut-être, la passion de Jean-Jacques lui fut-elle communiquée par la lecture de Chr.-E. Kleist, le poète que Herder, dans la bibliothèque du diacre Tresko, descendait le plus souvent des rayons où on lui permettait de faire son choix. A Königsberg, en 1764, à l'âge de vingt ans, il vécut dans l'intimité du futur auteur de la *Critique de la raison pure* : « Apollon lui avait donné Kant. » Il fut ainsi poussé aux études philosophiques, qu'il aborda non point avec l'esprit de routine et la paresse intellectuelle de tant d'autres, mais avec une ferveur de néophyte et cette ivresse des droits de la raison qu'il puisait aux leçons de son professeur et de son ami. Vers la même époque, il devint l'*alter ego* d'Hammann, qui connaissait fort bien notre littérature et qui prenait, en particulier, un vif intérêt à l'*Encyclopédie*. Il est vrai qu'un séjour en Angleterre fit trouver à Hammann son chemin de Damas, qu'il déclara la guerre au parti des philosophes, qu'il

---

[1] *Honegger*, op. cit., 360.
[2] *Herder nach seinem Leben und seinen Werken*, von R. Haym, 2 Bde, Berlin, in-8, 1880, I, 341 et s.; *Herder*, de Ch. Joret, op. cit.

ramena tout au Dieu de l'Évangile. Herder doit beaucoup au « mage du Nord », son universelle curiosité, son style et les premiers éléments de sa poétique ; il lui doit aussi son amour de la langue maternelle ; et enfin, pour lui comme pour Hammann, « la nature et la Bible » sont les immortelles sources d'inspiration.

Avant son voyage en France, Herder, qui avait alors vingt-cinq ans, savait assez mal le français, « une langue dont, selon ses propres paroles, l'ignorance est une barbarie achevée dans notre siècle » ; il l'apprit si bien qu'il lisait les livres français avec une prédilection marquée, qu'il leur revenait sans cesse et que, par exemple, il eut un modèle français sous les yeux pour composer son *Cid nach spanischen Romanzen besungen*, ouvrage posthume publié en 1805. Cet élève de Kant et de Hammann, puis de Lessing, était prévenu contre le pays où il se rendait. Il s'en « fatigua », d'ailleurs ; cependant, « il ne voudrait pas, pour beaucoup, ne l'avoir point vu ». Au fond, il n'a pas une sympathie extrême pour le génie de notre race, qu'incarnaient les encyclopédistes et Voltaire. *Aufklärer* il est, mais à l'allemande, en homme d'imagination et de sentiment. C'est aussi, parmi les Français, le moins Français de tous qui reste son auteur préféré : Jean-Jacques ne représente-t-il pas la lutte de la vertu contre le préjugé, de la nature contre la convention, n'est-il pas l'apôtre de la sincérité et de la liberté ? Herder recommande à sa fiancée la lecture de Rousseau. Chez lui, tout porte, en ce moment, l'empreinte de Jean-Jacques. S'il aspire à jouer, dans sa Livonie, le rôle d'un Lycurgue ou d'un Solon, c'est que l'*Emile* et le *Contrat social* lui fourniront ses théories de gouvernement. Sa religion ne sera jamais que le déisme chrétien du vicaire savoyard. Jean-Jacques reparaît encore dans les *Lieder der Lieder*, où les amants chantent le cantique de la solitude et de la simplicité. Il fut, assurément, un esprit plus complet et plus solide que Rousseau, il a tout embrassé, philosophie, histoire, esthétique, critique littéraire, poésie, mais l'influence du maître français traverse une grande partie de son œuvre.

Herder n'est pas sans avoir pris aussi quelque chose à Diderot[1] que, jusqu'en ses dernières années, il médita de traduire, et auquel il ressemble par plus d'un côté; ce qu'il dit du sens du toucher, dans sa *Plastique*, évoque le souvenir de certains passages de la *Lettre sur les aveugles*. Il n'a pas non plus dédaigné de consulter Malebranche, Bayle, Voltaire même. Montesquieu[2] fut son modèle à plus d'un titre et lui prêta le fond de ses idées politiques : les *Considérations sur la Grandeur et la Décadence des Romains* lui furent très utiles pour toutes les pages consacrées aux institutions de Rome et à leur déclin, dans ses *Ideen* sur la philosophie de l'histoire. Mais il retourne sans cesse à Jean-Jacques, et, peut-être, n'est-ce point s'aventurer que de prétendre que son apologie de la poésie populaire lui a été suggérée par le besoin, qu'avait exalté Rousseau, de s'oublier dans la nature. Un jeune Lapon, qui ne sait ni lire ni écrire, qui possède à peine quelques notions sur Dieu, n'est-il pas meilleur poète que le major Kleist? A quoi bon tout immoler à l'imitation des anciens? Lessing a tort de célébrer l'antiquité avec tant d'obstination, alors qu'il combat ou proscrit les classiques modernes : le peuple et la nature, voilà toute la poésie, et l'art qui s'en éloigne n'est que vain artifice. Herder est d'accord, sur ce point, avec les Anglais et avec Klopstock; l'inspiration individuelle au

---

[1] *Diderot's Leben und Werke*, von K. Rosenkranz, 2 Bde, Berlin, in-8, 1866, II, 398.
[2] *Haym*, op. cit., I, 335, 336, II, 228.

service du génie national et populaire, tout le poète est là. L'action de Rousseau se manifeste, notamment, dans la philosophie de l'histoire de Herder Mais est-ce le Rousseau des concours de Dijon, ou celui du *Contrat social?* Celui-là plutôt que celui-ci, sans contredit. Aussi Herder saluera-t-il les hommes qui renoncent aux luttes énervantes de la civilisation, qui se réfugient « dans l'air pur, et non pas dans l'atmosphère empestée des villes »; le sauvage est heureux, le « cosmopolite oisif » n'est bon à rien[1].

III

La restauration de la poésie populaire, entreprise par Herder, devait porter ses fruits. Avant lui, les premières romances allemandes de Gleim ne sont qu'imitations et pastiches espagnols ou français, de Luis de Gongora ou de Montcrif. En 1767, une traduction du recueil anglais de Percy révèle la ballade aux compatriotes de Herder, et Herder lui-même a délivré des lettres de grande naturalisation littéraire à la poésie « fondée sur la foi du peuple ». Bürger vint. Il mandait à Boïe, en 1773 : « Je me flatte que ma Lénore répondra en quelque mesure aux vœux de Herder. » Le milieu de la *Sturm-und-Drangperiode* fit le reste.

De tous les membres du *Hainbund*, Bürger, « l'aigle » du cénacle de Göttingue, fut le moins hostile à l'influence de la France. Il avait débuté par des traductions de quelques poèmes latins et français (entre autres de Gentil-Bernard). Rousseau l'enflamma. Lorsque Gleim offrit à Bürger une

[1] *Fester*: Rousseau und die deutsche Geschichtsphilosophie, Stuttgart, in-8, 1890, p. 47 et s.

place très honorable à Merdorf, celui-ci lui répondit : « Le monde, à mes yeux, comme à ceux de l'amant dont Rousseau nous a conté l'histoire, n'a que deux parties, l'une où *elle* est, l'autre où *elle* n'est pas »; *elle* s'appelait Dorothée Leonhard. Ses amis ne furent pas moins enthousiastes de Jean-Jacques.

Boïe fonda, en 1770, sur un modèle parisien (l'*Almanach des Muses*, créé cinq ans auparavant), le *Musenalmanach*[1], qui fut l'organe du groupe de Göttingue. Mais ces deux publications n'eurent guère de commun que le titre. En effet, le *Musenalmanach*, c'est Klopstock, c'est Percy, c'est encore et surtout Rousseau, la religion du rêve, le culte de la nature et l'orgie du sentiment. Wieland, qui ne ressemblait guère à ces « bardes », leur inspirait une haine farouche. Un soir, comme on était réuni en joyeuse compagnie, un malencontreux osa prononcer le nom de Wieland. Aussitôt, toute la petite salle de s'indigner et de s'écrier : « Mort au corrupteur Wieland! mort à Voltaire! » On en voulait à l'esprit français, au voltairianisme piquant, sceptique et rassis, que Wieland était censé représenter en Allemagne. Cependant, l'une des meilleures têtes du *Hainbund*, F.-W. Gotter[2], avait conservé du goût pour notre poésie dramatique, et, dans sa tragédie de *Mérope*, il suivit Voltaire de plus près que Maffei, tout en ne négligeant pas de mettre à profit la critique que Lessing avait faite de la pièce française.

Il n'en faut pas moins convenir que le Parnasse de Göttingue et presque tous les lyriques de l'époque ont échappé définitivement à l'action de notre génie, que

---

[1] Vers le même temps (1778), notre *Bibliothèque des romans*, publiée dès 1775, fut le modèle de la *Bibliothek der Romane*, de Reinhardt.
[2] *Zur Geschichte und Kritik von F.-W. Gotter's Merope*, von R. Schlösser, Leipzig, in-8, 1890.

seul Rousseau, esprit cosmopolite et nature spontanée, les maintient en contact avec notre littérature. C'est le cas de Louis Hölty, de J.-H. Voss, des frères Stolberg qui sont, ces derniers, à l'entrée dans la carrière, des fanatiques de liberté et des républicains selon Jean-Jacques, de F. Müller, de Schubart même (voir sa *Fürstengruft*). Il n'y a d'exception importante à faire que pour J.-G. Jacobi[1], qui n'a pas aimé Rousseau moins que les autres, mais qui ne lui a pas sacrifié tous nos écrivains. Il dira, certes, de Jean-Jacques, en 1778 : « Je ne puis rien pour son ombre, sinon reconnaître publiquement que, par ses ouvrages, il m'a rapproché de la nature, il a rempli mon cœur des sentiments les plus purs, il a élevé mon esprit et m'a laissé entrevoir un ciel d'amour. Dans le plus profond de mon âme je l'ai pleuré, et je le pleure encore. » Ce n'est toutefois pas Rousseau qui lui a valu d'être nommé le « Gresset allemand ». Le plus gracieux d'entre les « anacréontiques », il est également celui qui a imité les Français avec le moins de façons. Ses lettres nous apprennent qu'il est pour la « douce aisance », qu'il redoute les « hauts tons de la grandeur », qu'à l'exemple de Gresset, il préfère une couronne de roses à une couronne de lauriers. Il est un peu plus maniéré, plus surchargé, d'une sentimentalité plus continue que Gresset. Il a beaucoup pratiqué Chaulieu ; comme le « brillant abbé » de Voltaire, il abuse de la mythologie, mais il n'en a ni l'alerte gaîté, ni l'émotion gentille. Dans *Sommerreise* et *Winterreise* enfin, on perçoit très bien la triple influence de Chapelle, de Sterne et de Rousseau[2].

[1] *Über J.-G. Jacobi's Jugendwerke*, von G. Ransohoff, Berlin, in-8, 1892.

[2] Ajoutons, qu'en 1771, le baron von der Golz lance ses *Gedichte im Geschmack des Grécourt*, que Wieland lui-même condamne comme

IV

Wieland, qui appelait Jacobi « mon poète » et le « poète des grâces », est, de tous les Allemands du xviii° siècle, celui qui a le plus d'affinités avec ses confrères français : il tombe volontiers dans la frivolité, il a du goût, de la mesure, du trait, et, si l'on y ajoute qu'il montra un talent extraordinaire d'assimilation et de vulgarisation, on se prendra peut-être à dire qu'il aurait dû écrire dans notre langue, comme Leibniz, Muralt, Meister, Euler, Merian, Sulzer, de Bonstetten, Alex. de Humboldt. Sa correspondance, d'ailleurs, est française en partie, et française sans lourdeur. Presque à chaque instant, dans ses lettres allemandes[1], un mot, une locution, un bout de phrase trahissent le plaisir qu'éprouve Wieland à rappeler que la France fut l'une de ses deux patries intellectuelles; elle fut encore sa grande prêteuse, et ici les preuves abondent : je n'en citerai que les plus caractéristiques, ou les plus curieuses.

C'est vers la fin du xvii° siècle, que les contes de fées eurent leur moment de haute faveur en France, avec les traductions de Galland et Lacroix. Tout le monde voulut s'y mettre; le fantastique, chassé du roman par Mme de La Fayette, se réfugia là : le *Cabinet des fées* (1785 à 1786), où l'on recueillit plus tard toute cette littérature, ne comprend pas moins d'une quarantaine de volumes.

Nous eûmes les *Contes* de Perrault, puisés dans la

« le recueil d'odieuses obscénités d'un homme auquel le priapisme tient lieu d'inspiration ».

[1] Voir, entre autres, *Wieland und Martin und Regula Usteri*, von L. Hirzel, Leipzig, 1891, p. 171.

tradition populaire, les *Contes de fées*, écrits pour la cour par Mme d'Aulnoy, les *Nouveaux contes de fées*, de Mme de Murat, que sais-je? Ce genre se serait bientôt desséché et subtilisé, s'il n'avait pu se renouveler sans cesse dans l'inépuisable et la fraîche fantaisie orientale; et puis, Wieland devait lui refaire une jeunesse et une vogue en Allemagne. Ses premiers contes sont composés sur le modèle de ceux de Mmes d'Aulnoy, de Lintot et de Fagnan. Son *Don Sylvio* est plus ou moins calqué sur le *Prince des Feuilles* de cette dernière; la *Chatte blanche*, de Mme d'Aulnoy, lui fournit des scènes, des tableaux, des épisodes[1]. Il avoue, au demeurant, la plupart de ses larcins. Mais Hamilton est son idéal; il y trouve, dit-il dans une lettre à Gessner, « la quintessence de toutes les aventures d'Amadis et des contes de fées »; il « l'a lu plus de vingt fois dans sa vie ». L'*Idris* de Wieland n'offre-t-il pas beaucoup d'analogies avec les *Quatre Facardins*, d'Hamilton, qui reparaissent, mêlés à des réminiscences de Perrault, dans le *Nouvel Amadis*[2]? Il imite aussi, dans son *Hexameron von Rosenheim*, les contes didactiques de M. de Caylus. C'est enfin à Crébillon fils, à l'auteur du *Sopha* et de *Ah! quel conte,* qu'il a emprunté les meilleures pages du *Miroir doré*, forme et fond.

La traduction des *Mille et une nuits*, de Galland, par J.-H. Voss (1781 à 1785), les contes populaires de Musaüs avaient rétabli en Allemagne la mode des contes de fées. Wieland, homme habile et de toutes besognes, s'empressa d'exploiter cette bonne veine. Il pilla le *Cabinet des fées*, bâcla deux histoires « de sa façon », et voilà son *Dschinnistan* (1786), « ou contes de fées et contes fantastiques, en partie nouveaux, en partie traduits et arrangés ». Les deux

---

[1] *Vierteljahrschrift für Litteraturgeschichte*, V, 395 et s.
[2] *Ibid.*, V, 507 et s.

récits « nouveaux » du recueil ne sont pas même du Wieland authentique; pour la *Salamandre et la Statue*, il « a demandé quelques traits » aux *Voyages de Zulma dans le pays des fées*[1]; pour l'autre, *Timander et Melissa*, « il n'a pris que la fable dans un conte de Mme d'Aulnoy, mais l'a complètement transformée, et en a fait quelque chose de tout à fait neuf ». Demi-confidences seulement; le péché d'imitation est plus grave[2]. Wieland n'était ni très scrupuleux ni très modeste. Ainsi, pour ne pas entrer dans plus de détails, le *Rameau d'or*, « librement traduit d'un des plus beaux contes de Mme d'Aulnoy et, si je ne me trompe, non sans avantage pour mon modèle », n'est guère qu'une fidèle et adroite contre-épreuve de l'original.

Mais l'influence française est manifeste dans tous les autres livres de Wieland. N'est-ce pas lui qui, petit collégien ayant mal épelé Voltaire, se flattait de démontrer, dans un devoir de classe, que le monde pouvait exister sans Dieu? Il eut bien, je ne l'ignore point, sa « période séraphique »; elle dura peu. Notre littérature le fascina d'autant plus qu'elle lui était fort utile. En 1782, il constatait, dans le *Merkur*, qu'aucune tragédie allemande ne pouvait être comparée sans ridicule à *Cinna, Britannicus, Athalie, Alzire, Catilina, Mahomet*. Son *Agathon*[3], l'un de ses ouvrages les plus ingénieux et les plus solides, n'est-il pas, en somme, de l'hellénisme selon la

---

[1] *Cabinet des fées*, XVI, 263 et s.

[2] En réalité, comme l'a démontré M. K.-O. Meyer (*Vierteljahrschrift für Litteraturgeschichte*, V, 530), ce n'est pas des *Nouveaux contes de fées* « de Mme d'Aulnoy », qu'il s'est inspiré, car l'ouvrage est de Mme de Lintot. Wieland, affirme en outre M. Meyer, « n'a que très légèrement modifié le récit de Mme de Lintot, il suit l'original jusqu'au dénouement, qu'il brusque un peu ».

[3] Pour l'influence de Rousseau, dans *Agathon*, voir *Richardson, Rousseau und Goethe*, von Erich Schmidt, Iena, in-8, 1875, p. 115 et s.

recette de Paris ? Comme l'a noté M. Honegger [1] : « Wieland, avec sa nature impressionnable et son talent d'assimilation, sut combiner assez bien le génie français avec le génie grec et créer une sorte de littérature franco-allemande à base hellénique... *Agathon* était fait exprès pour rendre toute la substance de la philosophie française aisément familière aux Allemands. Il ne fut plus nécessaire, grâce à lui, de lire les œuvres françaises ; et c'est par là qu'il contribua à soustraire l'Allemagne à l'action directe de la littérature de nos voisins d'Ouest. » Il est le type le plus réussi du génie à la suite et du faiseur très intelligent [2].

Chaucer, Shakespeare ou d'autres, Hamilton, La Fontaine, Perrault, Voltaire, Crébillon, Marmontel, et j'en passe, Wieland est toujours tributaire de quelqu'un. Son chef-d'œuvre, *Oberon*, est anglais ou français presque autant qu'allemand. La principale source, indiquée par l'auteur lui-même, est le roman de chevalerie de *Huon de Bordeaux* [3], dont le marquis de Tressan fit paraître un captivant abrégé, en Avril 1778, dans la *Bibliothèque des romans*. Tout le sujet d'*Oberon* est là, bien qu'on lise ceci dans la préface de la traduction française du poème (Berlin, 1784) : « Qu'on ne s'imagine point que l'auteur d'*Oberon* se soit contenté de faire de ce roman une copie servile et de l'embellir des charmes de la versification ; tout est neuf dans cet ouvrage. Plan, nœud, ordre, faits,

---

[1] *Op. cit.*, p. 330.

[2] Un exemple à ce propos : « *Cyrus*, de Wieland, dit Scherer (*Geschichte der deutschen Litteratur*, Berlin, 1883, p. 433), n'était que Frédéric le Grand sous un masque persan » ; et, si le poète avait entrepris cette œuvre, c'était pour obtenir une place en Prusse.

[3] *Das Quellenverhältniss von Wieland's Oberon*, von Max Koch, Marburg, in-8, 1879; *Zeitschrift für vergleichende Litteraturgeschichte*, N. F., III, 71 et s., 124 et s.

prodiges, épisodes, la plupart des noms même (sic), le génie du poète a tout créé ; il a trouvé des matériaux bruts ; il a fourni le reste et a construit un bel édifice. » En vérité, la matière d'Oberon est toute dans Tressan ; jusqu'aux trois derniers chants, Wieland s'est à peine écarté de son guide : mais il y a des grâces d'état pour les poètes, et leur imagination brode avec art sur les canevas d'autrui [1].

Geron der Adelige rappelle un autre de nos vieux romans, *Giron le Courtois*, publié d'abord en 1494 et résumé dans la *Bibliothèque des romans* (1776) par le même marquis de Tressan. Wieland l'a composé, la version de Tressan à portée de la main [2].

Il n'est pas possible de relater toutes les dettes contractées envers notre littérature par le « Voltaire allemand », et il serait assez vain de rechercher ce qu'il eût été sans elle. Je ne mentionnerai plus que ses *Betrachtungen über J.-J. Rousseau's ursprünglichen Zustand der Menschen*, où les Allemands ont cru retrouver Jean-Jacques, où on ne leur montrait cependant qu'un pseudo-Rousseau, qui n'aurait pas écrit le *Contrat social* après le *Discours sur l'inégalité*, et qui aurait exalté jusqu'à la fin le retour à l'état de nature.

Wieland est venu à nous sans hésitation, poussé par son esprit curieux, léger et clair. Il ne pouvait rien perdre à notre commerce, il nous est demeuré fidèle. Ce sceptique élégant et industrieux, d'un équilibre parfait et d'une merveilleuse souplesse, romanesque et fantasque à ses

---

[1] On sait que, pour *Oberon*, Wieland a aussi puisé dans Chaucer et dans le *Songe d'une nuit d'été*. Les *Mille et une nuits* lui ont également servi ; il leur a pris le nom de son héroïne, etc. (*Vierteljahrschrift für Litteraturgesch.*, V, 511 et s.).

[2] *Vierteljahrschrift für Litteraturgesch.*, III, 530 et s.

heures, mais se surveillant constamment, fut le plus Parisien des Germains du siècle. Qu'est-ce, effectivement, que Wieland ? De la pensée et de l'art français, mis en allemand et saupoudrés d'anglais.

On a beau faire, au surplus, beau prêcher et beau maudire : l'Allemagne, même au temps de la renaissance nationale, ne peut se passer de la France. Avant, pendant et après la fameuse levée de boucliers des gallophobes que sont les *Stürmer*, et encore ces derniers sont-ils des rousseaulâtres, l'influence française est et reste prépondérante. Non seulement Lessing, Herder, Wieland, Gœthe et Schiller la subissent ou l'acceptent, mais il serait facile d'accumuler des preuves significatives de sa continuité et de son prestige. Le premier roman de J.-Gottwerth Müller von Itzehœ (*Der Ring*, 1777) fut d'abord écrit dans notre langue, pour être ensuite traduit en allemand. F.-L.-W. Meyer arrange le *Diable boiteux* de Cazotte, vers 1780, et le donne à la *Bibliothek der Romane*, avec le *Paysan perverti* de Rétif de la Bretonne, les *Entretiens du Comte Cabalis* de Villars, etc. ; et ce sont là les « contes plaisants » de l'époque, car on finira par se lasser du fantastique, du chevaleresque et de la vie primitive. Le *Verräther*, du même (1793), n'est qu'une adaptation des *Bijoux indiscrets* de Diderot, ses *Gascogner* sont du Dancourt germanisé, das *Blendwerk* est une imitation de Marmontel, *Die Heirath durch ein Wochenblatt* nous ramène, trait pour trait, au *Mercure galant* de Boursault [1]. Mylius publie (1798) son excellente traduction, en huit volumes, du *Gil Blas* de Le Sage. Le *Woldemar* du philosophe F.-H. Jacobi est plein de souvenirs de Rousseau ; la postérité allemande de la *Nouvelle Héloïse*

---

[1] *F.-L. W. Meyer*, von C. Zimmermann, Halle, in-8, 1880.

ne se compte plus. On a pu voir récemment, par l'édition Leitzmann des *Ausgewählte kleine Schriften* de Georges Forster, que celui-ci imita Bernardin de Saint-Pierre comme il plagia Buffon[1]. Le *Kannitverstan* de Hebel, le plus foncièrement germanique des écrivains de son pays, ne serait-il pas tiré d'une anecdote de provenance française[2]? Ernest-Maurice Arndt, le fougueux patriote, ne vante-t-il pas, dans ses voyages en France et en Italie, de 1798 à 1799, « la gentillesse » — *die Artigkeit* — des Français, n'est-il pas « rempli de respect envers la nation », n'admire-t-il pas notre littérature, notre comédie surtout[3]?

A quoi bon abuser des détails? Les grands noms de Schiller et de Gœthe nous attendent. Avec eux, nous aurons la vision très nette de ce que les génies les plus originaux de l'Allemagne ont pris à la France ; nous nous pénétrerons mieux aussi de la sympathie et de la reconnaissance que l'élite des penseurs et des poètes n'a cessé de lui témoigner.

---

[1] *Euphorion*, de 1805, II, 171.
[2] Voir *Anekdoten aus dem Leben des Generals Custine* (1794), p. 12 à 17.
[3] *Zeitschrift für neufranzösische Sprache und Litteratur*, V, 43 et s.

CHAPITRE VII

L'INFLUENCE FRANÇAISE DANS GŒTHE ET DANS SCHILLER[1]

I

Ce n'est pas pour soi seul qu'ici-bas on doit vivre.

Gœthe, qui aimait beaucoup La Fontaine, n'a pas lu sans doute la *Captivité de Saint-Malo*, étrange poème que les solitaires de Port-Royal avaient arraché à la complaisance du Bonhomme, ou, s'il l'a lue, il a dû négligemment sourire en rencontrant au passage cette réflexion humanitaire jetée sans conviction dans un alexandrin correct. Il eût été plus sensible, je crois, au détachement allègre de l'*Hymne à Volupté* :

> Volupté, Volupté, qui fut jadis maîtresse,
> Du plus bel esprit de la Grèce ;

---

[1] Voir, entre autres : A. *Caumont*, Gœthe et la littérature française, Francfort, in-4°, 1885 (annexe au *Programm des Städtischen Gymnasiums zu Frankfort a. M.*); O. *Schanzenbach* : Französische Einflüsse bei Schiller (annexe au programme du Eberhard Ludwigs Gymnasium de Stuttgart) ; A. *Mézières* : Gœthe, 2 vol. in-16, Paris, 1895, nouv. éd. ; J. *Minor* : Schiller, sein Leben und seine Werke, Bde I u. II, in-8, Berlin, 1890 ; *Gœthe Jahrbuch, pass.*

mais surtout, il se fût écrié, avec l'auteur des *Fables* :

> Qu'il ne faut pas
> Quitter la nature d'un pas.

Pourquoi parler de La Fontaine, à propos de Gœthe ? C'est que La Fontaine reste, avec Molière, au xviie siècle, le représentant le plus parfait de l'esprit français, et que Gœthe est de la même famille de génies que ces deux maîtres profonds et charmants, avec plus de volonté que l'un, plus de variété que l'autre, avec plus d'intelligence que tous les deux et plus de conscience de sa valeur propre. Celui-ci, comme ceux-là, est tout entier dans ses livres, qui sont presque des chapitres d'une confession générale, et, comme eux toujours, il s'est borné à parer de poésie ses expériences et ses aventures. Caractère et circonstances ont mieux servi l'Allemand que les Français ; la différence de race suffirait, au demeurant, à expliquer la différence des œuvres.

Je n'insiste pas. L'essentiel est de rappeler, qu'au fond de l'optimisme et du dilettantisme transcendants de Gœthe, on retrouve sans cesse le vigoureux écho de la vie, que chez lui, comme chez La Fontaine et Molière, presque tout ce qui a été écrit a été vu ou vécu, et enfin que chez tous les trois la réalisation objective transforme, sans la trahir, l'intense subjectivité des impressions. Il est clair, dès lors, qu'on perdrait sa peine à suivre à la loupe la trace des imitations dans Gœthe ; il est non de ceux qui copient, mais de ceux qui créent. Il a néanmoins eu des modèles étrangers, qu'il a choisis en France plutôt qu'ailleurs ; il a pu être stimulé, inspiré par eux, il n'a fait nulle part des stages de disciple : ses yeux, son cœur, son esprit furent ses meilleurs guides. Ne l'oublions jamais en étudiant l'influence française dans Gœthe !

Lessing n'apprit le français qu'assez tard ; Herder le sut assez mal ; Gœthe, lui, « l'a aimé dès son enfance ». Tout petit, il écoutait ou faisait parler les domestiques, causait avec les soldats français qui occupèrent sa ville natale en 1759, admirait le comte de Thorane, lieutenant du roi, en billet de logement sous le toit paternel, assistait chaque soir aux représentations des comédiens français qui accompagnaient l'armée : « Assis au parterre, j'observais avec la plus vive attention ; je comprenais la tragédie plus facilement que la comédie¹ ». Il fit la connaissance de deux acteurs de la troupe joyeuse qui jouait nos auteurs devant le public francfortois. Il lut Racine, qui le ravit ; puis, Corneille et Molière. L'habitude de notre idiome lui est chère ; il traduit en alexandrins allemands la première scène du *Menteur*, il écrit en français à sa sœur, à Schlosser, à l'ami Trapp. A Leipzig, pendant ses semestres d'étudiant que le Digeste n'enchante point, il ne manque pas une occasion d'entendre les pièces françaises qu'on y donne.

Un de ses camarades d'alors, H.-L. Wagner lutte d'émulation avec lui ; il traduit, en 1770, le *Temple de Gnide* de Montesquieu, mais maladroitement, avec plus de gaucherie encore que Götz en 1759 ; il fait subir le même traitement au *Mémorial d'un mondain*, du comte de Lamberg, et à *La Brouette du vinaigrier*, drame en trois actes de Mercier. Les *Confiscable Erzählungen* (1774) de Wagner ne sont que des nouvelles françaises germani-

¹ A. Caumont, op. cit., 4 et s.; *Mézières*, op. cit., I, 14. — Les pièces que voit jouer Gœthe sont : l'*Hypermnestre* de Lemierre, le *Père de famille* de Diderot, le *Devin du village* de Rousseau, *Rose et Colas*, *Annette et Lubin* de Favart, les *Philosophes* de Palissot, du Molière, du Destouches, du Marivaux, du La Chaussée, et, sans doute, aussi du Voltaire, du Dancourt, du Regnard, du Legrand, du Hauteroche, du Palaprat, du Guyot de Merville.

sées. Tout à coup, il passe critique dramatique, et, la jeunesse étant versatile, s'enrôle sous les drapeaux de Lessing ; il s'en prend à notre tragédie, n'a que des éloges pour Klinger, avec « ses personnages de grandeur colossale », son « ambition d'escalader les rochers lointains au lieu de paisiblement trottiner dans la plaine ». Il semble bien que Gœthe ait à peu près traversé les mêmes phases de goût que son condisciple Wagner [1], en montrant toutefois moins de désinvolture dans ses variations. Pour lui, la France n'est pas, ne sera jamais l'ennemie. Et tenez ! le voici qui s'escrime de rimer en français. Mauvais alexandrins, hélas ! incorrects et lourds que ceux de Gœthe [2] ! Des alexandrins français, cependant. Molière surtout l'attire et le ravit. L'auteur de *Faust* n'avoue-t-il pas, dans ses *Tag-und-Jahreshefte*, « qu'il lui consacrait chaque année un certain temps, afin de contrôler sans cesse et de renouveler sa profonde vénération pour lui ? » Deux pièces, qui datent de son séjour à Leipzig, le *Caprice amoureux* et les *Complices*, sont, l'une, suivant M. Mézières, tout uniment « une pastorale à quatre personnages dans le goût des bergeries françaises » à la Favart, l'autre, une comédie où, d'après

---

[1] Wagner traduisit aussi, à l'instigation de Gœthe, le *Nouvel essai sur l'art dramatique* de Mercier, un ouvrage que Gœthe enrichit de notes, et dont il écrivit la préface : « Ce livre, disait-il, peut avoir son utilité en Allemagne, car, en dépit de sa forme boursouflée, il contient bien des choses vraies, saines et nobles. Il est temps enfin de ne plus parler de la forme des œuvres dramatiques, de leur longueur ou de leur brièveté, de la règle des trois unités et du reste » (*H.-L. Wagner, Gœthe's Jugendgenosse*, von Erich Schmidt, Iena, in-8, 1875). On sait que Mercier, fanatique des théories de Diderot sur le théâtre, ne voulait plus d'autre unité que celle de l'intérêt, jugeait Shakespeare admirable, daubait sur nos tragiques de cour, et voyait en Molière un corrupteur de la morale.

[2] *Gœthe-Jahrbuch*, I, 119 et s.

les *Tag-und-Jahreshefte*, « il est impossible de ne pas reconnaître une étude assidue de Molière ».

Il fut, à Leipzig, de ceux qui applaudirent *Minna von Barnhelm* ; il vit en Lessing un conquérant et un phénomène intellectuel ; le frisson de l'amour-propre national le secoua délicieusement. Le charme de la France n'opérait plus qu'à demi ; Herder aida Gœthe à le rompre pour un temps. C'est à Strasbourg qu'il rencontra Herder et c'est avec lui — OEser avait commencé à le détacher de nos écrivains — qu'il trouva notre littérature « vieille et distinguée », rien de plus. Shakespeare, Ossian, Goldsmith, voilà les maîtres à aimer et à suivre ! « Votre langue maternelle, lui dit Herder, est le seul instrument digne de votre muse. » S'il faut absolument regarder vers la France, il n'y a que deux hommes qui méritent d'y solliciter l'attention et la sympathie : Jean-Jacques et Diderot. « Oh ! que ne puis-je renforcer la voix de Diderot ! » s'écriera-t-il bientôt. Et « Rousseau répondait à nos aspirations. » La sentimentalité débordante de Jean-Jacques, son éloquent amour de la nature, son fanatisme de la vérité et l'ardente sincérité de ses paradoxes émerveillent le jeune Gœthe, que la France ressaisit ainsi à l'heure où il croyait lui échapper. Il se perfectionne d'ailleurs dans notre idiome, il lit Rabelais, Amyot, Marot, Chaulieu, Bayle, Voltaire. Mais son juvénile idéal d'une culture toute française, son juvénile espoir d'une renommée d'écrivain français, il les a reniés sous l'influence dominatrice de son compatriote Herder. Dès 1772, son originalité s'éveille, s'échauffe, s'affirme. Assez de « règles » maudites, assez d'antiquité servilement copiée ! De la passion, de la nature, de la vie, du « désordre » même, plutôt que la froideur et la tyrannie des codes d'esthétique ! *Götz de Berlichingen* (1772), *Prométhée*

(1773), la *Foire de Plundersweilern*, le *Peter Brey*, *Dieux, héros et Wieland*, *Satyros* (1774), les premières ébauches de *Faust*, sont des œuvres de protestation contre l'art dramatique des Français; Gœthe va plus loin même que Diderot.

Nous nous ingénierions en vain à chercher dans *Götz* l'imitation de la France. Il est aisé, en revanche, de la signaler en des productions de Gœthe qui sont de la même période. La farce carnavalesque de *Peter Brey* remonte tout droit au *Tartufe* de Molière, comme la scène finale du *Satyros*. Il y a du Rousseau dans le *Pélerinage* et dans l'*Apothéose de l'artiste*; il n'y en a pas moins dans *Prométhée*, et *Werther* sera du Jean-Jacques repétri par une main de grand artiste.

Julie Bondeli, Bernoise lettrée et d'esprit très ouvert, mandait à Usteri, en 1775 déjà : « Werther est un Saint-Preux plus ardent, plus sombre et plus fou. » Eh ! certes, *Werther* tenait beaucoup de Jean-Jacques et un peu de Diderot. Jusque dans les moins louables procédés d'auteur, Gœthe ressemblait à Rousseau; ni l'un ni l'autre ne surent renoncer à l'exploitation littéraire de leur vie intime et de celle des personnes qui y furent mêlées. Moins scrupuleux encore, Gœthe recule les bornes de l'indiscrétion, jette en pâture à la curiosité publique l'histoire de ses amis Kestner, qui souffrirent vivement de cette vilaine action. Quant à la forme du roman épistolaire, il se peut que la *Nouvelle Héloïse* ait été, à cet égard aussi, le modèle de *Werther*, quoique le genre fût dès longtemps populaire en France[1]. Ce qui importe, avant tout,

---

[1] C'est à tort que M. P. Morillot (*Le roman en France depuis 1610 jusqu'à nos jours*, p. 159) a vu dans Mᵐᵉ de Graffigny le premier auteur de romans par lettres en France; effectivement, les *Lettres d'une Péruvienne* sont de 1747, tandis que les *Lettres portugaises*,

c'est que le fond vécu des deux récits est identique : d'un côté, les amours de Rousseau et de Mᵐᵉ d'Houdetot, de l'autre, la passion de Gœthe pour Lotte.

Ainsi que l'a fait observer M. Erich Schmidt[1] : « Tous deux aimaient une femme qui, n'étant plus libre, ne pouvait, ne voulait répondre à leur amour que par l'amitié. Tous deux respectaient leur heureux rival... Rousseau, comme Gœthe, se juge supérieur au rival par l'esprit et la sensibilité. » Dans la *Nouvelle Héloïse*, toutefois, la part de l'imagination, de l'invention, si l'on préfère, est considérable, tandis que, dans *Werther*, Gœthe raconte, avec sa vie, celle de Kestner, de Charlotte et de Jérusalem. Et puis, si l'Allemand et le Français nous ont donné l'un et l'autre un roman épistolaire, toutes les lettres de *Werther* émanent du même personnage et constituent une véritable autobiographie savamment dramatisée.

Les différences caractéristiques tiennent de la diversité même des deux génies, et l'on peut conclure hardiment à l'infériorité de la *Nouvelle Héloïse*. Il y a, dans le petit livre de Gœthe, une action plus condensée, une trame mieux nouée et plus forte, moins de phraséologie raisonneuse et de hors-d'œuvre philosophiques, sans parler du dénouement qui est d'une logique autrement saisissante que le sermon laïque sur lequel s'achève l'équation passionnelle de Rousseau. Et combien, dans *Werther*, l'amour, tout aussi ombrageux, est plus pur, plus touchant, plus idéal, plus affaire de l'âme que des sens !

le pseudo-roman épistolaire d'Héloïse et d'Abélard, datent de 1669, que les *Lettres persanes* et les *Lettres juives* sont des romans à leur façon, et que le genre avait acquis une grande vogue en France, depuis la traduction de la *Paméla* de Richardson, par Prévost (1742).

[1] *Richardson, Rousseau und Gœthe*, op. cit., 126.

N'est-ce pas Lavater qui découvrait dans le Gœthe des jeunes années « le plus naïf des sentimentalistes » ? L'enthousiasme de la nature, si chaud dans les pages de Jean-Jacques, mais d'une chaleur qui n'est pas exempte de rhétorique, est, dans celles de Gœthe, plus spontané, plus irrésistible ; Werther voit les détails et l'ensemble, il admire, il adore tout, il s'abîme dans le sein de l'*alma parens*, il vit avec les fleurs qui éclosent, avec le vent qui chante, avec la prairie qui verdoie, avec la forêt qui murmure, avec le flot qui s'écoule. Enfin, Julie disserte et déclame ; Charlotte n'est qu'une femme, la femme même, dans toute sa candeur et sa grâce, et cela était neuf, et cela était exquis.

Après *Werther*, Gœthe fut repris par le théâtre. Son ami Merk, qui avait épousé une Vaudoise parfaitement ignorante de la langue allemande, et qui était un fin connaisseur des lettres françaises, l'avait blâmé d'avoir fait de *Götz* une « tragédie hors des règles ». Le plan de *Mahomet* (1774) indique, sinon un retour à nos classiques, du moins, comme il le dit dans ses *Mémoires*, une tendance à se rapprocher de « la forme régulière à laquelle j'inclinais de nouveau ».

Il est probable que son assiduité aux représentations de la troupe Louis Marchand contribua également à l'éloigner de l'imitation shakespearienne. C'est à ce moment sans doute qu'il se familiarisa avec les pièces de Beaumarchais, dont l'*Eugénie* (1767) et les *Deux Amis* (1770) venaient de consacrer la renommée. La lecture des *Mémoires*, du même auteur, le charma d'autant plus qu'il y rencontrait une situation dramatique assez semblable à celle qu'il traversait précisément. *Clavigo*, par le choix du sujet comme par la conduite de l'œuvre, nous montre Gœthe reconquis par l'influence française. « Dans mon

Clavigo, rapporte-t-il à Eckermann, j'ai emprunté des passages entiers aux *Mémoires* de Beaumarchais » ; c'est le cas, entre autres, du deuxième acte qui renferme des scènes presque littéralement traduites de l'original.

Serait-il défendu de se demander si les théories de Beaumarchais sur le théâtre n'ont pas, plus encore que les *Mémoires*, piqué la curiosité et séduit l'esprit de Gœthe ? « C'est aux situations à décider des caractères », expliquait Diderot. A quoi Mercier répondait (*Nouvel essai sur l'art dramatique*) : « Dans le drame, l'action jaillit du jeu des caractères. » Beaumarchais s'arrêta, dans la préface d'*Eugénie*, à cette opinion intermédiaire que les caractères doivent réagir les uns sur les autres, comme dans le monde et dans la vie, qu'il sied de mettre à la scène des tableaux fidèles de la réalité ; il ajoutera que « les situations fortes naissent toujours d'une disconvenance sociale ». N'oublions pas non plus que Beaumarchais respecte les unités, hormis de celle de temps, et que, même en ce point, il se garde de rien exagérer[1]. Son théâtre, avant le *Barbier de Séville* déjà, est si évidemment supérieur, par l'intérêt du récit et l'art du dialogue, à celui de Diderot, que Gœthe dut sérieusement réfléchir aux doctrines énoncées par ce très habile homme. Il est certain, à tout le moins, que les pièces gœthiennes de cette époque nous ramènent à la tradition française. De ses deux saynètes[2], *Erwin et Elmire* (1775) et *Claudine de Villabella* (1776), la première est de

---

[1] *Beaumarchais et ses œuvres*, par E. Lintilhac, Paris, in-8, 1887.

[2] Le *Singspiel* est venu d'Angleterre en Allemagne ; le *Devil to pay* fut arrangé, dès 1747, par C.-W. von Bork, puis, en 1752, par Chr.-F. Weisse (*Die verwandten Weiber*) et réussit beaucoup au théâtre de Leipzig. L'imitation française suivit, et Weisse n'a pas emprunté moins de cinq de ses *Singspiele* à nos auteurs (*J. Minor*: Chr.-F. Weisse, Innsbruck, in-8, 1880, p. 132 et s.).

source anglaise, et il y a, dans l'autre, des allusions à l'amour de Gœthe pour Elisabeth Schönemann, mais l'une et l'autre rappellent la forme et l'allure de nos comédies lyriques et de nos opéras[1].

Ce n'est pas à Weimar, où Gœthe arrive en 1775, qu'il sera incité à se détacher de la France ; il va y vivre, au contraire, en pleine atmosphère française. Il lit de préférence les journaux et revues qui paraissent de l'autre côté du Rhin : le *Journal de Paris*, le *Mercure de France*, la *Décade philosophique*, outre la *Correspondance littéraire* de Grimm ; plus tard, il lira le *Journal de l'Empire*, les *Débats*, le *Globe*, la *Revue française*. Il a besoin de tout savoir, pour tout comprendre et tout juger. Et l'on s'aperçoit bien, dans ses livres, qu'aucun ouvrage marquant de la littérature, aucun événement saillant de l'histoire, aucun fait significatif de la vie française ne lui demeurent étrangers.

Son séjour en Italie le convertit définitivement à l'antiquité classique. Gœthe est maintenant très loin de Shakespeare, tout près de Racine : « Quand j'étudie *Britannicus*, *Bérénice*, écrira-t-il dans *Wilhelm Meister*, il me semble véritablement que je suis à la cour, initié aux grands et aux petits mystères de ces dieux terrestres, et je vois, par les yeux d'un Français délicat, des rois que tout un peuple adore, des courtisans que la foule envie, représentés sous leur figure naturelle, avec leurs vices et leurs souffrances. » Voici enfin, après et malgré Lessing, un Allemand, le plus illustre, qui découvre le fond si humain des tragédies raciniennes !

Cette constatation ne sera pas perdue pour l'esprit éminemment réceptif de Gœthe. Dans *Iphigénie* et *Le Tasse*,

[1] L'une des chansons d'*Erwin et Elmire* n'est même qu'une traduction de Marmontel.

il semble s'être proposé Racine pour modèle : la stricte observation des trois unités, le petit nombre des personnages, la simplicité et presque l'insuffisance de l'intrigue, les belles tirades d'élégante ou pénétrante psychologie et de passion, un art très soigné et d'une beauté accomplie, tout cela n'est-ce point Racine ? Quel changement ne s'est pas fait en Gœthe ! Il remanierait les drames de sa jeunesse, *Götz*, *Egmont*, s'il ne fallait recréer ces œuvres « anti-théâtrales ».

Le sujet du *Tasse* ne lui a pas été inspiré par notre littérature. Mais, dans *Iphigénie*, le poète ne s'est point contenté de ses souvenirs d'Euripide. Sans mentionner même deux pièces allemandes, l'une de J.-E. Schlegel, l'autre de Derschau, il a connu l'*Oreste et Pylade* (1699) de Lagrange, et l'*Iphigénie en Tauride* (1757) de Latouche, qui a fourni à Guillard le livret de l'opéra de Gluck (1779) ; il n'ignorait point, d'autre part, ni l'*Electre* de Crébillon, ni l'*Oreste* et la *Mérope* de Voltaire, qui touchent par certains côtés à la légende reprise dans *Iphigénie*. Ainsi que l'a fait observer M. H. Morsch[1] : « A bien des égards, on peut tenir la tragédie de Gœthe pour une suite des œuvres précédentes qui avaient traité le même thème ; l'imitation est plus ou moins consciente ; mais il serait injuste de nier que, presque partout, Gœthe l'emporte sur ses devanciers. » C'est d'ailleurs à Latouche et à l'*Oreste* de Voltaire, adapté par Gotter, que Gœthe doit le plus.

La Révolution française passa, sans les modifier profondément, sur les sentiments et les idées du grand écrivain. Prévit-il et comprit-il seulement la formidable crise politique et sociale de la fin du siècle dernier ? Il est permis d'en douter. La sérénité, qui lui était si chère, de

---

[1] *Vierteljahrschrift für Litteraturgeschichte*, IV, 84.

sa pensée, fut brutalement compromise, l'optimisme de son expérience violemment démenti ; il se ressaisit bientôt. Il eut néanmoins, au cours de la campagne de France qu'il fit dans les rangs du duc de Brunswick, l'occasion d'assister à la lutte de tout un peuple pour sa liberté ; ce spectacle ne sortit jamais de sa mémoire, et il put s'écrier, d'une voix prophétique, le soir de Valmy : « Ici et aujourd'hui commence une nouvelle ère de l'histoire, et vous en aurez été les témoins. » Juge sévère de la Révolution, il ne se détourne point de la France. Même après Iéna, il ne « haïra point les Français » et restera un fervent admirateur de Napoléon [1].

On sait que les années mémorables de 1789 à 1795 furent d'entre les moins fécondes de Gœthe. La tourmente révolutionnaire n'a pas stimulé son génie ; elle ne frappera son imagination que rétrospectivement, dans *Hermann et Dorothée*, dans quelques scènes de *Faust*. Je n'oublierai pas cependant trois ou quatre *opera minora*, écrits sous l'impression même des événements. Le *Grand Copthe*, où l'on pourrait noter aussi des réminiscences du *Tartufe*, n'est, en somme, que l'affaire du Collier de la reine ; l'histoire des supercheries de Cagliostro y sert de cadre à la peinture d'une société qui s'effondre dans la frivolité et le scandale. Prélude des œuvres inspirées à Gœthe par la Révolution, le *Grand Copthe* n'est, au surplus, qu'un essai médiocre qui ne s'est point maintenu au répertoire. La comédie du *Citoyen-général*, morceau d'actualité contre-révolutionnaire, n'est qu'une satire saugrenue du prosélytisme jacobin. L'une des scènes — celle de Schnaps s'ingéniant à duper Martin — est assez pesamment imitée d'une jolie

---

[1] Voir une curieuse monographie, qui veut trop prouver, sur le germanisme foncier de Gœthe : *Gœthe's deutsche Gesinnung*, von F.-S. Winter, Leipzig, in-8, 1880.

page des *Deux billets* de Florian. Dans les *Révoltés*, une ébauche, Gœthe continue à regarder vers la France, et tente de concilier quelques solutions libérales avec l'état de choses existant : « On peut y voir, a-t-il dit, ma profession de foi politique à ce moment. » Ses *Entretiens d'émigrés allemands* avaient pour but de calmer les inquiétudes de ceux qui pouvaient tout craindre de la Révolution. Il ne se mit pas en frais d'imagination pour les écrire : le deuxième et le troisième de ces « entretiens » reproduisent presque textuellement deux récits des *Mémoires de Bassompierre*; le premier nous raconte une mystification dont la victime fut Mlle Clairon ; le cinquième est tiré de l'*Heptameron*, à moins que Gœthe n'en ait dérobé le sujet aux *Ducente Novelle* de Malespini. La manière et le style sont d'un auteur qui vient de relire Voltaire et Diderot. « Ma femme, écrivait Schiller à Gœthe, trouve que le dernier morceau est dans le goût de Voltaire, et je pense qu'elle a raison. » Gœthe répondit : « Je serais trop heureux qu'on voulût bien y reconnaître un seul, ne fût-ce qu'un seul, des démons du patriarche de Ferney. » Et personne ne l'a jamais accusé de fausse modestie.

Que de préoccupations et de réminiscences françaises encore dans le *Voyage des fils de Mégaprazon*, où passe quelque chose de Rabelais et de Voltaire, dans les *Prophéties de Bakis*, où des gens perspicaces ont vu que Gœthe annonçait la fondation de l'Empire et le retour des Bourbons, et même dans *Reinecke Fuchs !* Il avait médité le plan d'un ouvrage synthétique sur le monde de passions, de principes et de conflits suscité par la Révolution : sa *Fille naturelle* ne fut point terminée, elle tint, au reste, assez mal ce que Gœthe s'en était promis; l'intrigue en avait été prise dans les *Mémoires* de Stéphanie-Louise de Bourbon-Conti, et Gœthe ne sut que transformer les personnages historiques en abstractions de pure fantaisie.

On pourrait croire que la puissance créatrice de Gœthe était comme brisée. Il s'égarait ou s'épuisait dans ses recherches scientifiques et ses besognes administratives. Sa bonne étoile n'était pas éteinte pour autant; Schiller et Gœthe se rencontrèrent, et ce fut une amitié pour la vie. Quel profit pour l'un et l'autre que cette liaison, et quel éclat souverain elle jeta sur dix ans de littérature allemande, et combien elle fut noblement désintéressée! « Schiller arracha Gœthe à l'obsession de la nature extérieure dans laquelle le poète s'enfonçait. En communiquant à son ami quelque chose de la chaleur et de la passion dont il était animé, il réchauffa son imagination toujours active, mais qu'une solitude intellectuelle trop prolongée commençait à refroidir; il la rajeunit en quelque sorte au contact de sa vive jeunesse[1]. » Parmi tant d'objets qui les rapprochent, tant de matières qu'ils étudient en commun, les lettres françaises occupent une des premières places. Leur correspondance est pleine d'aperçus, de considérations, de jugements sur nos auteurs et nos livres. Mémoires, contes, poèmes, voyages, romans, traités, rien n'est indifférent à leur attentive curiosité. Tressan et Soulavie, Marmontel et Boufflers, Crébillon et Parny, Rétif de la Bretonne et Laclos, Corneille et Racine, Diderot et Jean-Jacques, Voltaire et Montesquieu, Mme de Staël et Volney, ils les lisent, les commentent, les classent avec une ardeur infatigable et une haute impartialité. Parfois leur goût les trahit; il a du moins des audaces ou des caprices que le nôtre n'a pas. Le *Cœur humain dévoilé*, de Rétif de la Bretonne, est, selon Schiller, « d'un prix inestimable »

---

[1] *Mézières*, op. cit., II, 29.

pour la vigoureuse sensualité de l'inspiration, l'infinie variété des personnages, la vivante réalité des descriptions, « quelque désagréable, plat et révoltant » qu'il soit par ailleurs. Gœthe ne laisse point d'avoir un faible pour la *Guerre des dieux* de Parny, bien qu'il l'ait accablée de fines et judicieuses critiques. L'*Essai sur la peinture* et le *Salon de 1765* de Diderot, « renferment presque à chaque mot — ceci est de Schiller — un trait de lumière qui éclaire les mystères de l'art »; Gœthe traduit les deux premiers chapitres de l'*Essai*, le *Neveu de Rameau* et ne néglige point le *Salon de 1765* pour son *Introduction aux Propylées*. L'*Essai sur les fictions* de Mme de Staël est imprimé dans les *Heures*, et l'*Essai sur l'influence des passions* faillit y être inséré; on ne s'intéressa pas moins à *De la Littérature* et à cette *Delphine* dont J.-P. Richter pensait que, réduite à un volume, « elle pourrait devenir la meilleure institutrice des Allemands ». De son côté, la fille de Necker apprend la langue de Gœthe, s'enflamme pour la littérature d'Outre-Rhin, commence son voyage d'Allemagne.

Les circonstances du séjour de Mme de Staël à Weimar sont bien connues. On a blâmé Gœthe et Schiller de leur peu d'empressement à la recevoir, à l'entourer et à la « documenter », comme nous dirions aujourd'hui. Il faut rappeler, à leur décharge, que l'auteur de *Delphine* était une grande dame bien exigeante et assez fantasque. Et puis, on les obligeait à disserter, dans une langue étrangère, avec la plus éloquente des Françaises, on les condamnait à être inférieurs à eux-mêmes. Ils étaient, de plus, l'un et l'autre absorbés par d'importants travaux. Ce météore éclatant dans leur cabinet d'étude troublait leur tranquillité, détruisait l'arrangement précieux de leur vie. Ils donnèrent à Mme de Staël ce qu'ils

[...]uront de leur temps et de leur esprit; leur génie n'ont [p]as le loisir d'être galant à jour fixe. Benjamin Constant, [q]ui rejoignit à Weimar son impétueuse amie, fut pour [G]œthe un visiteur plus discret et plus agréable que [M]^me de Staël. *De l'Allemagne*, ce « livre de Schlegel-[S]taël », n'enthousiasma point l'ami de Schiller : « Les [A]llemands auront de la peine à s'y reconnaître, mais ils [y] trouveront la mesure la plus exacte des progrès [i]mmenses qu'ils ont faits. »

La présence de Mme de Staël à Weimar n'était pas [né]cessaire pour raffermir en Gœthe le culte de la littérature française. Ses fonctions de directeur du théâtre de [la] Cour le maintenaient en contact permanent avec nos [tra]giques et notre comédie. Et que joue-t-on à Weimar ? [De]s traductions ou des adaptations de Bourgogne, de [Ca]unoir, de Bouilly, de Duval, de Fabre d'Eglantine, de [F]lorian, de Mercier, de Picard, etc., deux pièces de Re[g]nard, l'*Avare* de Molière, le *Cid* et *Rodogune* de Corneille, [Mi]thridate et *Phèdre* de Racine, *Zaïre*, la *Mort de César*, [M]ahomet et *Tancrède* de Voltaire, *Eugénie* de Beaumar[c]hais [1]. Gœthe lui-même traduisit *Mahomet* et *Tancrède*, [ta]ndis que Schiller mettait *Phèdre* en vers allemands. [Es]t-ce à dire qu'ils se seraient abaissés à ces besognes pour [pl]aire à Charles Auguste [2] ? L'insinuation serait excusable, [si] elle visait des courtisans ; elle est tout simplement [ri]dicule ici. La vérité est que Schiller, qui a plus d'une [fo]is maltraité Corneille et Racine, est arrivé à une vue [pl]us claire et plus juste des mérites originaux de notre [tr]agédie ; la preuve en soient ses stances à Gœthe à

[1] *Zeitschrift für vergleichende Litteraturgeschichte*, N. F., IV, [1]7 et s.

[2] C'est ce qu'a prétendu Palleske, dans son *Leben Schillers* (9e édit., [4]71 et s.).

propos de la représentation de *Mahomet* (Janvier 1800). Gœthe, lui, avait à cœur de réagir contre le bas réalisme qui envahissait la scène allemande ; ayant besoin d'un modèle d'art noble et fier pour l'opposer à la vulgarité triomphante, il le prit dans notre théâtre ; les observations lumineuses que lui avait adressées G. de Humboldt, dans une lettre du 18 Août 1799, achevèrent de lui montrer qu'il y avait dans Corneille, et surtout dans Racine, plus de sentiment de la vie, plus de passion réelle, plus de grandeur tragique qu'il ne l'avait cru [1].

Il serait aisé de signaler, ailleurs que dans les occupations directoriales et les œuvres théâtrales de Gœthe, d'autres traces indéniables de l'influence française. N'ai-je pas omis de marquer tout à l'heure les passages de *Faust* empruntés au *Don Juan* de Molière [2], et ce qu'il y a de Voltaire dans le scepticisme ironique de Méphistophélès, et combien l'amour de la nature exalté en maints endroits du drame paraît avoir été inspiré par Diderot et Jean Jacques ? Ne devrais-je pas insister sur le fait que plusieurs poésies lyriques de Gœthe ont des sources françaises, que, par exemple, *Der wahre Genuss* n'est qu'une transposition des *Jeunes amants* de Rochon de Chabannes (*Almanach des Muses* de 1766) [3] ? M. G. Ellinger [4] a établi,

[1] *Mahomet* fut traduit presque littéralement ; *Tancrède* a été remanié de façon géniale, et, en particulier, la langue serrée et nerveuse n'a plus rien de l'enflure un peu vulgaire de l'original. De plus, dans *Tancrède*, certains caractères sont modifiés, ainsi celui d'Amenaïde, et cette adaptation est un vrai chef-d'œuvre (cfr. *Herrig's Archiv*, LVII, 383 et s.). Ajoutons que ces travaux furent entrepris aux heures de fatigue, « *in Ermangelung des Gefühls eigne Production* » ; voir aussi *Goethe's Gespräche*, éd. von Biedermann VII, 125.

[2] *Erhard*, op. cit., 380 et s.

[3] *Gœthe-Jahrbuch*, IX, 188 et s.

[4] *Gœthe-Gespräche*, op. cit., VI, 116, 117.

sans contradiction possible, que les cinq premiers livres de *Wilhelm Meister* offrent des situations très pareilles à celles du *Roman comique* de Scarron. Les *Remarques*, annexées par Gœthe à sa traduction du *Neveu de Rameau*, sont tout un petit dictionnaire biographique de nos écrivains, dans le genre des *Mémoires pour servir à l'Histoire de notre littérature* de Palissot (c'est là qu'il parle de Dubartas et le loue en critique allemand)... Gœthe, comme La Fontaine et Molière, ne s'est pas gêné de s'enrichir du bien d'autrui, mais, comme eux, il a mêlé à son œuvre sa vie et son âme, en sorte que ses créations ne sont ni le fruit de réminiscences trop fidèles, ni même des représentations tout à fait exactes de la réalité; Gœthe ajoute aux êtres vus à travers les livres des autres, ou pétris de ses souvenirs et de ses expériences, un élément éternel et infini ; il les élève à une sorte d'humanité générale, qui est de tous les temps et de toutes les races.

Lorsque nos romantiques s'insurgèrent contre le classicisme en décadence, Gœthe sentit se raviver son amour de la littérature française. « On m'a envoyé, écrit-il, le *Globe* à partir de 1824, c'est-à-dire depuis le commencement... Chaque soir, je consacre quelques heures aux anciens numéros, en faisant des notes, des extraits, des traductions. » Il est gagné d'emblée à la cause des novateurs, d'autant qu'ils se réclament de lui ; sa correspondance, les fragments réunis dans ses *Œuvres* sous le titre de « littérature étrangère », ses *Entretiens* avec Eckermann en contiennent des témoignages assez significatifs.

Ses « amis du *Globe* » sont des « jeunes gens distingués par leur position sociale; leur conduite est sage tout en étant hardie ». Il se réjouit de voir ses convictions les plus intimes « professées librement et suffisamment motivées ». Le *Globe* est « ce qu'il lit avec le plus de plaisir ».

En Avril 1827, il accueille à bras ouverts l'un des collaborateurs de la vaillante revue, Ampère, qui lui rend sa cordialité en admiration passionnée. Quand W. Menzel l'attaque, c'est le *Globe* qui prend sa défense. Mais l'organe du romantisme dévia du côté de la politique ; les sympathies de Gœthe se tournèrent vers la *Revue française*, qu'il salua de ces précieuses paroles : « A quelle hauteur le Français ne s'est-il pas élevé, depuis qu'il a cessé d'être exclusif ? » Il célèbre presque sur le mode lyrique les efforts tentés par de Villers, de Gérando, Cousin, pour initier leurs compatriotes à la philosophie allemande. Les cours de Villemain et de Guizot l'enchantent : « Comme ils vont au fond des choses ! » Il dit de Guizot : « C'est mon homme, il est solide, il possède de grandes connaissances unies à un libéralisme éclairé. » Béranger le charme. Il n'a guère que des éloges pour Casimir Delavigne, pour Eugène Scribe. Paul-Louis Courrier « a tant d'esprit qu'on ne saurait en avoir davantage ». Chose digne de remarque, il a surtout du goût pour ceux de nos écrivains qui n'ont pas complètement rompu avec la tradition classique. La littérature d'imagination des romantiques ne lui procure que des jouissances mélangées. S'il loue les *Barricades* de Vitet, le *Théâtre de Clara Gazul* de Mérimée, *Henri III et sa cour* de Dumas, il est très dur pour *Hernani* : « *Hernani* est une œuvre absurde. » Les *Orientales* lui font craindre que Victor Hugo, avec sa manie d'exagérer et d'amplifier, son abus de l'antithèse, son ivresse verbale, ne soit « incapable de développer son talent dans toute sa pureté ». *Notre-Dame de Paris* est une « abomination ».

Eh ! quoi, Gœthe est un vieillard. Il ne se souvient pas de ce qu'il a été. L'auteur de *Werther* n'a plus d'indulgence pour les glorieux péchés de jeunesse. S'il a l'œil vif encore et le bon sens le plus aiguisé qui soit, il s'attache de plus en plus au passé : « Depuis Voltaire, Buffon et Diderot, — Jean-Jacques n'est pas nommé ! — les Français n'ont plus, à proprement parler, un écrivain de première grandeur, ils n'ont personne qui ait la force géniale de bien montrer la griffe du lion. » Tel est, en 1830, son sentiment sur notre littérature. Ses anciens maîtres lui sont plus chers que ses disciples. L'avenir, pour lui, c'est la mort prochaine ; il regarde en arrière.

II

Gœthe est un génie universel, Schiller un génie national ; celui-là est le *Weltkind*, le citoyen du monde qui appartient à l'humanité plus qu'à son pays ; celui-ci n'est qu'un grand poète allemand. Cependant les influences étrangères, l'action de la France en particulier, se sont exercées aussi profondément sur l'œuvre de Schiller que sur celle de Gœthe. « Schiller, dit avec raison M. O. Schanzenbach, s'est, dès les années de jeunesse et jusqu'à la fin, initié toujours plus avant à la langue ainsi qu'à la littérature françaises [1]. » C'est déjà de l'air français qu'il respire dans l'école militaire de Charles, créée sur le modèle de l'école militaire de Paris, et c'est essentiellement le français qu'il y apprit ou qu'il aurait dû y apprendre ; Fénelon, La Fontaine, Bossuet, Fléchier, Corneille, Racine, Thomas, Voltaire, d'Alembert, Montesquieu étaient les auteurs dont le programme prescrivait la lecture. La philosophie enseignée à Schiller et à ses condisciples — à l'âge de quatorze ans, il subit six leçons

[1] *Op. cit.*, 5. — Schiller n'a d'ailleurs pas appris d'autre langue étrangère que le français.

hebdomadaires de métaphysique ! — ne différait en rien de celle des encyclopédistes ; l'école, comme la Cour, était peuplée de « philosophes »[1].

Voilà donc l'atmosphère dans laquelle se prépara le génie de Schiller. Il est vrai que si la France séduit et dirige l'esprit du jeune homme, elle ne réussit point à s'emparer de son cœur, qui appartient à Klopstock, à Ossian et surtout à Rousseau[2].

Rousseau, der aus Christen Menschen wirbt.

Or le Jean-Jacques que Schiller admire n'est pas la France. Rien de plus contraire à la tradition française que les éloquents paradoxes de la bonté native de l'être humain et du retour à l'état de nature, que les brûlants appels de liberté, les véhéments plaidoyers démocratiques du « citoyen de Genève ». Tandis que les contemporains se laissent gagner par la *Nouvelle Héloïse*, plutôt que par le *Contrat social*, Schiller est moins accessible aux effusions sentimentales qu'aux considérations politiques. Cet enfant du peuple a la conscience de son talent et de ses droits. Il a l'étoffe d'un enthousiaste et d'un révolté. Plutarque et Jean-Jacques sont ses maîtres de prédilection. Que d'autres, à la suite de *Werther*, s'abîment dans l'insondable mélancolie, s'épuisent dans le vain désir d'un impossible idéal, il a, lui, l'indignation qui arme et la foi qui sauve. Il réformera le monde, il le ramènera de la civilisation corrompue à la vie simple et saine de l'âge d'or, il lui prêchera le mépris de la société artificielle du

---

[1] L'action des encyclopédistes sur Schiller est manifeste dans sa dissertation académique : *Des rapports entre la nature animale et intellectuelle de l'homme.*

[2] *Schiller und Rousseau* (collection Virchow et Holtzendorff, n° 256), Berlin, in-8, 1887.

temps. L'âme de Rousseau vibre dans toutes les poésies de la première période de Schiller ; elle emplit de son souffle violent et chaud tout le drame des *Brigands*.

Les *Räuber* ne sont-ils pas la glorification de l'état de nature ? Carl n'est-il pas la créature sortie bonne des « mains de l'auteur des choses », Franz le produit « dégénéré » de l'ordre social ? Les deux frères ne personnifient-ils pas les deux forces ennemies que Jean-Jacques oppose sans cesse l'une à l'autre, la nature et la civilisation ? Les passages descriptifs de l'œuvre ne rappellent-ils pas ceux de la *Nouvelle Héloïse* ? Et comment ne pas rapporter à Rousseau l'admiration de Schiller pour Plutarque et les héros de l'antiquité ? Et les aspirations démocratiques du *Contrat social* ne reparaîtront-elles pas dans *Guillaume Tell*, liberté de l'individu, indépendance de la nation ? Mais Schiller est à la fois plus conséquent que Rousseau, et dominé par des préoccupations morales plus profondes ; il est bien Allemand en cela, il ne se contente pas de voir dans le retour à l'état de nature un beau thème à déclamations, il le prend au sérieux, il le met à la scène, il l'adapte à la vie, non sans quelques scrupules, je l'avoue, car le dénouement des *Brigands* est une sorte d'hommage rendu à la vertu des lois [1].

C'est encore le génie de Rousseau qui plane sur la « tragédie républicaine » de la *Conjuration de Fiesque à*

---

[1] On a signalé une certaine analogie entre l'*Enfant prodigue* de Voltaire et les *Brigands*. Dans les deux pièces, en effet, un père de famille faible et facile à dominer, un fils aîné léger et frivole qui est repoussé et déshérité, etc. Mais si l'*Enfant prodigue* a servi de modèle à un dramaturge allemand, c'est plutôt à Klinger, dont *Die falschen Spieler* offrent quelques ressemblances, au reste, avec les *Brigands*, ressemblances qui peuvent, je le concède, être purement fortuites (cfr. *Zeitschrift für vergleichende Litteraturgeschichte*, N. F., II, 463 et s.).

Gênes. Les faits, il les emprunta notamment, ainsi qu'il le dit dans sa préface, à l'*Histoire de Gênes* du chevalier de Mailly et à l'ouvrage du cardinal de Retz sur le conspirateur italien. Schiller a d'ailleurs conçu le projet de sa pièce, après avoir lu, dans les *Rousseau's Denkwürdigkeiten* de Sturz (1779), que Jean-Jacques tenait Fiesque pour un caractère digne de Plutarque : « Je ne puis mieux recommander mon héros que par ceci, écrivait-il, Rousseau le portait dans son cœur. » Mais si les *Brigands* sont une paraphrase vivante du *Discours sur l'inégalité*, *Fiesque* procède directement du *Contrat social* : là, le retour à la barbarie, ici la démocratie organisée pour la conquête de la liberté. Il semble que Schiller n'ait plus devant les yeux l'image du pseudo-Rousseau de Wieland, qu'il ait saisi la différence fondamentale des doctrines entre le Jean-Jacques des débuts et l'autre, qu'il ait, comme l'auteur du *Contrat social*, renié l'idéal état de nature pour celui du gouvernement républicain. M. Schanzenbach [1] pense que Schiller s'est émancipé de Rousseau dans *Fiesque*; du Rousseau du *Discours sur l'inégalité*, oui, mais pour aller à l'école du « citoyen de Genève ».

Qui retrouvons-nous dans *Intrigue et amour*? Toujours Jean-Jacques, celui de la *Nouvelle Héloïse* principalement. Haine de l'esprit de caste, dédain de la convention, droits sacrés du cœur, la passion exaltée par-dessus tout et supérieure à tout, n'est-ce pas là le roman de Jean-Jacques et la « comédie larmoyante » de Schiller? Il y a même des analogies plus matérielles, si je puis m'exprimer ainsi ; et l'on a pu avancer que lady Milford n'était, en somme, qu'un sosie féminin de mylord

---

[1] *Op. cit.*, 13.

Bomston. A d'autres égards, *Intrigue et amour* est une « tragédie bourgeoise » dans le genre du *Père de famille*; au surplus, si Schiller n'a pas songé à cette dernière œuvre, en composant la sienne, il en a du moins connu l'originale adaptation allemande de Gemmingen, et les théories dramatiques de Diderot lui étaient très familières.

Il n'est pas étonnant que, dans le théâtre de sa jeunesse, Schiller n'ait rien pris à nos classiques. Il a étudié nos historiens, nos penseurs, nos romanciers ; nos poètes ne parlent pas à son imagination. Les personnages de Corneille manquent, selon lui, de vie et de vérité, ne sont que des *altkluge Pedanten ihrer Empfindungen* ; et il embrasse, dans une antipathie qui paraît invincible, tous nos tragiques. Le séjour de Schiller à Mannheim, chez son amie Charlotte de Kalb, le dégermanisa et le désanglicanisa quelque peu. Ici, c'était le règne du goût français, dans la haute société, partout. S'il continue à subir l'influence de Lessing et de Shakespeare, il lit, dès 1784 et 1785, nos écrivains avec un intérêt nouveau et se garde bien de négliger nos dramaturges. Aussi traitera-t-il quelques-uns de nos classiques avec une impartialité bienveillante, dans sa *Thalie*; quoi qu'il professe pour Mercier et pour les idées de Mercier sur le théâtre un enthousiasme excessif, il atténue la rigueur de ses jugements sur Corneille, il conçoit pour Racine une réelle admiration, il dit, dans une lettre du 27 août 1784 : « J'entretiens en secret une petite espérance, celle d'enrichir la scène allemande en transplantant chez nous les œuvres classiques de Corneille, Racine, Crébillon et Voltaire. » Je veux bien qu'il ait changé, plus tard, qu'en 1789 il emploie le mot de « barbarie » à propos de la langue de Corneille, qu'en 1805, il se mette à la traduction de

Phèdre « pour ne pas être condamné à l'oisiveté[1] ». Ne nous formalisons pas trop de ces contradictions ! L'extrême impressionnabilité de Schiller, la mobilité presque maladive de son esprit les expliquent suffisamment ; et l'amour-propre national existe.

Aucune des œuvres de Schiller ne marque, plus que *Don Carlos*, un mouvement décisif dans l'évolution de son génie. Mais combien ce « poème dramatique » ne doit-il pas à notre littérature ? Le sujet, d'abord, est tiré d'une nouvelle historique, *Don Carlos*, de Saint-Réal ; tous les personnages de la pièce, sauf les comparses, figurent déjà dans la nouvelle, tous les caractères y sont esquissés, et Schiller se borne à les creuser davantage, en faisant toutefois du marquis de Posa de Saint-Réal, un type de chevalier et de prophète, une façon d'*Aufklärer* ou d'encyclopédiste idéal. Il y a plus. Schiller n'a point ignoré le *Portrait de Philippe II, roi d'Espagne*, de Mercier ; il a minutieusement étudié l'*Andronic* (1685) de Campistron, où le *Don Carlos* de Saint-Réal a été suivi de plus près encore, bien que la scène de la tragédie soit transportée à Bysance[2] ; il a eu sous les yeux le « tableau dramatique » que Mercier a emprunté, lui aussi, à la nouvelle de Saint-Réal. L'auteur qui, au début, se proposait de donner un pendant à *Intrigue et amour* — « ce n'est, mandait-il à Dalberg en 1785, qu'un thème bourgeois, sans rien de politique, un tableau d'intérieur dans une maison princière », — l'auteur partage bientôt son temps « entre son propre travail et les lectures fran-

---

[1] *Herrig's Archiv*, XXX, 83 et s. (une étude sur : *Schiller's Beziehungen zur französischen und englischen Litteratur*).

[2] *Herrig's Archiv*, XXV, 56 et s., 76 et s. ; *Süpfle*, op. cit., II¹, 74 ; Schanzenbach, op. cit., 16 et s. ; *Vierteljahrschrift für Litteraturgeschichte*, V, 533 et s. ; *Minor*, op. cit., II, 537 et s.

çaises », cherche dans nos tragiques un contre-poids à l'influence anglaise, va se convaincre enfin que « la haute tragédie est son domaine ». Son projet initial de pourfendre l'inquisition et les prêtres, dans une comédie à la Diderot, s'est transformé tout à coup ; il ne s'agit plus, ou il ne s'agit plus avant tout, dans le *Don Carlos* définitif, que d'un conflit de passions dénoué dans une tragédie plus ou moins racinienne. C'est qu'il a trouvé le trait d'union entre le culte de la nature et les droits de la société et de l'art.

Qu'est-ce à dire ? Schiller est-il tout près d'adorer ce qu'il avait brûlé ? Assurément. Non pas qu'il puisse jamais être un médiocre et un servile imitateur, mais le prestige de notre théâtre vient d'accomplir un miracle, et Schiller suit hardiment son chemin de Damas. Outre que les réminiscences de *Mithridate* et de *Phèdre* sont fréquentes dans *Don Carlos*, que la forme du discours, la syntaxe, d'abondants gallicismes [1] indiquent une lecture plus qu'attentive d'*Andronic*, vous vous persuaderiez facilement que le « poème dramatique allemand » permettrait de faire des rapprochements curieux avec la tragédie de Campistron, et qu'il serait aisé d'expliquer des inadvertances et des incohérences, d'ailleurs légères, par l'usage simultané, pour la construction de la pièce, de la nouvelle de Saint-Réal et d'*Andronic*. Ce n'est pas encore tout. Le Schiller de la jeunesse est mort, le Schiller de Plutarque et de Jean-Jacques Rousseau n'est plus son

---

[1] *Schanzenbach*, op. cit., 19. — Le même critique (*ibid.* p. 49 et s.) a prouvé combien la lecture de nos écrivains avait influé sur le style et la langue de Schiller ; il a cédé même, ce me semble, à la tentation de trop vouloir prouver. Quoi qu'il en soit, les gallicismes sont fréquents dans tous ses ouvrages, vers et prose, les mots français n'y sont pas plus rares, les emprunts directs s'y rencontrent souvent, etc.

maître, car le rhéteur du *Discours sur l'inégalité* ou le législateur du *Contrat social* est trop en dehors des idées françaises, trop un révolutionnaire et pas assez un réformateur. Les conceptions politiques de Montesquieu et la morale de Kant se substitueront aux théories de Rousseau; l'« esprit des lois », et l'idéalisme kantien auront raison de l'évangile de la nature et du reste. Quelle métamorphose ! Et quelle part la France n'y eut-elle pas ! Les beaux vers de Schiller dans l'ode à Gœthe ne nous surprendront plus. Le Français est, par excellence, le roi du théâtre moderne :

> *Er komme, wie ein abgeschiedener Geist,*
> *Zu reinigen die oft entweihte Scene,*
> *Zum würd'gen Sitz der alten Melpomene !*

Un autre de nos grands écrivains l'attire presque autant que Rousseau : Denis Diderot. Les Allemands eux-mêmes ne constestent pas que Diderot lui enseigna l'art de conter. Schiller traduit, en 1795, pour sa *Thalie*, un épisode de ce *Jacques le fataliste*, dont le manuscrit circulait en Allemagne. *Der Verbrecher aus verlorner Ehre* et les fragments du *Geisterseher*, qui datent à peu près de la même époque, attestent éloquemment la puissante action de Diderot sur Schiller ; et l'on ne sera pas trop surpris qu'il y ait du Laclos aussi dans le *Geisterseher*[1], puisque le poète de la *Cloche* n'a point fait mystère de son goût très vif pour les *Liaisons dangereuses*. En 1788, il confesse à Körner, après avoir parcouru les *Mémoires* de Mme Vandeul, « pour servir à l'histoire de la vie et des ouvrages de Diderot », (inédits alors, et publiés en 1813 seulement dans l'*Allgemeine Zeitschrift* de Schelling), que

---

[1] Je dois dire encore que, dans le *Verbrecher* comme dans les fragments du *Geisterseher*, l'influence de Rousseau réapparaît ; mais c'est l'une des dernières étincelles de la flamme qui meurt.

cette biographie, fort incomplète, n'en est pas moins « un trésor de vérité et de simple grandeur, qui a plus de valeur pour moi que tout ce que nous avons de Rousseau ». Quelques années après, il conjure son ami Körner de savourer la traduction de *Jacques le fataliste*, par Mylius. Il voudrait offrir à *La Religieuse* l'hospitalité de ses *Heures*; l'*Essai sur la peinture*, que Gœthe lui envoie, le « ravit » : presque tous les mots y sont « des traits de lumière ». La dernière lettre de Schiller à Gœthe est consacrée au *Neveu de Rameau*.

Ces Français, un Diderot, un Laclos, un Boufflers, un Marmontel, sont de si délicieux prosateurs. *Sie schreiben allerliebst*, — ils ont un style exquis. Les historiens ne sont pas moins agréables que les conteurs. Quel charmeur que Voltaire! Schiller ne saurait assez répéter que *Charles XII* est un chef-d'œuvre. Soudain, il se plonge dans la lecture du *Voyage du jeune Anacharsis*. Il s'éprend de Montesquieu, ne peut plus s'en passer, se figure souvent « en être plus près que de Sophocle ». Il vient à Bossuet. Au reste, fonctions obligent, car il est professeur d'histoire à Iéna. Ses courtes dissertations historiques, sa *Geschichte des Abfalls der Niederlande*, suffiraient à prouver combien il mit à profit ses lectures françaises. Mais, dans ses moments perdus, il retourne volontiers aux amuseurs, aux extravagants, ou même aux cyniques. Rétif de la Bretonne pique sa curiosité; *Monsieur Nicolas* ou le *Cœur humain dévoilé* est un précieux document sur les hommes et sur la vie; les *Contemporaines* (la neuvième des « aventures » : *La fille-garçon*) lui fournit le thème de son *Gang narch dem Eisenhammer* :

Ein frommer Knecht war Fridolin...

Ce sont là des récréations de professeur très occupé. Il

n'oublie point que sa chaire à l'Université de Iéna lui impose de graves devoirs. La *Collection universelle des Mémoires particuliers relatifs à l'histoire de France* (1785) lui suggère l'idée de l'*Allgemeine Sammlung historischer Memoires*, qui sont tous des mémoires français. S'il se retira de bonne heure de cette entreprise, il lui donna du moins une partie des *Denkwürdigkeiten der Anna Kommena* (d'après l'*Histoire de Constantinople* de Louis Cousin, traduite elle-même « sur les originaux grecs de l'histoire byzantine »), et les si remarquables pages introductives (d'après Brantôme, Castelnau, Anquetil, De Thou), à la version Funk des *Mémoires* de Sully. Faisons observer au passage que le style des œuvres historiques de Schiller, trop orné et trop déclamatoire, tient de Vertot et de Raynal; il peint, au demeurant, plus qu'il ne narre, il compose moins des récits que des tableaux à la manière de ses modèles français.

Ces recherches dans le vaste champ de l'histoire ne furent pas non plus stériles pour la poésie et le théâtre de Schiller. N'est-ce pas dans l'*Histoire des chevaliers hospitaliers de Saint-Jean*, par l'abbé Vertot, qu'il puise le sujet de son beau poème *Der Kampf mit dem Drachen*, et dans l'*Essai sur Paris*, de Sainte-Foy, celui du *Handschuh*? Et nous verrons que la plupart de ses derniers drames ont des sources françaises.

Sur ces entrefaites, éclata la Révolution. L'Assemblée législative, par décret du 26 Août 1792, conféra la naturalisation honoraire au « sieur *Gille*, publiciste allemand »; c'est l'auteur des *Brigands* que l'on récompense. Mais les ans ont fui, Schiller n'est plus, en politique, le disciple fervent de Rousseau, il est tout pénétré de Montesquieu, il ne croit pas au suffrage universel, il a peur de « l'esprit d'égalité extrême qui conduit au despotisme »;

il avait même commencé de rédiger un mémoire en faveur de Louis XVI. Les erreurs et les excès de la Révolution ébranlèrent jusqu'à son libéralisme éclairé, son *Freisinn*. La littérature lui parut l'unique et doux refuge du sage. Il fit de l'esthétique et de la critique; ses pages sur « la poésie naïve et sentimentale » sont, dans leur genre, une merveille de raison ingénieuse et de libre bon sens. Il s'appliqua de nouveau à l'étude de notre tragédie; Corneille, Racine, Voltaire manquent décidément de *Gemüth*, ils pèchent par l'absence d'émotion et d'effusion, et Schiller les en blâme. Les Français, en revanche, sont inimitables pour tout ce qui est affaire de métier, de technique littéraire.

Hélas! Schiller est toujours en quête de la formule définitive de son théâtre. Il a erré, il a varié. *Don Carlos* est œuvre transitoire, moins scénique et même moins humaine que du Corneille; elle n'est nationale que par la langue. C'est que Schiller, génie plutôt oratoire, poète épique et poète lyrique à la scène comme ailleurs, n'a pas le sens de l'action dramatique. Ses pièces ne sont guère que des poèmes dialogués, des *dramatische Gedichte*. Seuls peut-être, *Marie Stuart* et le plan, trop touffu, de son *Demetrius* sont d'un homme de théâtre.

Il est certain, du moins, que, malgré *Wallenstein*, Schiller ne modifie pas ses goûts cosmopolites. Il emprunte sa *Jungfrau von Orleans* à l'histoire de France. L'idée de *Warbeck*, qu'il n'acheva point, lui vint pendant qu'il travaillait à *Marie Stuart*; il la trouva dans le *Perkins, faux duc d'York* (1732), « nouvelle historique » de La Paix de Lizancour[1] et l'*Histoire d'Angleterre* de Rapin Thoyras. Non seulement son *Guillaume Tell* rappelle l'une ou

---

[1] *Vierteljahrschrift für Litteraturgeschichte*, V, 533 et s.; *Herrig's Archiv*, XLI, 421 et s.

l'autre des thèses du *Contrat social*, mais il y aurait un intéressant parallèle à établir entre le dialogue de Gertrude et Stauffacher, et l'entretien de Coligny avec Charlotte de Laval dans l'*Histoire universelle* d'Agrippa d'Aubigné[1]. Il a essentiellement consulté, pour son projet de drame, *La princesse de Celle*, l'*Histoire secrète de la duchesse de Hanovre* (1732), traduite du français en 1784, et un article des *Archives littéraires de l'Europe* (1804), qui est une tentative assez habile de replacer dans la vérité de l'histoire la légende de l' « infortunée princesse » et du comte de Königsmark. Les *Maltheser* lui avaient été suggérés par Vertot. Il mit en vers allemands *Phèdre* et toute la première scène de *Britannicus*. Il s'amusa, dans son *Parasit*, dans son *Neffe und Onkel*, à faire des adaptations plus ou moins fidèles du *Moyen de parvenir* et de *Encore des Ménechmes* de Picard. Le canevas des *Kinder des Hauses* nous transporte à Paris, sous Louis XIV, et a été fourni par les *Causes célèbres* de Pittaval.

Les Français ont donc beaucoup prêté à Schiller, mais il serait excessif de prétendre que, sauf dans les années où Jean-Jacques est son dieu, ils aient exercé une action prépondérante sur le développement de son génie. Ses poésies épiques et lyriques sont bien à lui, et de lui, comme ses drames; ses travaux historiques n'ont qu'une importance secondaire. Certes, les Français ont allégé, affiné et comme dégourdi son art, tout en lui prodiguant de la matière littéraire. Encore un coup, si pour son théâtre il n'a pas lu en vain Diderot, Mercier, Beaumarchais et même nos classiques, il est plus près des Anglais que de nous, et il est surtout Schiller, un tempérament ardent et généreux,

[1] *Anmerkungen zu deutschen Dichtern*, von J. Imelmann, Berlin, in-8, 1882 (cité et résumé dans la *Revue critique d'hist. et de litt.*, XVI[1], 114).

une intelligence inquiète et mobile, un cœur aux désirs inassouvis, aux rêves illimités, qui embrasse tout et qui n'a pas la force d'étreindre pour l'éternité :

> *Ach, kein Steg will dahin führen,*
> *Ach, der Himmel über mir*
> *Will die Erde nie berühren,*
> *Und das Dort ist niemals hier!*

CHAPITRE VIII

LE ROMANTISME ALLEMAND, LA JEUNE ALLEMAGNE LEURS SUCCESSEURS ET LA FRANCE

I

L'égoïsme fut, selon Fichte, le trait caractéristique du xviii° siècle ; avec Rousssau et son école, il tourna à l'égotisme, au fanatisme du « moi », un fanatisme amer et tout lyrique, fait de mélancolie et de vanité. La Révolution accentua encore cette renaissance de l'individualisme dans la littérature. On se souvient peut-être que, d'après M. Brandes, ce furent, dans la dernière moitié du xviii° siècle et les premières années du siècle suivant, « les Allemands qui réformèrent les idées littéraires ». A cette « réforme des idées littéraires », la France et l'Angleterre ont contribué autant que l'Allemagne ; il faut avouer cependant que ceux des écrivains français qui renouvelèrent alors notre esprit et notre imagination arrivent presque tous de l'étranger ou de l'exil, Rousseau, puis Chateaubriand, Senancour, Constant, Mme de Staël, et, qu'après Diderot et Jean-Jacques, le classicisme tente

---

[1] *Op. cit.*, 1, 26.

une dernière fois d'imposer ses formes usées, tandis que l'Angleterre et l'Allemagne refont plus belle que jamais la part du sentiment et du rêve. La Révolution, d'ailleurs, en restaurant le principe des nationalités et en éveillant le patriotisme, exerça une action profonde sur l'évolution même des littératures modernes. Elle rendit pour un temps, sauf peut-être en France, le génie de la race moins accessible aux influences extérieures, elle le condamna en quelque sorte à créer; et l'Empire, qui la suivit, faillit consommer tout ensemble la rupture politique et morale entre les diverses grandes familles européennes.

L'Allemagne, du moins, commence à vivre chez soi et pour soi. La France, qui fut le pays idéal, est désormais le foyer de l'ennemi. Et pourtant, les relations intellectuelles, en se ralentissant, ne cessent point entre les deux peuples qui représentent la civilisation occidentale. On échange des coups de fusil, mais aussi des idées et des œuvres.

Au reste, la Révolution française, devancée à Vienne par Joseph II, a enflammé plus d'une tête et d'un cœur allemands. Klopstock s'écrie, dans une ode sur la convocation des États-généraux :

> La Gaule va poser sur son front, ô merveille !
> La couronne civique à nulle autre pareille[1].

Schubart compose, en 1789, son hymne enthousiaste *An die Freiheit*. Des fêtes populaires s'organisent; on y boit à la « Révolution allemande », à la « mort du despotisme ». Heinse célèbre la République avec des accents passionnés. J.-G. Jacobi, Hippel, Fichte, F. Cramer, G.-A. Forster, Tieck sont entraînés vers la Révolution et vers cette France, que Georges Kerner, le frère du poète

---

[1] ... *Gallien krönet sich*
Mit einem Bürgerkranze, wie keiner war.

souabe Justin Kerner, appelle même « *mein Vaterland* », en 1792. Lisez cette lettre de Tieck à son ami, l'esthéticien Wackenroder! Elle est du 28 décembre 1792; il est vrai que Tieck n'avait pas vingt ans, et que ses opinions ne tardèrent point à se modifier : « Tu ne me dis rien des Français. J'espère qu'ils ne te sont pas devenus indifférents... Oh! habiter la France, quel privilège ce doit être! Qu'est donc une vie sans liberté? Je salue avec ravissement le génie de la Grèce, que je vois planer sur la France; elle occupe maintenant mes pensées jour et nuit. Si la France était malheureuse, je mépriserais le monde entier; le rêve aurait été trop beau pour notre siècle, nous ne serions plus que des êtres dégénérés et sans patrie, n'ayant plus aucune fibre en commun avec ceux qui tombèrent aux Thermopyles, et l'Europe serait destinée à n'être plus qu'une prison. »

La réaction ne fut pas lente à se produire. Dorothée Veit, qui était à Paris en 1804, écrivait que le « seul défaut de Paris, c'est qu'on y rencontre passablement de Français. » H. de Kleist, vers la même époque, juge la capitale en jeune Germain sentimental, et se croit attiré dans une caverne de bandits : « La trahison, le meurtre, le vol sont ici des choses tout à fait insignifiantes ». La muse patriotique d'Arndt et de Körner va jeter à bas l'idole française[1].

II

L'Allemagne d'il y a un siècle était divisée, politiquement et littérairement, en deux camps : l'Allemagne

---

[1] On trouve une note plus juste, et presque impartiale, dans les lettres de J.-P. Reichardt, traduites par A. Laquiante (*Un hiver à Paris sous le Consulat*, 1802-1803, op. cit.).

officielle et classique d'une part, l'Allemagne libérale et romantique de l'autre, et encore nombre de romantiques se dépréoccupaient-ils absolument de tout ce qui n'était pas du domaine des lettres pures. Se rapprocher des anciens, se réfugier auprès du génie antique, tel est l'idéal de l'école allemande de Schiller et de Gœthe. « Le poète et l'artiste, avait dit Schiller, se mettent au-dessus du réalisme, tout en laissant l'empreinte de la réalité se marquer sur leurs œuvres. » Mais c'était là une conception trop intellectuelle de l'art pour les romantiques d'Allemagne ; leur maître fut Jean-Paul Richter, un fantaisiste et un mystique, le héros de l'imagination sans discipline et sans contre-poids.

Jean-Paul, dans ses années de début à tout le moins, subit fortement l'influence française. Ainsi il est facile de constater des souvenirs précis de La Rochefoucauld dans son *Tagebuch meiner Arbeiten*[1] (1781). Plus tard, il fait ample connaissance avec ceux de nos écrivains qui sont avant tout des « hommes d'esprit » ; il est enchanté : « Autrefois, je ne m'occupais guère du français ; maintenant, je lis les livres français avec plus de plaisir que les allemands ; l'esprit d'un Voltaire, l'éloquence d'un Rousseau, le style magnifique (*sic*) d'un Helvétius, les remarques délicates d'un Toussaint, tout cela me pousse à l'étude du français. » Qu'entend-il par un « homme d'esprit », et Rousseau serait-il vraiment un écrivain « spirituel » (*witzig*) ? Il n'importe. Rousseau lui est plus cher que tous les autres ; les extraits de Jean-Jacques abondent dans les papiers de Richter. Mais il admire la forme du grand rhéteur plus que le fond, la « parure » plus que les doctrines. Il ne néglige point les Anglais, au demeurant ; il

[1] *Étude sur la vie et les œuvres de Jean-Paul Richter*, par J. Firmery, Paris, in-8, 1886.

imite Pope, Sterne, Swift, Young, pêle-mêle. C'est toutefois dans les ouvrages de Rousseau qu'il puise son ivresse de la nature et sa fureur descriptive. Quoiqu'il raffole de Rabelais, et que Voltaire le ravisse souvent, il ne peut se détacher de Jean-Jacques. L'héroïne du *Titan*, — un portrait de Mme de Kalb, comme l'on sait — qui est une intelligence d'élite, ne lit, par cela même, que du français : Montaigne, la *Vie* de Madame Guyon, le *Contrat social*, le *Traité sur l'influence des passions* de Mme de Staël ; Jean-Paul en fait une Julie érotomane et philosophe. Avec ses *Flegeljahre* — « il faut que jeunesse se passe » — commence le déclin de sa gloire.

Rabelais, Voltaire, Swift et Sterne aidant, J.-P. Richter a créé l'humour allemand, sourire pensif et narquois du cœur et de la raison, ironie mélangée de sentimentalité et de malice. Mais il fut par-dessus tout un romantique avant la lettre, le patriarche extravagant d'un idéalisme maladif et singulier qui se perd dans le rêve. Ne pouvant étreindre la réalité, il la fuit, ne pouvant comprendre la vie, il s'isole dans les nuages.

Le romantisme en Allemagne a-t-il autre chose de commun avec le nôtre que le nom ? Le nôtre n'est qu'insurrection contre les règles, contre les formes extérieures de l'art ; l'autre signifie toute une révolution, non seulement contre la mesure et l'harmonie dans les œuvres littéraires, mais contre ce que la tradition classique implique de réalité et d'impersonnalité, et, suivant la pente intime de la race, il va jusqu'au bout de la fantaisie individuelle, il n'accepte ni ne conçoit rien au-delà, rien en dehors de la puissance imaginative. L'imagination est tout :

> *Wundervolle Märchenwelt,*
> *Steig' auf in der alten Pracht!*

Pourquoi vivrait-on de la vie de tout le monde ? Pourquoi serait-on de simples enfants des hommes? Est-ce qu'on est pétri du même limon que la foule? Est-ce que la destinée d'un poète se réduirait à gagner et à manger son pain? On est d'une autre classe, on habite une autre sphère, on est l'esprit qui ne connaît pas de lois, qui n'admet pas de limites; comme pour Fichte, le philosophe et le prophète du groupe, *der subjective Menschengeist wird zum Schöpfer der Welt*, — le monde n'est qu'une création de notre esprit. Or, l'existence quotidienne est banale, la terre est un piètre séjour, l'Allemagne elle-même un triste pays. « Je ne puis, écrit Hölderlin, me représenter une nation plus misérable que l'Allemagne. Tu y verras des artisans, mais point d'hommes, des penseurs, mais point d'hommes, des prêtres, mais point d'hommes, des maîtres et des valets, des vieillards et des jeunes gens, mais toujours point d'hommes. » L'intelligence divorce avec la réalité, aux exigences de laquelle on ne se soustrait pas néanmoins, car la plupart des romantiques seront tout ensemble des viveurs et des rêveurs. Sentimental et sensuel, mystique et pervers, tel apparaît le romantisme dans les œuvres et dans les actes de presque tous ses coryphées; il y aura quelques nobles exceptions.

Les frères Schlegel furent les théoriciens et les doctrinaires du cénacle. Fr. Schlegel, qui appelait les Allemands un « peuple de bibliographes » — *ein recensirendes Volk* — et qui méprisait ses compatriotes épris d'un idéal moins raffiné que le sien, donnait cette définition de la littérature romantique : des sentiments traduits par l'imagination. Romantique, tout est romantique, tout ce qui aboutit au mystère, tout ce qui se noie dans la brume, tout ce qui s'évapore dans le symbole. La poésie devient musique, agit sur l'oreille et les nerfs plus qu'elle ne parle à l'esprit et à l'âme. Le *Gemüth* est souverain :

Innre Wärme,
Seelenwärme,
Mittelpunkt!

Mais la *Seelenwärme* de Gœthe est, chez ces novateurs, comme l'a dit finement M. Brandes, « la chaleur de l'ébullition ». Le protestantisme étant trop froid pour se marier à leur religion artistique, les Schlegel, les Novalis, les Werner, les Brentano coquettent avec le catholicisme ; aux yeux de Novalis, la Réforme a tué la chrétienté. A la sagesse de l'esthétique « philistine », ils opposent les fougueux caprices de leur fantaisie, la sainte et folle *Willkür*.

Ce mouvement littéraire procédait un peu d'une réaction contre les fades histoires d'Aug. de La Fontaine, les drames plats d'Iffland, les comédies bourgeoises de Kotzebue, la sèche et spirituelle raison de Nicolaï. Le romantisme allemand est donc, à certains égards, une protestation contre l'école du bon sens; aussi est-il excessif à souhait, préfère-t-il la maladie à la santé, la nuit au jour, à « l'insolente lumière, » et la mort à la vie. *Krieg den Philistern* sera le titre d'une pièce d'Eichendorff, et comme la devise des disciples de Jean-Paul. Du reste, ceux-ci ne se comprennent pas davantage qu'ils ne sont compris. Lorsque, dans ses *Fragments*, Fr. Schlegel cherche à caractériser le romantisme germanique, il tombe dans le pur galimatias, ou il échoue dans la tautologie.

Comment l'influence française persisterait-elle chez ces audacieux négateurs de toute contrainte? Comment en découvrir les traces dans des œuvres où l'inspiration personnelle exclut toute collaboration extérieure, si je puis ainsi parler? Elle fut considérable cependant : non point qu'elle ait sa part dans la levée de boucliers romantiques, mais elle s'est insinuée assez avant dans la poésie, le roman, le théâtre, de Tieck, de Kleist et des autres.

Le *William Lowell* de Tieck, où la haine de la France éclate en tant d'endroits, n'est pas sans analogie avec un roman... français, le *Paysan perverti* de Rétif de la Bretonne. H. de Kleist[1], qui fut, sinon le chef du groupe, du moins le type du romantique, et qui a fini comme Werther, s'est nourri de notre littérature. Il parlait assez bien notre langue, et son allemand est comme saturé de gallicismes[2]. On a de lui, entre autres, une jolie adaptation des *Deux Pigeons* de La Fontaine, et un *Amphitryon* qui est, selon M. Bonafous[3], une « traduction libre et originale » de l'*Amphitryon* de Molière; idée première de la pièce, marche générale et motifs comiques, Kleist a tout trouvé dans son modèle. L'*Amphitryon* de Kleist n'en est pas moins du Molière à panache romantique : une œuvre enjouée et charmante y apparaît déformée par autant de maladresses et d'invraisemblances que par l'abus d'un mysticisme sensuel, si bien que l'aventure finit en allusion au dogme de l'immaculée conception. Somme toute, cet étrange remaniement d'une des perles de notre théâtre léger, n'est supportable que dans celles de ses parties où le poète consent à descendre des nuages de son idéalisme scabreux pour toucher terre.

Dans une de ses nouvelles, *La marquise d'O...*, Kleist a certainement mis à contribution une source française. Mais laquelle? Est-ce un récit de Madame Gomez[4], comme

---

[1] *H. von Kleist*, von Brahm, Berlin, in-8, 1884; *Henri de Kleist, sa vie et ses œuvres*, par R. Bonafous, Paris, in-8, 1894; *Herrig's Archiv*, vol. 80.

[2] On a pu écrire toute une dissertation (*Herrig's Archiv*, LXXX, 265 et s., 369 et s.) à propos de l'influence du français sur la langue de Kleist.

[3] *Op. cit.*, 345.

[4] Dans les *Cent nouvelles nouvelles*, 19ᵐᵉ volume de l'édition de 1739 (le récit : *L'amant rival et confident de lui-même*); cfr. *Vierteljahrschrift für Litteraturgeschichte*, III, 483 et s., 496.

le veulent E. de Bulow et Julien Schmidt? Serait-ce, ainsi que le prétendent MM. Brahm et Bonafous, les quelques lignes de ce chapitre sur l'ivrognerie, où Montaigne, dans ses *Essais*, parle d'une veuve bien fanée, devenue enceinte sans savoir comment? Grave problème d'érudition! Il semble que Kleist ait principalement consulté la piquante nouvelle de Madame Gomez. N'oublions pas, au surplus, que la situation de la marquise rappelle celle d'Alcmène dans *Amphitryon*. Ajoutons encore que Kleist a imité de très près l'un des passages les plus fameux de la *Nouvelle Héloïse*[1], la lettre dans laquelle Julie raconte que son père, après lui avoir durement reproché la faute commise, lui demande pardon et se confond en caresses. La scène est presque la même dans *La marquise d'O...*; le commandant, qui a chassé sa fille de la maison, se réconcilie avec elle, et lui tend les bras.

Il y a, dans le chef-d'œuvre de Kleist, *Der Tod der Penthesilea*, des réminiscences directes de la *Thébaïde* de Racine. Ainsi les paroles de Créon, après la mort d'Antigone :

> Ah! c'est m'assassiner que me sauver la vie!
> Amour, rage, transports, venez à mon secours,
> Venez et terminez mes détestables jours...

ont inspiré à Kleist la tirade dont le premier vers est celui-ci :

> *Denn jetzt steig' ich in meinem Busen nieder*[2]...

Kleist traduit Molière et l'admire. A.-G. Schlegel. con-

---

[1] Fr. Schlegel, lui, qui jugeait les *Confessions* un « roman excellent », ne voyait dans la *Nouvelle Héloïse* qu'un « roman médiocre » (*Friedrich Schlegel, seine prosaischen Jugendschriften*, von J. Minor, 2 Bde in-8, Wien, 1882, II, 375).

[2] *Zeitschrift für vergl. Litteraturgeschichte*, de Koch, I, 273 et s.

tempteur attitré de notre théâtre, a, dans son *Cours de littérature dramatique*, déchiré le grand écrivain à belles dents. Il vaut la peine de s'arrêter à ce détail, car il est caractéristique au plus haut point pour l'intelligence du romantisme allemand. On peut, à l'exemple de Tieck, de Kleist et de leurs amis, faire des emprunts à nos auteurs; il est de bon ton de dénigrer ses créanciers. Les Français ne représentent-ils pas, au reste, le sens commun, le naturel et l'amour de la vie?

Dans Molière, Schlegel rabaisse les vertus de l'homme autant que la puissance du génie. Il ne lui concède guère que des dons d'amuseur; il le ravale presque au rang d'un bouffon de Louis XIV, et, si Molière s'est parfois haussé jusqu'à la comédie, ce n'est que par calcul de vanité littéraire. Le malheureux a vécu dans une atmosphère d'étroits préjugés et d'immoralité dorée; il n'a jamais été supérieur à son temps et s'est contenté d'être un courtisan spirituel. Quant aux sujets de ses pièces, Molière a tout volé à Plaute, à Térence, aux Italiens, aux Espagnols, sans vergogne et sans frein. S'il avait seulement arrangé ses larcins avec art! Mais non, il abuse du raisonnement et de la philosophie; il prêche, Dieu me pardonne. Incapable de bien conduire une intrigue, sans originalité d'esprit, sans profondeur de psychologie, il n'est, par surcroît, qu'un railleur médiocre, il n'a que tout juste le sens du théâtre, et le sens moral pas du tout. M. Humbert[1], en Allemagne, M. Erhard, en France, ont victorieusement réfuté Schlegel, et point par point[2]. Gœthe, d'ailleurs, les avait devancés : « Pour un être comme Schlegel, expliquait-il à Eckermann, la nature foncièrement saine de Molière est

---

[1] *Molière, Shakespeare und die deutsche Kritik* (1869).
[2] Voir aussi *Herrig's Archiv*, XX, 83 et s.

une vraie épine dans l'œil; il n'a pas une goutte de son sang, et voilà pourquoi il ne peut le souffrir. » Schlegel est un savant doublé d'un pédant; non point un critique ni un juge. Trissotin comprendrait-il Molière ? Une érudition méticuleuse et sèche n'est point faite pour pénétrer la plus lumineuse et la plus humaine des œuvres, — et la plus objective, comme on dirait en Allemagne. Or, Schlegel est le plus subjectif des écrivains, le plus imbu de l'excellence de ses principes, le plus engoué de son « moi », de ce « moi » que Fichte avait si malencontreusement exalté et qui fut l'âme du romantisme germanique.

Pour Schlegel, le génie de la comédie française, c'est Legrand, l'auteur du *Roi de Cocagne!* Et le génie de la comédie allemande, c'est Tieck, qui réunit en sa personne Aristophane et Shakespeare, car l'« esprit fantastique » qu'il loue dans Legrand déborde précisément chez Tieck. Un dogmatisme arbitraire et paradoxal s'étale dans toutes les pages du *Cours* consacrées à Molière : il n'est de chefs-d'œuvre que les livres bâtis selon la formule de Schlegel.

Et puis, le fond de Molière est un optimisme vigoureux et clairvoyant. Le romantisme allemand s'agite dans le brouillard d'un pessimisme prétentieux et débridé. Là, santé, ici, maladie ; là, des sentiments virils, ici, de la sentimentalité désordonnée et morose, — le « lazaret » de Gœthe.

Laissons dans le « lazaret » Tieck, Kleist, Werner, les Schlegel, Novalis, mais n'y cherchons pas Adalbert de Chamisso. Ce doux et gracieux poète naquit en Champagne, de parents qui émigrèrent en Hollande, pour faire ensuite de l'Allemagne leur seconde patrie. Il fut, en 1810, l'hôte de Mme de Staël, avec Sismondi, Prosper de Barante, Mathieu de Montmorency. « Je ne suis pas à ma place dans ce monde-là, mandait-il à Neumann ; je n'ai rien de

commun avec lui. » Il dira plus tard de Mme de Staël :
« Malgré toute mon amitié pour elle, je reconnais tranquillement, avec mon cœur et ma raison, que nous ne pouvons nous tendre la main qu'à travers la frontière. »
Rentré en Allemagne, il lui adresse ces vers :

> J'ai vu la Grèce, et retourne en Scythie;
> Dans mes forêts, je retourne cacher
> Mes fiers dédains et ma mélancolie.
> Rien désormais ne peut m'en arracher.
> Adieu, Corinne, adieu, c'est pour la vie...

Ce romantique allemand conserve quelque chose de la mesure et de la clarté françaises. Il y a de la « naïveté champenoise » dans son *Peter Schlemihl* (1813), conte allégorique qui est un peu la vie romancée de Chamisso[1].

III

L'école de Tieck et des Schlegel était condamnée à ne point durer. L'Allemagne avait mieux à faire, dans les rudes premières années du siècle, que de rendre « poétique la société et la vie ». L'heure était plus à l'action qu'au rêve. Les poètes qu'on lit se nomment Arndt, Körner, Rückert, Schenkendorff; et ceux-là mêmes que la passion patriotique ne soulève point, croient aux fins politiques et sociales de l'art. Aux romantiques, succèdent les « demi-romantiques », Uhland, Schwab, Kerner, Hauff, Zschokke, d'une part, Lenau, Grillparzer, Grün, Halm, de l'autre. Il est peut-être oiseux de se mettre en quête d'influences françaises dans l'œuvre de ces écrivains. Quelques détails intéressants veulent cependant être signalés.

[1] *Uber das Jugendleben Adalberts von Chamisso*, von F. Chabozy. München, in-8, 1879.

Est-il rien de plus allemand, de plus national, que la muse d'Uhland? Non, assurément. Uhland n'en a pas moins étudié notre littérature du moyen âge pour reconstituer la poésie des antiques légendes. Le premier de ses travaux scientifiques est une dissertation sur « l'ancienne épopée française » (1812); les spécialistes la consultent encore. Les thèmes de ses ballades viennent très souvent de sources romanes. Je ne pense pas seulement à ses traductions (*Altfranzösische Gedichte*), mais à des productions originales comme *Die Jagd von Winchester*, *Taillefer*, *Klein Roland*, *Roland*, *Roland Schildträger*, *König Karls Meerfahrt*[1], etc.

Peut-on imaginer un talent plus personnel que celui de Lenau? Non, certes. Eh bien! son *Don Juan* offre d'incontestables analogies avec le type immortalisé par Molière. Et qui s'inquiéterait de réminiscences françaises dans Grillparzer? Toujours est-il qu'il avoue lui-même avoir pris le sujet de *Das Leben ein Traum* dans Voltaire; les critiques n'y ont rien vu, et il s'est bien diverti de leur ignorance[2]. Grillparzer subit assez l'ascendant et le charme du génie de Mme de Staël, pour qu'un peu de Corinne passât dans cette *Sapho*[3] (1818), à propos de laquelle Byron disait : « C'est de Grillparzer, un nom endiablé, vraiment; mais vous devez apprendre à le connaître et à le prononcer. » Grillparzer n'a cependant pas connu le « drame en cinq actes et en prose » que Mme de Staël composa en 1811 sous le titre de *Sapho*, et qui ne fut pas publié avant 1821. Les souvenirs de *Corinne*, en revanche, ne sont point rares, nous l'avons indiqué, dans l'œuvre du poète autrichien. Le

---

[1] *Zeitschrift für vergl. Litteraturgeschichte*, de Koch, I, 365 et s.
[2] *Vierteljahrschrift für Litteraturgeschichte*, V, 448 et s.
[3] *Franz Grillparzer's hellenische Trauerspiele*, von J. Schwering, Paderborn, in-8, 1891., p. 20 et s.

passage célèbre : « Tout le monde criait : vive Corinne, vive le génie, vive la beauté », se retrouve dans la scène troisième du premier acte. Et l'on pourrait faire d'autres rapprochements. L'influence française s'est également insinuée dans *Sapho* par l'intermédiaire de E. de Kleist, qui a utilisé, pour une pièce traitant le même thème, le *Voyage du jeune Anacharsis*. Grillparzer n'a d'ailleurs jamais dédaigné les traditions de notre théâtre. Il respecte, en général, la règle des trois unités. A Paris, en 1836, il assiste à la représentation de quelques-uns de nos chefs-d'œuvre classiques, et son admiration n'a pas de bornes pour Racine, « un grand poète parmi les plus grands »; il comprend moins Corneille, mais il est plein de sympathie pour Voltaire[1].

IV

C'est l'écrasement de la puissance napoléonienne et l'émancipation politique du pays qui préparèrent le plus beau triomphe du sentiment national en Allemagne. La Sainte-Alliance se chargea de dissiper assez vite les fumées de cette ivresse de patriotisme et de liberté. Les poètes de la guerre sainte, Arndt, Rückert, tous imbus des principes de la Révolution française, furent molestés ou bridés. La réaction aristocratique et policière d'après 1815 était à son comble, lorsqu'Henri Heine lui jeta le gant : les *Reisebilder* parurent (1826 à 1831), la « Jeune Allemagne » se leva.

Alors se forma une littérature de vive protestation contre la religion officielle, contre la monarchie absolue, contre l'organisation sociale surannée, contre le nationa-

[1] *Zeitschrift für neufranz. Sprache und Litteratur*, XII, 291 et s. (article de M. R. Mahrenholz).

lisme farouche. L'Allemagne eut une littérature libérale et démocratique au premier chef, simple accident ou simple goût de fronde chez les uns, affaire d'ardente et d'âpre conviction chez les autres ; il n'est presque pas besoin de dire que la France exerça sur elle une action considérable, moins peut-être, il est vrai, par le livre que par le rayonnement de l'esprit public ; moins par ses historiens, ses romanciers, ses poètes, que par sa révolution de 1830, puis par celle de 1848. Mais que de points de contact entre les lettres françaises et les efforts littéraires de la Jeune Allemagne !

Il appartint à deux Israélites allemands, Louis Börne et Henri Heine, de transplanter la Jeune Allemagne en plein Paris ; ils y vécurent de longues années, ils y moururent l'un et l'autre. Börne, qui traduisit les *Paroles d'un croyant* de Lamennais, et dont Raspail fit l'oraison funèbre, regarda toujours la France comme sa patrie d'élection ; c'est lui qui répondit aux délations et aux pamphlets de Menzel par son fameux *Menzel der Franzosenfresser*. Nul mieux que lui ne sut se familiariser avec notre esprit et s'initier à notre culture. Son style, bref, incisif et limpide est d'un écrivain allemand qui penserait en français.

Heine, « ce poète allemand qui ne pouvait vivre qu'en France », comme l'a dit M. V. Cherbuliez, et « ce rossignol allemand niché dans la perruque de Voltaire », comme il s'est lui-même appelé, Heine nous a conté « qu'il est venu au monde dans un siècle très sceptique et dans une ville (Dusseldorf) où régnait non seulement la France, mais l'esprit français ». Sa mère était une enthousiaste de Rousseau. Il lut nos auteurs avec une curiosité passionnée, Montesquieu plus distraitement, je l'accorde, que Voltaire, Diderot, Jean-Jacques, nos moralistes, nos romanciers, nos novellistes et nos petits lyriques ; on connaît son sonnet attendri à J.-B. Rousseau :

> Ton souvenir, ami, me revient aujourd'hui,
> Pénètre dans la chambre obscure de mon âme...

Il noua des relations avec la plupart de ses confrères parisiens de l'époque romantique [1]. Nombre de ses œuvres furent consacrées aux hommes et aux choses de son pays d'adoption, œuvres de science, de critique ou de pure fantaisie : *De la France, Lutèce, Satires et portraits* (un article sur Victor Cousin), quelques pages dans *De tout un peu*, Le *Tambour Le Grand*, etc., sans mentionner même celles de ses poésies dont la France a fourni le thème.

Mais ce Germain du boulevard a pu achever son éducation littéraire, aiguiser sa verve et réchauffer son imagination en France, il est trop foncièrement original pour dénationaliser son génie. C'est de Voltaire, sans aucun doute, qu'il tient le plus ; son humour, à la fois sentimental et sarcastique, est tout imprégné de raillerie voltairienne, et il serait aisé de montrer qu'il s'est de plus en plus rapproché de Voltaire dans ses livres où le cynisme croît d'année en année. Néanmoins, les traces d'une influence directe sont à peine perceptibles chez lui. La vieille chanson populaire :

> C'est à ce joli mois de Mai....

lui a vraisemblablement inspiré les vers délicieux :

> *Im wunderschönen Monat Mai,*
> *Als alle Knospen sprangen...*

Ses stances :

> *In welche soll ich mich verlieben...*

---

[1] *Betz*, op. cit., 29 et s. ; voir, en outre, ci-devant, p. 216 et s.

ont peut-être leur source dans *Les deux sœurs*, une fleur anonyme du *Chansonnier français* [1]. Il a emprunté à Stendhal (*De l'Amour*) les lignes générales de son lied : *Der Asra* :

Täglich ging die wunderschöne Sultanstochter...

Et c'est à peu près tout, puisque aussi bien celles de ses pièces où l'on croirait le plus sûrement distinguer des réminiscences françaises ont un accent personnel trop profond pour n'être point de Heine, et de Heine seul. M. Ed. de Goncourt [2] laisse entendre, je ne l'ignore point, et il s'appuie sur l'autorité d'Aug. Sichel, que l'allemand de Heine, avec ses phrases courtes, sa simplicité et sa grâce légère, a « été formé par l'étude du français des encyclopédistes ». Mais ceci est bien conjectural.

Le représentant le plus complet et le plus fidèle de la Jeune Allemagne a été Carl Gutzkow ; Henri Laube ne tarda point à s'assagir, ou à s'assouplir. Gutzkow, lui, fut un lutteur intrépide, qui jamais ne désarma. La république dans l'État, le réalisme dans la littérature, tel est, si l'on s'en rapporte aux apparences, l'idéal des Jeunes Allemands authentiques. En vérité, ces démocrates du livre sont des aristocrates de l'intelligence, ces réalistes des romantiques honteux ou des *Sturm-und-Dränger* d'arrière-saison. Ils ont toutefois ce trait commun : c'est que, patriotes aigris, ils sont grands amis de la France.

M. K. Fränkel a parlé de la période de 1840 à 1850, celle où Gutzkow composa ses principales œuvres dramatiques, comme « de la seule, depuis Schiller, où la scène allemande n'ait pas vécu des miettes de la comédie fran-

---

[1] *Zeitschrift für vergl. Litteraturgeschichte*, N. F., III, 365, et IV, 383 et s. *Geiger's Zeitschrift*, IV, 301.
[2] *Journal des Goncourt*, VII, 28.

çaise ». L'imitation de nos dramaturges est évidente chez Laube, elle domine tout son théâtre; elle est plus accidentelle chez Gutzkow. Quoi qu'il en soit, l'un et l'autre sont revenus à Molière, dont ils ont fait un libéral de la génération de 1830. Je concède que Laube rompe le cadre de notre ancienne comédie, que son Molière soit amendé par Lessing, mais c'est encore Molière; son *Rococo*, qui peint les mœurs et la vie de l'Allemagne contemporaine, est une façon de *Tartufe* moderne, — de l'actualité modelée sur un chef-d'œuvre; et le *Lenz und Söhne* de Gutzkow rappelle aussi *Tartufe*, moins cependant que *Das Urbild des Tartufe*, qui, sous couleur de dramatiser l'épisode de l'introduction du *Tartufe*, nous retrace le martyre intellectuel de la Jeune Allemagne, tout en dénaturant, sans scrupules, faits et noms historiques. Pourquoi d'ailleurs l'histoire aurait-elle gêné Gutzkow, dans une pièce qui, il le dit sans ambages, se passe en 1844? Il s'est tout uniment mis en tête d'offrir à l'esprit du siècle et à la libre pensée l'hommage d'une sanglante revanche. Ne lui reprochons donc pas, avec M. Paul Lindau, d'avoir traité son sujet avec trop de fantaisie. L'*Original de Tartufe*, mordante et chaude satire, est, du même coup, un vigoureux tableau de mœurs. Que lui demanderions-nous de plus?

Mais il s'est formé, depuis la Révolution, à travers les guerres où se mêla le sang des peuples, où se fit la propagande des idées, il s'est formé une âme européenne. Si l'Europe diplomatique n'est qu'une chimère, l'Europe intellectuelle est une réalité. Le continent presque entier, malgré la diversité des races et les conflits d'intérêts, pense de même, sent de même, est livré aux mêmes passions, connaît les mêmes enthousiasmes, partage les mêmes haines, caresse les mêmes rêves. Chaque nation dirige à son tour, ou dirigera, l'effort collectif de cette grande société de civilisation qu'est l'Europe moderne, dans le domaine de l'art autant que dans les autres. Ainsi la Grèce, à un moment donné, inspire tout l'Occident, Byron comme Hugo, et Hugo comme Waiblinger. Ainsi la prodigieuse destinée de Napoléon rend un instant la France maîtresse de toutes les imaginations. Puis, les journées de Juillet 1830 sont le signal d'un fier réveil de la liberté. Puis, c'est 1848 qui agite le problème social, et qui en soufflera la poignante inquiétude à toute l'Europe. Puis, de nouveaux faits se produiront, et leur caractère européen apparaîtra en pleine lumière.

Est-il permis dès lors, pour ne point nous écarter de la littérature, de parler encore d'imitation française, allemande, ou anglaise? Est-ce que Musset imite Byron? Est-ce que Freiligrath imite Hugo, ou Lenau Alfred de Vigny? Il y a de la poésie dans l'air; elle appartient à qui sait l'exprimer, et, si d'une frontière à l'autre, l'accent des poètes peut changer, c'est la même flamme qui brûle en eux. Quelles frappantes analogies entre la Jeune Allemagne, par exemple, et notre romantisme! Il n'en est pas moins impossible de noter exactement l'influence de celle-là sur celui-ci, ou de celui-ci sur celle-là, si ce n'est dans les détails. C'est que le temps de la littérature européenne est venu; les échanges entre les génies des diverses nations sont si fréquents et si rapides, les apports des races se mélangent si bien, et avec une facilité telle, que l'originalité littéraire finira par ne plus résider que dans la langue: l'esprit tend à être partout le même.

Ce phénomène ne fut jamais plus apparent que dans le quart de siècle où nos ancêtres assistèrent à l'essor et au déclin du romantisme en France. Mais certaines idiosyncrasies nationales continuent, en dehors même de la différence fondamentale des langues, à maintenir la variété dans l'unité, à empêcher la fusion complète entre les littératures de l'Europe. De l'autre côté du Rhin, par exemple, la muse est sollicitée plus qu'en France par la politique, et la politique envahit le lyrisme allemand. Dès 1830, Anastasius Grün, Lenau, K. Beck, Hoffmann de Fallersleben, Herwegh, Geibel, Dingelstedt, Freiligrath, Maurice Hartmann s'élèvent en vers ardents contre le despotisme, et célèbrent le prochain avènement de la démocratie. Arndt, Rückert, les hommes de la croisade germanique contre Napoléon, étaient des patriotes chrétiens et des royalistes allemands. Leurs successeurs sont, la plupart, de fougueux anticléricaux, ils se jettent dans le républicanisme international, et ils regardent sans cesse vers cette France qui est perpétuellement en mal de révolution : des œuvres comme 1830 et 1848 leur sont plus chères que toutes les *Méditations* et toutes les *Voix intérieures* du monde.

Serait-ce à dire que la poésie française n'a plus d'écho en Allemagne ? Non, mais on la goûte ou l'admire, plus qu'on ne s'en pénètre, car on n'y trouve rien d'essentiellement nouveau, ni pour le sentiment poétique, ni pour les formes littéraires. Tout cela, encore une fois, est de la littérature européenne du moment. Si l'on n'a rien à apprendre des Français, ce n'est jamais peine perdue de les écouter. Aussi Victor Hugo a-t-il été étudié, jugé et traduit par nombre de ses contemporains d'Allemagne. Et Lamartine fut beaucoup aimé, et le charme de Musset ne laissa point d'opérer au-delà de la frontière.

Vous retrouverez quelque chose du Musset des *Nuits* dans Geibel, chantre éloquent de cet amour qui est *Sturm von Weh und Wonne*. Freiligrath[1] met en allemand nos

[1] *Herrig's Archiv*, LXIV, 1 et s.

poètes, en faisant un choix contestable mais en manifestant des ressources d'art très précieuses. Dans le tome deuxième de ses *Gesammelte Dichtungen* (1836), vous rencontrerez des morceaux de Lamartine, de Reboul, de Musset, de Mᵐᵉ Desbordes-Valmore, de Barbier. Il donne, en 1849, la *Marseillaise de la paix* de Lamartine. Mais c'est Hugo qu'il traduit de préférence, *Moïse sur le Nil*, *Date lilia*, *Navarin*, *Lorsque l'enfant paraît*, etc. Il entend travailler ainsi au « Panthéon de la littérature universelle », entrevu par Herder. Geibel, R. Waldmüller, Spielhagen, Paul Heyse et tant d'autres ont également transporté dans leur langue quelques fragments de notre poésie lyrique. Je ne crois pas que l'Allemagne ait fourni un traducteur supérieur au Suisse Henri Leuthold[1] ; la fidélité du sens et l'aisance du tour sont incomparables. Au demeurant, l'allemand, idiome complaisant, flexible et riche entre tous, convient mieux que tout autre à la traduction ; il n'est pas une seule page, vers ou prose, de quelque littérature que ce soit, que l'allemand ne puisse rendre exactement, et presque mot à mot.

Leuthold collabora, avec Geibel, aux *Fünf Bücher französischer Lyrik* (1862), qui sont en bonne partie de lui. Ce recueil, extrêmement intéressant, contient de l'André Chénier, du Victor Hugo, du Musset, du Vigny, du Lamartine, du Béranger, du Th. Gautier, du Barbier, du Brizeux, du Leconte de Lisle, et les poètes de la Suisse romande n'y sont pas négligés. Voici quelques échantillons du talent de Leuthold. La première strophe du *Bonaparte* de Lamartine est devenue ceci :

Auf einem kalten Riff, um das die Wogen wimmern,
Sieht aus der Ferne schon der Seemann weisslich schimmern

[1] *Schweizerische Rundschau*, 1894, vol. I, 519 et s., 608 et s., II, 81 et s.

> Am angeschwemmten Strand ein abgelegnes Grab.
> Noch braunte nicht die Zeit den Stein, und unterm Teppich
> Des grünlichen Geflechts von Zwerggestand und Eppich
> Liegt... ein zerbrochner Herrscherstab.

La fin du *Mazeppa* d'Hugo est traduite en ces termes :

> Verzweifelnd schreit er auf, doch du rennst unaufhaltsam,
> Entschwindet seine Kraft, doch reisst ihn fort gewaltsam
> Dein sturmbeschwingter Lauf ;
> Bei jedem Satz sucht er zusammen, wie verendend.
> Die Frist geht um... Er jagt, fliegt, stürzt, — doch gross und
> Als König steht er auf!   [blendend.

La France reste l'enchanteresse pour presque tous les poètes allemands de cette période. Maurice Hartmann écrivait en 1851 : « Qu'il y ait encore des hommes en Prusse, c'est le fait de la nécessité et de la réflexion, mais la nature n'a ni voulu ni fait cela. » Quel paradis, en revanche, que cette France ! Lisez les *Souvenirs du Languedoc et de la Provence*, si vibrants et si vivants, lisez les gracieux *Voyages à travers le pays celtique* : la Provence et la Bretagne ont renouvelé l'imagination d'Hartmann, rafraîchi sa sensibilité, enrichi le trésor de ses impressions.

Ce serait un assez vain et puéril plaisir que de chercher des traces d'imitation française dans la poésie allemande d'après 1830. Pour sa poésie tout au moins, l'Allemagne n'emprunte à ses voisins d'Ouest rien qui vaille la peine d'être signalé avec quelque insistance ; elle traduit, je le répète, non pour son besoin, mais pour son agrément. Il est préférable — plus instructif et plus piquant — de résumer les appréciations de la critique allemande sur l'un ou l'autre de nos grands poètes modernes ; je prends Victor Hugo, qui fut le plus discuté de tous.

On n'a pas oublié ce que Gœthe pensait de l'auteur

d'*Hernani*. Börne a vu en Hugo[1] « le plus beau génie de la France, que nous admirons jusqu'en ses défauts » ; il mandait cependant de Paris, le 21 Février 1833 : « Victor Hugo a l'air d'un riche fils de famille qui est tombé entre les mains des usuriers, et qui fait dettes sur dettes. S'il continue, il risque d'être pauvre à l'âge de majorité. » Heine disait, vers le même temps : « Oui, Victor Hugo est le plus grand poète de la France, et, ce qui vaut mieux, il pourrait même le disputer aux premiers poètes de l'Allemagne. » Les Jeunes Allemands et leurs amis ne lui ménagent ni leur sympathie, ni même leur enthousiasme. La guerre de 1870, l'*Année terrible* même ne diminuèrent point sa popularité de l'autre côté du Rhin. On lui pardonna l'*Année terrible*, un livre écrit, expliqua la critique allemande, à une époque où il avait un peu perdu la tête ; or, qui ne perd pas la tête à de certains moments n'a rien à perdre, affirmait déjà Lessing. Quelques historiens littéraires ont été plus durs. Engel soutient, dans sa *Psychologie der französischen Litteratur*, que, chez Hugo, « les accents du cœur sont effroyablement rares », et que le poète des *Châtiments* n'est qu'un « rhétoricien ». M. Paul Lindau, qui, d'ailleurs, ne paraît pas même connaître les *Contemplations*, n'a pas été moins sévère. D'autres, MM. R. de Gottschall, Th. Zolling, l'ont jugé équitablement, comme nous le jugeons nous-mêmes aujourd'hui, après la bruyante apothéose.

V

Dans le patrimoine intellectuel d'une nation, la poésie

---

[1] *Zeitschrift für neufranz. Sprache und Litteratur*, VII, 226 et s.; *Herrig's Archiv*, LXXIV, 447.

est le trésor intime que les apports de l'étranger peuvent augmenter, mais qu'ils ne sauraient former. Le roman, le théâtre sont bien plus ce que j'ai appelé de la littérature extérieure. D'où le fait que la poésie allemande est presque soustraite à l'action directe de la France depuis Gœthe et Schiller, tandis que le roman et le théâtre semblent incapables de s'en affranchir. Que n'a-t-on pas publié, voici plus d'un demi-siècle, de romans, de nouvelles, de vaudevilles, de comédies et même de drames *nach dem Französischen!* Et plus d'un auteur malin a négligé d'indiquer ses sources. Presque toute notre moderne littérature d'imagination, si l'on en excepte la poésie, a été non-seulement traduite, mais adaptée, arrangée, copiée et pillée en Allemagne. Tout y a passé, Bernardin de Saint-Pierre et Chateaubriand, les pièces de Casimir Delavigne et d'Alfred de Vigny, *Graziella* et *Le Caprice*, Dumas père et Eugène Sue, George Sand et Victor Hugo, Balzac et Mérimée, Nodier et Stendhal, Scribe et Paul de Kock, Mme de Girardin et Jules Sandeau, A. Belot et Flaubert, Töpffer et About, V. Cherbuliez et O. Feuillet, Souvestre et Erckmann-Chatrian, Augier et Dumas fils, Sardou et Pailleron, Meilhac et Halévy, Coppée et de Bornier, Labiche et Valabrègue, Bourget et Loti, Maupassant et Zola, Lemaître et France, Marcel Prévost et Ed. Rod, Hector Malot et Georges Ohnet, tout, jusqu'à Xavier de Montépin et Gustave Aymard. On me dispensera volontiers d'une nomenclature plus complète.

Assurément, les écrivains de marque ne se sont point livrés à ces besognes inférieures, mais les Français sont demeurés, pour les Allemands, les maîtres conteurs et les maîtres amuseurs de l'Europe : il n'y a qu'eux encore pour composer un récit divertissant ou passionnant, pour tirer merveilleux parti d'une situation ou d'une intrigue.

pour posséder à fond la science des effets dramatiques, et j'allais dire les *trucs* du métier littéraire.

Eugène Sue et Dumas père ont surtout joui d'une vogue extraordinaire en Allemagne. On y dévorait, comme en France, leurs histoires mouvementées et copieuses. Les *Mystères de Paris* et les *Trois mousquetaires* furent les grands romans à succès de 1840 à 1860 ; ils suscitèrent d'innombrables imitations, ils dominèrent même toute une province de la littérature allemande. George Sand, que Mme Birch-Pfeiffer lut avec ferveur, déchaîna sur l'Allemagne le flot des romans « émancipateurs » et le mal du féminisme belliqueux ; elle inspira Fanny Lewald, Wilhelmine von Hillern, Mathilde Raven et tout le bataillon sacré des muses révolutionnaires. Balzac étonna et en imposa plus qu'il n'attira. Il en advint de même à Flaubert, dont *Salammbô* a pourtant servi de modèle à Robert Hamerling dans les fêtes orgiaques et les scènes de carnage du fameux roman archéologique *Aspasia*. Feuillet remit en faveur la distinction aristocratique et les héros mondains ; Spielhagen, qui traduisit l'*Amour* de Michelet, a subi le prestige de l'éloquent et chaleureux écrivain, et je pourrais ajouter que la *Rose de la Cour*, une nouvelle du même auteur, a emprunté plus d'un trait à *Mademoiselle de La Seiglière* de Jules Sandeau. Le *Nirwana* (1877) de G. Jensen évoque le souvenir du *Quatre-vingt-treize* de Victor Hugo, par la donnée déjà, et aussi par la tension du style, les préoccupations humanitaires, le pathétique exagéré. Mais les vrais romanciers d'Allemagne sont toujours ceux qui n'expatrient pas leur talent, un Auerbach, un Reuter, un Freytag, un Gottfried Keller.

Au théâtre, l'influence française reste prépondérante. Lesquels de nos dramaturges de quelque valeur n'ont point fourni leur contribution à la scène allemande?

Casimir Delavigne, dont l'inspiration se retrouve dans le *Paria* (1823) de Michel Beer (même haine contre l'esprit de caste), fut encore le prêteur de H. Kruse pour son *Marino Falieri* (1886). Qu'est-ce que la *Marie Madeleine* de Fr. Hebbel, sinon le thème d'*Antony* ? Le baron d'Auffenberg n'est-il pas, selon M. R. de Gottschall[1], qu'une sorte « de réduction et de mélange » de Victor Hugo, Byron, Walter Scott et Schiller ? Ne tient-il pas de Hugo son goût excessif de l'antithèse, son souci de la perfection verbale, sa passion du pittoresque et de l'extravagant ? Le roi français du théâtre allemand, de 1820 à 1850, et même après, n'en est pas moins Eugène Scribe, auquel tout le monde a pris quelque chose, Hackländer (*L'Agent secret*), R. de Gottschall (*Pitt et Fox*), et cent autres. Son prestige ne baissera que pour faire place à celui d'Augier, de Dumas fils et de Sardou. La scène continue ainsi à se dénationaliser : tout Paris est à Berlin et à Vienne.

Quant à Molière, celui de nos classiques dont l'Allemagne n'a pu se lasser, il est à peu près sacrifié aux modernes. On tient qu'il a vieilli, on ne le comprend plus, et qui sait si on l'a jamais bien compris ? M. Paul Lindau a prétendu que « le peuple allemand n'a jamais été de cœur avec Molière ». C'est alors qu'on aurait trop fait voir à l'Allemagne la caricature de l'œuvre plutôt que l'œuvre elle-même. Les critiques n'en persistent pas moins à l'étudier ; comme Voltaire, il eut et il a ses fidèles et ses dévots, un Lotheissen, un Mahrenholtz, un Humbert, un H. Morf, un Koschwitz, un H. Schweizer, pour ne citer que ces noms[2].

[1] *Deutsche Nationallitteratur des neunzehnten Jahrhunderts*, 4 Bde, Breslau, in-8°, 6te Auflage (1892), III, 647.
[2] Voir, entre autres : *Molière, sein Leben, und seine Werke*, de Lotheissen (1880), *Molière's Leben und Werke*, de Körting et Ko-

Et le théâtre lui revient, grâce à l'excellente traduction de Baudissin.

Si le drame allemand s'est insensiblement libéré de la tutelle française, la comédie s'y soumet toujours. Quelques auteurs cependant, et non des moindres, se sont efforcés de doter leur pays d'une comédie nationale. Gustave Freytag, reprenant les traditions de Lessing, a commencé avec ses *Journalisten* (1854), en ouvrant le théâtre à la société et aux mœurs de l'Allemagne nouvelle. De Putlitz, Bauernfeld, Benedix ont été stimulés par lui Mais la fête de l'affranchissement définitif ne sera pas célébrée avant le vingtième siècle, — si elle l'est jamais, si elle peut jamais l'être, car enfin la supériorité dramatique des Français, qui était un article de foi avant Lessing, n'a pas cessé d'être la plus évidente des réalités : le public ne s'y est point trompé ; c'est à eux qu'il est allé de préférence, et les auteurs ont suivi avec docilité en lui servant à l'ordinaire l'article de Paris sous un léger vernis allemand.

schwitz (1881), le *Molière-Museum* de H. Schweizer, *Zeitschrift für neufranz. Sprache und Litteratur*, IV, 1 et s., 60 et s., 213 et s.

CHAPITRE IX

L'INFLUENCE DE LA LITTÉRATURE FRANÇAISE SUR LES CONTEMPORAINS

I

La décadence des lettres allemandes s'est tout d'abord accentuée avec la fondation du nouvel empire : l'art a été comme écrasé par l'histoire. Produit d'une fusion prématurée peut-être et violente, l'Allemagne impériale a l'air d'un corps sans âme. L'unité extérieure est là ; l'unité intellectuelle et morale n'existe pas encore. L'indifférence du public n'a pas augmenté la puissance créatrice de l'esprit national. Opérettes, vaudevilles, comédies et romans français continuent à piquer bien davantage l'intérêt et la curiosité des Allemands, que les poèmes d'un Hamerling ou d'un Jordan, les drames d'un Martin Greif ou d'un Wildenbruch. La science et l'érudition ne déclinent point ; la littérature végéterait, inquiète et fiévreuse, s'ignorant et se cherchant, si Daudet, Zola et nos dramaturges d'une part, Ibsen et les Russes de l'autre, n'avaient paru pour stimuler les écrivains et susciter des œuvres.

Mais, sur le terrain scientifique même, l'Allemagne n'a point dédaigné le labeur de la France. Et, pour ne parler que des sciences auxiliaires de la littérature, l'histoire, la philologie, la philosophie ont certes gagné à la fréquentation des auteurs français. Il est incontestable que le travail historique est plus puissamment organisé en Allemagne qu'en aucun autre pays; serait-ce toutefois qu'un Guizot ou un Henri Martin, un Taine ou un Sorel n'ont rien prêté à leurs confrères d'Allemagne, et que ceux-ci ont fait fi des excellentes méthodes appliquées soit à l'Ecole des Chartes, soit à l'Ecole des hautes études? Les historiens d'Outre-Rhin ont pu se convaincre, par un commerce suivi avec les nôtres, que, selon le mot de M. G. Monod, la composition et le style seuls « donnent aux travaux mûrement élaborés une valeur durable. »

Si nous passons à la philologie, à la philologie romane tout au moins, les belles recherches de M. Gaston Paris, de ses élèves, de ses émules, ne sont-elles pas appréciées en Allemagne comme en France? Les Allemands, qui ont fait de la littérature comparée l'une des sciences les plus ingénieuses, les plus captivantes et les plus fécondes, n'ont-ils pas demandé bien des idées originales à Taine ou Hennequin[1]? L'histoire littéraire de la France n'a-t-elle pas fourni un admirable champ d'investigation aux érudits et aux critiques de Germanie? Alors que nous ne possédions pas encore notre *Revue d'histoire littéraire de France*, fondée en 1894 seulement, l'Allemagne nous montrait le chemin avec une quantité de revues spéciales comme la *Zeitschrift für französische Sprache und Litteratur*, la *Zeitschrift für romanische Philologie*, l'*Archiv für Litteraturgeschichte*, la *Franco-Gallia*, la *Zeitschrift für vergleichende Litteraturgeschichte*, la *Vierteljahrschrift für*

---

[1] *Zeitschrift für franz. Sprache und Litteratur*, XVIII[1], 143 (article de M. L.-P. Betz).

Litteraturgeschichte, et bien d'autres périodiques, consacrés exclusivement ou en bonne partie à l'étude des lettres françaises. Les histoires générales de notre littérature abondent en Allemagne, traités complets ou simples manuels, ainsi que les tableaux de l'un ou l'autre de nos grands siècles, et les copieuses monographies, et les biographies, définitives pour la précision et la richesse des détails. Avons-nous, sur notre dix-huitième siècle, un livre comparable à celui de Hettner? Ou, sur Diderot, un ouvrage qui vaille celui de Rosenkranz? Ou sur notre roman au xvii° siècle, une enquête aussi approfondie et aussi large que celle de Koberstein?

La philologie romane, depuis Dietz, a été cultivée en Allemagne avec autant d'ardeur et de succès qu'en France. Notre langue y est encore la seconde langue de tout le monde. Dans un agréable et curieux petit volume, M. Jean Breton constatait naguère ceci : « Toute l'Allemagne apprend toujours le français avec le plus grand soin. Si je n'ai pas rencontré beaucoup d'étudiants qui le parlent couramment, je n'en ai pas rencontré *un seul* qui ne le puisse lire. A Berlin surtout, l'enseignement du français est très développé. Il y a un lycée fondé par les soins des réfugiés français, dont toutes les hautes classes se font en langue française. Il y a un *Verein* de conférences françaises... L'année dernière on a fait des conférences sur Renan, Sully-Prudhomme, Musset, Richepin, Ludovic Halévy. » Quand fera-t-on en France, à Paris, des conférences sur Raabe, Freytag, Nietzsche, Keller? Et quand tous les étudiants seront-ils capables d'y lire l'allemand, sinon de le parler?

Nous n'avons rien dit encore de la philosophie. La philosophie française reste, à bien des égards, tributaire de celle de l'Allemagne ; celle-là n'aurait-elle jamais stimulé celle-ci ? Laissons de côté les professionnels de la métaphysique ; bornons-nous à ceux d'entre les philosophes qui ont exercé une action plus ou moins décisive sur l'orientation des idées, et des idées littéraires particulièrement.

Un nom s'impose à notre attention : celui d'Arthur Schopenhauer, qui appartient sans doute aux précédentes générations mais qui est étroitement mêlé à tout le mouvement de la littérature contemporaine. Voici bien, ce semble, le type du penseur allemand, qui ne doit rien à l'étranger, qui est de son pays et de sa race, et dans lequel nous chercherions en vain une parcelle d'esprit français. Eh bien ! les plus incontestables précurseurs et les modèles les plus directs de Schopenhauer furent de nos écrivains. Je sais que, d'après Rückert [1] (lettre du 16 Février 1845), « le monde comme représentation et volonté, c'est la doctrine de Kant, plus claire, plus développée et plus intelligible ». Mais n'attribuons pas trop d'importance au métaphysicien, qui n'est ni très original, ni très profond. L'auteur de l'*Essai sur le libre arbitre* est avant tout un moraliste, un humoriste et un artiste de lettres. Ses compatriotes n'ont pas eu tort de le comparer à Montaigne, à un Montaigne, il est vrai, qui serait né à Dantzig et se serait formé à l'Université de Berlin.

Montaigne lui-même ne paraît pas avoir exercé d'action sur les idées de Schopenhauer ; ces deux hommes ont toutefois ceci de commun qu'ils regardèrent le monde à travers leur vie et leur tempérament. La France ne fut pas moins la grande prêteuse de Schopenhauer. A neuf ans, il est au Hâvre, où il s'éprend si vivement de notre langue qu'il a presque oublié l'allemand au bout de deux années.

[1] *Archiv für Litteraturgeschichte*, X, 522.

N'est-ce pas lui qui a dit : « On a reproché aux Allemands d'imiter tantôt les Français, tantôt les Anglais, mais c'est justement ce qu'ils peuvent faire de plus fin, car, réduits à leurs propres ressources, ils n'ont rien de sensé à vous offrir [1]. » Il estime peu la philosophie française, « qui est demeurée, dans son ensemble, presqu'au même point où l'avaient laissée Locke et Condillac [2]. » Notre littérature, en revanche, est pour lui la meilleure des récréations, la plus instructive, la plus séduisante et la plus délicieuse. Il s'y plonge avec volupté. Son pessimisme ne lui vient-il pas de Jean-Jacques, ainsi que des épigones littéraires de cet âpre et violent génie? Le *Philosophe ignorant* de Voltaire ne l'a-t-il pas ravi? N'a-t-il pas puisé à pleines mains dans Chamfort et dans les ironistes de notre XVIII° siècle? Son *Weltschmerz* n'est-il pas, avec un tour d'expression plus brutal, celui de Chateaubriand et de Musset? Théoricien maussade de la mélancolie universelle, il résume, en les germanisant, en les systématisant, le cynique Voltaire et le triste Rousseau. Nos auteurs, qui lui étaient familiers, lui ont livré le secret de leur style alerte et sobre. A chaque instant, il nous rappelle La Rochefoucauld et ce Chamfort qui, selon M. Th. Ribot, lui a fourni en dix lignes toute une métaphysique de l'amour. J'ajoute, qu'à ses fidèles, il recommandait la lecture de la *Vie de Rancé*, de Chateaubriand, et de la *Vie d'Elisabeth de Hongrie*, par Montalembert.

Fr. Nietzsche nous est connu par les travaux de MM. de Wyzewa, H. Albert, E. Schuré ; il est en train de bénéficier en Allemagne et en France de la vogue de

---

[1] *Pensées, maximes et fragments* (traduction J. Bourdeau, Paris, in-16, 1880), p. 165.
[2] *Essai sur le libre arbitre* (1ʳᵉ traduction française, Paris, in-16, 1877), p. 167.

Schopenhauer, mais serait-il moins que celui-ci le débiteur des Français? M. G. Monod a pu dire « qu'il avait revêtu d'une forme splendide des pensées qu'on trouve chez les philosophes grecs, chez Schopenhauer, chez La Rochefoucauld, chez Chamfort, chez Helvétius, chez Taine et chez Renan. » Nietzsche n'a-t-il pas vu dans nos moralistes « les successeurs directs de l'esprit antique », et ne leur attribue-t-il pas « plus de pensées réelles qu'à tous les livres réunis de tous les philosophes allemands? » Et M. de Wyzewa n'a-t-il pas eu le droit d'écrire que Nietzsche « s'est véritablement assimilé toutes les façons de penser françaises du xviii° siècle »?[1]. Ce prince des sophistes a pris son bien un peu partout dans notre littérature. Il n'est pas un philosophe, au surplus; il est, par excellence, l'homme de lettres, l'acteur littéraire qui offre à ses contemporains le spectacle d'une éblouissante féerie de paradoxes. « Rousseau germano-slave », « Rousseau du siècle futur », il avait rêvé d'exposer sa doctrine dans un grand ouvrage: *Der Wille zur Macht*; le premier chapitre en a seul paru, sous le titre de l'*Antéchrist*. Nietzsche proclame le retour à la nature, mais à une nature où la « blonde bête brute » pourra s'abandonner à toute la fougue des instincts primitifs; l'humanité n'est créée que pour servir de marchepied à quelques forts en muscles; le christianisme, odieusement plagié par Tolstoï, est un non-sens avec ses dogmes débilitants de la repentance et de la rédemption; la foi n'est qu'un *Nicht-Wissenwollen was wahr ist*, un refus de connaître la vérité... Arrêtons-nous!

Au fond, Nietzsche ne se serait-il pas borné, dans ce livre comme dans l'une ou l'autre de ses publications antérieures, à reproduire, ainsi que l'a noté M. Jules

---

[1] *Ecrivains étrangers*, in-16, Paris, 1896, p. 21.

Lemaître[1], « les rêveries maladives des *Dialogues philosophiques* de Renan ? » Il a, je le veux bien, surnommé Renan « *ein Hanswurst in psychologicis* », comme il a traité Rousseau de « canaille et idéaliste en une seule personne »; il y a cependant beaucoup de Jean-Jacques en lui; bien plus, il s'est nourri de notre athéisme du XVIII° siècle, il a lu et admiré Stendhal, dont il partage l'enthousiasme pour César Borgia, mais c'est encore et toujours à Renan qu'il le faut ramener. Où aurait-il conçu, sinon à travers Renan, cette terreur et cette horreur de la démocratie niveleuse et du *Sozialistengesindel*? Où a-t-il trouvé ces êtres surhumains, ces « azes » bien découplés, dont il prédit l'avènement par la bouche de Zarathustra et qui asserviront la foule des esclaves? Dans Renan, quoique les « azes » de celui-ci soient des héros de l'intelligence, alors que ceux de Nietzsche sont de simples prodiges d'énergie physique, et comme une aristocratie du biceps.

Son mépris de l'Allemagne et des Allemands s'est exprimé souvent, et en termes d'une singulière véhémence : « Ah! ces Allemands, je les exècre... Ils ont sur la conscience toutes les moitiés, tous les trois huitièmes de principes dont l'Europe est malade. » Mais laissons là ce Renan germanique, grossier et puissant. Son œuvre n'est allemande que par la langue; la pensée en est une sorte d'alliage franco-slave.

II

Il est temps de revenir à la littérature d'imagination, dont nous ne nous sommes d'ailleurs pas écartés beaucoup

---

[1] *Revue des Deux-Mondes*, tome 126, p. 869.

avec Schopenhauer et Nietzsche. Au théâtre[1], le grand homme de cette dernière moitié de siècle, s'appelle en Allemagne : Richard Wagner. Sa conception du drame musical a vaincu, au reste, de l'un et de l'autre côté du Rhin. Wagner doit sans doute quelque chose de son « faire » et de sa virtuosité à Berlioz, le créateur de l'école romantique française ; il est possible aussi qu'il ait connu ce mot de Beaumarchais : « Il y a trop de musique dans la musique du théâtre. » Ses livrets d'opéra, qu'il a composés lui-même, sont empruntés à quelques-uns des plus illustres poèmes de notre moyen âge ; avouons qu'il a étudié ces poèmes dans leurs imitations allemandes, tout imprégnées d'idéalisme mystique. Je ne cite que pour mémoire un pamphlet gallophobe, qui a longtemps empêché le succès de son œuvre auprès du public de France ; j'entends sa *Capitulation*, farce aristophanesque, et plus tudesque encore, où le mauvais goût le dispute au chauvinisme inintelligent.

Dans le drame moderne et dans la comédie, les Allemands sont toujours les élèves ou les parasites des Français, en dépit de quelques talents originaux, mais presque tous de second ordre, qui ont essayé d'une réaction nationale au théâtre. L'influence de Scribe avait été considérable, jusqu'en 1850, et même après ; celle d'Augier, de Dumas fils, de Th. Barrière, de Sardou, de Pailleron la remplacèrent. Il n'est pas même nécessaire de dire que tous nos vaudevilles et toutes nos bouffonneries ont été, comme précédemment, traduits, copiés, adaptés avec un rare entrain par les fournisseurs des scènes allemandes. Mais

---

[1] *Das deutsche Drama in den litterarischen Bewegungen der Gegenwart*, von B. Litzmann, 3te Auflage, Hamburg und Leipzig, in-8, 1896 ; *Cosmopolis*, I, 533 et s. (article de M. K. Fränkel) ; *R. von Gottschall*, op. cit., III, 460 et s., IV, 1 et s.

c'est Augier, Dumas fils et Sardou qu'on imita le plus volontiers et qui enseignèrent aux auteurs dramatiques de ces trente dernières années l'art sûr et direct du *Gendre de M. Poirier*, du *Demi-monde*, des *Pattes de mouche*. Les Français ont non seulement rouvert le théâtre allemand au réalisme, ils ont inspiré aux écrivains, avec le goût de l'action rapide et du style nerveux, le courage des situations risquées et des problèmes hardis, ou même scabreux. Dumas fils surtout devait plaire à Berlin, à Hambourg, à Munich, grâce à son habile mélange de naturalisme à peu près décent et de fantaisie aventureuse, grâce encore à sa manie de disserter et de prouver. Ses pièces à thèse semblaient toutes faites pour intéresser l'Allemagne. Elles ne donnaient, d'abord, pas une idée très haute des mœurs françaises; et, si l'on estima que Dumas concluait trop aisément du particulier au général, qu'il était plus éloquent raisonneur que logicien solide, qu'il y avait un peu trop de frivolité dans son sérieux, on n'en fut pas moins conquis par le savant dramaturge et le penseur. Songez donc : un penseur, et un penseur parisien à la scène, quelle surprise, et quel régal! L'influence de Sardou fut plus superficielle, son succès peut-être plus éclatant, et je n'oublierai jamais avec quel enchantement joyeux le public de Leipzig saluait, en 1876, les représentations de *Nos Intimes* (*Unsere Freunde*).

Les meilleures pièces jouées en Allemagne, pendant longtemps, ont été celles des maîtres du théâtre français contemporain. La traduction et l'imitation de Sardou, de Dumas et des autres suffirent, sinon aux plus ambitieux, du moins aux plus fêtés des auteurs dramatiques. Je ne parle pas de G. von Moser, ni de Julius Rosen, ni de leurs émules, qui ne rendraient pas jaloux nos vaudevillistes à la douzaine: j'ai en vue les Lindau, les Lubliner, les Blumenthal et leur école.

M. Paul Lindau a vécu en France, à Paris. Ce Berlinois francisé rapporta en Allemagne un théâtre allemand de langue, parisien de tour et d'esprit. Les *Lustspiele*, les *Conversationsstücke* de Blumenthal sont, eux aussi, ce que M. Litzmann qualifie, non sans aigreur, de « nouveautés de Paris ». Serait-il difficile à Sardou de reconnaître souvent son bien dans les drames et les comédies de Lubliner? M. F. Philippi n'a-t-il pas repris adroitement quelques pièces de notre répertoire moderne, l'*Affaire Clémenceau* entre autres? Ces écrivains ne sont pas des créateurs; ils ne se piquent nullement d'originalité, mais ils n'en ont pas moins la vogue en Allemagne, parce qu'il n'y a pas vingt manières de faire de bon théâtre, et que leurs maîtres, les Français, ont cultivé, depuis des siècles, la littérature dramatique avec une indéniable supériorité. Je concède, après cela, qu'Ad. Wilbrandt, L'Arronge, Schönthau ont tenté, non sans y réussir parfois, de réagir contre la prédominance par trop exclusive des auteurs parisiens; et pourtant, que de réminiscences françaises dans leurs œuvres!

Lorsqu'on donna, en Février 1895, à la Renaissance, la *Magda* de Sudermann, le plus personnel et le plus vigoureux des dramaturges de l'Allemagne actuelle, on put croire à une révélation. Les lettrés ne se laissèrent point abuser par la couleur et l'accent germaniques de la pièce, ni même par les fortes préoccupations morales de Sudermann. Le soir même de la première représentation, M. H. Fouquier notait spirituellement, dans le *Figaro*, que « ce drame, extrêmement bien construit, fait le plus grand honneur au théâtre... français, dont il est inspiré et imité »; il ajoutait : « *Magda*, c'est une tragédie bourgeoise selon la conception de Diderot, mais d'un Diderot très modernisé. Il est visible que *Magda* procède du *Père de famille*, que le vieux colonel est le frère du colonel de la *Closerie des genêts*. » Quelques jours après, M. Sarcey relevait une analogie assez sensible entre le premier acte de *Magda* et le *Philosophe sans le savoir* de Sedaine; Vanderack, disait-il, c'est Schwartz, Victorine, c'est Maria « plus originale et plus délicieuse ». Il n'est que de connaître ses auteurs, pour retrouver l'empreinte de notre drame moderne ou de notre comédie dans presque tout le théâtre allemand de ce temps; j'en excepte, naturellement, la tragédie, qui demeure shakespearienne et schillerienne, même quand les sujets sont empruntés à l'histoire de France, comme dans le *Robespierre* et le *Danton* de Goufichen.

C'est que, malgré tout, il n'est pas permis d'enfreindre impunément les règles, de passer sans danger par dessus les conditions extérieures de l'art dramatique. Lessing et ses successeurs qui accentuèrent encore son mépris des lois de la scène, n'ont pas empêché les Allemands de regarder du côté de la France, où une tradition et une éducation théâtrales, plusieurs fois séculaires, ont formé des maîtres incomparables, non point peut-être pour la profondeur de la psychologie, l'envergure de la pensée, la géniale hardiesse des situations, mais pour l'absolue perfection du métier, le respect invétéré d'une technique rigoureuse, et l'adresse atavique, si je puis ainsi dire, à composer un spectacle, tant et si bien que la plupart de nos pièces françaises, fussent-elles les plus pauvres de substance, restent des monuments achevés d'art, ou des prodiges de dextérité.

III

Ne serait-ce pas vouloir prouver l'impossible, que d'entreprendre une démonstration de l'influence de notre poésie sur celle de l'Allemagne? Certes, plus d'un poète d'Outre-Rhin pourrait écrire, comme Betty Paoli[1] : « J'ai toujours considéré comme la première, et la plus grosse de mes maladresses, de n'être pas née en France » ; et, s'il est certain, qu'on trouve chez elle des échos de Musset, de Barbier, de Mme Ackermann, nous savons déjà que Lamartine, Hugo, de Vigny ont prêté des chants et des ailes à quelques-uns de leurs confrères allemands. Cependant la poésie, dans son ensemble, n'a pas subi l'action directe de la France ; la dernière et terrible guerre, dont le souvenir pèse si lourdement sur les destinées des deux peuples, n'a pas même suscité un renouveau de la poésie patriotique en Allemagne, où « l'ennemi héréditaire » n'a inspiré que des bardes médiocres, et M. Litzmann a pu gémir sur « l'impotence lyrique de l'année 1870 ».

Dans la nouvelle et le roman, une assez stérile fécondité a signalé la production de cette fin de siècle. Beaucoup d'ouvrages aimables, d'honorables talents ; à peine une œuvre et un homme qui sortent du rang. Freytag, Raabe, G. Keller et quelques autres ont bien affirmé leur robuste personnalité en des livres savoureux ou solides ; ils appartiennent presque tous aux précédentes générations. Les sciences physiques et expérimentales, l'érudition, la philosophie, l'histoire, la critique nous offrent des noms

---

[1] *Les poètes lyriques de l'Autriche*, par Alfred Marchand, 4me éd. (Paris, in-8, 1889), p. 208.

d'une notoriété universelle; nous n'avons pas plus de deux ou trois noms de conteurs ou romanciers à leur opposer, et encore!

Mais voici, l'écrasante supériorité des savants sur les écrivains paraît avoir engagé ceux-ci à demander à ceux-là le secret des grandes œuvres durables. L'imagination épuisée se recommençait sans cesse. On avait perdu le contact avec la réalité, qu'on ne voyait plus qu'à travers la brume rose d'un idéalisme de convention. En s'éloignant de la vie, la littérature ne se rapprochait point de l'art. Le « naturalisme » anglais d'Eliot, de Dickens n'avait pénétré en Allemagne que singulièrement affadi, ou éteint. Balzac et Flaubert n'y avaient eu qu'un succès d'estime ou de surprise, après l'extraordinaire popularité faite à Dumas père et à Eugène Sue. Seuls, des hommes de la valeur d'un Reuter, d'un Auerbach, d'un Keller, d'un Freytag, d'un C.-F. Meyer, s'efforçaient, non sans défaillances chez les uns, d'échapper à la contagion d'un romantisme édulcoré, ou de se défendre contre un sentimentalisme maladif. C'est alors que se leva l'astre de M. Émile Zola [1]; et les théories du « roman expérimental » enflammèrent les jeunes auteurs.

Des doctrines si bien étayées de science, développées avec une persuasive imperturbabilité, devaient trouver le chemin de cette Allemagne qui est, proprement, l'Eldorado du « système ». Le naturalisme de M. Zola, étant systématique, était, par cela même, certain d'un chaud accueil, du moins parmi les débutants qui attendaient un guide ou un prophète. Le pessimisme et le matérialisme du biographe des Rougon-Macquart, son goût du grossier et du pire, les qualités massives mêmes de sa composition et de

---

[1] *R. von Gottschall*, op. cit., III, 349 et s., IV, 737 et s.; *Dégénérescence*, par Max Nordau, op. cit., II, 469 et s.

son style ne découragèrent point ses disciples de Munich et de Berlin. On fut amer, on fut violent, on fut lourd, autant et plus que le maître ; on reprit, avec une volupté bravache, ses peintures les plus répugnantes sous couleur de « faire vrai » ; on eut la déception mortifiante de ne point atteindre le chiffre de ses éditions françaises. En attendant, on avait renié l'ancienne esthétique, et l'ancienne morale littéraire.

Les débutants ne furent pas seuls à s'engouer de M. Zola. N'est-ce point M. Th. Fontane, qui, à l'âge de soixante-deux ans, se lance dans le « roman expérimental », avec *Adultera, Irrungen und Wirrungen, Stine*, récits d'un réalisme d'ailleurs plus franc et plus sobre que celui du solitaire de Médan ? Hermann Heiberg essaie de combiner la fantaisie pittoresque, la grâce spirituelle de Daudet avec la puissance brutale de Zola. Max Kretzer, un simple artisan, auquel sa passion de la lecture révéla sa vocation véritable, s'éprit également de Daudet et Zola, et les imita naïvement, avec la gaucherie d'un talent inculte mais robuste. Son naturalisme n'allait point, au reste, sans concessions aux vieilles formules d'un Dumas père ou d'un Eugène Sue, puisque l'un de ses romans « berlinois », — berlinois, je vous prie — écrit, nous dit M. Nordau, « en allemand d'un nègre de Cameroun », était tout uniment un délayage de l'histoire très parisienne de la veuve Gras.

Ni M. Heiberg, cependant, ni M. Kretzer n'officiaient dans la chapelle où le culte de la littérature nouvelle se célébrait selon le rite zoliste. Les « Jeunes Allemands » de notre dernier quart de siècle eurent pour hérauts et pour chefs MM. Conrad, Arent, Bleibtreu et quelques autres. M. Conrad, après un séjour prolongé à Paris, s'établit à Munich en 1885, et y fonda *Die Gesellschaft*, qui devint l'organe du groupe [1]. Esprit critique avant tout, comme M. Bleibtreu, et théoricien militant, il incline vers un réalisme curieux de psychologie et livré à d'ardentes préoccupations sociales. Les « Jeunes Allemands » n'ont guère eu, jusqu'ici, qu'une œuvre capitale à montrer, ce roman d'*Adam Mensch* dont l'auteur, Hermann Conradi, est mort avant d'avoir pu donner sa mesure ; c'était là une brillante promesse : qui la tiendra désormais ? L'idéal de la « Jeune Allemagne » se porte de plus en plus vers le roman symbolique, se dégage de plus en plus des liens du naturalisme initial ; l'action des Russes, de Dostoïewsky en particulier, s'est substituée à celle de Balzac, de Flaubert, de Daudet, de Zola et des Goncourt. Ibsen et Nietzsche ajoutent à la confusion des influences et des doctrines, et tous les exagérés, et tous les excentriques que l'on découvre ou rencontre en route, tantôt Baudelaire, tantôt Villiers de l'Isle-Adam, tantôt M. Huysmans, ne laissent point d'y avoir leur part aussi. Gerhard Hauptmann est actuellement le génie de l'école, génie très inégal, au demeurant, et d'une déconcertante mobilité. Mais il est contesté dans son propre camp, car la « Jeune Allemagne », qui hésite encore dans sa foi littéraire, a déjà ses dissidents.

En somme, cette « littérature de l'avenir », sans un Wagner, ne doit de foncièrement neuf aux Français, et ce point seul nous intéresse ici, que certain sens du pittoresque à la Daudet, certain tic d'impressionnisme à la Goncourt, certain goût du réalisme à la Zola et certaines thèses cueillies dans le *Roman expérimental*. Le surplus a pu venir en partie de Paris, mais tout ce

---

[1] Le groupe a, aujourd'hui, son éditeur en titre, M. S. Fischer, à Berlin, et sa grande revue, la *Neue deutsche Rundschau* de Hermann Bahr.

mysticisme germanique, tout ce symbolisme septentrional, eussent-ils d'abord fleuri en France, n'en seraient pas moins étrangers à l'esprit français lui-même.

Et maintenant, la France et l'Allemagne peuvent poursuivre la série de leurs échanges littéraires, s'envoyer des livres, se prêter des idées, se montrer des voies nouvelles, et il faut souhaiter qu'elles le fassent sans préventions ni mauvais vouloir ; elles continueront ainsi à augmenter le trésor de leurs lettres nationales, l'une restant surtout une école d'art, l'autre une école de science, et, dans les œuvres de pure imagination, l'une s'adressant plutôt à l'esprit, l'autre au sentiment. Car elles auraient tort de ne pas ouvrir tout au large leurs frontières, de ne pas recevoir et de ne pas donner avec une clairvoyante et judicieuse confiance. Je me rappelle, à ce propos, un vieux conte que M. Gaston Paris a exhumé et que M. A. Sabatier dédiait naguère aux « protectionnistes de tous les pays ».

Un pèlerin revenait, après des années, dans une abbaye, où il avait été bien accueilli jadis, et dont il n'avait pas oublié l'opulente hospitalité. Il la trouva misérable et déchue. Il demanda la cause de cette ruine à un moine, qui avait été témoin des splendeurs passées. « Nous devions notre richesse, lui dit le moine, à deux frères qui s'étaient installés chez nous dès le premier jour. L'un se nommait *Date* (donnez), l'autre *Dabitur vobis* (il vous sera donné). Nous avons pris l'un en aversion, et nous l'avons chassé. Mais l'autre l'a bientôt suivi. Nous n'avons plus fait d'aumônes, et l'on ne nous fait plus de libéralités. » Donner pour recevoir, recevoir pour donner, tel est le secret de l'épanouissement intellectuel d'une nation.

FIN

INDEX DES NOMS CITÉS

Abbt, Th., 77.
About, Edm., 485.
Académie royale de Berlin, 40, 45, 358, 413.
Ackermann (Mme), 232, 233, 500.
Adam, Ad., 105.
Addison, 366, 370.
Adelung, 156.
Aderer, Ad., 109.
Agoult (Mme d'), 115, 129, 148, 174.
Agricola, 322.
Agrippa, H.-C., 26, 27.
Aguilera, 203.
Ahrens, H., 256.
Albère, Erasme, 33.
Albert, H., 493.
Albert, Paul, 271.
Albert d'Aix, 20.
Albert le Grand, 19, 20.
Albert de Saxe, 20.
Alembert (d'), 70, 449.
Alexandre (roman d'), 296, 298, 303, 306.
Alexanderlied, 296.
Alkmar, Henri (d'), 306.
Alquié (d'), 38.
Amadis, 309, 316, 321, 354.
Amiel, H.-F., 117, 147, 201, 214, 221, 271, 283, 288.
Ampère, J.-J., 102, 115, 130, 167, 268, 448.
Amyot, 57, 434.
Anacréon, 339, 340, 388.
Ancelot, 134.
Ancillon, Fr., 90.

Andrieux, 406.
Année littéraire, 80.
Anquetil, 458.
Antelmy (d'), 64, 65, 78.
Antoine, 203.
Appel, J.-W., 97.
Archives littéraires de l'Europe, 151 et s.
Arent, 502.
Argens (marquis d'), 44, 358, 384.
Arien, Christ. (d'), 399.
Aristophane, 472.
Aristote, 40, 343 et s., 357, 394, 395.
Arnaud (l'abbé), 53.
Arnaud, Ch., 348.
Arnaud (d') Baculard, 49, 360.
Arnay, A.-S. (d'), 140.
Arndt, E.-M., 199, 215, 392, 429, 464, 473, 475, 481.
Arnim (von), 164, 218.
Arnim (Mme d'), 174.
Ascher, P., 97.
Assézat, 401.
Aubert, 58.
Aubignac (l'abbé d'), 142, 343, 344, 370, 387.
Aubigné, Agrippa (d'), 32, 460.
Aubry, 96.
Auerbach, B., 187, 195, 196, 197, 250, 251, 252, 486, 501.
Augier, Emile, 124, 485, 487, 496, 497.
Aulnoy (Mme d'), 424, 425.
Avrigny (d'), 143.

Aymard, Gust., 485.
Ayrenhoff (C. d'), 398.
Ayrer, Jacob, 322, 323, 348.

Bachaumont, 339.
Bächtold, J., 48, 294, 302, 308, 378, 382.
Badius, Conrad, 33.
Badius, Iodocus, 24.
Bahr, Herm., 503.
Bailly, 40, 41.
Bailly, E., 67, 204.
Balzac, H. (de), 119, 247, 248, 250, 495, 501, 503.
Bandello, 322, 354.
Banville, Th. (de), 226.
Barante (de), 105, 144, 162, 240, 261.
Barba, J.-N., 132.
Barbé de Marbois, 84.
Barbey d'Aurevilly, 145, 184.
Barbeyrac, J., 38.
Barbier, Aug., 482, 500.
Barbier, J., 246.
Barde, 203.
Bardoux, A., 261.
Barine, Arvède, 129, 187.
Barni, Jules, 171, 256.
Barrière, Th., 496.
Barthel, 195.
Barthélemy, A., 215.
Barthélemy (l'abbé), 83.
Barthélemy Saint-Hilaire, 167, 168, 255, 259.
Bartholmèss, Ch., 41, 358, 380.
Basedow, 411.
Basnage, 358.
Bassompierre, 442.
Batteux, 76, 342, 362, 377, 381, 387.
Baudelaire, Ch., 184, 224, 225, 503.
Baudissin, 488.
Bauer, Bruno, 194.
Bauernfeld, 195, 488.
Baumgarten, 76, 373.
Baur, F.-Chr., 267.
Bauvin, 57, 67.

Bayle, Pierre, 92, 357, 367, 374, 379, 382, 388, 415, 419, 434.
Beaumarchais, 93, 94, 406, 437, 438, 445, 460, 496.
Beaunoir, 403, 445.
Beausobre, 46, 358.
Beaussaire, E., 170.
Beck, C., 194, 481.
Becker, J.-Ch., 321.
Becker, N., 177, 211.
Beckherrn, R., 331, 332.
Becque, H., 237.
Becq de Fouquières, 62.
Beer, Michel, 487.
Beethowen, 180.
Behrmann, F.-S., 366.
Bellaigue, C., 115.
Bellay, J. (du), 33, 330.
Belle-Forest, 322.
Belle Maguelonne (la), 308.
Belot, A., 485.
Bénard, Ch., 256, 257.
Benedix, 197, 488.
Benoit, Cam., 116.
Benoit de Sainte-Maure, 298.
Bentzon, Th., 198.
Béranger, Aug., 199.
Béranger, 194, 196, 214, 217, 266, 448, 482.
Berchou de Penhoën, 170, 257.
Bergerat, Emile, 112, 224, 231.
Bergeron (l'abbé), 58.
Berlioz, H., 115, 496.
Bernard, 83.
Bernard de Ventadorn, 303.
Bernardin de Saint-Pierre, 485.
Bernay, Alex. (de), 298.
Béroul, 296.
Berquin, 59, 61, 85, 405.
Berquin, Louis (de), 31.
Berthelot, 260.
Berthoud, Ch., 199, 225.
Bertram, 362.
Besson, P., 202, 215, 317, 319.
Betz, L.-P., 183, 186, 213, 220, 221, 226, 227, 477, 490.
Beyle. Voir Stendhal.
Bèze, Th. (de), 32.

Bibliothèque germanique, 45 et s.
Bibliothèque universelle (Lausanne), 199.
Bibliothèque universelle des romans, 80, 421.
Bibra, E. (de), 199.
Biedermann (von), 98, 112, 127, 130.
Bielfeld (baron de), 45, 47, 70, 366.
Bierling, 371.
Birch-Pfeiffer (Mme), 189, 486.
Biró, Ed., 139.
Bismark, C.-A. (de), 56.
Bitaubé, 73, 123, 124.
Blain de Sainmore, 59.
Blanchet, F., 115.
Blanvalet, H., 232.
Blaze de Bury, 113, 114, 115, 116, 119, 129, 160, 177 et s., 208, 213, 214, 218.
Blaze de Bury (Mme), 196.
Bleibtreu, C., 502, 503.
Boaton, 81.
Bobertag, F., 354.
Boccace, 354.
Boccage (Mme du), 52, 58.
Böcking, Ed., 160.
Bodel d'Arras, 17.
Bodenstedt, 196.
Bodin, Jean, 316.
Bodmer, 48, 63, 79, 104, 336, 341, 373 et s., 376, 410.
Boeckh, 223, 259.
Boie, 421.
Boileau, 35, 69, 76, 333, 334, 336, 337, 338, 341, 344, 359, 361, 362, 367, 370, 387.
Boisrobert, 350.
Boisserée, Sulp., 106.
Boissier, Gaston, 198.
Bonafous, R., 204, 469, 470.
Bondeli, Julie, 435.
Bonet-Maury, 203.
Bonneville, 70, 85, 104, 131.
Bonstetten, Ch.-V. (de), 156, 423.
Bopp, 259.
Borel, E., 108.

Borinski, C., 331.
Bork, C.-W. (von), 438.
Börne, L., 68, 172, 182, 193, 208, 214, 324, 476, 484.
Bornier, H. (de), 485.
Bossert, A., 94, 115, 129, 202.
Bossuet, 35, 40, 166, 262, 449.
Bouchor, M., 228.
Boufflers (de), 160, 443, 457.
Bougeant, 367.
Bouhours (le P.), 43, 377.
Bouillier, Fr., 257.
Bouilly, 408, 445.
Boulenger de Rivery, 52, 54.
Boulmier, J., 215.
Bourbon - Conti (Stéph. - Louise de), 442.
Bourdeau, J., 187, 253, 493.
Bourgeois, E., 97.
Bourget, Paul, 109, 220, 237, 485.
Bourgogne, 445.
Bourrienne (de), 240.
Boursault, 350.
Boutroux, Em., 203, 273.
Bovon de Hanstone, 17.
Brahm, O., 469, 470.
Brandes, G., 101, 381, 410, 462, 468.
Brandt, Séb., 23, 24, 307.
Brantôme, 458.
Braun, Th., 145.
Bravard, Raoul, 135.
Bréal, Michel, 187, 201.
Breitinger, H., 5, 342.
Breitinger, J.-J., 48, 373 et s., 376.
Brentano, 164, 468.
Breton, 127.
Breton, Jean, 491.
Briçonnet, G., 31.
Brizeux, 482.
Brockes, 338, 339.
Broglie (duc de), 189.
Brucker, 257.
Brumoy (le P.), 387.
Brunetière, F., 3, 120, 170, 235, 238, 269, 273, 278, 280, 288.
Bruzen de la Martinière, 38.

Buchholz, A.-H., 354.
Buchon, Max, 214, 215, 221, 252.
Büchner, A., 163.
Büchner, L., 287.
Buffon, 56, 86, 429, 440.
Buhel, H. (de), 306.
Buloz, F., 165, 166.
Bulow, E. (de), 470.
Bürger, G., 120, 130, 171, 180, 203, 213, 216, 271, 420 et s.
Burlamachi, 38.
Byron, 102, 112, 121, 148, 207, 218, 474, 480, 487.

Cabanis, 105.
Caccault, F., 73.
Cadol, Ed., 241.
Calvin, Jean, 30 et s., 320.
Campo, 411.
Campistron, 72, 135, 454.
Caniz, 327, 336 et s., 341, 342, 359, 380.
Carlowitz (Mme de), 65, 87, 125, 127, 140.
Carlyle, 131.
Carnot, Louis, 215.
Caro, E., 115, 129, 169.
Carré, M., 246.
Carrière, M., 408.
Casaubon, 32.
Cassagnac, Granier (de), 139.
Castelnau, 458.
Catherine de Russie, 400.
Caumont, A., 106, 430, 432.
Cavagnac, 105.
Caylus (comte de), 75, 424.
Cazotte, 245, 428.
Chabozy, F., 473.
Challemel-Lacour, 189, 190.
Chamfort, 160, 406, 493, 494.
Chamisso, A. (de), 167, 215, 472, 473.
Champfeu, 140.
Champfleury, 246.
Champier, Symph., 24.
Champigny (le chevalier de), 39.
Chanson de Roland (la), 16, 17, 293, 295, 298.

Chapelain, 343, 344.
Chapelle, 339, 341.
Charibert, 8.
Charlemagne, 14 et s.
Charrière (Mme de), 146.
Charron, 26.
Chasles, Philarète, 23, 163, 180, 243, 246, 263.
Chateaubriand, 98, 101, 128, 148, 207, 221, 230, 277, 402, 485, 493.
Chatelain (de), 215.
Chaucer, 426, 427.
Chaulieu, 86, 340, 341, 422, 434.
Chênedollé, 62, 63, 90.
Chénier, André, 61, 62, 67, 102, 148, 190, 207, 482.
Chénier, M.-J., 72, 125, 134.
Cherbuliez, Victor, 69, 186, 187, 388, 394, 476, 485.
Chrétien de Troyes, 288, 290, 298, 299, 302, 306.
Chuquet, Arthur, 105, 107, 129, 139, 204, 260.
Claretie, Jules, 236.
Claveau, A., 221, 222.
Cogniard, 120.
Coiffier, II., 84.
Colani, T., 200.
Colin, Phil., 306.
Colin d'Harleville, 252.
Colletet, 336.
Combes, E., 203.
Commenius, 35.
Commynes, Ph. (de), 288.
Comte, Aug., 257.
Condillac, 69, 89, 262, 493.
Condorcet, 51.
Conrad, 502.
Conradi, Herm., 503.
Conrad de Ratisbonne, 288, 295.
Constant, Benj., 101, 138, 146, 445, 462.
Copernic, 35.
Coppée, Fr., 228, 288, 485.
Cormenin, 173.
Corneille, P., 20, 35, 47, 56, 74, 138, 148, 344, 345, 346, 348,

350, 356, 365, 370, 377, 382,
389, 394, 395, 398, 408, 409,
432, 443, 445, 446, 449, 453,
459, 475.
Corneille, Th., 340, 348, 350, 353, 384.
Cornu-Lacroix (Mme), 175, 220.
Correspondant (le), 198.
Cosmopolis, 205.
Coster, C. (de), 25.
Coster, Laurent, 21.
Cottin (Mme), 97.
Coulon (le P.), 30.
Courier, P.-L., 240, 448, 532.
Cournot, H., 144.
Cousin, Louis, 458.
Cousin, Victor, 112, 102, 167 et s., 230, 261, 448, 477.
Cramer, Ch.-F., 65, 67, 142, 143, 463.
Crébillon, 305, 453.
Crébillon, fils, 424, 426, 443.
Creizenach, W., 307, 348.
Crespin, Jean, 33.
Creuzé, Aug. (de), 133.
Creuzer, 259.
Cronegh, 56, 57, 142, 371.
Crosnard, 214.
Crosnier, 135.
Crouslé, L., 186, 203, 394.
Cubières (de), 72.
Curtius, 187.
Cuvier, 88.

Dacier (Mme), 357.
Dalberg, 453.
Dancourt, 428, 432.
Daniaux, 221, 230.
Dante, 330.
Danzel, A., 74, 105, 359, 360, 363, 380, 383, 388.
Daudet, Alph., 130, 489, 502, 503.
David, 127, 130.
Décade philosophique (la), 150.
Delacroix, Eug., 108.
De la Geneste, 355.
Delavigne, Cas., 211, 448, 485, 487.

Delille, 94.
Derschau, 440.
Desbordes-Valmore (Mme), 482.
Descartes, 49, 357.
Deschamps, Em., 110, 120, 121, 147, 162, 208, 213, 214.
Deschamps, F.-M.-C., 360.
Deschamps, Jean, 49.
Deshaye, 103.
Deshoulières (Mme), 57.
Desmarets, 348.
Desportes, 330.
Destouches, 55, 371, 380, 390, 398, 432.
Destutt de Tracy, 88.
Devrient, 167, 245, 349.
Deyverdun, 90.
Dickens, Ch., 501.
Didé, Aug., 171.
Diderot, 40, 47, 51, 58, 60, 70, 81, 82, 85, 86, 190, 240, 376, 381, 382, 389, 390, 391 et s., 399, 400, 401, 404, 405, 414, 419, 428, 432, 433, 434, 435, 436, 442, 443, 444, 446, 449, 453, 456, 457, 460, 462, 491.
Didon (le P.), 204.
Dietrich, C., 416.
Diez, C., 68.
Diez, Fr., 202, 259, 491, 532.
Dingelstedt, 178, 194, 195, 196, 481.
Doisin, Carrière, 48.
Dollfus, Ch., 199.
Dorat, 54, 56, 78, 79, 81.
Dorison, L., 212.
Dostoïewsky, 503.
Doumic, René, 274.
Droyn, Jean, 23, 24.
Drumont, E., 219.
Dubarry (Mme), 62.
Dubartas, 328, 447.
Du Belloy, 397.
Dubois (du *Globe*), 165.
Du Bois-Reymond, 413.
Dubos (l'abbé), 75, 76, 264, 357, 375.
Dubourg, 63.

Dubuisson, 105.
Du Camp, Maxime, 231.
Ducange, 242.
Duckett, 137, 161.
Duclos, 69, 160.
Ducros, L., 4, 103, 105, 107, 110, 148, 186, 216, 255, 389, 410.
Dumas, Ad., 114.
Dumas fils, Al., 401, 485, 487, 496, 497.
Dumas père, Al., 108, 113, 135, 139, 143, 182, 215, 242, 250, 446, 485, 486, 487, 501.
Dumolard, 142.
Dumont, L., 163.
Dumur, F., 199.
Dupuis, 134.
Dupont, Pierre, 215.
Duval, Alex., 70, 100, 241, 408, 445.
Duval, Ch., 97.

Ebers, 253.
Eberl, Ad., 342.
Eberts, 296.
Ebner-Eschenbach (Mme d'), 189, 204.
Eckart, 22, 314.
Eckermann, 115, 129, 203, 401, 438, 447, 471.
Ecuyer, Ch., 249.
Eggis, Etienne, 231.
Eginhard, 14.
Eichendorff, 468.
Eichhorn, 155.
Eilhard d'Oberg, 296, 298, 301.
Eliot, George, 501.
Ellinger, G., 446, 532.
Emmery, 40.
Ems, Conrad (d'), 302.
Eneas (Eneit), 297.
Engel, 484.
Erasme, 22, 31, 46, 311.
Erckmann-Chatrian, 241, 247, 252, 495.
Erhard, A., 204, 342, 348, 350, 359, 360, 369, 371, 385, 399, 403, 406, 407, 446, 471.

Ernst, A., 203.
Eschenbach, Ulrich (d'), 303.
Eschenbach, Wolfram (d'), 295, 298, 299 et s., 302, 306.
Eschenbourg, 399.
Esménard, 80.
Estienne, Henri, 31, 32, 330.
Etienne, 132.
Ettlinger, Jos., 330.
Eulenspiegel. Voir *Ulespiègle*.
Euler, 47, 423.
Eynard, 158.
Eyseberg, Jacques, 320.

Fabre d'Églantine, 445.
Fagnan (Mme de), 484.
Faguet, Emile, 262, 270.
Falk, J.-D., 406.
Faust (docteur), 35, 317.
Favart, 432, 433.
Fénelon, 338, 374, 377, 449.
Ferrière, 135.
Foster, 420.
Feuchtersleben, 204.
Feuerbach, 187, 257.
Feuillet, Oct., 485, 486.
Fichet, G., 21.
Fichte, 168, 170, 256, 265, 462, 463, 467.
Fierabras, 308, 316.
Filon, Augustin, 106.
Firmery, J., 87, 203, 465.
Fischart, Jean, 32, 202, 313, 316, 317 et s., 323.
Flaischlen, C., 400.
Flaubert, G., 119, 485, 486, 501, 503.
Fléchier, 449.
Fleck, Conrad, 302.
Flemming, Paul, 334.
Floovent, 13, 16.
Flore et Blanchefleur, 296, 302.
Florian, 61, 144, 442, 443.
Foë, Dan. (de), 358.
Folquet de Marseille, 303.
Folz, 22.
Fontan, 144.
Fontane, Th., 502.

INDEX DES NOMS CITÉS

Fontanès, E., 186.
Fontenelle, 49, 60, 264, 363, 364.
Forgues, E.-D., 116, 188.
Formey, 46, 47, 48, 49, 50, 55, 388.
Forster, G., 429, 463.
Fortin, 147.
Fouillée, Alfr., 170, 273, 388.
Fouquier, Henri, 498.
France, Anatole, 237, 485.
Fränkel, K., 478, 496.
Franck, Félix, 240.
Frédégaire, 12.
Frédéric II, 50, 55, 56, 63, 180, 338, 356, 376, 377, 379 et s., 380, 309, 413, 414, 426.
Freiberg, Henri (de), 301.
Freiligrath, 174, 178, 192, 194, 195, 480, 481.
Fréron, 48, 51, 52, 53, 63, 80.
Fresnais, J.-P., 81, 83, 84.
Freson, 203.
Freytag, G., 187, 196, 250, 253, 486, 488, 494, 500.
Friedel, 70, 104, 131.
Fritsch, Otto, 331.
Fritzlar, Herbort (de), 298.
Froissart, 288.
Funck, 458.
Fürterer, Ulr., 306.
Fust, 21.

Galand, 423, 424.
Galusky, 173, 174.
Garat, 151.
Garnier, 346.
Gautier, Léon, 9, 10, 202, 254.
Gautier, Paul, 214, 221, 232.
Gautier, Théoph., 112, 118, 119, 122, 171, 172, 174, 209, 212, 216, 222, 223, 224, 225, 226, 245, 246, 482.
Gautier, Th., fils, 252.
Gautier d'Arras, 298.
Gauthiez, P., 26.
Gazette littéraire de l'Europe, 53, 80.
Geffroy, A., 184, 187.

Geibel, 187, 195, 481, 482.
Geiler de Kaisersberg, 22.
Gellert, 48, 53, 54, 91, 362, 367, 374, 380, 389, 391.
Gemmingen, O.-H. (von), 400, 401, 453.
Genfichen, 400.
Genlis (Mme de), 69, 100, 180.
Genoude, 90.
Gentil-Bernard, 420.
Geoffroy-Saint-Hilaire, 129.
Gérando (de), 88, 90, 151, 152, 154, 386, 448.
Gerbel, 32.
Gerstenberg, 59.
Gervinus, 213, 330.
Gessner, Salomon, 47, 52, 53, 56, 57 et s., 68, 73, 92, 372, 373, 424.
Gesta Francorum, 12, 13.
Gibbon, 96.
Gilbert, 58.
Gillot de la Trissonnerie, 380.
Ginisty, Paul, 226.
Girard, J., 187.
Girardin (Mme de), 371, 485.
Gleim, 47, 56, 60, 368, 420.
Glichezâre (le), 297.
Globe (le), 162, 447.
Glück, 234, 440.
Golbéry, 259.
Gœdecke, 34, 97, 330.
Gœrlitz, 36.
Gœrner, 242.
Gœthe, 4, 51, 56, 62, 72, 88, 91, 92 et s., 138, 139, 142, 146, 148, 149, 153, 158, 159, 162, 166, 167, 169, 171, 172, 175, 177, 178, 179, 181, 182, 183, 186, 192, 199, 201, 203, 207, 208, 210, 211, 213, 232, 235, 239, 245, 247, 262, 270, 271, 281, 377, 380, 391, 396, 398, 399, 401, 408, 410, 411, 412, 425, 428, 429, 430 et s., 457, 465, 468, 471, 483, 484.
Gœze, 96, 400.
Göhren, Caroline (de), 195.

Golther, W., 20, 203, 205, 206, 300, 301, 302, 303.
Golz (baron von der), 422.
Gomez (M**me**), 469, 470.
Goncourt (les), 90, 130, 223, 224, 478, 503.
Gongora (Luis de), 420.
Gorgy, 97.
Gormond et Isembard, 17.
Gotter, F.-W., 421, 440.
Gottfried de Strasbourg, 296, 297, 298, 301, 302.
Gotthelf, Jér., 193, 280.
Gottschall, R. (de), 407, 484, 487, 496, 501.
Gottsched, 33, 42, 46, 47, 48, 49, 50, 53, 320, 330, 363, 369 et s., 371, 372, 373, 374, 375, 376, 383, 384, 385, 386, 388.
Gottsched (M**me**), 48, 367 et s., 400.
Götz, J.-N., 342, 432.
Gouraud, 170.
Gourbillon, 97.
Graf Rudolf, 206.
Graffigny (M**me** de), 390, 435.
Gréard, O., 268, 269.
Grécourt, 340, 422.
Greflinger, G., 335, 346.
Grégoire de Tours, 8, 12.
Gregorovius, 187.
Greif, Martin, 489.
Grenier, Ed., 192, 193, 220, 221.
Gresset, 342, 390, 391, 422.
Griffet de la Baume, 84.
Grillparzer, 164, 180, 182, 473, 474, 475.
Grimblot, 257.
Grimm, F.-M., 43, 47, 50 et s., 53, 54, 57, 58, 59, 66, 70, 210, 375.
Grimm, J., 180, 262.
Grimm (les frères), 253.
Grimmelshausen, 354, 355, 356.
Gross, F., 201.
Grossmann, 401.
Grucker, E., 7, 202, 315, 326, 328, 329, 331, 333, 342, 359, 375, 394, 395.

Grün, Anast., 178, 194, 195, 473, 481.
Grüner, Ch., 197.
Gryphius, 304, 310, 345 et s., 389.
Guarini, 336.
Guhrauer, A., 74, 360, 362, 363, 388.
Guigniaut, 260.
Guillard, 440.
Guillaume, J., 269.
Guiot de Provins, 299.
Guiron, 303.
Guisard, L. (de), 108.
Guizot, 69, 105, 131, 160, 210, 261, 448, 489.
Günther, J.-C., 339, 340.
Gutenberg, 21, 211.
Gutzkow, 178, 194, 195, 208, 478 et s.
Guyau, J.-M., 273.
Guyon (M**me**), 460.
Guyot de Merville, 432.

Hackländer, 197, 253, 487.
Haeckel, 257.
Hændel, 234.
Hagedorn, 47, 53, 56, 77, 78, 81, 339, 340 et s., 359, 372, 384.
Hagen (von der), 307.
Hahn-Hahn, Ida, 189, 195.
Halberstadt, Alb. (de), 206.
Haldy, J., 143.
Halévy, Léon, 144, 147, 241.
Halévy, Ludovic, 485, 491.
Haller, Alb. (de), 47, 51, 52, 53, 63, 68, 80, 92, 100, 367, 373, 375, 376, 410.
Halm, 178, 196, 243, 473.
Hamerling, 197, 204, 486, 489.
Hamilton, 80, 245, 424, 426.
Hamann, 417, 418.
Haraucourt, Edm., 228, 237.
Harsdœrfer, Ph. (de), 334, 346.
Hardy, Alexandre, 344.
Hartmann, E. (de), 170, 171, 203, 257, 273.
Hartmann, Maurice, 195, 204, 481, 483.

Hauff, 473.
Hauptmann, Gerhard, 198, 204, 244.
Hausen, Fréd. (de), 303.
Hauteroche, 432.
Haydn, 234.
Haym, R., 80, 202, 417.
Hebel, 184, 216, 250, 490.
Hebbel, Fr., 103, 487.
Helberg, Herm., 302.
Heine, C., 347.
Heine, Henri, 111, 158, 161, 170, 171, 172, 174, 175, 176, 178, 182, 183 et s., 187, 192, 193, 208, 209, 211, 212, 213, 214, 215, 216 et s., 247, 478, 479 et s., 486.
Heinrich, 126, 203.
Heinse, W., 410, 463.
Heinsius, 330, 331, 332, 346.
Heitmüller, F., 300.
Heldenlied, 16.
Helmholz, H. (von), 120.
Helvétius, 99, 414, 465, 494.
Hénault, 104.
Hennequin, Em., 172, 185, 218, 227, 234, 490.
Henzi, Sam., 48.
Herbart, 257.
Herder, 55, 61, 62, 86 et s., 92, 117, 153, 175, 176, 188, 202, 239, 256, 262, 263, 265, 361, 362, 380, 393, 399, 412, 415, 416 et s., 420, 428, 432, 434, 482.
Hérissant, L.-Th., 57.
Herminjat, L., 98.
Hertzberg, 380, 381.
Herwegh, 178, 194, 215, 481.
Hess, J.-G., 140.
Hesse, Ch. (de), 196.
Hettner, 196, 491.
Heyse, Paul, 196, 198, 482.
Hillebrand, C., 86.
Hillern, Wilhelmine (von), 486.
Himly, L.-A., 203.
Hippel, 463.
Hirsch, P.-R., 221.

Hirzel, L., 376, 423.
Hoffmann (le critique), 144.
Hoffmann, E.-Th.-A., 167, 181, 184, 213, 249 et s.
Hoffmann de Fallersleben, 194, 481.
Hoffmann de Hoffmannswaldau, 335, 336.
Holbach (d'), 81.
Holberg, 366, 370, 403.
Hölderlin, F., 190, 407.
Holtei, 167.
Hölty, L., 422.
Honegger, J.-J., 61, 66, 86, 376, 377, 388, 426.
Horace, 75, 76.
Horrer, J. (d'), 63.
Hottinger, J.-J., 412.
Huber, M., 86, 87, 88, 77, 81.
Hübner, Th., 328.
Hugo, Victor, 102, 107, 115, 118, 119, 121, 130, 146, 161, 173, 175, 176, 182, 208, 211, 212, 215, 224, 224, 220, 234, 247, 382, 445, 480, 481, 482, 483, 484, 485, 486, 487, 500.
Humbert, 471, 487.
Humboldt, A. (de), 155, 162, 233, 423.
Humboldt, G. (de), 187, 189, 289, 446.
Huon de Bordeaux, 16, 300.
Hurter, F., 166.
Hutten, U. (de), 20, 33, 321.
Huysmans, J.-K., 237, 503.

Ibsen, 503.
Iffland, 242, 301, 401, 402, 412, 468.
Imbert, 74, 132.
Imitation (l'), 20.
Imelmann, J., 460.
Immermann, 178.
Ischer, R., 376, 410.
Isnard de Sainte-Lorette, 81.

Jacobi, F.-H., 90, 202, 411, 414, s. 42

Jacobi, J.-G., 422, 423, 463.
Jahne, 241.
Janet, Paul, 170, 373.
Janin, Jules, 183, 291, 346.
Jansen, 77.
Janssen, 187, 203, 280.
Jaucourt (de), 40.
Jauffret, 240.
Jeanroy, A., 20, 304.
Jensen, G., 480.
Jodelle, 342.
Johannes, W., 353.
Jordan, Cam., 69, 90, 147.
Jordan, W., 480.
Jorel, Ch., 71, 180, 202, 337, 361, 417, 512.
Jouffroy, H., 71, 72.
Journal des Débats, 141.
Journal encyclopédique, 75.
Journal étranger, 63, 70, 103.
Journal helvétique, 48.
Journal littéraire, 46, 63.
Journal des savants, 70.
Juif errant (le), 35.
Jullien, Ad., 126, 203.
Junker, G.-A., 64, 70, 81.

Kalb, Charlotte (de), 453, 466.
Kalenberg, 25.
Kant, 86 et s., 92, 112, 113, 150, 153, 156, 168, 169, 170, 171, 185, 188, 199, 203, 256, 262, 264, 265, 268, 269, 272, 273, 411, 415, 416, 417, 418, 456, 492.
Karsch, 56.
Kawerau, W., 373.
Keller, Gottfr., 187, 196, 253, 382, 486, 491, 500, 501.
Képler, 35.
Kerner, J., 178, 204, 214, 464, 473.
Kestner, 129, 435, 436.
Klaczko, Z., 487.
Kleist, Ch.-E. (de), 56, 57, 204, 417.
Kleist, F. (von), 475, 532.
Kleist, H. (de), 164, 196, 204, 464, 469 et s., 471, 472.

Klinger, 409, 410, 411, 493, 491.
Klopstock, 56, 61, 62 et s., 72, 92, 100, 147, 153, 168, 162, 171, 213, 214, 262, 373, 375, 376 et s., 410, 424, 450, 463.
Knicker, 89.
Knigge, 412.
Knorr, Joséphine (de), 204.
Koberstein, 491.
Koch, M., 49, 350, 403, 420, 474.
Kock, Paul (de), 485.
Kohler, X., 48.
Komport, Léop., 195, 280.
König, J.-N., 357.
König, J.-U. (de), 350, 371, 532.
Kormart, Christ., 363.
Kornemann, E.-W.-H., 382.
Körner, 171, 215, 216, 456, 457, 464, 473.
Korting, 487.
Kortum, 400.
Koschwitz, 253, 487.
Kotzebue, 90, 136, 171, 203, 212, 230 et s., 301, 400, 401, 403 et s., 412, 408.
Kretzer, Max, 502.
Krüdener (Mme de), 102.
Krueger, G., 28.
Krüger, 371.
Krummacher, 167.
Kruse, H., 487.
Kufferath, M., 203, 237, 296.
Kühne, G., 196.
Kurth, G., 10, 11, 12, 13, 14, 17.
Kurzrock (Mme de), 64.

La Baume (l'abbé de), 63.
La Bédoyère, 96.
Labiche, Eug., 283, 485.
Labbée (le chevalier de), 97.
La Bruyère, 341.
La Chaussée, Nivelle (de), 56, 85, 384, 390, 391, 432.
Laclos, 443, 456, 457.
Lacroix, O., 214.
Ladoucette, 83.
La Fayette (Mme de), 423.

La Fontaine, 35, 47, 54, 72, 340, 374, 384, 393, 426, 430, 431, 447, 449.
La Fontaine, Aug. (de), 83, 408.
Lagenevais, F. (de), 182.
Lagrange (de), 163, 172, 173.
Laharpe, 72, 80.
Laher, J., 228, 237.
La Martelière, 132, 133, 134, 135.
Lamartine, 114, 115, 118, 121, 184, 211, 281, 481, 482, 483, 485, 500.
Lamberg (comte de), 432.
Lambertye, 163.
Lamennais, 30, 110, 470.
Lamesnardières, 344.
La Motte-Fouqué, 85, 216.
Lamotte-Houdard, 60, 377, 387.
Lamprecht, 206.
Lancelot, 303, 308.
Lang, E.-B., 105.
Lange, A., 202.
Lange, S.-G., 373.
Lanson, G., 149, 300.
La Paix de Lizancour, 459.
Lapideus, 21.
Laprade, V. (de), 124.
Lardières, 139.
Laquiante, A., 464.
La Rivière, 87.
La Rochefoucauld, 465, 493, 494.
L'Arronge, 498.
Lassen, 196.
Lasteyrie, 151.
La Taille, J. (de), 340.
La Tour Landry (le chevalier de), 308.
Latouche, Henri, 144.
Laube, H., 178, 194, 196, 218, 478, 479.
Laugel, 170.
Lavallette (l'abbé de), 78.
Lavater, 78, 249, 437.
Lavisse, E., 7, 30, 187, 189, 260, 272, 310.
Lèbre, Ad., 170.
Lebrun, Pierre, 140, 141, 142, 162.

Leconte de Lisle, 118, 122, 235, 482.
Lefèvre, J., 140.
Lefèvre d'Étaples, 30.
Le Franc, Martin, 24.
Legouvé, G.-M. J.-B., 58.
Legrand, 380, 439, 472.
Legrelle, 108.
Lehr, Paul, 120.
Leibniz, 40 et s., 45, 47, 49, 80, 92, 170, 188, 202, 286, 327, 367, 423.
Leitzmann, 420.
Lemaître, Jules, 228, 278, 485, 493.
Lemierre, 144, 432.
Lenau, 192, 194, 199, 204, 210, 473, 474, 480, 481.
Lenfant, 45, 46, 50, 358.
Le Noble, 242.
Léonard, 59.
Lenz, 104, 410, 411.
Le Pays, 336.
Lerminier, E., 115, 129, 165, 160, 256.
Lesage, 188, 245, 428.
Lessing, 56, 62, 64, 68 et s., 90, 143, 150, 186, 199, 202, 203, 212, 213, 260, 334, 357, 360, 368, 372, 378, 379, 381, 382 et s., 400, 401, 408, 409, 411, 415, 418, 428, 432, 433, 453, 470, 484, 488.
Leuthold, H., 482.
Levin, Rahel, 189.
Lévy, B., 252.
Lévy-Brühl, L., 188, 202, 414, 532.
Lewald, Fanny, 189, 486.
Lezay-Marnésia, 135, 136.
Liébault, 70.
Liebhaber (le baron de), 65.
Lichtenberg, G.-C., 412.
Lichtenberger, E., 105, 115, 120, 203.
Lichtenberger, Fr., 293, 319.
Lichtenberger, H., 202, 304.
Liesen, Ch., 72.
Ligne (prince de), 126.

Lindau, Paul, 288, 371, 470, 484, 487, 498.
Lintilhac, E., 438.
Liutot (Mme de), 424, 425.
Liscow, 373.
Liseux, éd., 21.
Littré, E., 166, 260.
Litzmann, B., 496, 500.
Locher, J., 23, 24.
Locke, 77, 250, 375, 493.
Loeve-Weimar, 162, 163, 217, 220, 245, 247, 249.
Logau, F. (de), 307, 342, 388.
Lohengrin, 302.
Lohenstein, C. (de), 335, 336, 351.
Longus, 57, 60.
Lorm, 197, 204.
Lotheissen, 487.
Loti, Pierre, 237, 485.
Louis XIV, 30, 69.
Louis de Bavière, 195.
Louvet, 162.
Löwen, 330.
Lubliner, H., 498.
Luginbühl, R., 155.
Luitprand, 8.
Luther, 22, 29 et s., 87, 166, 184, 211, 262, 311 et s., 331.
Luz, Valentin, 336.

Maeterlinck, 232.
Maffei, 395, 421.
Magny, Fr., 39.
Mahrenholz, R., 47, 142, 385, 386, 475, 487.
Maillard, A., 108.
Mainet, 17.
Mairet, 344.
Malebranche, 419.
Malespini, 442.
Malherbe, 34, 330.
Mallarmé, St., 239.
Malot, Hector, 485.
Malouet, 151.
Mandelsloh, 36.
Manteuffel (de), 362, 363.
Marchand, Alfr., 189, 204, 500.

Marc Monnier, 110, 118, 119, 214, 221, 232.
Margueré, 108.
Margueritte, Paul, 237.
Marini, 336, 337.
Marlitt (Mme), 189.
Marigny, 385.
Marivaux, 55, 303, 384, 385, 386, 390, 397, 398, 432.
Marmier, X., 108, 115, 126, 145, 147, 166, 167, 214, 215, 245, 246, 249.
Marmontel, 57, 58, 70, 426, 428, 430, 443, 457.
Marnix de Ste-Aldegonde, 317.
Marot, Clément, 31, 32, 115, 330, 434.
Mars (Mlle), 135.
Marsollier, 93.
Martainville, 132, 408.
Martin, Dan., 35.
Martin, Henri, 288, 490.
Martin, N., 200, 214, 215.
Massenet, 122.
Matter, J., 200.
Matthison, 214.
Mauclerc, 46.
Maupassant (Guy de), 237, 485.
Maupertuis, 49, 63, 358.
Mauvillon, El., 44, 377.
Meilhac, H., 485.
Meillan (de), 67.
Meissner, A., 85, 377.
Meissner, F., 150, 165, 262.
Meister, J.-H., 61, 375, 423.
Mellerio, L., 333.
Ménage, 357.
Mencke, 340.
Mendelssohn, 44, 76, 77, 92, 410.
Mendès, Catulle, 221, 227, 234.
Menzel, W., 448, 476.
Mörat, Alb., 221.
Mercier, 57, 74, 88, 142, 143, 432, 433, 438, 445, 454, 460.
Mercure de France, 46, 51, 151.
Merian, 423.
Mérimée, 108, 125, 127, 129, 183, 448, 485.

INDEX DES NOMS CITÉS

Merk, 412, 437.
Merle d'Aubigné, 144.
Métastase, 384.
Meyer, C.-F., 197.
Meyer, F.-L.-W., 428.
Meyer, H., 144.
Meyer, K.-O., 425.
Meyer, Paulin, 202, 259.
Meyerbeer, 170, 209, 234.
Mézières, A., 107, 115, 127, 129, 203, 430, 432, 433.
Michaëlis, 156.
Michaud (*Biographie*), 155.
Michelet, J., 30, 35, 160, 262, 272, 486.
Michiels, A., 198, 214, 221.
Miller, J.-H., 411.
Milleret, 243.
Millevoye, 102.
Millin, 91.
Milton, 52, 58, 63, 64, 65, 362, 377.
Minnesinger (les), 303, 304.
Minor, J., 430, 438, 454, 470.
Mirabeau, 44, 65, 77, 78.
Mœrike, 178.
Moët, J.-P., 53.
Mohrungen, Henri (de), 304.
Molière, 35, 47, 160, 188, 204, 242, 277, 282, 342, 344, 348 et s., 365, 366, 370, 371, 374, 382, 384, 385, 386, 389, 390, 393, 397, 398, 399, 400, 401, 402, 403, 406, 407, 408, 412, 431, 432, 433, 434, 435, 445, 446, 447, 459, 471, 472, 474, 479, 487, 488.
Möller, H.-F., 71.
Mommsen, 196, 198, 259, 264.
Moniage de Guillaume, 17.
Monnard, Ch., 190.
Monneron, Fr., 252.
Monnier. Voir Marc Monnier.
Monod, G., 260, 262, 400, 494.
Montaigne, 26, 31, 33, 341, 355, 356, 379, 466, 470, 492.
Montalembert, 493.
Montargis, F., 203.
Montcrif (de), 44, 49, 420.
Montégut, Em., 126, 129, 182, 183, 217, 222.
Montépin, X. (de), 483.
Montesquieu, 38, 86, 264, 342, 375, 414, 419, 432, 443, 449, 456, 458, 476.
Montfleury, 350.
Montiano, 72.
Montolieu (Mme de), 85, 164, 216.
Morel (Mme), 147.
Morellet, 151.
Morice, Ch., 234.
Morillot, P., 435.
Moritz, Ph., 411.
Morf, H., 100, 487.
Morsch, H., 440.
Morsier, E. (de), 203.
Moscherosch, 50, 327, 355, 356.
Mosen, Julius, 178.
Moser, C. (de), 39.
Moser, G. (von), 497.
Möser, J., 410.
Mozart, 234.
Mügge, Th., 200.
Mulhauser, J., 144.
Müller, F., 422.
Müller, Otto, 196.
Müller von Itzehoe, J.-G., 428.
Müller, W., 215, 410.
Müllner, 164.
Münckhausen (les Aventures, etc.), 252.
Muncker, F., 376.
Mundt, 194.
Münster, Séb., 32.
Muralt, B.-L. (de), 423.
Murat (Mme de), 424.
Muret, Ernest, 296.
Murger, Henri, 225.
Murner, 32, 321.
Musaeus, 405, 412.
Musset, A. (de), 102, 103, 114, 118, 121, 122, 147, 148, 185, 211, 212, 216, 222, 226, 247, 480, 481, 482, 485, 491, 493, 500.

Muth, B., 334.
Mylius, 384, 391, 428, 457.

Naigeon, 90.
Naogeorgus, 33.
Napoléon Ier, 67, 96, 405, 441.
Napoléon III, 147.
Nas, Jean, 317.
Necker de Saussure (Mme), 137, 159, 160.
Nefftzer, 199.
Neier, 373.
Nemeitz, 37.
Nerval, Gérard (de), 111, 116, 120, 147, 171, 172, 208, 213, 214, 220, 221, 225, 247.
Neuber, Caroline, 365, 366.
Neuchâtel, Rod. (de), 303.
Neukirch, 338.
Neumark, 328.
Nibelungen, 14, 16, 18, 202, 292, 304.
Nicolaï, 53, 77, 412, 468.
Nicolas, 257.
Niebuhr, 175, 209, 259.
Nietzsche, 204, 235, 238, 257, 491, 493 et s., 496, 503.
Nisard, Ch., 26, 119.
Nodier, Ch., 99, 100, 101, 105, 117, 246, 485.
Nolen, D., 256, 416.
Nordau, Max, 204, 237, 238, 501, 502.
Nouvelle Revue, 198.
Novalis, 164, 178, 232, 468, 472.

Oberg. Voir Eilhard.
Oelschlæger, 36.
Oeser, 434.
Offenbach, 234.
Ohnet, Georges, 485.
Opiz, 202, 327, 329 et s., 335, 339, 355, 359.
Ortnit, 16.
Ossian, 99, 207, 434, 450.
Otte, maître, 298.
Ozanam, 202.
Ozaneaux, G., 143.

Oxier, François, 344.

Pagès, Alph., 240.
Pailleron, E., 485.
Palaprat, 432.
Palissot, 377, 432, 447.
Palleske, 445.
Palma-Cayet, 35, 109, 110.
Panckoucke (Mme), 121.
Paoli, Betty, 189, 204, 500.
Papillon, Ant., 32.
Parcival. Voir *Perceval*.
Paris, Gaston, 8, 9, 10, 11, 12, 13, 15, 16, 17, 19, 20, 202, 259, 260, 294, 297, 298, 300, 490, 504.
Pariser, L., 355.
Parny, 443, 444.
Pascal, 34, 277.
Patrat, 241.
Pellicier, 135.
Pellissier, G., 122, 141, 236.
Pentzhorn, Th., 77.
Perceval, 295, 299, 300, 306.
Percy, 420, 421.
Pernay, F.-D., 81.
Perrault, 80, 423, 424, 426.
Perron (cardinal du), 43.
Pestalozzi, 411.
Petitpierre, L.-F., 64, 65.
Pétrarque, 330.
Peyrac (baron de), 399.
Pfeffel, 153.
Philippi, F., 498.
Piaget, Arthur, 24.
Pibrac, 355.
Picard, 241, 406, 407, 445.
Pichler, 85.
Pirmez, Octave, 103.
Pittaval, 460.
Pixérécourt, G. (de), 144.
Planche, Gustave, 181.
Platen (le comte de), 215.
Plutarque, 451, 452, 455.
Pöhnl, Hans, 308.
Polignac, A. (de), 146.
Polko, Elise, 189.
Pontmartin, Arm. (de), 184.

Pope, 466.
Porchat, J.-J., 106, 140.
Potier de Cyprey, 214.
Pradez, G., 116.
Pradon, 371.
Prévost (l'abbé), 53, 436.
Prévost, Marcel, 230, 485.
Proudhon, 197.
Prutz, 194, 195.
Puckler-Muskau, 166.
Puffendorff, P., 38.
Putlitz (de), 488.
Puymaigre (de), 142.
Pyra, Emmanuel, 373.

Quatre fils Aymon, 308, 316.
Quérard, 39.
Quettelet, 130.
Quevedo, 355.
Quinault, 346, 350.
Quinet, Edgar, 87, 113, 175, 176, 209, 213, 261.

Raabe, 491, 500.
Rabany, 203, 212, 239, 241, 403, 404.
Rabelais, 24, 25, 26, 31, 32, 223, 317, 318, 319, 320, 434, 442, 466.
Rabener, 56.
Racan, 59, 338.
Racine, Jean, 138, 159, 174, 344, 350, 365, 370, 374, 377, 382, 384, 389, 394, 395, 396, 398, 408, 409, 439, 440, 443, 445, 446, 449, 453, 459, 460, 470, 475.
Rajna, Pio, 9, 10, 11, 12, 13, 14, 15, 16, 17.
Rambaud, A., 7, 30, 310, 532.
Rambert, Eug., 270.
Ramler, 60, 61, 73, 76, 362, 373, 381.
Ramond de Carbonnières, 97, 104, 106.
Ranisch, 314.
Ranke, 187, 195, 196, 259.
Ransohoff, G., 422.

Rapin-Thoyras, 459.
Ratisbonne, L., 214, 218.
Ratisbonne, Conrad (de). Voir Conrad.
Raumer, Fr. (de), 166, 182, 392.
Raupach, 178.
Raven, Mathilde, 486.
Raymond, 127.
Raynal (l'abbé), 405.
Raynouard, 107.
Reboul, 482.
Reden-Ebseck (von), 366.
Redwitz, O. (de), 187, 195.
Regnard, 432, 445.
Régnier, Ad., 145, 147, 200.
Régnier, Mathurin, 338.
Reichhardt, 78, 91, 464.
Reimann, J.-F., 373.
Reinach, Jos., 209.
Reinhart Fuchs, 297, 507.
Reinhard, 88.
Reinmar (le Vieux), 304.
Rémusat, Ch. (de), 94, 170.
Renan, Ernest, 3, 4, 200, 261, 264 et s., 272, 284, 491, 494, 495.
Renard, Georges, 204, 209, 280.
Renart (roman de), 18, 294, 297.
Renaud de Beaujeu, 301.
Renouvier, 273.
Rentsch, I., 369.
Rétif de la Bretonne, 428, 443, 457.
Reuchlin, 22, 311.
Reuchlin, Herm., 260.
Reuss, E., 200, 203, 259.
Reuss, R., 203.
Reuter, Fritz, 181, 188, 250, 486, 501.
Réville, Alb., 171, 198.
Revue contemporaine, 198.
Revue critique, 198.
Revue encyclopédique, 56.
Revue de Belgique, 199.
Revue des Deux-Mondes, 164 et s.
Revue générale, 199.
Revue germanique et française, 190, 198.

Revue d'hist. litt. de la France, 198, 532.
Revue hebdomadaire, 198.
Revue de théol. et de philos., 200.
Reymond, W., 117, 148, 532.
Riaux, F., 18.
Ribot, Th., 203, 257, 273, 493.
Riccoboni, 44, 386, 532.
Richardson, 100, 389, 425, 436.
Richepin, J., 228, 494.
Richet, Ch., 260.
Richter, Jean-Paul, 87, 163, 173, 180, 188, 203, 230, 244, 407, 444, 465 et s., 468.
Ried, Hans, 306.
Rigaud, A.-F., 240.
Ristelhuber, P., 142, 190.
Ritter, l'historien de la philos., 189.
Ritter, Eug., 39, 260.
Rivarol, 225, 377.
Rivière, Pierre, 23.
Robert, Louis, 173.
Robin, Eug., 114.
Rochon de Chabannes, 71, 392, 446.
Rod, Ed., 128, 129, 191, 198, 236, 237, 485.
Rodler, Hieron., 308.
Röhrich, 32.
Roland. Voir *Chanson de*.
Rolandslied, 295.
Rollenhagen, 313.
Rollin, 385.
Rollinat, M., 237.
Roman (l'abbé), 66.
Roman de la Rose, 18.
Ronsard, P. (de), 33, 330, 331, 332, 333, 339, 349.
Ropartz, Guy, 221.
Roques, P., 39.
Roquette, Otto, 196.
Rosen, Julius, 497.
Rosenkranz, 411, 491.
Rosenplut, 22.
Rossel, V., 25, 65, 77, 103, 138, 231, 358.
Rossini, 144.
Rost, 56.
Rothan, G., 187.
Rotrou, 346, 350.
Roucher, 52.
Rougemont (de), 142.
Rousseau, J.-B., 340, 342, 477.
Rousseau, J.-J., 26, 27, 28, 38, 39, 53, 56, 86, 92, 93, 95, 100, 103, 113, 131, 156, 159, 183, 188, 207, 277, 284, 376, 383, 401, 404, 406, 410 et s., 413, 414, 415, 416, 417, 418, 419, 420, 421, 422, 425, 427, 428, 432, 434, 435, 436, 437, 443, 446, 450, 451, 452, 455, 456, 457, 458, 460, 462, 465, 466, 470, 476, 493, 494, 495.
Rouxel, Ch., 38.
Rückert, 178, 179, 214, 215, 271, 473, 475, 481, 492.

Sabatier, A., 263, 504.
Sabatier, F., 116.
Sacher-Masoch, 253.
Sachs, Hans, 32, 202, 308, 313, 314, 317, 321, 322, 348.
Saint-Amant, 336.
Saint-Ener, 66.
Saint-Genies (de), 391.
Saint-Lambert, 52.
Saint-Marc Girardin, 121, 128, 245.
Saint-Maur (de), 391.
Saint-Réal, 135, 454, 455.
Saint-René Taillandier, 124, 191 et s., 208, 217, 220, 221, 252.
Sainte-Aulaire, 106, 111.
Sainte-Beuve, 69, 90, 102, 116, 121, 130, 148, 158, 169, 181, 200, 214, 219, 225, 232, 247, 260, 274, 379.
Sainte-Foix, 82, 458.
Saintes, Arm., 256.
Saisnes, 17.
Saisset, Em., 170, 256.
Sales, François (de), 37.
Sallet, 194.
Salluste, 21.

Salvayre, 108.
Samarow, G., 108.
Sand, George, 102, 124, 163, 211, 247, 249, 250, 251, 252, 260, 485, 486.
Sandeau, Jules, 485, 486.
Sannazaro, 354.
Sante (le P.), 44.
Sarcey, Fr., 241, 401, 499.
Sardou, V., 239, 485, 487, 496, 497, 498.
Sauer, Aug., 308, 342.
Sauvage, 134.
Scaliger, 32, 331, 332, 343, 344, 345, 346.
Scarron, 184, 348, 353, 446.
Schanzenbach, O., 430, 449, 452, 454, 455.
Schauenbourg, Herm., 308.
Schefer, Léop., 194.
Scheffel (von), 187, 253, 271.
Scheffer, Ary, 125.
Schelling, 162, 167, 168, 170, 239, 256, 259, 272, 358, 456.
Schenkendorff, 215, 473.
Scherer, Edm., 170, 200, 201, 268 et s., 271.
Scherer, W., 282, 330, 426.
Scherffer de Scherfferstein, 334.
Schiller, 56, 62, 72, 85, 90, 91, 113, 119, 121, 130 et s., 153, 162, 164, 167, 171, 178, 192, 201, 203, 207, 208, 211, 212, 232, 239, 262, 270, 271, 311, 396, 401, 405, 408, 410, 428, 429, 430, 442, 443, 444, 445, 449 et s., 465, 484, 487.
Schirmer, D., 330.
Schlegel, Ad., 362.
Schlegel, A.-G., 10, 56, 137, 156, 159 et s., 162, 173, 174, 260, 467, 468, 470 et s., 473.
Schlegel, Fr., 56, 137, 161, 467, 468, 470.
Schlegel, J.-E., 46, 56, 76, 369 et s., 371, 386, 389, 440.
Schlegel (Mme), 162.
Schleiermacher, 269.

Schlosser, F.-C., 180, 190.
Schlosser, R., 421.
Schmeckow (de), 96.
Schmid (le chanoine), 252.
Schmidt, Erich, 202, 282, 372, 382, 393, 394, 409, 425, 433, 436.
Schmidt, Jul., 195, 190, 470.
Schœbel, 203.
Schœn, L.-F., 256.
Schönthan, 498.
Schopenhauer, Arthur, 170, 187, 189, 190, 191, 196, 199, 203, 232, 233, 235 et s., 237, 267, 273, 358, 492 et s., 494, 496.
Schröder, l'acteur, 71, 399, 401.
Schröter, M. (von), 71.
Schubart, 162, 171, 422.
Schücking, 196.
Schupp, David, 356.
Schuré, E., 178, 188, 200, 221, 230, 493.
Schuster, H., 70, 340.
Schwab, G., 473.
Schweighäuser, G., 88, 89.
Schweinichen, Jean (de), 316.
Schweizer, Ch., 202, 314.
Schweizer, H., 487, 488.
Schwering, J., 474.
Scott, Walter, 107, 125, 212, 487.
Scribe, Eug., 105, 182, 407, 448, 485, 487, 496.
Scudéry, 344.
Scudéry (Mlle de), 354.
Séailles, G., 264, 265.
Seckendorff, 96.
Secrétan, Ch., 272.
Sedaine, 144, 499.
Segrais, 59.
Selden, Camille, 127, 220, 221.
Semaine littéraire, 199.
Senancour, 100, 128, 462.
Serre, A, 115.
Seuffert, 342, 379.
Sevelinges, 96, 125.
Shaftesbury, 80, 414.
Shakespeare, 85, 92, 93, 95, 107, 109, 112, 138, 140, 142, 148,

161, 188, 207, 322, 346, 351, 354, 370, 382, 388, 390, 398, 399, 405, 408, 409, 412, 426, 434, 439, 453, 472.
Sichel, Aug., 478.
Sidney, 354.
Silbermann, 107.
Silvestre, Arm., 243.
Simon, Jules, 171.
Simrock, 200, 252.
Sinner, 96.
Sismondi, 201, 472.
Société nouvelle, 199.
Sorel, Alb., 158, 188, 189, 200, 273, 490.
Soulavie, 443.
Soulié, Fr., 247.
Soumet, A., 136, 137, 141, 142, 143, 162.
Soury, J., 166, 187, 273.
Souvestre, Em., 97, 485.
Spazier, R.-O., 208.
Specht, A., 166, 167, 220.
Spectateur du Nord, 150.
Spener, Ph., 39.
Spielhagen, 196, 253, 482, 486.
Spindler, 166.
Staël (Mme de), 5, 67, 72, 73, 88, 89, 90, 93, 95, 96, 100, 108, 109, 111, 112, 115, 118, 119, 120, 121, 124, 137, 143, 148, 149, 150, 151, 156, 157 et s., 161, 162, 163, 164, 170, 174, 175, 182, 184, 185, 208, 209, 213, 256, 265, 278, 404, 443, 444, 445, 462, 466, 472, 473, 474.
Stapfer, Alb , 105, 111, 129, 162.
Stapfer, Ph.-A., 102, 151, 154, 155, 270.
Stapfer, Paul, 110, 115, 125, 129, 188, 199, 203, 279.
Stein, Marquard (von), 308.
Stein (Mme de), 129.
Stendhal, 128, 151, 164, 478, 485.
Stern, Daniel. Voir d'Agoult.
Sterne, 422, 466.

Sternberg, 171.
Stieglitz, H. et Ch., 197.
Stockmann, 230.
Stollberg (les frères), 153, 422.
Strauss (le docteur), 166, 176, 187, 261, 264, 266, 267, 268.
Strauss, J., 195.
Stricker (le), 302.
Struwen, Peter, 306.
Sturz, 452.
Suard, 53, 151.
Suchier, H., 11, 13.
Suckau, W. (de), 240.
Sudermann, H., 198, 204, 244, 253, 498, 499.
Sudre, Léop., 297.
Sue, Eug., 195, 247, 485, 486, 501, 502.
Sully-Prudhomme, 491.
Sulzer, 63, 77, 362, 423.
Süpfle, Th., 5, 9, 10, 18, 20, 24, 25, 26, 31, 32, 35, 36, 42, 49, 53, 84, 88, 89, 97, 102, 114, 122, 131, 145, 150, 201, 207, 232, 234, 238, 239, 243, 246, 252, 454.
Suso, H. (de), 311.
Swift, 466.
Sybel, H. (de), 189, 190, 250.
Sylva, Carmen, 253.

Tacite, 11.
Taine, H., 108, 223, 257, 263 et s., 272, 490, 494.
Tallemay, J. (de), 221.
Tasse (le), 59, 60, 65, 330.
Tauler, J., 22, 311.
Tennard, 39.
Tennemann, 257.
Texte, J., 2, 284.
Théâtre allemand, 70.
Théocrite, 58.
Théophile, 335.
Theuerdank, 24.
Thiers, 219, 261.
Thierry, Augustin, 261.
Thiessé, Léon, 146.
Thomas, 449.

Thomas, Ambr., 125.
Thomas a Kempis, 20, 311.
Thomas d'Aquin, 20.
Thomas de Strasbourg, 20.
Thomasius, 327, 356, 357, 359, 360.
Thorel, J., 198, 204, 230.
Thou, (de), 438.
Tieck, L., 164, 166, 175, 178, 182, 208, 244, 308, 351, 403, 464, 469, 471, 472, 473.
Tiedmann, 257.
Tissot, Ch.-J., 256.
Tobler, G., 63.
Tolstoï, 494.
Töpffer, R., 485.
Törring, 400.
Tourneux, M., 57.
Toussaint, F.-W., 53, 54, 405.
Toussenel, Th., 125, 246.
Tressan (marquis de), 80, 426, 427, 443.
Tristan et Iseult, 237, 296, 298, 301, 302, 309.
Troies (roman de), 306.
Trudaine, 52, 70.
Tscharner, B.-V. (de), 51, 53, 63, 80.
Turgot, 57, 58, 64.
Türheim, Ulrich (de), 301.
Türlin, Henri (de), 302.
Turquet de Mayerne, L., 27.

Uechtritz, 196.
Uhland, L., 162, 171, 178, 190, 194, 214, 271, 473, 474.
Ulespiègle, 23, 24, 25.
Urfé (d'), 59, 329, 354.
Ussieux (Mme d'), 81, 83.
Usteri, 155, 423, 435.
Uz, 56, 90, 340.

Vacherot, 273.
Vadier, Berthe, 271.
Valabrègue, A., 485.
Valade, Léon, 221, 228.
Valbert. Voir Cherbuliez.
Vallon, F., 221.

Vanderbourg, Ch., 76, 82, 141, 151, 154.
Vandeul (Mme), 456.
Varnhagen, 166, 167, 196, 233, 392.
Vattel, E. (de), 38.
Vaughan, F., 221.
Vauquelin de la Fresnaye, 349.
Veit, Dorothée, 464.
Veit-Warbeck, 308.
Veldeke, Henri (de), 297, 298.
Veltheim, Jean, 345, 347, 349, 350.
Venator, 331.
Véra, Aug., 257.
Verdier, 30.
Verlaine, Paul, 229, 230, 239.
Vernes, M., 267.
Vernier, Valery, 102.
Vertot, 448, 460.
Veuillot, Louis, 219.
Viau, Th. (de), 373.
Vico, 86.
Vida, 331.
Vidal, Pierre, 303.
Vignoles (des), 46.
Vigny, Alfr. (de), 102, 118, 121, 146, 212, 213, 235, 282, 480, 482, 483.
Villars, 428.
Ville (de la), 135.
Villemain, 105, 393, 448.
Villemain d'Abancourt, 67.
Villeneuve (fils), 139.
Villers, Ch. (de), 64, 87, 88, 90, 151, 154, 155, 158, 256, 448.
Villiers de l'Isle-Adam, 503.
Vilmar, 330.
Vinet, Alex., 119, 146, 147, 201, 270, 271, 281.
Vitet, 107, 448.
Vitrolles (baron de), 116.
Vitry, Hubert (de), 127.
Vogelweide, Walther (von der), 202, 304.
Vogüé, E.-M., (de), 5.
Voigt, J., 166.
Volney, 443.
Voltaire, 21, 38, 40, 47, 49, 50, 56, 60, 63, 69, 74, 79, 86, 113,

142, 170, 184, 194, 205, 218,
230, 262, 368, 375, 376, 377,
384, 385, 387, 389, 390, 391,
393, 394, 395, 396, 399, 404,
405, 410, 413, 414, 415, 418,
419, 425, 426, 432, 434, 440,
442, 443, 445, 446, 449, 451,
455, 457, 459, 465, 466, 475,
476, 477, 488, 493.
Voretzsch, 297.
Voss, J.-H., 128, 190, 422, 424.

Wachsmuth, 166.
Wagner, H.-L., 409, 410, 432, 433.
Wagner, Richard, 198, 203, 234,
  235, 237 et s., 496.
Wagner, R.-A., 385.
Waiblinger, 480.
Wailly, G. (de), 135.
Waitz, 259.
Waldmüller, R., 482.
Walesrode, 182.
Waltmann, L., 140.
Warens (Mme de), 38, 39.
Weber, Alfr., 49, 200, 272.
Weckerlein, 239.
Weill, Alex., 219, 221.
Weise, Chr., 351, 352, 353.
Weiss, J.-J., 95, 97, 123, 126,
  127, 129, 200.
Weisse, Ch.-F., 56, 71. 85, 372,
  385, 392, 438.
Welschinger, H., 132, 240.
Werdmuller, 67.
Worner, Zach., 164, 195, 215,
  242, 468, 472.
Wernicke, 338.
Wespy, P., 80.
Wetz, W., 400.
Wichmann, O., 42, 359, 362.
Wicquefort, 36, 37.
Widmer, G.-R.
Wieland, Chr.-M., 59, 62, 68,
  79 et s., 153, 190, 245, 351,
  380, 399, 400, 410, 411, 421,
  423 et s., 435, 452.

Wieland, J.-S., 335.
Wilbrandt, Ad., 498.
Wildenbruch, E. (de), 489.
Wildermuth, Ottilie, 189.
Wilken, 259.
Willkom, 289.
Willm, Jos., 107, 199, 220.
Winckelmann, 76 et s., 92, 381.
Winter, F.-S., 441.
Wirnt von Gravensberg, 301.
Wirth, J., 355.
Wisse, Nic., 300.
Witkowski, G., 340.
Wolff, Alb., 108.
Wolff, Chr., 38, 47, 49, 50, 70,
  86, 92, 357, 363, 373, 414.
Wolff, E., 360.
Wolff, F.-A., 173.
Wölflin, H., 52, 532.
Wolmar, M., 32.
Wundt, 203.
Würtzbourg, C. (de), 302, 303.
Würtzbourg, Jean (de), 300.
Wyss, R., 253.
Wysocki, L.-G., 204, 310, 345,
  346, 396.
Wyzewa, Th. (de), 204, 283, 493,
  494.

Young, 466.

Zachariæ, 56, 91, 367.
Zatzikoven, U. (de), 301.
Zedlitz, 192, 194, 215.
Zeiller, 36.
Zeller, E., 203.
Zesen, Phil., 354.
Ziely, Guil., 308.
Zimmermann, C., 428.
Zimmermann, J.-G., 142, 376,
  400.
Zola, Emile, 237, 485, 489, 501,
  502, 503.
Zolling, Th., 484.
Zschokke, Henri, 85, 158, 249,
  270, 407, 473.

TABLE DES MATIÈRES

Avant-Propos . . . .

PREMIÈRE PARTIE
LA LITTÉRATURE ALLEMANDE EN FRANCE

Introduction 1

CHAPITRE Ier. — Des origines à la Renaissance.

I. GÉNÉRALITÉS. — La conquête franque. — L'assimilation. — La langue 7
II. LA POÉSIE FRANÇAISE. — Origines germaniques de l'épopée française. — La part de la « germanicité » dans nos récits épiques. — Retour aux sources latines. 9
III. LES SCIENCES ET LA PHILOSOPHIE. — Albert le Grand à Paris. — L'Imitation. — L'imprimerie en France. 19

CHAPITRE II. — La Renaissance et la Réforme.

I. LA RENAISSANCE. — L'Allemagne à la fin du xve siècle. — Sébastien Brandt en France. — Les *Aventures d'Ulespiègle* traduites et imitées; Rabelais et l'influence allemande. — H.-C. Agrippa et le *Discours sur les sciences et les arts* de Rousseau 22
II. LA RÉFORME. — Réforme germanique et Réforme française. — Luther en France. — Traduction de satires et de pamphlets allemands. 29

CHAPITRE III. — Le XVII² siècle allemand en France.

I. HISTOIRES, RÉCITS ET TRAITÉS. — La guerre de trente ans. — *Faust* et le *Juif errant* en France. — Voyageurs allemands. — Le journal. — Samuel Puffendorf; son influence. — Ph. Spener et Rousseau 34

II. LEIBNIZ. — La France et Leibniz. — Influence de la philosophie leibnizienne. 39

CHAPITRE IV. — La littérature allemande en France au XVIII² siècle.

I. GOTTSCHED ET SES CONTEMPORAINS. — La littérature allemande du temps jugée par les Français. — Les *Bibliothèques germaniques*. — Grimm et la littérature allemande en France. — Gottsched. — Wolff 42

II. L'ALLEMAGNE ET GESSNER A LA MODE EN FRANCE. — Encore Grimm. — Les *Alpes* de Haller. — Le *Journal étranger*. — Fréron, Dorat, etc. — J.-E. Schlegel, Gellert, Rabener, Hagedorn, Zachariae en France. — Salomon Gessner, ses *Idylles*, sa *Mort d'Abel*, etc. — Traductions et imitations. 50

III. KLOPSTOCK, LESSING ET WIELAND. — Klopstock et sa *Messiade* en France. — La *Mort d'Adam* et les *Odes*. — Lessing. — Son théâtre traduit. — Sa *Dramaturgie* et ses jugements sur notre théâtre classique. — L'esthétique allemande en France : Winkelmann, Mendelssohn, le *Laocoon*. — Les fables de Lessing. — Wieland. — Romans et contes allemands adaptés ou traduits 62

IV. LA PHILOSOPHIE ALLEMANDE. — Ch. de Villers et de Gérando. — Kant en France. — Herder. — Eclipse de l'influence allemande. 85

CHAPITRE V. — Gœthe et Schiller en France.

I. GŒTHE EN FRANCE. — L'esprit de Gœthe. — Gœthe et Beaumarchais. — *Werther* en France. — Traductions et imitations. — Le type « werthérien » dans notre littérature : René, Münster, Obermann, Delphine, Adolphe, etc. — Le *Gœtz* de Gœthe et son influence. — Autres drames de Gœthe. — Le *Faust* et son action sur notre littérature. — La poésie lyrique de Gœthe et le romantisme français. — *Hermann et Dorothée*. — Les dernières œuvres. — Le rôle intellectuel de Gœthe. 92

II. Schiller en France. — L'esprit de Schiller. — Les *Brigands* à Paris. — Les premières œuvres et *Don Carlos* en France. — Imitations et traductions. — Une biographie française de Schiller en 1810. — La trilogie de *Wallenstein*. — La *Marie Stuart* de Lebrun. — La *Jeanne d'Arc* de Soumet et les autres adaptations. — Les dernières œuvres de Schiller. — Ses poésies. 130
III. Caractères généraux de leur influence 147

CHAPITRE VI. — La littérature allemande et ses interprètes français au XIX° siècle.

I. Mme de Staël et son temps. — Avant Mme de Staël. — Les *Archives littéraires de l'Europe*. — A.-G. Schlegel en France. — *De l'Allemagne*; les mérites et les lacunes du livre. — F. Schlegel. — L'Allemagne et le mouvement anti-classique; le *Globe*. 150
II. La Revue des Deux-Mondes et les études germaniques en France. — Le rôle de la *Revue des Deux-Mondes*. — E. Lerminier, A. Specht, X. Marmier, J.-J. Ampère. — Cousin, Caro et les interprètes français de la philosophie allemande. — Gérard de Nerval. — Heine et Börne. — Daniel Stern, Quinet; quelques noms. — Blaze de Bury. — Philarète Chasles et Saint-Marc Girardin. — F. de Lagenevais, Em. Montégut. — Heine et la critique française. — Victor Cherbuliez, A. Sorel, Challemel-Lacour; quelques noms. 164
III. Saint-René Taillandier. — L'homme et le talent. — Ses jugements sur Heine. — Son œuvre de critique de la littérature allemande. — Le bilan germanique de la *Revue des Deux-Mondes* 191
IV. Interprètes et critiques contemporains. — Les revues de langue française. — Le rôle de la Belgique, de la Suisse et de l'Alsace. — Études sur l'Allemagne littéraire. — Résumé 198

CHAPITRE VII. — L'influence littéraire de l'Allemagne en France depuis 1830.

I. La poésie. — L'Allemagne et les romantiques. — Lamartine; Hugo et l'Allemagne. — Musset, Alfred de Vigny, les *poetae minores*. — Traductions et adaptations. — Heine en France. — L'influence de Heine : Th. Gautier, Musset,

Baudelaire, Banville, Catulle Mendès, Léon Valade, J. Lemaître, P. Bourget, P. Verlaine, etc. — Mme Ackermann et Schopenhauer. — Le pessimisme allemand et la poésie française. — Wagner et son influence. 207

II. Le Théâtre. — Kotzebue en France. — Traductions et imitations. — Quelques noms. — Sudermann et Hauptmann à Paris 230

III. Le roman. — Le « genre hoffmannesque » en France. — Adaptations et réminiscences d'Hoffmann. — L'Allemagne à la mode. — Auerbach et les conteurs allemands. — Le roman du foyer. — Dernières traductions 244

IV. L'histoire, la critique, la philosophie. — L'esprit scientifique en Allemagne. — La philosophie allemande en France. — Histoire et critique. — Les influences. — Guizot. — Michelet. — Taine. — Renan. — Ed. Scherer. — Vinet, Amiel et Ch. Secrétan. — Guyau. — Contemporains immédiats 254

Conclusion 275

DEUXIÈME PARTIE
LA LITTÉRATURE FRANÇAISE EN ALLEMAGNE

Introduction. 287

CHAPITRE Ier. — Des origines au XVIe siècle.

I. Remarques générales. — Pourquoi l'influence française sera longtemps prépondérante en Allemagne 291

II. La poésie du moyen âge français en Allemagne. — Le *Rolandslied*. — *Tristan et Yseult*. — *Reinhart Fuchs*. — L'épopée chevaleresque; H. de Weldecke, Hartmann d'Aue, Gottfried de Strasbourg, Wolfram d'Eschenbach; quelques noms. — Réaction nationale 293

III. Recul de l'influence française. — Encore le roman de Renart. — La France et la langue française dans les cours d'Allemagne. 305

CHAPITRE II. — La Renaissance et la Réforme.

I. L'Humanisme et la Réforme. — Les mystiques et l'avènement de la Réforme. — Luther. — Hans Sachs 310

II. Restauration de l'influence française. — L'*Amadis*. — Jean Fischart, imitateur de Rabelais. — Le théâtre. 315

III. Affaissement du sentiment national. — L'esprit critique en Allemagne... 323

CHAPITRE III. — La littérature française en Allemagne d'Opitz à Gottsched.

I. La guerre de trente ans... 325
II. Les « sociétés de langue ». — Leur but et leur œuvre. — D'Urfé en Allemagne... 327
III. Opitz et Ronsard. — Tout Opitz dans Ronsard. — La Pastorey. 330
IV. La « seconde école silésienne ». — Le « marinisme allemand ». — Caniz et Boileau. — Les « anacréontiques » et leurs modèles français... 334
V. Le théâtre allemand et l'influence française. — Gryphius, Lohenstein, Veltheim, Weise, etc. — Molière et Corneille en Allemagne... 342
VI. Réaction nationale. — Le roman. — Thomasius, Leibniz. — Descartes en Allemagne. — Le « Refuge » et l'Académie de Berlin... 353

CHAPITRE IV. — Gottsched et la prépondérance du goût français.

I. Gottsched et Boileau. — L'œuvre de Gottsched et sa réforme du théâtre. — Notre théâtre classique en Allemagne. — Mme Gottsched... 380
II. Faveur du théâtre français. — J.-E. Schlegel. — J.-U. de König, Krüger... 369
III. Déclin de l'influence française. — Bodmer et les Suisses. — Gessner et Haller. — Klopstock... 372

CHAPITRE V. — Molière, Diderot et Rousseau en Allemagne au temps de Lessing.

I. Le règne de Frédéric II. — Réveil de l'esprit national... 379
II. Lessing. — Les premières œuvres de Lessing. — Lessing imitateur des Français... 382
III. Diderot et Lessing. — Le théâtre et les théories dramatiques de Diderot. — Le théâtre de Lessing... 387
IV. La Dramaturgie. — L'importance et les lacunes de l'œuvre. — Lessing et notre théâtre classique... 394
V. Molière et Diderot en Allemagne. — Le Père de famille allemand. — Iffland et Kotzebue. — Le retour à l'imitation française... 398

VI. Rousseau en Allemagne. — Réaction nationale. — Les *Sturm-und-Dränger*. — Klinger, Lenz, etc. et Jean-Jacques. . . . 408

CHAPITRE VI. — **Kant, Herder, Wieland et la France.**

I. Kant et l'« Aufklärung ». — La philosophie française en Allemagne. — Kant et Rousseau. 413
II. Herder. — Herder et Jean-Jacques. — Montesquieu dans Herder. — Encore Rousseau. 416
III. L'école de Göttingue. — Bürger. — Toujours Rousseau. . .
IV. Wieland. — Ce que Wieland doit à la littérature française. 420
— Les contes; *Agathon*, *Oberon*, etc. — Persistance de l'influence française: Meyer, Forster, F.-H. Jacobi; quelques noms 423

CHAPITRE VII. — **L'influence française dans Schiller et dans Gœthe.**

I. Gœthe et la France. — L'œuvre de Gœthe, une confession générale. — Le jeune Gœthe et son goût pour notre littérature. — Herder et Gœthe. — *Werther* et Rousseau. — Gœthe et Beaumarchais. — Influences françaises dans *Iphigénie*, le *Grand Cophte*, *Faust*, etc. — Schiller et Gœthe; leurs lectures françaises. — Le théâtre français à Weimar. — *Wilhem Meister* et Scarron. — Gœthe et le romantisme français 430
II. Schiller. — Disciple des encyclopédistes, puis de Rousseau. — *Les Brigands*, *Fiesque*, *Intrigue et amour*. — Les sources françaises de *Don Carlos*. — Schiller et le théâtre français. — Schiller et les historiens français. — Emprunts et réminiscences. — Le génie de Schiller 449

CHAPITRE VIII. — **Le romantisme allemand, la Jeune Allemagne, leurs successeurs et la France.**

I. La Révolution française en Allemagne. — Renaissance de l'individualisme. — Principe des nationalités. — Tous révolutionnaires : Tieck, Fichte, J.-G. Jacobi, etc. — Réaction anti-française 462
II. Le romantisme allemand. — J.-P. Richter. — Les frères Schlegel ; leurs théories dramatiques. — Molière et A.-G. Schlegel. — Tieck. — Kleist et ses imitations françaises. — A. de Chamisso. 464

III. LES « DEMI-ROMANTIQUES ». — Uhland. — Lenau. — Grillparzer 473
IV. LA JEUNE ALLEMAGNE. — Heine et Börne en France. — Réminiscences françaises dans Heine. — Gutzkow et Laube. — 1848 en Allemagne. — Les Allemands et le romantisme français 475
V. APRÈS LA JEUNE ALLEMAGNE. — L'influence française dans le roman et au théâtre. — Dumas père et Eugène Sue ; Scribe. — Encore Molière 484

CHAPITRE IX. — L'influence de la littérature française sur les contemporains.

I. LA SCIENCE ALLEMANDE. — Prépondérance scientifique de l'Allemagne. — L'histoire littéraire de la France et les sciences auxiliaires en Allemagne. — La philosophie. — La part de la France dans Schopenhauer et Nietzsche. — Renan et Nietzsche 489
II. LE THÉÂTRE. — Augier, Dumas fils, Sardou, Pailleron en Allemagne. — Les disciples des dramaturges français : Lindau, Lubliner, Blumenthal, Philippi. — Sudermann. — Les causes de la supériorité du théâtre français . . . 495
III. LA POÉSIE ET LE ROMAN. — La poésie allemande. — Le roman. — M. Zola et le naturalisme en Allemagne. — Les « Jeunes Allemands ». — Conclusion 500
Index des noms cités 505
Errata 532

ERRATA

Page 6, ligne 6, lire : *A. Rambaud,* au lieu de : R. Rambaud.
» 18, » 25, » : *Renart,* » : Renard.
» 41, » 19, supprimer le mot *où*.
» 52, » 32, lire : *Wölflin,* au lieu de : Wolflin.
» 97, » 31, » : *Gœthe-Jahrbuch,* au lieu de : Gœthe's-Jahrbuch.
Même correction, p. 106 (l. 32), 110 (l. 32), 116 (l. 31).
Page 117, ligne 2, lire : *Reymond,* au lieu de : Raymond.
» 202, » 31, » : *L. Lévy-Brühl,* » : A. Lévy-Brühl.
» 242, » 27, » : *Iffland,* » : Illfland.
» 259, » 21, » : *Diez,* » : Dietz.
» 279, » 31, » : *usage,* » : image
» 281, » 30, » : *accueillante,* » : ouverte.
» 303, » 28, » : *Würtzbourg,* » : Würzbourg.
» 304, » 32, » : » » : »
» 350, » 25, » : *J.-U. de König,* » : J.-H. König.
» 386, » 22, » : *Riccoboni* » : Ricoboni.
» 446, note 2, » : *350 et s.,* » : 380 et s.
» 446, notes : La note 3 concerne le travail de M. Ellinger ; la note 4 se rapporte au 3º alinéa de la p. 447 et disparaît dans le texte et les notes de la p. 446.
» 448, ligne 17, lire : *Courier,* au lieu de : Courrier.
» 475, » 5, » : *F. von Kleist,* » : E. von Kleist.
» 491, » 13, » : *Diez,* » : Dietz.
» 495, » 14, » : *exploiteront* » : asserviront.

N. B. — Il a paru, entre autres, depuis que notre manuscrit a été remis à l'impression, la suite et la fin d'un travail de M. Ch. Joret : *J.-B. Gaspard d'Ansse de Villoison et la cour de Weimar.* (*Revue d'hist. litt. de la France,* nᵒˢ des 15 Oct. 1895, 15 Avr. et 15 Juil. 1896.)

Bar-le-Duc. — Imprimerie Comte-Jacquet. — Facdouel, dir.

www.ingramcontent.com/pod-product-compliance
Lightning Source LLC
Chambersburg PA
CBHW071416230426
43669CB00010B/1568